# 증권결제제도의 이론과 실무

Theory & Practice of
**Securities Settlement System**

한국예탁결제원 저

박영사 | KSD

이 도서의 국립중앙도서관 출판시도서목록(CIP)은 서지정보유통지원시스템 홈페이지
(http://seoji.nl.go.kr)와 국가자료공동목록시스템(http://www.nl.go.kr/kolisnet)에서
이용하실 수 있습니다.(CIP제어번호: CIP2013001333)

# 발간사

증권결제제도는 증권거래에 따라 발생한 채권·채무를 증권인도와 대금지급을 통하여 종결시키는 제도를 말한다. 사실 증권시장에서 투자자들은 증권회사를 통하여 매일 수조원의 증권을 거래하고 있지만 어떤 과정을 거쳐 최종적으로 증권 또는 대금이 본인의 계좌에 들어오는지는 잘 알지 못한다. 한국예탁결제원은 지난 1974년 설립 이래 현재까지 우리나라 증권시장의 모든 증권결제를 책임지고 있는 자본시장과 금융투자업에 관한 법률에서 정한 국내 유일의 증권결제기관이다. 지난해 한국예탁결제원이 처리한 국내 증권시장의 결제규모는 결제대금 기준으로 연간 5,000조원, 일평균 20조원에 달한다.

증권결제제도는 한 나라의 금융시장을 구성하는 중요한 하부구조(infrastructure)이다. 증권결제제도가 그 안정성과 효율성을 담보하지 못한다면 금융시장 발전도 기대할 수 없고 전체시장의 실패를 초래할 수 있다. 지난 1987년 미국은 주가 대폭락 사태(Black Monday)를 경험하면서 증권시장 하부구조인 증권결제시스템의 중요성을 인식하게 되었고, 세계 각국들도 자국 증권시장의 경쟁력 강화 차원에서 G-30, ISSA, BIS(CPSS)/IOSCO 등 증권관련 국제기구들이 발표한 권고안에 부합하도록 자국의 증권결제시스템을 개선하는 노력을 기울여 왔다. 특히, 2008년 글로벌 금융위기는 각국이 증권결제제도와 같은 하부구조들이 제 기능을 발휘하여 금융시스템의 파국을 피할 수 있었으며, 증권결제제도와 같은 금융하부구조가 전체 금융시장의 안전성과 효율성에 직결되어 있음을 재인식하는 계기가 되었다.

우리나라도 글로벌 금융위기 이후에 증권시장이 안정적으로 성장·발전하기 위해서는 금융시장의 하부구조를 구성하는 증권결제제도의 개선을 통해 결제의 안정성과 효율성을 높이는 것이 필요하다고 인식하게 되었고, 2009년 2월 자본시장과 금융투자업에 관한 법률이 본격 시행되면서 증권결제제도 선진화를 위한 초석이 마련되었다. 한국예탁결제원은 시장운영기관인 한국거래소와 중앙은행인 한국은행과 함께 증권결제제도 선진화를 위한 논의를 시작하여, 2009년 11월 금융위원회 주관하에 3개 기관 공동으로 '증권시장 결제제도 선진화 추진계획'을 발표하였다. 이러한 계획을 토대로 한국예탁결제원은 약 2년여에 걸쳐 수십 회의 관계기관 및 시장참가자 협의와 시스템 개발·테스트를 거쳐 신증권결제시스템을 구축하여 주식부문은 2012년 1월 16일, 채권부문은 2012년 2월 20일에 성공적으로 오픈하였으며, 현재까지 안정적으로 정착, 운영되고 있다. 동 선진화 계획은 그동안 증권시장의 만성적인 결제지연문제를 해소하고 결제제도의 국제정합성을 제고하기 위한 것으로 다음과 같은 결제제도 전반에 걸친 개선사항을 담고 있다.

첫째, 장내 주식시장결제의 결제개시시점을 종전의 15시에서 9시로 조기화하고 결제시한(16시) 이후의 미결제분은 다음 결제일로 이연해서 처리하는 이연결제제도(CNS: Continuous Net Settlement)를 도입하여 최종 결제완료시각을 과거에 비해 2시간이상 단축하였다.

둘째, 장외 주식기관결제도 장내시장과 결제교착(grid lock)을 방지하고 결제원활화를 위하여, 과거의 증권·대금 차감방식(DVP3)에서 증권은 일중에 건별로 선결제하고 대금은 마감시점에 차감하여 하나의 포지션으로 결제(DVP2)하는 방식으로 변경하되, 한국예탁결제원이 청산(CCP)기관으로서 대금결제의 이행을 보증하는 리스크 관리체계를 도입하였다.

셋째, 장내·외시장의 채권결제는 한국은행이 국채결제에 있어 인수하는 국채 등을 담보로 일중RP를 공급하는 제도를 도입하여 대금결제의 효율성을 제고하고 불이행 위험을 대폭 축소하였다.

증권결제제도 선진화 추진계획을 구현한 신증권결제시스템은 증권결제 조기화 및 유동성 공급에 의한 결제리스크 감소를 통해 우리나라 금융시스템 전반의 안정성 및 효율성 제고에 크게 기여하였다고 본다.

그러나, 이러한 증권결제제도 전반의 변화와 노력에도 불구하고 우리 자본시장에서 증권결제제도에 대한 이해와 중요성에 대한 관심은 여전히 적은 것으로 생각된다. 이에 한국예탁결제원은 증권시장 참가자를 비롯하여 정책당국, 학계, 업계 등 모든 이해관계자들이 보다 쉽고 정확하게 증권결제제도를 이해하고 향후의 국내 금융시장 발전에 밑거름이 되고자 하는 바람으로 증권결제제도의 이론과 실무절차를 담은 이 책을 출판하게 되었다.

이 책은 크게 3편 10장으로 구성되어 있다. 제1편에서는 증권결제제도의 이론적 기초를 구성하는 청산·결제제도 전반에 걸친 기본적인 개념 등을 구체적으로 설명하고, 국제기구들이 발표한 각종 권고안들이 도출된 배경, 권고내용 등에 대해 언급하고 있다. 제2편에서는 미국, 일본, 유럽 등 주요 국가의 전반적인 증권결제제도 운영 현황 및 실무절차에 대해 상세히 기술하고 있다. 제3편에서는 우리나라 증권시장의 발전 과정 및 현황에 대해 소개하고, 증권결제제도 선진화 및 증권결제제도 운영구조에 대해 실무절차 및 사례를 바탕으로 상세히 설명하였다.

앞으로 이 책이 증권결제참가자는 물론 정책당국, 업계, 학계 등의 각 분야에서 증권결제제도에 대한 이론 및 실무 기본서로서 광범위하게 활용될 수 있기를 바라며, 동 제도에 대한 인식을 새롭게 정립하는 계기가 되기를 기대한다. 더불어, 이 책의 출판이 국내 유일의 중앙예탁결제기관으로서 아시아를 넘어 세계 최고의 중앙예탁결제기관(CSD)을 바라보는 한국예탁결제원의 새로운 도약과 발전의 계기가 된다면 더할 나위가 없을 것으로 생각된다.

마지막으로 그간 신증권결제시스템 오픈과 안정화의 바쁜 가운데에서도 지난 1년 동안 원고 작성과 책자 출간을 위해 불철주야 최선을 다해 온 증권결제부 직원들과 원고 감수 및 책자 출간에 많은 조언을 해준 한양대학교 이상빈 교수와 한국예탁결제원 문판수 부장, 허항진 부장에게 감사의 말씀을 드린다.

2013년 3월 8일

한국예탁결제원 사장 김 경 동

# 감수의 글

금융산업은 이미 국가경쟁력을 결정하는 중요한 변수로 과학기술과 같은 21세기 첨단산업으로 자리매김했다. 세계 각국이 금융의 꽃인 자본시장의 선진화를 위해 노력하고 있는 것도 결코 이와 무관하지 않다. 과거 제조업이 강한 일본이 금융에 실패했기 때문에 1990년대 잃어버린 10년을 겪었고 지금까지도 경제의 활력을 되찾는 데 어려움을 겪고 있다. 이는 제조업과 금융의 조화 없이는 지속적인 경제발전에 한계가 있다는 것을 보여주는 한 예이다. 우리가 금융을 발전시켜야 하는 이유도 바로 여기에 있다. 이와 같이 중요한 금융을 묘사하는 세 개의 단어는 성장(growth), 다양성(diversity) 그리고 효율성(efficiency)이다. 지금 한국예탁결제원의 임무가 효율성의 증진이라면 한국거래소의 임무는 다양성의 제공이다. 효율성이 증진되면 거래비용이 내려가고 다양성이 확보되면 투자자들의 효용이 올라간다.

증권시장의 기능은 크게 매매체결기능과 매매체결 이후의 청산·결제·예탁기능 등 소위 후선업무(Back office)로 나누어 볼 수 있다. 매매체결기능을 담당하는 거래소는 균형가격 발견과 유동성 제고를 보다 효과적으로 달성할 수 있는 매매체결방법을 모색하고 투자자에게 제공해야 한다. 이러한 의미에서 거래소 간에는 경쟁체제를 도입하는 것이 바람직하다. 그러나 청산·결제·예탁 등 매매체결 이후의 과정은 정형화가 가능하고 규모의 경제가 강하게 작용할 수 있기 때문에 경쟁을 통한 효율성 증진보다 통합을 통해 효율성을 제고시켜야 한다. 다만, 통합에 따른 독점의 폐해는 지배·소유구조의 개선을 통해 방지하는 것이 타당하다. 이러한 각도에서 볼 때 거래소는 유가증권시장, 코스닥시장 및 파생상품시장 간에 독립성을 보장해 주어야 하지만, 시장 간의 청산·결제·예탁 등 후선업무는 완전히 통합시켜야 효율의 극대화가 가능하다고 보며, 나아가 장내시장과 장외시장의 후선업무까지 통합되면 효율성은 더욱 제고될 수 있다.

금번에 한국예탁결제원은 이러한 점을 염두에 두고 「증권결제제도의 이론과 실무」라는 책을 발간했다. 이 책은 제목 그대로 결제에 관한 모든 것을 담고 있다. 총 3편으로 구성되어 있는데 제1편은 증권결제제도의 개관으로 증권결제제도의 개요, 증권결제제도의 이론적 기초, 증권결제제도관련 국제단체의 권고내용으로 구성되어 있다. 제2편에서는 미국, 일본 및 유럽 등 주요국의 증권결제제도를 고찰하고 있다. 제1편과 제2편을 이해하면 바람직한 결제제도에 대한 그림을 그릴 수 있을 것이다. 제3편은 우리나라의 증권결제제도를 설명하고 있다. 특히 2009년 2월에 시행된 자본시장 통합법을 계기로 3년여의 준비와 개발과정을 거쳐 시행된 증권결제제도의 선진화 과정과 새로운 증권결제제도의 운영구조를 다루고 있다. 제3편의 우리나라 결제제도를 이해하면 제1편과 제2편을 통해 형성된 바람직한 결제제도에 근거하여 우리나라 결제제도를 비판적으로 고찰할 수 있다.

결제를 포함한 증권시장의 하부구조는 공기와 같다고 볼 수 있다. 우리는 공기가 없으면 한시도 생존할 수 없지만 어떤 원리로 공기가 생명체에 필수 불가결한지는 무관심하다. 이와 마찬가지로 우리는 증권시장에서 증권을 매매하고 있지만 어떤 과정을 거쳐 결제되고 있는지는 별로 신경을 쓰고 있지 않고 있다. 일반투자자는 그렇다 하더라도 시장과 관련된 감독당국, 업계, 학계 등은 이를 정확히 파악하고 있어야 한다. 왜냐하면 증권시장의 효율성은 바로 하부구조의 발전적 변혁에서 나오기 때문이다. 이러한 차원에서 「증권결제제도의 이론과 실무」는 현재 운영되고 있는 결제제도의 문제점과 이런 문제점을 사전에 파악하고 미리미리 대처할 수 있도록 도움을 주고 있다.

그동안 「증권결제제도의 이론과 실무」와 같은 책은 너무 전문적이라 보통 비매품으로 발간해 증정용 또는 사내용으로 활용되어 왔다. 그러나 이번에는 일반인도 구입해 볼 수 있도록 출판사를 통해 발간하고 있다. 적은 부수라도 일반인이 관심을 갖게 되면 우리나라 결제제도의 발전에 일조를 할 수 있을 것이다. 새로운 시도를 하는 것은 종전 방식을 답습하는 것보다 요즘 화두인 '창조경제'의 정신에 부합한다.

끝으로 「증권결제제도의 이론과 실무」의 발간을 계기로 하여 자본시장의 경쟁력을 결정하는 중요한 요소인 자본시장의 효율에 많은 관심이 있기를 바란다.

2013년 3월 8일

한양대학교 경영대학 교수 이 상 빈

# 차 례

## 제1편 증권결제제도의 개관

### 제 1 장 증권결제제도의 개요

## 제 3 장 증권결제제도관련 국제단체의 권고내용



# 제2편 주요국의 증권결제제도

## 제 4 장 미국의 증권결제제도

제3편

# 우리나라의 증권결제제도

## 제 7 장 증권시장의 발전 및 현황



## 제 8 장 증권결제제도 개황

## 제 10 장 증권결제제도 운영구조

# 제 1 편

# 증권결제제도의 개관

제1장

# 증권결제제도의 개요

## 01 증권시장의 의의[1]

### 1. 증권시장의 개념

일반적으로 경제적 자산은 실물자산과 금융자산으로 구분되며, 경제주체 간의 거래는 실물거래와 금융거래로 구분할 수 있다. 실물거래(real transaction)는 상품과 서비스를 대상으로 하는 거래를 말하며, 금융거래(financial transaction)는 금융자산을 대상으로 하는 거래를 말한다. 이때, 실물거래에 따른 자금의 흐름을 산업적 유통(industrial circulation)이라 하고, 금융거래에 따른 자금의 흐름을 금융적 유통(financial circulation)이라 한다.

그런데 이 두 가지 흐름은 서로 무관한 것이 아니라, 산업적 유통의 활성화가 금융적 유통을 촉진하기도 하고, 반대로 금융적 유통의 활성화가 산업적 유통을 촉진시키기도 한다. 예를 들면, 경제성장으로 저축이 증가하면(금융적 유통), 이로 인해 실물투자(산업적 유통)를 증대시킴으로써 국내총생산(GDP)과 고용을 증대시킬 수 있다. 금융적 유통은 자금의 여유가 있는 흑자지출단위(SSU: Surplus Spending Unit)로부터 자금을 필요로 하는 적자지출단위(DSU: Deficit Spending Unit)로 자금이 이전될 때 발생하는데, 이 두 경제주체 간의 이러한 자금의 유통을 금융이라 한다.

금융시장(financial market)이란 경제주체 간의 거래행위 과정에서 흑자지출단위로부터 적자지출단위로 자금이 이전되는 시장을 의미한다. 즉, 자금의 금융적 유통이 이루어지는 곳을 말한다. 이러한 금융시장은 여러 가지 기준에 따라 분류가 가능하다. 예를 들면, 자금의 융통경로를 기준으로 직접금융시장과 간접금융시장, 자금

1 강병호·김석동, 금융시장론(박영사, 2010)/이장우·강인철, 증권시장과 투자의 이해(대명, 2005) 참조.

의 융통기간의 장단에 따라 화폐시장(money market)과 자본시장(capital market), 자금의 융통이 당사자 간의 계약형태인지 양도가 가능한 증권형태인지에 따라 신용시장과 증권시장으로 구분된다.

이 가운데 증권시장(securities market)이란 증권의 매매거래가 이루어지는 곳을 말한다. 넓은 의미의 증권시장은 발행시장과 유통시장을 포함한다. 발행시장은 기업과 같은 자금수요자가 증권을 발행하여 필요한 자금을 조달하는 시장으로 건물 등 구체적 장소가 없는 추상적인 시장이다. 유통시장은 투자자가 증권의 매매를 통하여 자신의 금융자산을 운용하는 시장이며 거래소시장과 장외시장으로 구분할 수 있다. 좁은 의미의 증권시장은 유통시장 중 거래소시장만을 가리킨다. 거래소시장은 다수의 매매쌍방이 일정한 시간과 장소에서 일정한 조직과 규칙 하에 증권을 매매 거래하는 조직적이고 구체적인 시장을 말한다. 이에 비해 장외시장은 고객과 증권회사, 증권회사 또는 고객끼리 개별적으로 접촉하여 거래가 되는 비조직적이고 추상적인 시장이다.

증권시장에서 매매되는 증권을 광의로 정의하면 재산적 권리가 표창된 증서로서 어음·수표 등과 같은 화폐증권, 창고증권과 같은 상품증권, 주식·채권 등과 같은 투자증권을 포괄한다. 한편 자본시장과 금융투자업에 관한 법률(이하 '자본시장법')은 투자성이 있는 금융상품을 포괄하는 금융투자상품이라는 개념을 도입하고 이를 다시 증권과 파생상품으로 구분하고 있다. 이 중 증권[2]은 투자자에게 원본 이상의 손실에 대해서는 추가지급의무가 없는 상품을 말한다. 그리고 이는 다시 채무증권(국채증권, 사채권, 기업어음증권 등), 지분증권(주권, 신주인수권, 출자증권 등), 수익증권, 투자계약증권, 파생결합증권 및 증권예탁증권으로 구분된다.

## 2. 증권시장의 구성

### 2.1. 발행시장

발행시장(primary market)이란 자금을 필요로 하는 기업이나 정부 등에 의해 발

2 자본시장법 제4조 ① 이 법에서 '증권'이란 내국인 또는 외국인이 발행한 금융투자상품으로서 투자자가 취득과 동시에 지급한 금전등 외에 어떠한 명목으로든지 추가로 지급의무(투자자가 기초자산에 대한 매매를 성립시킬 수 있는 권리를 행사하게 됨으로써 부담하게 되는 지급의무를 제외한다)를 부담하지 아니하는 것을 말한다.

행된 주식이나 채권 등이 투자자에게 최초로 매출되는 시장을 말한다. 발행시장은 증권이 처음 투자자에게로 전달된다 하여 1차적 시장이라고도 한다. 발행시장은 구체적인 장소가 있는 것도 아니고 매매시간도 정해져 있지 않으므로 추상적 시장이라 할 수 있다. 이러한 발행시장은 투자자, 기업(정부), 그리고 증권회사 등으로 구성되어 있다.

### 2.2. 유통시장

유통시장(secondary market)이란 이미 발행된 증권이 투자자 간에 매매되는 시장을 말한다. 즉, 발행시장을 통하여 이미 발행된 증권이 투자자 간에 유통되는 시장을 말한다. 투자자들은 유통시장에서 증권과 현금을 교환할 수 있다. 따라서 유통시장은 발행시장과는 달리 증권을 매매할 수 있는 구체적인 장소를 말한다. 이러한 유통시장은 투자자, 증권회사, 증권거래소 등으로 구성되어 있다.

유통시장은 매매가 이루어지는 장소에 따라 장내시장과 장외시장으로 구분할 수 있다.

장내시장(exchange market)은 증권거래소에 상장된 증권을 표준화된 규칙에 따라 집단적으로 매매하는 구체적이고 조직화된 시장으로 거래소시장이라고도 한다. 장내시장에서의 매매는 경쟁매매 방식에 의해 체결되며 장내시장에서 거래되기 위해서는 일정한 상장요건을 갖추어야 한다. 증권거래소는 공정한 거래질서 확립을 통한 시장의 안정과 투자자 보호를 위해 각종 매매제도의 결정과 공시제도의 운영 등 시장관리업무를 수행한다.

장외시장(over-the-counter market)은 상장증권은 물론 비상장증권에 대하여 고객 상호 간, 고객과 증권회사 간 또는 증권회사 상호 간 개별적인 매매가 이루어지는 비조직적인 시장을 말한다. 장외시장에서는 매매 당사자 간에 자율적으로 매매가 되기 때문에 거래가격은 당사자에 따라 상이한 가격이 형성될 수 있다.

## 3. 증권시장의 기능

### 3.1. 자금조달기능

기업측면에서 증권시장은 증권발행이란 수단을 통하여 일반인의 유휴자금을 모집함으로써 장기의 안정적인 산업자금을 조달하게 된다. 따라서 증권시장은 기업에 대하여 자금조달원이 됨과 동시에 유휴자금을 산업 자본화함으로써 시설투자 및 기술혁신 등을 가능하게 하고 이를 통해 궁극적으로 경쟁력을 증진시키는 기능을 한다.

### 3.2. 투자수단 제공기능

일반대중에 대하여 증권시장은 저축 내지 자산의 운용을 위한 투자수단을 제공한다. 저축이나 자산을 운용하는 방법에는 여러 가지가 있지만 크게 나누어 부동산, 귀금속 등과 실물자산에 대한 투자와 예금이나 증권과 같은 금융자산에 대한 투자로 분류할 수 있다.

그런데 일반적으로 개인의 투자성향은 경제·사회가 안정되고 소득이 점차 증대됨에 따라 실물자산보다는 금융자산을 선호하게 되고 금융자산에 대한 투자 중에서도 예금과 같은 간접투자보다는 증권과 같은 직접투자를 선호하는 경향이 있다.

### 3.3. 소득 재분배기능

사회적 측면에서 증권시장은 주식의 분산에 의하여 소득의 재분배를 구현하는 기능을 한다. 현대 자본주의에서는 주식의 분산을 통한 대중자본주의를 지향하고 있다. 이에 따라 증권시장은 기업공개 및 주식지분의 분산을 촉진함으로써 대중의 자본소득 증대를 통한 국민복지 향상과 중산층을 육성하는 기능을 한다.

### 3.4. 자본의 효율적 배분기능

증권시장은 장기적으로 기업의 수익성을 비롯한 모든 정보를 반영하여 진정한 주가와 기업 가치를 발견하는 데 기여한다. 주가는 증권시장에 새로 유입되는 정보에 따라 지속적으로 변동하는데, 이에 따라 투자자금이 수익성이 낮은 기업에서 수익성이 높은 기업으로 이동하게 된다. 그 결과 수익성이 낮은 기업의 구조조정과 퇴출이 촉진되고 수익이 높은 기업의 활동이 더욱 활성화되어 평균적으로 사회적 수익성을 증대시키는 방식으로 자금의 효율적 배분이 촉진되게 된다.

### 3.5. 금융정책수단 제공기능

정부는 증권시장에서 국채 등을 발행하거나 상환함으로써 적자 또는 흑자 재정을 운용하는 방식으로 증권시장을 재정정책의 보완적인 수단으로 활용한다. 또한 중앙은행은 증권시장에서 공개시장조작을 함으로써 통화량의 조절 등을 도모하는 금융정책을 수행한다.

# 02 증권결제제도의 의의[3]

## 1. 증권결제제도의 중요성

1980년대 중반까지 세계 증권시장은 구조개선 및 금융기관의 영업전략 개발에 보다 많은 정책적 지원이 이루어졌다. 이로 인해 증권시장의 영업부문(front office)에 대한 개선은 적극적으로 추진되어 왔으나, 결제문제 등 증권시장의 후선부문(back office)은 상대적으로 중요한 사안으로 취급되지 못하였다.

그런데 1987년 10월 미국에서 발생한 주가 대폭락 사태(Black Monday)와 이로 인한 전 세계적인 파급은 종전까지 그다지 중요하게 취급하지 않고 있던 증권결제문제가 새롭게 인식되는 계기가 되었다.

이와 같이 증권결제의 중요성이 새롭게 인식되게 된 배경은 다음과 같다.

첫째, 1990년대 이후 증권 거래량의 증대, 가격 변동성 확대 및 거래 시장의 다양화를 들 수 있다. 이에 따른 증권결제위험의 증가로 투자자에 대한 신속하고 안전

3 증권예탁원, 증권예탁결제제도(증권예탁원, 2003) 참조.

한 결제서비스 제공 압력이 증대되었다.

둘째, 금융의 증권화, 금융의 겸업화, IT기술의 발달 등은 증권의 발행량·거래량을 대폭 증가시켰다. 또한 증권투자자의 다양한 증권에 대한 투자 욕구는 증권결제 인프라를 재구축하여 결제위험을 효율적으로 관리하도록 한 원인이 되었다.

셋째, 증권시장의 국제화에 따라 증권산업의 선진화를 위한 각국 증권시장 간 경쟁이 심화되었다. 특히 EU출범에 따른 유럽 증권시장의 연계·통합 등 증권시장의 구조 변화는 증권결제제도의 중요성을 더욱 가속화시키는 계기가 되었다.

이상과 같은 배경으로 금융시장의 상호의존성 심화, 결제위험의 신속한 전파 등 결제위험이 질적·양적으로 변화하였다. 이에 따라 1989년 G-30의 권고 이후 국제증권관리자협회(ISSA: International Securities Services Association), 세계증권거래소연맹(WFE: The World Federation of Stock Exchanges) 등 국제기구를 중심으로 증권결제제도의 국제적 표준화를 위한 개선사항이 세계 각국에 권고되었다.

또한 2001년에는 국제결제은행(BIS: Bank for International Settlements)[4] 산하의 지급결제제도위원회(BIS(CPSS): Committee on Payment and Settlement Systems)와 국제증권감독기구(IOSCO: International Organization of Securities Commission)가 공동으로 증권결제시스템에 관한 권고를 발표하였다. 그 이후 2004년에는 집중거래상대방(CCP: Central Counterparty)에 관한 권고를 발표하였으며, 최근 2012년에는 기존의 권고를 통합·강화한 금융시장 인프라에 관한 원칙(PFMIs: Principles for Financial Market Infrastructures)을 발표하였다.

이에 따라 세계 각국은 이러한 권고 사항을 증권결제제도의 주요 개선과제로 정하고 이를 적극 수용하기 위해 활발한 논의를 해오고 있다.

## 2. 금융시스템과 증권결제제도

증권시장을 포함한 금융시장은 수요자와 공급자 간에 자금의 중개를 그 본질로

---

4 BIS는 1930년 5월 스위스 바젤에서 주요국의 공동출자로 설립된 국제결제은행으로, OECD 내에 결성된 각종 유럽 내 지급협정, 유럽결제동맹 또는 유럽통화협정의 실무담당기관의 업무를 주로 수행하고 있다. 특히 동 은행은 1987년 은행경영의 안정성을 도모하고 국가 간 경쟁조건의 공평성을 확보하기 위해 총자산에 대한 자기자본규제비율에 관한 국제적 통일기준을 설정·운용하는 등 국제금융시장의 안정화에 크게 기여하고 있다.

▶▶ 그림 1-1 자금의 중개기능과 결제기능의 관계

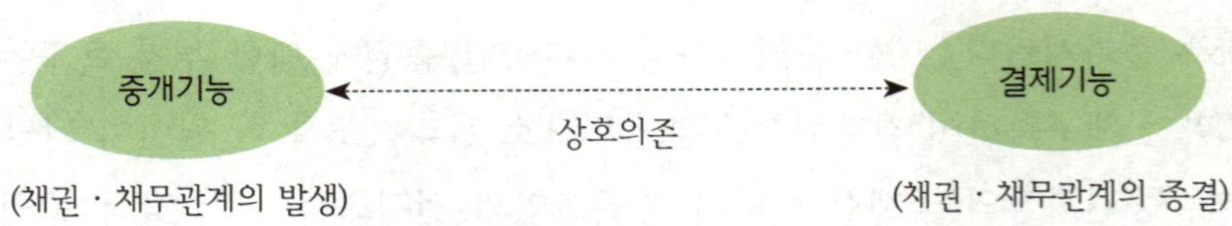


한다. 자금의 중개는 당사자 간에 채권·채무관계를 발생시킨다. 이러한 채권·채무관계는 증권의 인도나 대금의 지급이라는 결제행위를 통해 종결된다.

따라서 금융시장에서 자금의 중개기능과 결제기능은 〈그림 1-1〉과 같이 동전의 양면과 같아서 금융의 중개 없이는 결제가 필요 없고, 효과적인 결제제도의 확보 여부에 따라 금융중개기능의 성패가 달려 있다고 해도 과언이 아니다. 이와 같은 관점에서 보면 화폐금융론에서 중요시하는 화폐의 교환매개기능도 다른 측면에서 살펴보면 결국 결제기능을 강조한다는 것을 알 수 있다.[5]

한 나라의 금융시장 구조는 영업부문(front office)과 이를 지원하는 하부구조(back office)로 나누어진다. 영업부문은 금융시장과 이를 지원하는 금융시스템으로 구성되어 있고, 하부구조는 결제시스템과 이를 지원하는 결제기관이 있다. 결제는 하부구조에서 발생하고 매매거래는 영업부문에서 일어난다. 따라서 영업부문에서의 경제활동이 원활하게 이루어지려면 이를 효과적으로 지원하는 하부구조의 구축이 필수적이다.

일반적으로 금융시장은 간접금융시장과 직접금융시장으로 구분할 수 있는데, 이를 결제제도 측면에서 보면 간접금융시장에서 이루어지는 지급결제제도와 직접금융시장에서 이루어지는 증권결제제도로 분류할 수 있다. 전자는 주로 중앙은행에 개설된 은행 등 통화금융기관의 지급준비금계좌를 통해 계좌 간 자금이체방식으로 최종 결제된다. 반면, 후자는 통상 중앙예탁기관에 개설된 증권회사 등 참가금융기관의 증권예탁계좌를 통해 계좌 간 증권대체(book-entry)방식으로 최종 결제된다. 이에 따라 증권결제에 따른 대금지급은 일반적으로 중앙예탁기관이 중앙은행에 직

5 W. J. Baumol과 J. Tobin에 의한 화폐의 재고이론 모델이나 그것을 발전시킨 R. Lucas 등의 Cash-in-Advance 모델에 있어서는 「화폐의 거래수요(transaction demand for money)」라는 형태로 「화폐의 교환기능=결제기능」을 정식화하고 있으며, N. Wallace에 의한 화폐의 Overlapping Generation 모델에 있어서는 화폐가 국채와 구별되는 점으로서 액면금액의 크기가 정식화되어, 화폐의 분할가능성(divisibility)이라는 형태로 「화폐의 교환기능=결제기능」이 이론적 모델이 되고 있다.

접 참가하거나 지정 금융기관을 이용하는 방식으로 이루어진다.

## 3. 증권결제제도의 기본 구조

증권결제란 증권거래에 따라 발생한 채권·채무관계를 증권인도(delivery)와 대금지급(payment)을 통하여 종결시키는 것을 말한다. 따라서 증권결제제도란 이와 같은 증권결제와 관련된 여러 가지 구성요소를 상호 유기적으로 연결하여 전체적인 시너지 효과가 나타날 수 있도록 지원하는 일련의 업무체계를 말한다.

또한 증권결제제도는 경제적인 측면에서 자연독점의 특성이 있다. 왜냐하면 증권결제업무에 규모 및 범위의 경제가 작용하기 때문이다. 따라서 단일의 결제시스템 이외에 또 다른 결제시스템을 구축하게 되면 많은 고정비용이 소요될 뿐 아니라 규모 및 범위의 경제도 달성되지 않아 비효율적이다. 이런 자연독점의 성격으로 인해 단일의 경제시스템이 일반적이다.

즉, 증권결제제도의 위험관리와 비용측면에서 복수 시장의 참가자가 결제를 처리함에 있어서 독점적 결제기관을 이용할 경우 각 시장별 결제에 필요한 정보의 취득비용을 줄일 수 있다. 또한 각 시장별 집중적인 정보를 제공받아 교차증거금이나 결제기금의 일원화 등으로 결제위험을 감축할 수 있다. 그 외에도 결제를 네트워크 산업으로 볼 경우에는 추가적인 사용자의 한계비용은 제로에 가깝고 평균비용은 감소하게 된다.[6]

따라서 해당 결제기관 및 정책당국은 이러한 자연독점적 형태의 특성을 이해하고, 결제하부구조 이용의 공정성, 수수료 정책 및 적절한 규제정책 등을 시행하여야 한다.

증권결제업무는 일반적으로 증권 매매거래의 프로세스에 따라 〈그림 1-2〉와 같이 청산·결제·결제위험관리의 3단계로 구분할 수 있다. 청산(clearance)은 매매보고, 매매확인, 차감 등을 통하여 매매거래 당사자가 최종적으로 결제할 채권·채무를 확정하는 절차를 의미하며 이를 수행하는 기관을 청산기관이라고 한다.

결제(settlement)는 청산의 결과에 따라 매매거래 당사자간에 증권인도(delivery)와 대금지급(payment)을 통하여 매매거래를 종결시키는 절차를 의미하며 이를 수행

6 김시원, 세계증권시장 환경변화와 우리나라 증권시장인프라의 구조개편 방향(2001), p. 37 참조.

▶▶ 그림 1-2 결제업무 처리구조

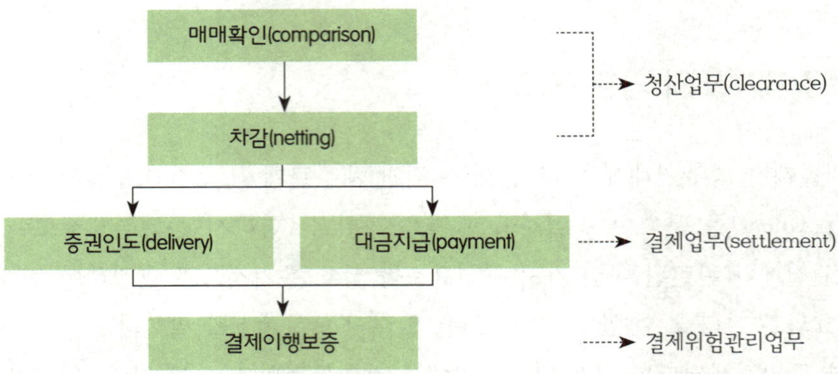


하는 기관을 결제기관이라고 한다.

결제위험의 관리는 결제과정에서 발생할 수 있는 제반 위험을 통제·배분하는 과정을 말한다. 이러한 결제위험의 관리업무는 일반적으로 청산기관에서 제공하는 경우가 많다.

한편, 청산과 결제의 개념을 포함하여 광의의 결제라고도 하며 이 경우 앞에서 설명한 결제의 개념은 협의의 결제라고 한다.

## 03 증권결제제도의 생성과 발전[7]

### 1. 증권결제제도의 생성 배경

일반적으로 증권결제제도는 증권거래에 따라 발생한 채권·채무관계를 증권인도와 대금지급을 통하여 종결시키는 제도를 말한다. 그리고 증권예탁제도는 증권의 양도나 질권 설정 등의 권리 이전, 배당금·원리금 상환과 같은 권리행사를 실물 증권의 이동 없이 계좌대체로 이루어지는 제도를 말한다.

그런데 양 제도는 상호 밀접하게 연관되어 있다. 즉, 증권결제를 위한 증권인도

7 증권예탁원, 증권예탁결제제도(증권예탁원, 2003) 참조.

는 증권예탁제도 하에서 실물 증권의 이동 없이 계좌대체로 처리된다. 특히, 현대 사회와 같이 실물 증권의 이동 없이 계좌대체로 증권결제가 이루어지는 상황에서 예탁과 분리된 결제는 기능적으로나 실제적으로도 거의 불가능하다.

이러한 증권예탁결제제도는 자본주의 경제와 이에 따른 주식회사제도의 발달 그리고 증권시장의 성장과 더불어 태동하였다. 자본주의 경제의 발달 초기에는 주식회사제도가 보편화되어 있지 않았다. 더욱이 외형적으로는 주식회사 형태라고 해도 실질적으로는 개인 기업으로 운영되었다. 그 결과 기업 자금의 융통은 기업 소유주의 신용이나 은행을 통한 간접금융방식이 대부분이었고 증권발행을 통한 자금 조달은 미진한 상태였다. 따라서 증권시장에서 이루어지는 매매거래도 소규모 개별적인 형태로 행해졌으며, 결제의 경우도 상대방 간에 직접 실물 증권을 인도하여 결제를 이행하는 것이 통상적인 관행이었다.

그러나 자본주의의 발전에 따라 경제 규모가 확대되고 주식회사제도가 활성화되면서 주식회사의 수와 자본금 규모가 크게 늘어났다. 이에 따라 은행을 이용한 간접금융방식의 자금 조달이 한계에 도달하고, 증권발행을 통한 직접금융방식에 의한 자금 조달이 대폭 증가하게 되었다.

이와 같이 증권발행을 통해 증권시장에서 자본을 조달하는 기업이 점차 늘어나고 그 조달 규모도 대형화되었다. 그리고 이러한 추세에 따라 발행시장의 규모가 확대되고 유통시장도 함께 성장하여 유통되는 증권수량과 증권투자 인구도 점차 증가하게 되었다.

이러한 발행시장과 유통시장의 확대는 기존의 직접 인도 방식에 의한 증권결제에 심각한 문제를 초래하게 되었다. 실제로 증권의 유통량이 그다지 많지 않았을 때에는 거래 당사자 간에 직접 증권을 인도하는 방법에 의해 증권결제를 하여도 증권유통에 큰 불편을 초래하지 않았을 뿐 아니라 오히려 그것이 효율적인 방법이기도 하였다. 그러나 증권시장의 성장에 따른 결제수량의 대형화가 실물 증권의 대량 이동을 수반하면서 불편이 뒤따를 수밖에 없게 되었다.

그 결과 증권회사, 자산운용회사 등 대규모의 증권을 투자·운용하는 것을 전업으로 하는 기관투자자는 실물 증권의 안전한 보관 관리와 신속·정확한 실물 증권의 이동을 위해 막대한 시설·인력·비용을 부담하게 되었다. 또한 대량의 증권이 빈번하게 이동하게 되어 도난·분실 등 각종 사고발생 위험이 상존하게 되었고, 실물 증권 취급 업무량의 폭증으로 증권의 원활한 유통에 큰 지장을 받게 되었다. 특히 투매 현상과 같이 증권거래량이 급격히 늘어나는 위기 상황에서는 거래 당사자 간의 실물 인도에 의한 결제방식은 결제이행이 불가능한 상황도 초래하였다.

이러한 시대적 배경 하에 19세기 말 독일에서 증권예탁결제제도가 최초로 등장하였다. 19세기 말 고속 경제 성장을 한 독일은 베를린증권거래소의 증권거래량이 급격히 증가하였으며, 실물 증권에 의한 결제가 어렵게 되는 상황을 맞이하게 되었다. 이에 1882년 베를린증권혼합은행(Bank des Berliner Kassenvereins)에 증권계좌대체예탁부(giro effekten depot)를 두고, 베를린증권거래소에서 매매체결된 증권혼합은행 회원 간의 결제를 실물 증권의 이동 없이 계좌대체방식에 의해 수행하게 되었다. 이렇게 독일에서 유래된 증권예탁결제제도는 제2차 세계대전 이후 미국과 유럽 선진국을 중심으로 확산되었고, 증권시장의 규모가 확대됨에 따라 비약적으로 발전하였다.

## 2. 증권결제제도의 발전 과정

증권결제제도는 자본주의 경제의 성장과 이를 뒷받침하는 증권시장의 발전과 궤도를 같이하여 태동·성장하였지만, 질적 고도화가 시작된 것은 그 역사가 비교적 짧은 편이다. 증권결제 과정은 오랫동안 증권시장 관련자들의 주된 관심 사항이 아니었다. 심지어 실무 담당자들조차 증권결제 과정을 증권거래에 부수되는 수동적인 과정으로 간주하였으며, 그 경제적 기능과 중요성에 대한 이해가 결여되어 있었다. 증권결제제도가 증권시장 인프라의 주요 구성부분으로 현재와 같은 모습으로 발전하게 된 것은 독일의 Herstatt은행 파산 사건과 Black Monday라고 일컬어지는 주가 대폭락 사태가 그 계기가 되었다.

1974년 6월 26일 독일의 중견 은행이었던 Bankhaus Herstatt가 파산하였다. 그러나 파산이 발표되기 전에 이미 지불한 마르크화 외환거래 계약을 맺은 거래자 다수가 독일 마르크화를 지급한 상태였다. 이는 결과적으로 이미 지급한 마르크화에 해당하는 달러만큼 원본위험에 노출되는 결과를 초래하였다. 더 나아가 Herstatt와 선물거래를 맺은 은행들은 다른 거래의 결제 이행을 위해서 결제 불이행된 당해 거래를 다른 거래로 대체해야 했기 때문에 대체비용 위험에 노출되었다. Herstatt 사건은 외환 거래의 결제 불이행 사건이었다. 그러나 증권결제위험에 대해서도 주의를 환기시켜 증권거래의 결제 불이행이 미치는 가공할 충격을 인식하게 해 준 최초의 계기가 되었다.

그 이후 증권결제제도의 기능과 중요성에 관한 본격적인 분석은 주가대폭락 사태(Black Monday)가 계기가 되었다. 1987년 10월 19일 월요일 뉴욕증권거래소는 개장 초부터 대량의 팔자 주문이 쏟아져 다우지수는 그날 하루 동안 508포인트, 비율로는 전일 대비 22.6%가 폭락하였다. 그 뒤 대통령특별위원회의 Brady's Report(1988)[8]에서 주가대폭락 사태의 원인을 분석하였다. 그리고 그 주요 원인은 오랫동안 누적되어 온 미국의 재정적자 및 무역적자 등 구조적인 문제, 프로그램 매매[9]에 의한 대량의 매도주문, 시장 간 결제제도의 불통일 등으로 분석되었다.

이러한 분석을 바탕으로 증권결제제도 개선을 위한 국제적인 협력이 촉발되었다. 국제증권관리자협회(ISSA: International Securities Service Association), G-30, 국제결제은행(BIS: Bank for International Settlements), 국제증권감독기구(IOSCO: International Organization of Securities Commission) 등과 같은 국제기구들은 증권결제제도 개선을 위한 각종 권고안을 발표하여 증권결제제도 발전을 위한 기준과 지침을 제시하였다.

이러한 분석 및 연구 결과와 더불어 1980년대부터 시작된 증권시장의 급격한 성장과 다양화, 국제 금융거래의 증가와 이에 따른 국제 간 경쟁 격화 등 시장 환경의 변화가 증권결제제도의 질적 변화를 촉진하는 촉매제 역할을 하였다. 이러한 과정을 거쳐 오늘날 증권결제제도는 정교한 결제위험 통제 시스템 구축, 국제 증권거래 촉진을 위한 제도 개선, 다양한 증권 상품의 출현에 대응한 시스템의 개발 등이 요구되는 전문화된 분야로 변모하였다.

---

8 정식명칭은 "The Report of the Presidential Task Force on Market Mechanisms(1988)"이다.

9 이 당시 많은 기관투자자가 주가지수선물을 활용한 포트폴리오보험전략(주식가격이 하락해도 원금손실을 회피하는 투자전략)에 따라 주식가격이 하락하자 현물을 매도하였고 이로 인해 현물가격이 하락하자 현물 추가 매도로 이어져 주가대폭락을 발생시켰다. 이와 같이 포트폴리오보험전략은 주식가격이 상승하면 현물을 매입하고 주식가격이 하락하면 현물을 매도하기 때문에 주가의 변동성을 확대시킨다.

# 04 증권결제제도의 금융 경제적 기능[10]

자본주의체제 하에서 제도의 경제적 기능은 일반적으로 효율성과 안전성이란 두 가지 문제로 귀결되는 경우가 많다. 본 절에서도 증권결제제도가 갖는 경제적 기능으로서 효율성 및 안전성의 문제와 양자 간의 상충관계에 대해서 살펴보기로 한다.

## 1. 금융시스템의 효율성 증진

효율성이란 최소의 비용으로 최대의 효과를 나타내는 것을 말한다. 효율성은 신속·정확·최소비용 등 세 가지 요소로 구성된다. 따라서 증권결제의 효율성은 대량거래에 대한 결제비용이 저렴하면서 신속·정확하게 처리되는 것에 의해 좌우된다.

증권결제제도는 이 제도에 참가하는 금융기관 간에 증권거래에 따른 증권 및 대금을 개별적으로 인도·인수하는 데 소요되는 막대한 비용과 시간을 절약하기 위해 고안된 제도이다. 이와 같이 제도화된 시스템을 통한 결제의 편리성과 효율성 확보는 사회적 비용의 감축과 결제의 신속성이라는 측면에서 관심이 높아지고 있다.

증권결제제도의 효율성은 첫째, 증권예탁제도의 발달로 증권의 실물이동 없이 계좌 간 대체기재에 의한 결제가 가능해짐에 따라 크게 향상되었다. 이를 통하여 증권의 실물이동에 수반되는 비용 및 시간을 절감할 뿐만 아니라 실물증권의 인도·인수에 따른 분실위험 등을 회피할 수 있게 되었다.

둘째, 증권결제업무의 효율성은 차감결제방식의 채택을 통하여 제고될 수 있다. 차감결제방식은 참가자 간 결제에 필요한 증권과 대금의 인수도 건수 및 결제규모를 대폭 축소시킴으로써 증권결제시스템의 효율성을 증대시키고 결제비용을 크게 감소시킬 수 있다. 이와 동시에 시장참가자가 유발시킬 수 있는 신용위험 및 유동성위험의 크기를 줄일 수 있다.

---

10 증권예탁원, 증권예탁결제제도(증권예탁원, 2003) 참조.

▶▶ 그림 1-3 증권결제제도의 기능

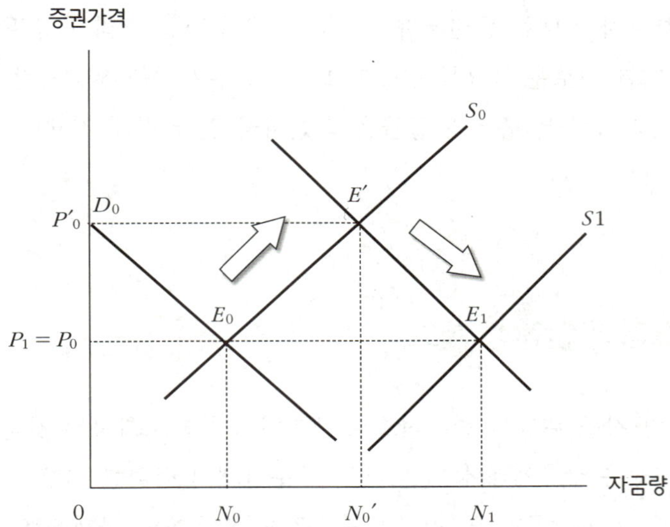


1990년 11월 BIS가 발표한 「Lamfalussy 보고서」[11]는 외환거래에 있어 상대차감방식을 채택할 경우 결제건수 및 금액이 50% 이상 감소된다는 연구결과를 발표한 바 있다. 실례로 장내 주식시장에서 다자간차감방식을 채택하고 있는 우리나라의 경우에도 거래금액대비 결제금액의 차감효과는 90% 이상 감소되는 것으로 나타나고 있다.[12]

또한 다자간차감방식에 의한 결제제도 하에서는 결제기관(또는 청산기관)이 동 시스템에 참가하는 참가자의 자격에 대해 엄격히 규제하고 있고, 매매확인된 거래에 대해서는 결제의 이행을 보증하고 있다. 따라서 참가자는 거래상대방의 신용상태 등을 파악하기 위한 탐색비용이 들지 않는다는 장점이 있다.

셋째, 결제업무의 전산화는 방대한 거래를 효율적이고 신속하게 처리할 수 있도록 한다. 따라서 매매시점에서 결제시점까지의 기간을 단축시킬 수 있어 결제위험을 나타내는 미결제잔액을 감축시킨다. 또한 결제위험 축소의 전제가 되는 결제

---

11 정식 명칭은 "Report of the Committee on Interbank Netting Schemes of the Central Banks of the Group of the Ten Countries"로 차감결제제도의 건전한 발전을 촉진시키고자 BIS에서 연구 발표한 것이다. 동 보고서는 은행 간 차감결제방식의 구축시 필요한 기본적인 요건을 제시하고 있는데, 이는 차감결제방식을 채택하는 증권결제제도에도 시사하는 바가 크다.

12 장내 주식시장의 거래금액 대비 결제금액의 차감비율은 2010년도 94.9%, 2011년도 94.8%, 2012년도 94.0%인 것으로 나타났다(증권예탁誌 제81호).

위험의 파악도 컴퓨터시스템의 도움으로 기술적으로 용이해졌다.

효율적인 증권결제제도는 〈그림 1-3〉과 같이 정보수집 및 결제비용 등을 절감시킴으로써 투자자에 대한 증권투자 수익을 증대시킨다. 그리고 증권투자수익의 증대는 증권에 대한 새로운 수요를 창출함으로써 증권가격을 상승시킨다($E_0 \Rightarrow E'$). 이러한 증권가격의 상승은 증권의 공급을 촉진시켜 결국 경제 전체의 효율성 증대에 기여하게 된다($E' \Rightarrow E_1$).

## 2. 금융시스템의 안전성 제고

안전성이란 각종 위험을 원천적으로 제거하거나 최소화하는 것을 말한다. 금융시스템의 안전성은 금융거래에 따른 채권·채무관계의 적절한 이행 가능성, 즉 결제 이행 가능성에 크게 의존한다. 최근 금융시장의 자유화와 국제화로 인하여 국내외 금융시장 간 및 금융기관 간 상호연계성이 커지고, 결제시스템 간 상호의존성도 높아지고 있다. 이러한 금융시장의 환경변화는 한 결제시스템에 참가하는 특정 금융기관의 결제불이행이 다른 참가기관에 급속히 파급되어 금융시장 전체의 안전성을 위협할 가능성이 증대되고 있다. 따라서 세계 각국은 금융시스템의 안전성을 확보하는 데 필수적인 요소인 결제제도의 안전성 확보에 주력하게 되었다.

증권결제제도의 안전성을 확보하기 위한 전제조건은 다음과 같다. 첫째, 결제기관에 참가한 금융기관의 경영 안전성 확보이다. 이에 따라 결제기관은 참가자에 대한 재무적 또는 비재무적 참가기준을 설정하여 이의 충족여부를 정기 또는 수시로 감시하고 있다.

둘째, 결제업무 처리방식의 안전성 확보이다. 따라서 각국 결제기관은 자국 결제시스템의 결제위험을 최소화하기 위해 결제대금의 당일자금화, 동시결제방식의 채택, 결제기금의 적립 등 여러 가지 안전장치를 마련하고 있다.

셋째, 법적 안전성의 확보이다. 증권결제제도와 관련하여 그 절차나 권한·책임에 대한 법적 근거가 명확하지 않으면 참가자들이 자신의 책임을 인식하지 못함으로써 시스템위험을 증대시킬 수 있다.

## 3. 안전성과 효율성의 제고

일반적으로 증권결제제도의 안전성과 효율성은 상충(trade-off)관계에 있다. 따라서 최적의 상태에 있는 경우 어느 한 가지를 개선하기 위해서는 다른 한 가지를 희생해야만 한다. 이러한 상충관계는 결제방법, 참가자의 범위 등 증권결제제도 전반에 걸쳐 나타난다.

예를 들어 결제기관에서 증권대차나 결제대금에 대한 신용공여를 참가자에게 담보 없이 제공해 주면 결제는 원활하게 처리될 수 있으나, 금융거래가 부실화될 가능성이 높아지기 때문에 시스템의 안전성은 저해된다. 또한 결제기관에 대한 참가자 범위도 참가자가 많을수록 결제의 효율성은 증대할 수 있으나, 신용상태가 불량한 부실 금융기관의 결제불이행 가능성도 그 만큼 높게 된다.

그러나 증권결제제도는 일반적으로 최적의 상태를 지속적으로 유지할 수 없다. 따라서 증권결제에 관한 각종 규칙 및 관행을 정비하거나 결제업무방법의 개선 등을 통해 효율성과 안전성을 동시에 제고할 수 있다. 예컨대 결제기관의 통합화는 효율성과 안전성을 제고시키는 증권결제제도 개선의 좋은 사례이다. 결제기관의 통합화로 시스템위험이 증대될 수도 있으나, 한편으로는 결제규모의 축소·위험통제에 필요한 효과적인 수단을 제공하는 측면도 있다.

한편, 제도의 개선을 통하여 최적상태에 도달하면 양 기능을 동시에 만족시킨다는 것은 거의 불가능하다. 따라서 각 기능이 각각의 기준을 얼마만큼 충족시키고 있느냐를 확인하는 것은 물론이고, 각 개별기준에 대해 얼마만큼의 비중을 배분하여야 하는가의 정책적 결정도 매우 중요하다. 이러한 것은 정책적 가치판단의 문제로서 보다 합리적인 판단을 위해서는 금융시스템 전반에 대한 세밀한 분석이 선행되어야 한다.

## 4. 증권결제제도의 국제정합성 확보

최근 금융시장의 자유화와 국제화로 인하여 증권시장의 전면적 대외개방과 국내투자자의 해외증권투자 확대 등이 이루어지면서 국내외 증권결제제도의 상호 의존성이 심화되고 있다. 이와 같은 환경에서 증권결제제도에 새로이 요구되는 기능 중의 하나가 국제정합성이다. 국제정합성이란 국제화 시대에 있어서 각종 제도나 관행이 국제적인 기준에 부합해야 한다는 것을 의미한다.

오늘날 같이 국제적 결제네트워크를 통한 결제업무의 국제화가 급진전되어 가는 추세에 비추어 볼 때, 국제정합성을 갖는 결제제도의 구축은 결제위험의 국제적인 파급현상으로부터 국내시장을 보호하고 해외시장과 균형 있는 발전을 도모할 수 있다.

최근 2012년에 BIS(CPSS)-IOSCO는 증권결제제도 등에 관한 새로운 국제기준인 금융시장 인프라에 관한 원칙(Principles for Financial Market Infrastructures)을 발표하고 각국이 이를 채택할 것을 권고하였다. 이 국제기준은 글로벌 금융위기 이후 증권결제시스템 등 금융시장 인프라의 위기 대응능력 제고 및 리스크 관리기준 강화 등 금융환경 변화를 반영하기 위한 것으로 기존 국제기준을 통합·강화하여 제정되었다. 이러한 BIS(CPSS)-IOSCO의 권고로 인해 각국 증권결제제도의 국제정합성은 더욱 진전될 것으로 전망된다.

# 제2장 증권결제제도의 이론적 기초

## 01 증권의 청산과 결제

### 1. 개 요[1]

증권시장에서의 매매거래는 여러 단계의 과정을 거쳐 최종적으로 결제에 이르게 된다. 이러한 매매거래의 과정은 〈그림 2-1〉처럼 매매거래의 체결→청산→결제의 3단계로 나눌 수 있다. 이 중에서 매매거래의 체결과정은 시장부문(front office), 청산과 결제의 과정은 후선부문(back office)으로 구분할 수 있다.

▶▶ 그림 2-1 증권시장에서의 매매거래 과정

| 구분 | 거래과정 | | 운영주체 |
| --- | --- | --- | --- |
| 시장부문 | 매매체결 | 매매체결 시스템 | 거래소 or OTC |
| 후선부문 | ↓ 청 산 | 청산 시스템 | 청산기관 or 결제기관 |
| | ↓ 결 제 | 결제 시스템 | 결제기관 |

매매거래의 체결(trade execution)과정을 살펴보면 증권회사는 고객으로부터 주문을 받아(또는 자기의 계정으로) 시장에서 거래를 한다. 매매거래가 이루어지는 시장은 조직화된 거래소에서 이루어지는 장내시장(exchange market)과 거래소 이외에서 당사자 간의 상대계약을 통해서 이루어지는 장외시장(over-the-counter market)

1 證券決濟システムのすべて(第2版)/中島眞志·宿輪純一 [共著] (2008. 5)

으로 구분된다.

고객으로는 기관투자자, 개인투자자 등이 있으며 최근 증권시장에서는 집합투자업자, 연·기금, 보험 등 기관투자자의 거래가 큰 비중을 차지하고 있다. 기관투자자는 매매거래의 건수나 거래단위가 크며, 거래에서 결제까지의 과정에서 중요한 역할을 하고 있다.

매매거래 체결 이후의 과정은 매매보고, 매매확인, 채권·채무의 확정으로 이루어진 청산과 증권인도와 대금지급으로 이루어지는 결제로 구분된다.

## 2. 증권의 청산[2]

### 2.1. 청산의 개념

일반적으로 청산(clearing)이란 증권 매매거래 당사자가 최종적으로 결제할 채권·채무를 확정하는 절차를 의미한다.

오늘날 증권시장은 대량으로 거래가 이루어지기 때문에 매매거래가 체결된 뒤 2~3일 후에 증권과 대금을 상호 교환하여 결제를 하게 된다. 이러한 결제를 하기 위해서는 매매거래 체결 이후 매매거래 당사자가 최종적으로 인도하여야 할 결제증권과 지급하여야 할 결제대금을 확정하는 청산의 과정이 필요하게 되는 것이다.

한편, BIS(CPSS)−IOSCO(2012)에서는 청산을 매매거래내역의 차감 및 최종 결제포지션의 확정을 포함하고, 때로는 결제 이전에 거래내역을 전달, 정정 및 확인하는 절차라고 정의하고 있다.[3]

이와 같은 청산의 개념은 주식·채권 등이 거래되는 증권시장과 선물·옵션 등이 거래되는 파생상품시장으로 구분해서 살펴볼 필요가 있다. 대부분의 증권시장은 주식, 채권 등이 거래된 후 2~3일 만에 증권과 대금이 교환되면서 결제가 이루어진다. 따라서 참가자의 채권·채무를 계산하는 청산과 소유권의 최종적 이전(final transfer)을 통하여 채권·채무를 해소하는 결제가 별개의 프로세스로 명확하게 구분

---

2 증권예탁결제원, 증권시장의 청산·결제제도(2006. 12), p. 3.

3 Clearing: The process of transmitting, reconciling, and, in some cases, confirming transactions prior to settlement, potentially including the netting of transactions and the establishment of final positions for settlement(Principles for financial market infrastructures, p. 175).

된다.

그러나 파생상품시장에서는 일정기간 증거금만으로 몇 달 혹은 1년 이상의 기간 동안 거래를 지속한다. 그리고 그 기간 동안에는 고객의 증거금이 결제이행담보 능력을 유지할 수 있도록 일일정산(mark-to-market, 日日精算)을 통하여 증거금의 추가납부 또는 환급을 실시하게 된다. 한편 선물거래의 결제는 전매(resale) 또는 환매(redemption) 등 반대매매(反對賣買)를 하거나, 당해 상품의 최종거래일까지 계약을 유지하여 만기일에 최종결제 하는 방법이 있다. 이 경우에 증권시장처럼 증권과 대금을 상호교환하여 소유권을 이전하는 결제프로세스는 불필요하며, 약정가격과 반대매매 시점 또는 만기일의 가격 간의 차액만을 현금으로 수수하게 된다. 따라서 파생상품시장에서는 청산의 개념에 결제를 포함하여 설명하기도 한다.

### 2.2. 청산의 절차

증권시장에서의 청산은 매매보고(trade report), 매매확인(trade comparison or matching), 채권 및 채무의 계산 등의 단계로 구분되며 이러한 과정을 거쳐 매매거래 당사자가 최종적으로 결제할 채권·채무를 확정하게 된다.

#### 2.2.1. 매매보고

매매보고(trade report)란 매매거래가 완료된 이후 매매거래의 동일성을 확인할 수 있도록 해당 거래의 세부내역을 청산기관, 결제기관 등이 운영하는 매매확인시스템에 제출하는 것을 말한다.

일반적으로 증권의 매매거래는 장내시장, 장외시장 등 다양한 시장을 통해 발생한다. 이러한 시장에서 매매된 거래의 세부내역을 매매확인시스템에 보고하는 것이 당해 거래의 청산을 위한 최초의 단계이다. 매매거래의 결제와 관련된 복잡한 업무 처리 절차를 감안할 때, 매매거래가 완료된 이후 즉시 매매보고가 이루어지는 것이 신속한 증권결제를 위해 중요하다.

특히, 결제주기가 짧은 증권시장에서 신속·정확한 매매보고가 더욱 강조된다. 이에 따라 각국은 일정한 시간 내에 매매보고를 완료하도록 관련 규정에 명시하고 있다.

매매보고를 위해 참가자가 이용할 수 있는 수단은 여러 가지가 있지만, 일반적으로 매매확인시스템과 참가자 간의 전산네트워크가 얼마만큼 전문화(專門化)되어 있는가에 크게 의존한다. 전산네트워크의 구축정도에 따라 매매보고의 방법은 ① 수작업, ② 半자동, ③ 자동처리방식이 있다. 최근 증권결제업무의 전산화 현상에 따라 수작업방식으로 매매보고 되는 경우는 거의 없고, IT기술의 발달로 인해 실시간 자동처리방식의 매매보고가 주요 선진국을 중심으로 도입되고 있다.

매매확인시스템에 보고될 매매거래의 세부내역은 당해 거래의 동일성을 식별할 수 있는 기본적 사항이 충분히 기록되어야 한다. 매매거래의 동일성을 확인할 수 있는 사항으로는 다음과 같은 것들이 있다.

① **매매거래의 당사자** : 매매거래의 결제처리를 위해 필요한 모든 당사자가 포함되어야 한다. 매도자와 매수자는 물론 필요한 경우 증권회사, 보관은행 등 결제에 필요한 모든 기관을 확인할 수 있어야 한다.

② **증권의 종목명** : 증권의 동일성을 식별할 수 있도록 모든 참가자가 인지하고 있는 표준증권코드를 사용해야 한다.

③ **거래장소** : 거래장소에 관한 정보는 장내시장이나 장외시장에서 이루어진 거래의 구분과 같이 시장을 특정할 수 있는 내용이 되어야 한다.

④ **거래일과 결제일** : 거래일과 결제일은 필수항목으로 결제주기가 특정된 경우에는 통보된 거래일에 기초해서 결제일을 지정할 수도 있다.

⑤ **거래유형** : 증권거래는 매매거래, 대차거래, Repo거래 등 다양한 거래유형에 따라 차감·결제방식이 다를 수 있으므로 거래유형에 관한 정보가 필요하다.

⑥ **결제방법** : 선진화된 증권시장일수록 결제기관은 다양한 결제서비스를 제공한다. 그런데 매매거래의 결제에 따른 결제방법은 매매를 보고하는 거래당사자들의 선택에 의해 결정되어야 한다.

⑦ **매매구분 · 수량 · 단가** : 매매거래는 건별 매도와 매수를 구분한 수량과 단가를 표시해야 하고, 결제가격과 거래가격이 상이한 경우에는 결제가격도 명시해야 한다.

청산기관, 결제기관 등 매매확인시스템의 운영기관에 대한 매매보고의무는 〈그림 2-2〉와 같이 조직화된 장내시장에서의 매매거래는 증권거래소가, 장외시장에서의 매매거래는 매매거래 당사자가 직접 또는 중개회사가 부담한다.

매매보고업무를 효율적으로 처리하기 위해서는 증권거래소와 매매확인시스템 간의 정보전달체계 구축뿐만 아니라, 장외시장의 직접 참가자 및 중개회사와 매매확인시스템 간의 정보전달체계의 구축이 필수 불가결하다.

▶▶ 그림 2-2 매매보고 흐름도

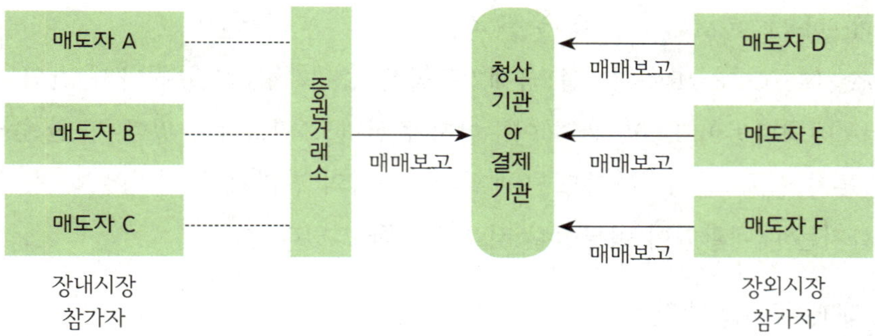


## 2.2.2. 매매확인

### 가. 매매확인의 의의

매매확인(trade comparison or confirmation)이란 매매거래 당사자 간에 합의한 대로 매매거래가 체결되었는지를 확인하는 것을 의미한다. 한편, BIS(CPSS)-IOSCO(2012)에서는 매매확인을 매매거래 당사자 또는 별도 집중처리조직회사(central entity)에 의해 매매거래의 조건을 확인하는 절차라고 정의한다.[4]

일반 상거래와 마찬가지로 증권 매매거래도 매도자와 매수자 간에 가격, 수량, 결제조건 등 거래조건이 상호 합의된 경우에 매매가 성립한다. 매매거래가 성립된 후 확인까지의 시간이 길면 길수록 결제불이행 위험은 그만큼 증대된다. 따라서 매매확인시스템은 매매체결시점 이후 가능하면 빨리 매매확인을 하는 것이 바람직하다. 그러므로 시기적절한 매매확인서비스를 제공해 주는 효율적인 매매확인시스템의 구축은 결제불이행을 축소하는 데 결정적인 도움을 준다.

현대 증권시장에서 발생하는 매매거래는 대량적·집단적으로 발생하기 때문에 일반 상거래와 같이 수작업에 의한 매매확인이 이루어지기는 어렵다. 따라서 각국은 증권 매매거래에 따른 매매확인업무를 효율적으로 처리하기 위해 전산화된 매매확인시스템을 구축하고 있다.

이러한 매매확인업무는 일반적으로 거래소시장과 같이 조직화된 시장의 경우에는 증권거래소 등 시장개설기구 또는 청산기관이 제공하고 있으며, 장외시장 등

---

4 Confirmation: A process whereby the terms of a trade are verified either by directly involved market participants or by a central entity(Principles for financial market infrastructures, p. 175).

의 경우에는 청산기관, 결제기관 또는 ETC(Electronic Trade Confirmation)회사 등이 제공하고 있다. ETC회사의 대표적인 예로 Omgeo(미국), Bloomberg(미국), Crossmar(미국), ICMA(영국) 등을 들 수 있다.

ISSA, BIS(CPSS)/IOSCO 등 국제기구들은 증권시장 직접 참가자 간의 거래에 대해서는 매매확인이 T+0일까지 이루어져야 한다고 권고하고 있다. 또한 증권시장의 기관투자가 등 간접참가자도 매매확인시스템의 참가자가 되어야 하며, 적어도 T+1일까지는 매매확인이 이루어질 것을 권고하고 있다.

#### 나. 매매확인시스템의 유형

세계 각국들은 자국의 증권시장에 맞는 상이한 유형의 매매확인시스템을 운영하고 있다. 그러나 매매확인시스템은 통상 쌍방매매확인시스템, 체결시점매매확인시스템, 일방매매확인시스템으로 분류된다.

거래소시장과 같이 조직화된 시장에서 직접 참가자 간의 거래의 경우 대체적으로 체결시점매매확인시스템이 적용되고 있다. 이에 비하여 직접 참가자와 기관투자자인 간접 참가자 간의 매매확인의 경우 자국시장의 거래관행 또는 전산화 수준 등에 따라 쌍방 또는 일방매매확인시스템을 적용하고 있다.

##### (1) 쌍방매매확인시스템

쌍방매매확인시스템(two-sided comparison system)이란 매도자와 매수자 쌍방이 매매거래내역을 보고하고 이를 상호대조하는 방식으로 매매확인이 이루어지는 시스템을 말한다. 쌍방매매확인시스템에서는 〈그림 2-3〉과 같은 절차로 매매확인이 이루어진다.

첫째, 매매거래가 체결되면 매매보고 의무자는 거래일(T일: trade date) 또는 늦어도 익일(T+1일)의 매매거래가 개시되기 전까지 매매거래 내역을 제출한다. 이 매

▶▶ 그림 2-3 쌍방매매확인시스템

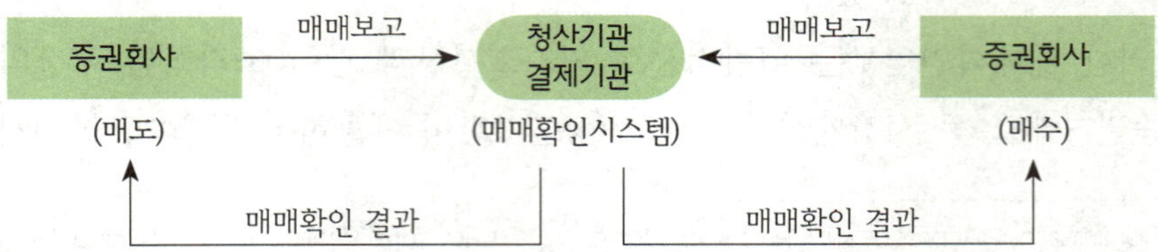

매거래 내역의 제출방법은 전산시스템 연계, 웹(Web)접속 등 여러 가지 방법이 사용되나 가장 효율적인 방법은 전산시스템 연계이다.

둘째, 제출된 매매거래 내역은 매매확인시스템에 의해 매매확인과정을 거치면서 확인된 매매, 미확인매매, 거부된 매매로 분류되어 T일 또는 T+1일에 관련 당사자에게 그 결과를 통보한다. 확인된 매매는 다음 단계의 업무인 차감이나 결제를 위해 대기하게 된다. 미확인매매와 거부된 매매는 정상적인 결제를 위해 당사자 간 조정을 통하여 적절한 시간 내에 해결되어야 한다.

쌍방매매확인시스템의 장점은 가능한 한 조기에 매매내역을 대조하고 일련의 결제절차가 진행되는 과정에서 보다 신속하게 착오가 확인될 수 있다는 점이다.

### (2) 체결시점매매확인시스템

체결시점매매확인시스템(locked-in comparison system)이란 매매체결시점에 매매확인이 이루어지는 시스템을 말한다. 이 시스템은 거래소시장에서 주로 채택되는 매매확인방법이며, 매매쌍방이 매매취소에 동의하지 않는 한 거래된 대로 결제된다.

체결시점매매확인시스템을 채택하고 있는 시장에서는 참가자들에게 거래가 체결된 대로 결제될 것이라는 높은 확실성을 심어주는 이점이 있다. 이는 또한 매매확인업무를 처리하기 위해 소요되는 비용과 노력을 절감시킨다. 특히 체결시점매매확인시스템은 적은 단위로 많은 거래를 취급하는 증권시장에서 효율적이다.

### (3) 일방매매확인시스템

일방매매확인시스템(one-sided comparison system)은 매매거래 당사자 중 일방이 매매거래 내역을 보고하고, 상대방은 동 내역을 승인하는 방식으로 매매확인이 이루어지는 시스템이다. 이 시스템은 쌍방매매확인시스템에 가입을 원하지 않거나 이에 가입할 수 없는 시장의 간접참가자, 특히 기관투자자를 위해 고안된 시스템이다. 따라서 이 시스템은 본질적으로 증권회사·기관투자자·보관은행을 연결하는 시스템이다.

이 시스템의 매매확인업무는 〈그림 2-4〉와 같은 업무처리절차를 통해 이루어진다.

첫째, 기관투자자의 매매주문이 증권회사를 통해 증권시장에서 체결되면 동 증권회사는 매매확인시스템에 거래일(T일) 또는 익일(T+1일)의 매매거래 개시 전까지 매매거래 내역을 제출한다. 매매확인시스템은 해당 매매거래 내역을 기관투자자

다. 매매확인의 효과

매매확인이 이루어지면 매매거래 당사자의 매매거래 내역이 확정되며 그에 따른 효과는 결제방식에 따라 상이하다. 총량결제방식의 경우에는 매매확인이 이루어진 결과대로 매매거래 당사자의 채권·채무 관계가 유지된 상태에서 다음 단계인 채권·채무의 계산과정이 진행되게 된다.

그러나, 차감결제방식의 경우에는 매매거래 당사자의 채권·채무 관계가 변경될 수 있다. 특히, 청산기관(CCP)이 있는 경우 매도자와 매수자 간의 원 거래관계는 단절되고, 매도자와 CCP, CCP와 매수자의 새로운 거래관계가 발생하게 된다. 그 결과 매매확인이 된 거래는 청산기관에 의해 결제이행이 보증되고 다음 단계인 차감 등과 같은 채권·채무의 계산과정이 진행되게 된다.

### 2.2.3. 채권·채무의 계산

매매거래가 확인된 이후의 다음 단계는 채권·채무의 계산이다. 이는 매매거래 당사자가 결제일에 이행하여야 할 증권인도채무와 대금지급채무를 계산하는 것을 의미한다. 즉, 매도자의 경우에는 인도하여야 할 증권수량과 수령할 결제대금을, 매수자의 경우에는 지급하여야 할 결제대금과 수령할 증권수량을 계산하는 것이다. 한편, BIS(CPSS)−IOSCO(2001년)는 이러한 채권·채무의 계산에 한정하여 청산(clearance)으로 정의하기도 한다.[6]

이러한 채권·채무의 계산은 일반적으로 다음의 두 가지 방식으로 이루어진다.

첫째, 총량기준(gross basis)으로 계산하는 방식이다. 이는 매매확인이 된 거래 건별로 채권·채무를 계산하는 방법으로 거래 건수가 상대적으로 적고 거래 건당 금액이 큰 경우에 적합하다.

둘째, 차감기준(net basis)으로 계산하는 방식이다. 이는 매매거래 당사자 간에 존재하는 복수의 채권·채무를 소수 또는 한 건의 채권·채무로 계산하는 방식으로 거래 건수가 상대적으로 많고 거래 건당 금액이 적은 경우에 적합하다.

6 Clearance: The term "clearance" has two meanings in the securities market. It may mean the process of calculating the mutual obligations of market participants, usually on a basis, for the exchange of securities and money(Recommendations for Securities Settlement Systems, p. 45).

## 3. 증권의 결제

### 3.1. 결제의 개념

증권결제의 개념과 관련하여 통일적인 정의는 없다. 하지만 일반적으로 증권결제(securities settlement)란 증권 매매거래에 따라 발생한 채권·채무관계를 증권인도(delivery)와 대금지급(payment)을 통하여 종결시키는 것을 의미한다. BIS(CPSS)-IOSCO(2001)는 결제를 매수자와 매도자 간에 증권과 대금의 최종 이전을 통해 매매거래를 완료하는 것이라고 정의하고 있다.[7]

앞에서 설명한 청산의 과정을 통해 확정된 증권인도나 대금지급에 관한 채권·채무관계는 결제과정을 통해 매매거래 당사자 간에 인도·인수함으로써 종료 또는 소멸되게 된다. 즉, 결제는 증권과 대금에 대한 소유권을 채무자로부터 채권자에게 이전시키는 기능을 한다.

한편, 결제의 개념을 광의의 결제와 협의의 결제로 구분하기도 한다. 광의의 결제란 증권의 매매거래의 체결 이후 매매확인, 채권·채무의 계산 및 증권인도·대금지급 등의 모든 단계를 포함하여 '결제'라고 부르는 것을 말한다. 협의의 결제란 증권인도와 대금지급에 한정하여 '결제'라고 부르는 것을 말한다. 본서에서는 협의의 결제 개념을 기준으로 기술하되 때로는 광의의 결제의 개념을 사용하기로 한다.

### 3.2. 결제의 절차

청산 과정을 통해 매매거래 당사자의 채권·채무가 확정되면 증권인도와 대금지급을 위한 결제청구가 결제기관에 통지된다. 결제청구는 매매거래 당사자가 직접 하거나 청산기관이 한다. 이러한 결제청구에 따라 결제기관은 증권인도와 대금지급을 통해 최종적으로 결제를 완료하게 된다.

---

7 The completion of a transaction through final transfer of securities and funds between the buyer and the seller(Recommendations for Securities Settlement Systems, p. 48).

### 3.2.1. 증권인도(delivery)

증권인도는 결제기관에서 계좌대체(book-entry)의 방법으로 이루어진다. 즉 매도자의 계좌에 결제증권의 수량을 감소기재하고, 매수자의 계좌에 동일한 수량을 증가기재 함으로써 이루어진다.

과거에는 증권인도가 실물증권의 수수에 의해 이루어졌다. 그러나 증권결제제도가 도입된 이후에는 실물증권의 이동은 사라지고 결제기관에서 관리하는 전자적 장부인 예탁자계좌부에 개설된 참가자들의 계좌를 통하여 계좌대체로 이루어지게 되었다.

오늘날 세계 각국은 계좌대체에 의한 증권인도와 관련하여 증권의 부동화 또는 무권화와 같은 법률적 장치를 마련하고 있다.[8]

증권의 부동화(immobilization)는 발행단계에서는 실물증권이 발행된다. 그러나 해당증권을 결제기관에 집중예탁함으로써 실물증권 자체를 유통시키지 않고, 증권의 이전은 결제기관의 전자적 장부상 계좌대체에 의해서 처리하는 것이다. 미국, 우리나라 등이 이에 해당된다.

증권의 무권화(dematerialization)는 증권의 발행단계부터 실물증권은 일체 발행되지 않고, 결제기관에서의 전자적인 장부상 데이터에 의해 모든 권리를 이전하는 것이다. 영국, 프랑스, 일본 등이 이에 해당된다.

### 3.2.2. 대금지급(payment)

대금지급은 결제기관 또는 대금결제은행에서 계좌이체(account-transfer)의 방법으로 이루어진다. 결제기관이 대금지급을 직접 처리하는 경우도 있으나 대부분의 경우에는 중앙은행 또는 상업은행을 통해 간접적으로 처리하는 것이 일반적이다.[9]

이로 인해 대부분의 결제기관은 중앙은행 또는 상업은행에 자신의 대금계좌를 개설한 후 자신의 계좌를 경유하여 매도자와 매수자 간의 대금지급을 처리하고 있다. 결제기관은 이러한 대금지급업무를 원활하게 처리하기 위하여 중앙은행 또는 상업은행과 전산시스템을 연계하고 있다.

---

8&9 證券決済システムのすべて(第2版)/中島眞志·宿輪純一 [共著] (2008. 5)

### 3.3. 증권결제의 특징[10]

증권결제는 대금의 계좌이체만 이루어지는 자금결제와 달리 증권과 대금의 상호교환이 필요하기 때문에 자금결제보다 복잡하다. 이러한 증권결제와 자금결제의 구체적인 차이점은 다음과 같다.

#### 3.3.1. 단순형 결제와 가치교환형 결제

자금결제는 단순히 자금이 결제되는 형태의 결제로 '단순형 결제'라고도 한다. 결제되는 자금의 대가가 되는 상품이나 서비스의 수수는 통상적으로 결제시스템과는 별도로 이루어진다.

반면에 증권결제는 '가치교환형 결제(exchange-for-value settlement)'의 하나로 '증권인도'와 '대금지급'의 교환에 의해 결제가 종결되는 것이다. 외국환거래에 의해 어떤 통화와 다른 통화를 교환하는 '외환결제(foreign exchange settlement)'도 가치교환형 결제의 예라 할 수 있다.

가치교환형 결제에서는 증권의 인도시점과 대금의 지급시점 간에 시차(time lag)가 발생하면 결제당사자의 일방은 인도를 했지만 그 대가를 수취하지 못할 수 있는 위험, 즉 원본위험이 발생한다. 이 때문에 이러한 위험을 축소하기 위해 증권(securities leg)과 대금(payment leg)의 결제가 동시에 이루어지도록 하는 동시결제(DVP: Delivery versus Payment)가 필요하게 된다.

이와 같은 특성을 감안할 때 증권결제를 단순히 증권의 계좌대체(book-entry)만으로 한정하는 것은 가치교환형 결제인 증권결제의 특성을 이해하지 못한 것이며, 증권결제는 증권의 계좌대체와 대금의 계좌이체를 모두 포함하는 개념으로 이해하여야 할 것이다.

#### 3.3.2. 증권종류의 다양성

자금결제에서 결제되는 것은 기본적으로 당해 국가의 통화(예를 들면, 우리나라에서는 원화, 미국에서는 달러화, 일본에서는 엔화 등)이며, 자금결제의 대상은 '1종류의 통화'이다.

---

10 證券決濟システムのすべて(第2版)/中島眞志·宿輪純一 [共著] (2008. 5)

반면에 증권결제의 대상이 되는 증권은 주식, 국채, 사채, 전환사채, 지방채, 주택저당증권, CP 등 실로 다양하다. 또한 증권에는 종목에 따라 권리 내용이 다르기 때문에 같은 주식이나 국채라도 종목이 상이하면 다른 것으로 취급하여야 한다.

이러한 증권은 장내시장인 증권거래 및 장외시장(OTC), ATS(Alternative Trading System) 등 다양한 장소에서 거래되고 있다. 또한 각 증권에 따라 거래단위나 참가자, 시장관행이 상이하거나, 상품별로 결제제도가 상이한 경우도 있다.

이러한 증권 종류의 다양성이나 그것을 둘러싼 제도의 다양성은 증권결제를 자금결제에 비해서 복잡하게 하고 있다.

### 3.3.3. 다수의 당사자

자금결제에서 은행 간 거래(inter-bank)의 경우 자금결제의 당사자는 쌍방은행이고, 고객거래(customer payment)의 경우 당사자는 은행뿐만 아니라 고객 모두가 거래당사자가 된다.

한편, 증권결제에서는 증권회사의 자기매매나 개인투자자의 거래에서 당사자의 수는 자금결제와 마찬가지이다. 그러나 증권결제의 상당한 부분을 차지하는 기관투자자의 거래에서는 한쪽의 당사자가 기관투자자, 증권회사 및 보관기관(custodian)으로 3者가 개입하게 된다. 이는 기관투자자는 운용에 특화하고 거래의 체결은 증권회사에 위탁[11]하고 증권과 대금의 결제업무나 회계처리 등은 보관기관에게 위탁

▶▶ 그림 2-5 자금결제의 당사자

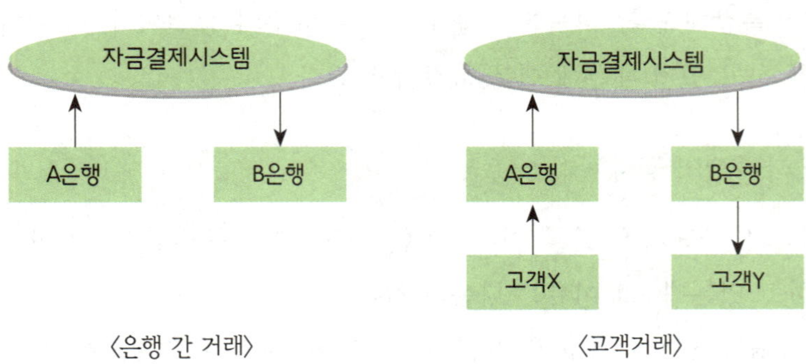


11 기관투자자가 증권회사에 거래의 체결을 위탁하는 것은 운용에 특화를 하는 이유도 있지만 사실상 대부분의 기관투자자는 거래소시장에 직접 참가하여 매매체결을 할 수 없기 때문이다.

▶▶ 그림 2-6 증권결제의 당사자

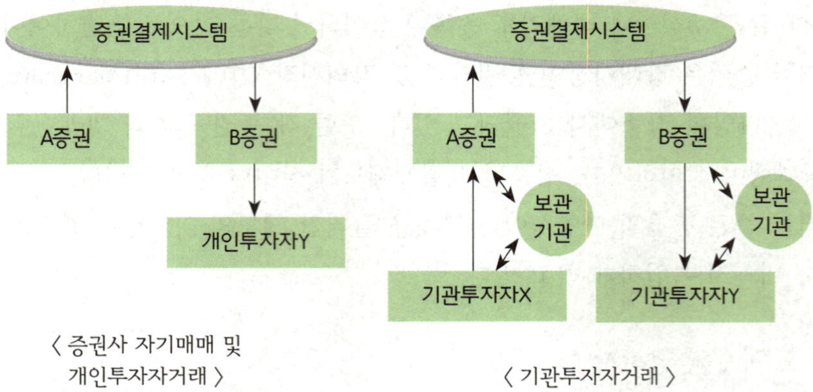


하는 분업체제로 되어 있기 때문이다. 이렇게 증권결제는 자금결제와 달리 다수의 당사자가 개입하는 특징이 있다.

이와 같이 증권결제에 있어서 다수 당사자의 개입은 증권결제의 프로세스를 복잡하게 한다.

첫째, 거래체결을 위해 증권회사에 위탁하기 때문에 증권결제는 증권회사 간의 결제(street-side settlement)와 증권회사와 고객 간의 결제(customer-side settlement)의 2단계로 이루어지게 된다.

둘째, 기관투자자에 의한 거래는 기관투자자, 증권회사, 보관기관의 3者가 거래 당사자가 되기 때문에 이 3者 간의 정보공유 프로세스는 자금결제에서의 2者 간의 관계보다 복잡해진다. 더욱이 기관투자자는 다수의 증권회사, 다수의 보관기관과의 거래를 하고 있기 때문에 더욱 복잡하게 된다.

### 3.3.4. 다단계의 결제처리

결제처리가 다단계에 걸쳐 이루어지는 것도 최종 증권결제까지의 프로세스를 복잡하게 하고 있는데, 그 이유는 다음과 같다.

첫째, 대량매매(block trade) 때문이다. 기관투자자는 증권회사에 어떤 종목의 주식을 매매주문 낼 경우에 일반적으로 복수의 펀드로부터 주문을 취합해서 대량의 매매주문을 내게 된다. 이는 거래소시장에서 대량의 매매주문이 가격에서 유리하고, 증권회사도 소액주문을 다량으로 받게 되면 적절한 시점에 주문을 거래소시장

▶▶ 그림 2-7 다단계의 결제처리

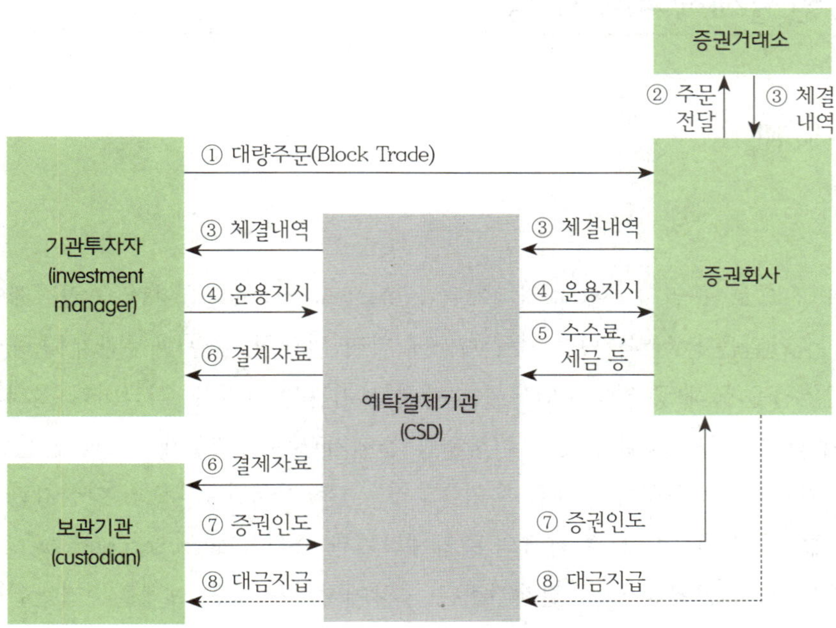


으로 전달하여 매매를 체결하기가 어렵기 때문이다.

이 때문에 대량매매의 단계에서 매매확인을 실행한 뒤에 대량매매를 다시 각 펀드별 또는 고객별 계좌에 나누는 것이 필요한데 이 때문에 기관투자자는 증권회사에 운용지시(allocation)를 하게 되는 것이다.

둘째, 수수료나 세금이 존재하기 때문이다. 실제 결제가 이루어지는 결제대금은 매매체결된 약정금액에 수수료나 거래세 등을 반영한 금액이기 때문에 운용지시 이후에 다시 한 번 결제대금에 대한 확인이 필요한 것이다.

셋째, 지금까지의 단계는 기관투자자와 증권회사 사이에서 정보의 교환이다. 그러나 실제로 증권과 대금의 수수를 실행하는 것은 증권회사와 기관투자자의 대리인인 보관기관(custodian)이기 때문에 마지막으로 증권회사와 보관기관 간 결제정보의 교환이 필요하게 된다.

이와 같이 다단계의 정보교환과정을 거치면서 매매확인 작업을 수행하므로 최종 결제까지의 프로세스를 복잡하게 하고 있는 것이다.

# 02 증권결제제도의 구성[12]

## 1. 결제기관

### 1.1. 결제기관의 의의

일반적으로 증권시장에서 결제기관(settlement institution)이란 증권결제업무를 수행하는 기관을 말한다.[13] 즉, 증권거래에 따라 발생한 채권·채무관계를 증권인도와 대금지급을 통해 종결하는 업무를 수행하는 기관을 말한다. 각국마다 결제기관의 설립 배경이나 설립 경위 등은 상이하지만 결제기관은 증권결제제도의 안전성과 효율성의 확보 및 그 향상에 중대한 책임을 지고 있는 증권결제제도의 핵심기관이다.

결제기관의 기능은 보통 각국의 중앙예탁기관(CSD: Central Securities Depository)에서 수행하고 있다. 따라서 결제기관은 중앙예탁기관 또는 예탁결제기관이라고도 한다.

이러한 결제기관은 증권결제업무와 함께 증권예탁업무를 기본 업무로 수행하고 있다. 이 밖에도 결제기관마다 업무범위는 상이하지만 증권청산업무, 증권대차업무, 국제증권결제업무, 배당금 및 원리금 수령 등 권리행사업무 등을 수행하는 경우도 많다.

각국에는 국내 증권의 결제업무를 수행하는 결제기관이 있는데, 이것을 NCSD(National Central Securities Depository)라고 한다. 각국의 결제기관은 1개 기관이 모든 증권을 집중적으로 취급하고 있는 경우도 있으며, 역사적 배경 및 증권의 종류에 따라서 복수의 기관으로 나누어져 있는 경우도 있다.

주요국의 결제기관은 〈표 2-1〉과 같다. 미국, 일본 등과 같이 국채와 그 밖의 증권으로 결제기관이 나누어져 있는 경우도 있으나, 영국·프랑스·이탈리아[14] 등의

12 증권예탁원, 증권예탁결제제도(증권예탁원, 2003) 참조.

13 일부에서는 CCP가 채무인수 등을 통하여 결제 당사자가 되므로 이를 결제기관이라고 주장한다. 그러나 이는 결제 당사자(결제주체)와 결제기관의 개념을 혼동한 것이다. 대량의 증권거래가 발생하는 현대 사회에서 결제 당사자가 직접 증권인도와 대금지급을 처리하는 것은 사실상 불가능하기 때문에 증권결제업무를 전문적으로 수행하는 결제기관을 이용할 수밖에 없다. 즉, 결제기관은 CCP를 포함한 다수의 결제 당사자를 위하여 증권결제업무를 수행하는 기관으로 결제 당사자와 구분되는 개념이다.

14 영국의 경우 2000년 6월 영란은행의 국공채 결제시스템(CGO)과 단기금융상품 결제시스템(CMO)이

▶▶ 표 2-1 주요국의 증권결제기관(CSD)

| 국가명 | 기관명 | 대상증권 | | |
|---|---|---|---|---|
| | | 국채 | 주식 | 기타증권 |
| 미국 | Fed | ○ | × | × |
| | DTC | × | ○ | ○ |
| 캐나다 | CDS | ○ | ○ | ○ |
| 영국 | Euroclear UK & Ireland | ○ | ○ | ○ |
| 프랑스 | Euroclear France | ○ | ○ | ○ |
| 독일 | CBF | ○ | ○ | ○ |
| 이탈리아 | Monte Titoli | ○ | ○ | ○ |
| 덴마크 | VP | ○ | ○ | ○ |
| 핀란드 | Euroclear Finland | ○ | ○ | ○ |
| 터키 | Takasbank | ○ | ○ | ○ |
| 일본 | BOJ | ○ | × | × |
| | JASDEC | × | ○ | ○ |
| 중국 | CDC | ○ | × | × |
| | SD & C | ○ | ○ | ○ |
| 홍콩 | CMU | ○ | × | × |
| | HKSCC | × | ○ | ○ |
| 싱가포르 | MAS | ○ | × | × |
| | CDP | × | ○ | ○ |
| 오스트레일리아 | Austraclear | ○ | × | × |
| | ASX Settlement | × | ○ | ○ |
| 한국 | KSD | ○ | ○ | ○ |

예와 같이 단일의 결제기관이 모든 증권을 취급하는 것이 최근의 추세이다.[15]

결제기관의 설립은 1989년 G-30이 각국 시장에서의 결제기관의 정비를 요구한 권고를 발표했던 것을 계기로 1990년대에는 세계적으로 결제기관의 설립이 진전되었다. 2012년 12월 기준 전세계 130개 국가에 157개의 결제기관이 설립되어 있다.[16]

---

CRESTCo(Euroclear UK & Ireland의 전신)로, 프랑스의 경우 1998년 7월 프랑스은행의 국채결제시스템(SATURNE)이 SICOVAM(Euroclear France의 전신)으로, 이탈리아의 경우 2000년 12월 이탈리아은행의 국채 결제시스템이 Monte Titoli로 통합되었다.

15 證券決済システムのすべて(第2版)/中島眞志·宿輪純一 [共著] (2008. 5)

16 www.marketsselect.com, www.acgcsd.org, www.aecsd.com, www.ecsda.eu 참조.

한편 이러한 각국 결제기관 이외의 통화발행국에서 발행된 이른바 유로채 등 다통화에 걸친 증권의 결제를 하는 국제적인 결제기관이 존재한다. 이를 ICSD(International Central Securities Depository)라고 하는데, 이러한 ICSD로는 Euroclear와 Clearstream이 대표적이다.

### 1.2. 결제기관의 유형

결제기관은 소유구조, 기능 통합의 유무 등에 따라 여러 가지로 구분할 수 있다. 소유구조에 의한 분류에는 국가가 관여하는 국가지원형과 민간단체에 의한 민간소유형이 있는데, 민간소유형은 다시 소유구조가 다원화된 경우와 증권거래소가 소유하는 경우로 분류할 수 있다.

주식거래에 대한 증권결제 메커니즘을 국가가 지원하는 경우는 매우 드물다. 그러나 국채매매에 따른 결제 메커니즘은 미국의 중앙은행(Fed: Federal Reserve System), 일본의 중앙은행(Bank of Japan) 등에서 보는 바와 같이 중앙은행에 대한 위임형태로 국가가 지원하는 경우가 있다.

또한 결제기능의 통합 유무에 따라 분리형과 통합형으로 구분할 수 있다. 분리형은 증권결제제도 운용구조별로 청산기관, 결제기관 등이 별도의 법인으로 분리·운영되는 경우를 말한다. 이에 비하여 통합형은 청산기능, 결제기능 등이 하나의 기관에서 통합적으로 운영되는 것을 말한다. 〈표 2-2〉는 주요국의 결제기능 통합 유형을 보여주고 있다.

결제기능과 청산기능을 분리할 것인가 아니면 통합할 것인가는 현재 및 미래의 금융환경에 따라 판단해야 할 매우 중요한 정책적 과제이다.

그러나, 규모 및 범위의 경제효과가 있는 증권결제제도의 특성을 고려하여 각국은 결제관련 비용의 절감이 가능하고 금융시스템 간 상호의존성 심화에 따른 결제위험의 전파가능성을 총괄하여 제어할 수 있는 통합형 모델을 보다 더 선호하고 있다. 이는 〈표 2-2〉에서 보는 바와 같이 통합형의 구조가 주류를 이루고 있다는 것에서 확인할 수 있다.

분리형 구조에서는 독점적 산업에서 비롯되는 문제점을 해소할 수 있다는 장점은 있다. 그러나 청산기관과 결제기관 간의 연계와 양 기관에 대한 참여자의 네트워크 구축 등 시스템 운영비용이 추가로 소요될 뿐만 아니라 청산 및 결제업무 프로세

▶▶ 표 2-2 주요국의 결제기능 통합 유형

| 유형 | 국가 | 청산기관 | 결제기관 | 비고 |
|---|---|---|---|---|
| 통합형 | 미국 | NSCC*(주식) | DTC* | *DTCC의 자회사 |
| | | FICC*(국채) | Fed | |
| | 캐나다 | CDS | CDS | |
| | 덴마크 | VP | VP | |
| | 핀란드 | Euroclear Finland | Euroclear Finland | |
| | 터키 | Takasbank | Takasbank | |
| | 중국 | SD & C | SD & C | |
| | 홍콩 | HKSCC | HKSCC | |
| | 싱가포르 | CDP | CDP | |
| | 한국 | KSD(장외시장) | KSD | |
| 분리형 | 영국 | LCH.Clearnet Ltd | Euroclear UK & Ireland | |
| | 프랑스 | LCH.Clearnet SA | Euroclear France | |
| | 독일 | Eurex Clearing | CBF | |
| | 이탈리아 | CC & C | Monte Titoli | |
| | 일본 | JGBCC(국채) | BOJ | |
| | | JSCC(장내주식) | JASDEC | |
| | | JDCC(장외주식) | JASDEC | |
| | 호주 | ASX Clear | ASX Settlement | |
| | 한국 | KRX(장내시장) | KSD | |

스의 단절을 초래한다는 단점이 있다.

한편 미국에서는 증권결제제도의 운영 구조가 청산기능과 결제기능이 분리된 형태였으나, 1990년대 후반부터 증권결제위험관리 및 결제의 효율성 제고를 위해 결제기능과 청산기능을 통합하고자 하는 노력이 지속되었다. 그 결과 1999년 지주회사인 DTCC(Depository Trust & Clearing Corporation)가 출범하여 중앙예탁기관인 DTC(Depository Trust Company)와 청산기관인 NSCC(National Securities Clearing Corporation), FICC(Fixed Income Clearing Corporation) 등이 자회사로 참여하게 되었다.

### 1.3. 결제기관의 역할

증권결제제도에서 결제기관의 역할은 결제 관행, 법적 기반 등에 따라 각국별로 상이하나 일반적으로 다음과 같은 역할을 수행하고 있다.

#### 1.3.1. 결제시스템 제공

증권결제제도에서 결제기관은 결제시스템을 제공한다. 구체적으로 결제기관은 결제완결성이 있는 결제수단으로 증권대체시스템과 대금지급시스템의 연계를 통해 각종 결제서비스를 제공한다. 결제기관이 제공할 수 있는 서비스의 종류에는 ① 조직화된 거래소시장의 직접참가자 간 결제, ② 거래소 시장의 직접참가자와 기관투자자 등 간접참가자 간의 결제, ③ 장외시장 결제, ④ 국제증권거래의 결제 등이 있다.

각국의 결제기관은 이와 같은 기능을 수행함에 있어 전산시스템 간 연계(computer to computer link), 단말기접속(terminal interface), 인터넷 등을 통해 참가금융기관과 결제네트워크를 구성하는 등 상호 협력하면서 자국 결제시스템을 지탱하는 역할을 담당한다. 특히 결제기관을 통한 완결성(finality) 있는 결제업무의 제공은 참가금융기관의 미결제잔고의 누적적 증가를 감소시켜 시스템위험을 억제하는 효과를 갖고 있다.

따라서 결제기관이 제공하는 결제완결성 있는 결제수단은 이와 같이 시스템위험을 감축시키기 위한 하부구조로서의 의의를 가지고 있다.

#### 1.3.2. 결제위험 통제

증권결제제도 상 결제기관이 담당하는 또 다른 역할은 결제위험의 통제기능이다. 결제제도에 참가하고 있는 각 금융기관은 결제업무 처리과정에서 여러 가지 위험에 노출된다. 그리고 이러한 결제위험에 대해 참가자들이 적절하게 대응할 수 있도록 결제기관은 사전적으로 결제체제를 정비하여야 하고, 사후적으로는 제반 안전장치를 구축하여야 한다.

사전적인 것에는 참가기준(membership standard)의 설정, 매매확인시스템 구축, 결제 진행상황 모니터링, 순채무한도(net debit cap)의 관리, 증권대차제도 등이 있다. 사후적인 것에는 결제기금의 조성, 손실분담규칙(loss-sharing rule), 결제기관에 의한 결제이행책임 부담 등이 있다.

결제불이행 위험에 직면하는 개별 결제시스템 참가자는 먼저 금융시장에서 유동성 확보를 위해 최선을 다하여야 함에도 불구하고 유동성을 확보할 수 없는 경우 시장전체가 시스템위험에 노출될 우려가 있다. 이러한 경우 결제기관은 결제기금 등을 통해 유동성을 직접 공급 또는 주선하여 결제시스템 전체의 기능 마비를 방지하는 역할을 담당한다. 결제기관의 이러한 역할은 결제완결성을 위한 결제기관의 고유업무이다.

그러나 이러한 경우 결제시스템 참가자는 결제기관의 결제이행 보증장치에 안이하게 의존하여 자발적인 결제위험의 감축노력을 소홀히 하게 되는 도덕적 위험(moral hazard)에 빠질 우려가 있다. 도덕적 위험의 발생은 오히려 시스템 전체의 위험으로까지 확대될 우려가 있다. 따라서 결제기관은 결제이행 보증기관으로서의 역할을 적절히 수행하기 위하여 이와 같은 위험의 발생을 방지하는 것이 매우 중요하다.

### 1.3.3. 금융시스템 안정에 기여

금융시스템의 안정은 정책당국의 적절한 통화신용정책을 통해 달성이 가능하다. 그런데 통화신용정책은 금융시장과 이를 지원하는 결제시스템에 의해서 수행되고 있으므로 정책의 적절한 운영을 위해서는 효율적이고도 안전한 결제시스템의 구축이 필수적이다.

예컨대 통화신용정책수단인 공개시장조작(open market operation)을 통한 금융시장의 안정성 확보는 효율적인 증권시장을 통해서만 달성이 가능하다. 그런데 증권시장의 효율성은 결제시스템 등 하부구조의 정비정도에 크게 의존한다. 이러한 의미에서 결제시스템과 금융시스템의 운영은 불가분의 관계에 있으며, 결제시스템의 안정 없이는 금융시스템의 안정을 확보할 수가 없다.

결제시스템은 금융위기시에도 금융시스템이 적절히 기능을 수행할 수 있도록 지원함으로써 금융공황이나 경제적 파국으로부터 자국 경제를 보호하는 역할을 수행한다.[17]

---

17 Bruce J. Summers, *op. cit.*, p. 85.

## 2. 결제회원

결제회원이란 증권결제제도에 직접 참가하고 있는 자를 말한다. 한 나라의 증권결제업무의 효율성을 극대화하기 위해서는 결제기관의 업무에 직접 참가할 수 있는 참가자의 범위를 가능한 한 확대해야 한다.

그러나 참가자가 증가할수록 재무상태가 불량한 금융기관이 참가할 가능성도 높아져 위험수준이 그만큼 증대된다. 이러한 효율성과 위험의 상충관계를 적절히 조화시켜 증권시장에서 최적의 결제상태를 실현하는 것이 결제기관의 과제 중 하나이다.

증권결제업무가 효율적으로 운영되기 위해서는 적정 수준의 참가자를 확보해야 한다. 특히 대형 금융기관 등 시장활동에 책임이 있는 기관들은 반드시 참가해야 한다. 따라서 결제기관은 증권회사, 은행, 보험회사, 신탁회사, 정부 및 중앙은행, 연·기금 등 증권시장에서 중요한 역할을 하는 모든 금융기관들이 참가할 수 있도록 개방적이고 공정한 참가기준을 마련해야 한다.

통상 중요한 금융기관들은 자율적으로 결제기관이 운영하는 결제시스템에 참가하는 것이 원칙이다. 그러나 미국, 덴마크 등 일부 국가에서는 일정한 요건을 구비하고 있는 금융기관에 대해서 결제기관의 이용을 의무화하는 경우도 있다.[18]

일반적으로 결제기관은 증권결제제도의 전반적인 안정성 유지를 위해서 재정상태가 양호하고 일정한 기준에 부합하는 기관들에 한해서 참가자격을 부여하고 있으며 직접 참가자들이 직면하게 될 위험에 관해서는 결제관련규정에서 명시하고 있다.

직접참가자들에 대한 규제는 위험통제방식에 따라 약간 상이하다. 분산된 위험통제시스템을 채택하고 있는 증권결제제도에서는 개별 참가자가 "고객을 파악하라(know your client)"는 원칙에 입각하여 자신의 위험을 스스로 통제해야 한다. 따라서 과도하게 위험하다고 판단되는 시장참가자와는 거래를 하지 않음으로써 위험을 원천적으로 방지할 수 있다. 그러므로 이러한 방식에서 결제기관의 참가자에 대한 규제는 비교적 엄격하지 않다.

---

18 미국의 경우 직접 참가자는 NYSE Rule 132, NASD Schedule D Part Ⅵ. SEC. 7, MSRB Rule G-12 등에 의거 등록 결제기관을 통하여 결제업무를 처리하도록 의무화하고 있으며, 또한 간접 참가자는 NYSE Rule 387, NASD Uniform Practice Code SEC. 64 및 MSRB Rule G-15에 의거, 결제기관의 전자적인 매매확인시스템을 이용하도록 의무화하고 있다.

그러나 집중된 위험통제시스템을 갖는 증권결제제도에서는 모든 참가자가 집중화로 인해 발생되는 대부분의 위험을 분담하고 있기 때문에 개별적인 선택권이 없어진다. 이 시스템에서 가장 중요한 것은 참가자와 결제기관 간 또는 참가자 사이에 결제위험의 분담문제이다. 참가자와 결제기관 간 위험분담의 불균형은 참가자를 도덕적 위험에 빠지게 할 우려가 있으며, 참가자 간 위험분담의 불균형은 역선택의 문제(adverse selection problem)를 발생시킨다. 따라서 이러한 위험을 방지하기 위해서는 결제기관이 객관적이고 공정한 참가기준을 설정·운영하여야 하며, 위험분담에 관한 내용을 관련규정에 명시해야 한다.

참가기준은 중요한 위험통제수단(risk control mechanism)으로서 결제기관의 업무를 이용하는 모든 참가자가 갖추어야 할 최소요건이다. 참가기준에는 재무적인 것과 비재무적인 것이 있는데, 재무적인 것에는 유동성 요건, 최소자본금 요건(minimum capital requirements) 등이 있다. 특히 최소자본금 요건은 참가자의 재무능력(financial strength)을 판단하는 척도일 뿐만 아니라 결제업무의 처리과정에서 위험 발생시 이를 극복할 수 있는 최후의 보루이다. 비재무적인 것에는 전산시스템 등 물적 요건, 인적 구성 등 결제업무의 처리능력을 평가하는 데 주안점을 두고 있다.

결제기관의 참가자에 대한 논의에서 빼놓을 수 없는 것이 증권시장의 간접참가자에 대한 문제이다. 최근 증권시장에서 기관화 현상의 진전으로 간접참가자의 역할은 크게 증대되었다. 따라서 이들이 결제위험을 유발시킬 가능성도 그만큼 증대되었고 이에 따라 이들의 위험을 체계적으로 통제할 필요성이 대두되었다.

G-30(1989) 및 BIS(CPSS)/IOSCO(2001) 권고안에서도 간접참가자에 대한 매매확인시스템을 구축할 것을 권고하고 있는데 이는 증권시장에서 간접참가자의 역할이 그만큼 증대되고 있음을 반영한 것이다.

예컨대 기관투자자 甲이 증권회사 A에게 몇 종목의 증권을 매도위탁을 할 경우, 보관은행인 B은행에 결제지시를 해야 한다. 이 결제지시는 증권결제과정에서 중요한 요소로서 이 지시가 있어야만 결제가 완료될 수 있다.

이 결제지시는 〈그림 2-8〉과 같이 전통적으로는 결제시스템 외부에서 문서나 팩스 등을 통해 이루어져 왔지만, 증권시장에서 기관투자가의 역할이 증대됨에 따라 전산화된 방식을 증권결제시스템에서 수용하게 되었다. 특히, 미국의 Omgeo[19]

19 Omgeo는 2001년 5월 매매확인·승인 시스템인 DTC의 TradeSuite와 배분지시 시스템인 Thomson Financial의 OASYS를 통합하기 위하여 설립한 회사이다.

▶▶ 그림 2-4 일방매매확인시스템

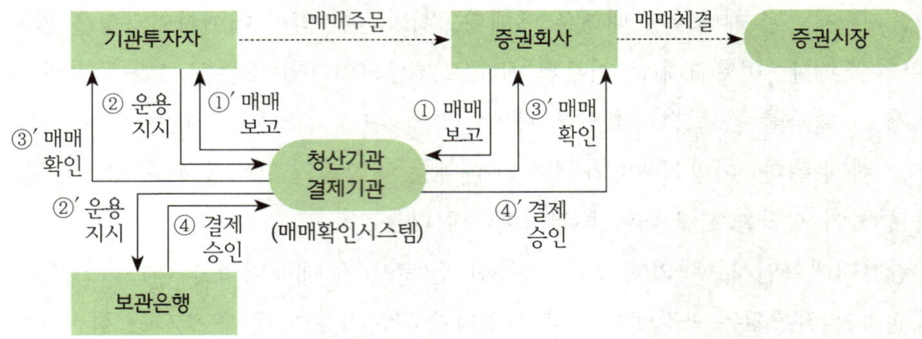


에게 통지한다.

둘째, 기관투자자는 운용지시 내역을 매매확인시스템에 제출하고, 매매확인시스템은 해당 운용지시 내역을 보관은행에게 통지한다. 이때 매매확인시스템은 매매거래 내역과 운용지시 내역을 상호대조하여 일치하면 매매확인 결과를 증권회사, 기관투자자 또는 그 관계회사에 통지한다.

셋째, 보관은행은 운용지시 내역 등을 확인한 후 매매확인시스템에 결제승인 내역을 통지한다. 매매확인시스템은 해당 결제승인 내역과 증권회사가 제출한 매매거래 내역을 상호대조하여 일치하면 결제승인 결과를 증권회사에 통지한다.

이 방식의 장점은 쌍방매매확인시스템과는 달리 매매보고를 위한 이중의 노력을 경감시켜 준다는 점이다.

한편, 일방매매확인시스템에 있어서 이것을 더욱 세분화하여 약정조회(trade matching)와 결제조회(settlement matching)를 나눠서 생각하는 경우가 많다. 약정조회는 매매거래 내역과 운용지시 내역을 상호대조하는 것을 말하며 이는 통상 기관투자자와 증권회사 사이에서 이루어진다. 결제조회는 매매거래 내역과 결제승인 내역을 상호대조하는 것으로 이를 통해 결제에 관한 상세정보를 확인한다. 결제조회는 일반적으로 기관투자자의 증권결제업무를 대리하는 보관은행과 증권회사의 사이에서 이루어진다.[5]

5 證券決濟システムのすべて(第2版)/中島真志·宿輪純一 [共著] (2008. 5)

▶▶ 그림 2-8 간접참가자의 증권결제제도 참가

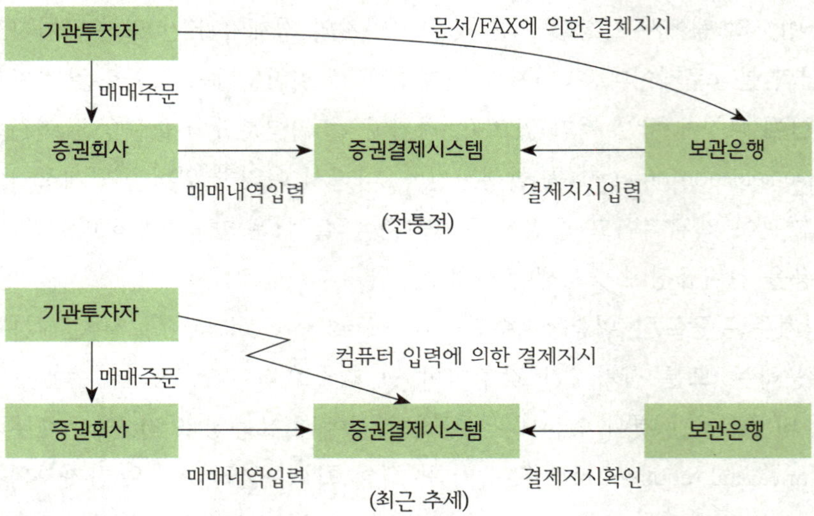


가 제공하는 OASYS−TradeMatch, Euroclear France의 SBI(Sociétés de Bourse−Intermédiaires) 시스템 등이 그 운영 사례이다.

이와 더불어 증권결제시스템은 다음과 같이 결제회원 및 간접참가자에게 다양한 측면에서 영향을 준다.

첫째, 실물증권 환경에서 결제에 따른 제반 비용은 결제기관에 대한 수수료 부담으로 대체된다.

둘째, 자동화된 결제시스템의 이용으로 거래량이 증가할 수 있다. 즉, 실물결제에서의 수작업에 따른 한계가 제거됨으로써 실물결제에서 처리가 불가능한 거래도 종결지을 수 있으며, 시장영업시간의 연장도 가능하여 궁극적으로 24시간 거래가 가능하게 된다.

셋째, 차감결제로 인해 참가자가 결제에 필요한 신용요건(credit requirement)도 축소될 수 있다. 즉, 위험제어수단의 일환으로 참가자가 결제기관에 인도해야 하는 담보물의 규모를 축소시킬 수 있다.

## 3. 관계기관

### 3.1. 청산기관

#### 3.1.1. 청산기관의 의의

증권시장에서 청산기관(clearing house)에 관한 통일적인 정의는 없으며 청산의 개념, 각국의 역사적 배경 등에 따라 다양하게 정의되고 있다. 그러나 청산기관은 대체로 다음과 같은 두 가지 방법으로 정의되고 있다.

먼저, 청산기관의 개념을 포괄적으로 정의하는 방법이다. 이는 청산기관의 개념을 매매확인, 채권·채무의 계산 등과 같은 청산업무뿐만 아니라, 증권인도와 대금지급과 같은 결제업무 또는 예탁업무를 수행하는 기관으로 정의한다. 이와 같은 예로 대표적인 국가는 미국, 영국 등을 들 수 있다. 미국의 경우 청산기관(clearing agency)을 포괄적으로 정의하고,[20] 집중거래상대방(CCP: Central Counterparty)기능을 수행하는 NSCC, FICC뿐만 아니라 예탁 및 결제기능을 수행하는 DTC도 청산기관으로 보고 있다.

다음으로 청산기관의 개념을 협의로 정의하는 방법이다. 이는 청산기관의 개념을 매매확인, 채권·채무의 계산 등과 같은 청산업무를 수행하는 자로 정의하기보다는 CCP기능을 수행하는 자로 정의한다. 이와 같은 예로 대표적인 국가는 일본 등을 들 수 있다. 일본의 경우 금융상품거래 청산기관을 내각총리대신으로부터 금융상품거래채무인수업을 면허받은 자로 정의하고 있다.[21] 이에 따라 일본에서는 CCP

---

20 Securities Exchange Act of 1394, SEC.3.(23)(A) The term "clearing agency" means any person who acts as an intermediary in making payments or deliveries or both in connection with transactions in securities or who provides facilities for comparison of data respecting the terms of settlement of securities transactions, to reduce the number of settlements of securities transactions or for the allocation of securities settlement responsibilities. Such term also means any person, such as a securities depository, who: (i) acts as a custodian of securities in connection with a system for the central handling of securities whereby all securities of a particular class or series of any issuer deposited within the system are treated as fungible and may be transferred, loaned, or pledged by bookkeeping entry without physical delivery of securities certificates, or (ii) otherwise permits or facilitates the settlement of securities transactions or the hypothecation or lending of securities without physical delivery of securities certificates.

21 금융상품거래법 제2조제28항 이 법에서 '금융상품채무인수업무'란 금융상품거래업자, 등록금융기관 또는 증권금융회사(이하 이항에서 '금융상품채무인수업 대상업자'라 한다)를 상대방으로 금융상품채무인수업 대상업자가 하는 대상거래(유가증권의 매매, 파생상품거래 또는 이에 부수하는 관련 거래로 정령으로 정하는 거래를 말한다)에 기인한 채무를 인수, 경개 등 기타의 방법으로 부담하는 것을 업으로 하

인 JSCC, JDCC 및 JGBCC가 청산기관이지만, 결제기관인 JASDEC은 청산기관이 아니다.

이처럼 청산기관의 개념은 매우 다양하고 청산기관과 CCP의 개념이 완전히 일치하는 것도 아니다. 하지만 최근에는 별도로 설립되는 청산기관이 CCP기능을 핵심적인 기능으로 수행하고 있기 때문에 청산기관과 CCP가 거의 같은 뜻으로 사용되고 있다. 따라서 이하에서는 기본적으로 청산기관을 협의의 개념으로 정의하고 CCP와 같은 의미로 사용하는 것으로 한다.

### 3.1.2. CCP제도[22]

#### 가. CCP의 의의

최근 증권시장에서는 효과적인 위험의 관리를 위해 미국, 유럽 등을 중심으로 CCP제도의 도입이 활성화되고 있다. CCP(Central Counterparty: 집중거래상대방)란 원래의 매매거래 당사자 사이에 개입하여 모든 매도자에 대해서는 매수자, 모든 매수자에 대해서는 매도자가 되어 결제이행을 보증하는 자를 말한다.[23]

CCP는 매매거래의 당사자가 아니지만 법률 또는 계약 등의 방법으로 자기 자신을 매매거래의 당사자로 개입시켜 매도자의 증권인도채무를, 매수자의 대금지급채무를 인수하게 된다.

이와 같이 CCP를 이용하게 되면 모든 거래가 CCP를 상대방으로 하는 결제가 되기 때문에 각 참가자는 거래상대방의 신용위험에서 벗어나 거래를 할 수 있다. 또한 모든 거래가 CCP를 상대방으로 한 결제가 되기 때문에 증권이나 대금의 건수와 금액이 차감되어 결제에 관련된 유동성과 비용을 절감할 수 있게 된다.

---

는 것을 말한다.

금융상품거래법 제2조제29항 이 법에서 '금융상품거래 청산기관'이라 함은 제156조의2 또는 제156조의19의 규정에 의하여 내각총리대신의 면허 또는 승인을 받은 자를 말하며, '외국금융상품거래 청산기관'이라 함은 제156조의22 규정에 의하여 내각총리대신의 면허를 받은 금융채무인수업무를 행하는 자를 말한다.

금융상품거래법 제156조의2 금융상품채무인수업무는 내각총리대신의 면허를 받은 자가 아니면 할 수 없다.

22 증권예탁결제원, 증권시장의 청산·결제제도(2006. 12), pp. 15~23.

23 BIS(CPSS)-IOSCO(2012), central counterparty: An entity that interposes itself between counterparties to contracts traded in one or more financial markets, becoming the buyer to every seller and the seller to every buyer and thereby ensuring the performance of open contracts (Principles for financial market infrastructures, p. 175).

### 나. CCP제도의 발전

CCP제도는 처음에는 유럽과 미국을 중심으로 발전하게 되었다. 유럽에서는 이미 19세기 후반에 커피와 곡물 거래소들이 CCP의 형태를 띠고 발전하였다. 한편 미국에서는 곡물거래를 위하여 1848년에 시카고상품거래소(CBOT: Chicago Board of Trade)가 설립되었는데, CBOT는 1883년에 위험관리를 위해서 별도의 청산기관(Clearing House)을 설립하였다. 하지만 이때의 청산기관은 의무를 이행하지 못한 회원의 결제이행책임을 부담하지 않았으므로 진정한 의미의 CCP는 아니었다. 진정한 의미의 CCP는 CBOT가 1925년에 BOTCC(The Board of Trade Clearing

▶▶ 표 2-3 주요국의 증권청산기관(CCP)

| 국가명 | 기관명 | 대상증권 | | |
|---|---|---|---|---|
| | | 주식 | 채권 | 파생상품 |
| 미국 | FICC | × | ○(국채, MBS) | × |
| | NSCC | ○ | ○(사채, 지방채) | × |
| 캐나다 | CDS | ○ | ○ | × |
| 영국 | LCH.Clearnet Ltd | ○ | ○ | ○ |
| 프랑스 | LCH.Clearnet SA | ○ | ○ | ○ |
| 독일 | Eurex Clearing | ○ | ○ | ○ |
| 이탈리아 | CC & C | ○ | ○ | ○ |
| 스웨덴 | Euroclear Sweden | ○ | ○ | × |
| 덴마크 | VP | ○ | ○ | × |
| 핀란드 | Euroclear Finland | ○ | ○ | × |
| 터키 | Takasbank | ○ | ○ | × |
| 일본 | JGBCC | × | ○(장외국채) | × |
| | JSCC | ○(장내주식) | ○(장내채권) | ○ |
| | JDCC | ○(장외주식) | × | × |
| 중국 | SD & C | ○ | ○ | × |
| 홍콩 | HKSCC | ○ | ○ | ○ |
| 싱가포르 | CDP | ○ | × | × |
| 오스트레일리아 | ASX Clear | ○ | × | × |
| 한국 | KRX | ○(장내주식) | ○(장내채권) | ○ |
| | KSD | ○(장외주식) | × | × |

Corporation)를 설립하면서부터이다. BOTCC는 거래소에서 체결된 모든 매매거래의 당사자가 되면서 CCP가 되었다.

이와 같이 선물·옵션 등 파생상품시장에서 CCP제도가 일찍 발전된 것과 달리 증권시장에서는 상대적으로 CCP제도가 늦게 도입되었다. 이는 시장의 특성과 밀접하게 관련이 있다. 파생상품시장의 경우 증거금만으로 수개월에서 일 년까지 또는 그 이상으로 거래가 지속되므로 결제이행보증(settlement guarantee)이 중요한 문제로 대두되게 된 것이다. 반면에 증권시장의 경우에는 상대적으로 결제주기(settlement cycle)가 짧으므로 결제이행보증이 그다지 중요하게 인식되지 않았다.

그러나, 1976년 미국에서 Paperwork Crisis[24]가 발생하면서 인식이 바뀌게 되었다. 뉴욕증권거래소(NYSE), 아메리칸증권거래소(AMEX), 장외시장(NASD) 등은 이와 같은 위기에 대응하기 위하여 청산부문을 통합하여 CCP기능을 수행하는 NSCC(National Securities Clearing Corporation)를 설립하였다. 이에 따라 CCP제도가 본격적으로 증권시장에 도입되게 되었다. 유럽에서도 증권시장을 위한 청산기관이 별도로 설립되어 증권시장을 위한 CCP기능을 수행하게 되었다. 또한 파생상품시장의 청산기관이 증권시장의 CCP기능을 수행하는 사례도 발생하였는데 영국의 LCH(現LCH.Clearnet Ltd)와 독일의 Eurex Clearing AG 등이 대표적이다. 이들 양 기관은 파생상품시장에서 CCP기능을 수행하는 청산기관이면서 최근에 증권시장의 CCP기능까지 수행하게 되었다.

### 다. CCP의 모형

CCP의 모형은 다자간차감방식의 채택유무에 따라 다자간차감방식의 CCP모형과 非다자간차감방식의 CCP모형으로 구분할 수 있다.[25] 이를 살펴보면 다음과 같다.

먼저, 양자간 모형(bilateral model)은 거래에 대한 법적인 관계 및 총체적인 위험 노출분을 각 거래당사자가 부담한다. 즉 CCP 모형과 구분되는 모형으로 주식거래와 같은 소액·다량의 거래에는 부적합하며, 거액·소량의 거래인 장외 채권거래나 장외 파생상품거래에 주로 이용된다.

---

24 1967년에서 1970년 사이에 미국의 증권거래소들은 엄청난 규모의 거래량 증가를 경험하게 된다. 하지만 증권거래소나 증권회사들은 거래량에 비례하여 엄청나게 증가하는 매매 이후의 업무처리(후선업무)를 감당하지 못하게 된다. 따라서 증권거래소는 거래시간을 축소하게 되고 심지어는 주당 한 번은 후선업무 처리를 위하여 휴장까지 하게 된다. 이러한 후선업무의 증가는 12개의 증권회사를 부도로 내몰고, 70여 개의 증권회사가 합병하도록 만들었다.

25 Bank of England, Review of Bank of England(1999년 6월), pp. 122~134 참조.

▶▶ 그림 2-9 CCP 모형의 구분

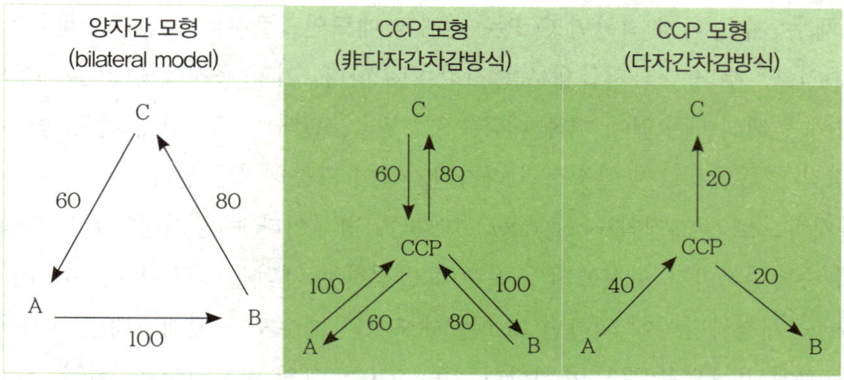


非다자간차감방식의 CCP 모형은 각 거래당사자가 기존거래의 상대방에 대한 동일성에 관계없이 단지 CCP에 대해서만 법적인 관계를 가지며 총체적인 위험노출분을 부담한다.

마지막으로 다자간차감방식의 CCP모형은 각 거래당사자는 기존거래의 상대방에 대한 동일성에 관계없이 단지 CCP에 대해서만 법적인 관계를 가지며, 모든 거래의 차감분에 해당하는 위험노출분만을 부담한다. 현재 CCP의 대부분은 다자간차감방식의 CCP모형을 채택하고 있다.

### 라. CCP의 법적구조[26]

일반적으로 CCP가 되는 방법에는 경개, 채무인수, 공개청약 등이 있다. 이 중 어느 방법에 의하든 CCP가 모든 거래의 거래상대방이 되는 결과는 동일하지만 어느 방법을 택하는가에 따라 법적 요건 및 효과 등이 달라질 수 있다.

첫째, 경개(novation, 更改)방식이다. 경개란 채무의 중요한 부분을 변경함으로써 新 채무를 성립시키는 동시에 舊 채무를 소멸시키는 계약을 말한다. 경개방식에 의하여 원(原) 거래 당사자 간의 계약은 소멸하게 되고, CCP와 원래의 매수인 간, CCP와 원래의 매도인 간 2개의 새로운 계약관계가 형성되게 된다. 다만, 경개방식에 의해 CCP를 채권자로 변경할 경우에는 확정일자가 있는 증서로 하지 아니하면 제3자에게 대항하지 못한다.

---

26 김이수, 집중거래당사자제도의 법적 문제점에 관한 고찰(2006년 5월), pp. 10~11 참조.

둘째, 채무인수(obligation taking, 債務引受)방식이다. 채무인수란 채무의 동일성을 유지하면서 채무가 종전의 채무자로부터 제3자(인수인)에게 이전되는 계약을 말한다. 채무인수방식에 의하면 CCP는 원래의 매도인으로부터 증권인도채무를, 원래의 매수인으로부터 대금지급채무를 각각 인수한다. 이와 동시에 CCP는 채무인수에 상응하여 원래의 매수인에 대해 대금수령채권을, 원래의 매도인에 대해 증권수령채권을 각각 취득함으로써 실질적인 다자간차감이 가능해지게 된다.

마지막으로 공개청약(open offer, 公開請約)방식이다.[27] 공개청약이란 일방이 상대방이 승낙하자마자 자신에게 구속력이 발생하는 계약을 하고자 하는 의사표시를 말한다. 공개청약방식에 의하면 CCP는 매도자와 매수자가 매매거래의 체결에 동의하는 시점에 자동으로 즉시 개입한다. 즉, CCP는 그의 청산기준을 충족하는 대응거래를 체결할 것을 내용으로 하는 공개청약을 사전에 하게 된다. 그 이후 거래당사자들이 거래를 체결하면 자동적으로 공개청약을 승낙한 것으로 간주되어 체결시점부터 CCP가 원거래 당사자와의 대응거래에 대한 당사자가 되는 것이다. 따라서 매도자와 매수자 간에 계약이 직접 성립되는 것이 아니라, 매매거래의 체결과 동시에 매도자와 CCP 간, CCP와 매수자 간의 2개의 계약이 체결되는 것이다.

이와 관련하여 우리나라, 일본 등의 경우 채무인수방식을 채택하고 있는 이유는 다음과 같다. 첫째, 경개방식에 의할 경우 제3자에 대한 대항요건을 갖추기 번잡하다. 즉 경개방식은 제3자에 대항하기 위해 확정일자부 증서가 필요한데 대량거래를 행하는 경우에는 그 작성이 매우 곤란하다는 문제가 있다. 둘째, 공개청약방식에 의할 경우에는 시장개설행위에 해당할 우려가 있고, 참가자의 파산시 차감의 법률관계가 불명확하다는 문제가 있다. 이에 반해 채무인수방식의 경우 당해 쌍무계약이 채무인수와 동시에 채무가 이행된 것으로 되어 차감의 법적 처리가 명확하다는 장점이 있다.

#### 마. CCP제도의 편익과 비용[28]

최근 증권시장에서 CCP제도를 도입하고 있는 이유는 시장위험과 매매 이후의 업무처리(post-trade processing) 비용을 감축시켜 자본시장 참가자들에게 경제적인

27 The Open Offer is an expression of willingness to contract, made with the intention that it is to become binding upon the person making it as soon as it is accepted by the person to whom it is addressed(Swiss Exchange, Directive 24 Clearing & Settlement Version: 2007. 08. 14, 1.2.1.).

28 한국증권법학회, 바람직한 청산·결제 인프라 구축을 위한 연구(2008년 5월), pp. 11~12 참조.

이득을 제공할 수 있기 때문이다. 이를 자세히 살펴보면 다음과 같다.

첫째, 익명성(anonymity)에 따른 편익이다. 거래 당사자의 신분이나 호가규모가 노출되면 신용도가 낮은 시장참가자는 거래 성사가 어렵다. 그러나 CCP가 개입하게 되면 거래당사자는 익명으로 거래할 수 있게 되어 신용도가 낮은 시장참가자도 신용도가 높은 시장참가자와 매매거래를 할 수 있게 된다. 또한 익명성은 투자전략의 노출을 막기 때문에 기관투자자들의 대량거래를 활성화시킬 수 있다.

둘째, 거래 상대방위험(counterparty risk) 해소에 따른 편익이다. CCP가 모든 거래의 상대방이 되므로 시장참가자들은 상대방의 결제불이행 위험을 우려할 필요 없이 안심하고 거래를 할 수 있게 된다. 즉, 시장참가자들은 상대방의 신용위험을 확인할 필요 없이 CCP의 신용만 보고 시장에 참여할 수 있게 된다. 이는 결국 모든 시장참가자의 결제이행능력은 실질적으로 CCP와 같은 수준으로 향상시켜 결제의 안전성을 제고하게 된다.

셋째, 결제규모 축소에 따른 편익이다. CCP를 통해 다자간차감을 하게 되면 결제규모가 축소됨으로써 참가자들은 절감된 결제자금을 좀 더 효율적으로 사용할 수 있게 된다. 장내주식거래에서 다자간차감을 하게 되면 대략 전체 거래의 95~97% 이상이 차감을 통하여 상쇄되고, 3~5% 정도만 결제하도록 포지션을 축소할 수 있게 된다.

넷째, 결제사무 축소에 따른 편익이다. CCP가 없을 경우 각 시장참가자는 다수의 시장참가자와 각각 결제를 하여야 하므로 막대한 결제사무처리가 발생하게 된다. 그러나 CCP제도를 도입하게 되면 각 시장참가자는 단일의 CCP와 결제사무를 처리하게 되므로 그에 따른 비용을 대폭 축소할 수 있다.

한편, CCP제도를 도입할 때는 위에서 설명한 편익과 함께 비용을 고려할 필요가 있다. BIS(CPSS)-IOSCO(2001년)에 따르면 CCP를 설립하는 것이 비용을 수반한다고 설명하고 있다. 특히 CCP는 견고한 위험관리장치(risk management facility)를 확립하고 있어야 하므로 상당한 초기 투자와 지속적인 비용지출을 필요로 한다고 지적하고 있다. 따라서 BIS(CPSS)-IOSCO는 CCP를 도입하고자 하는 개별 시장들은 CCP 도입에 따른 편익과 비용을 반드시 신중하게 평가하도록 권고하고 있다.[29]

29 Recommendation 4: The benefit and costs of a CCP should be evaluated. Where such a mechanism is introduced, the CCP should rigorously control the risks it assumes.

## 3.2. 대금결제은행[30]

결제기관이 은행업무를 영위하는 경우에는 증권결제와 관련된 대금지급을 직접 처리할 수도 있다. 그러나 대부분의 결제기관은 은행업무를 영위하지 않기 때문에 별도의 대금결제은행을 지정하고 이들 은행을 통하여 참가자와의 대금지급업무를 처리한다. 이러한 대금결제은행은 크게 중앙은행과 상업은행으로 구분된다.

### 3.2.1. 중앙은행

중앙은행(central bank)은 '은행의 은행'이며, 기본적으로 은행 간 결제를 담당하고 있다. 중앙은행이 공급하는 현금과 중앙은행 예금에 의한 결제만이 완결성(finality)을 갖는다.

중앙은행에 예치된 예금을 결제자산으로 사용하여 결제가 이루어지는 것을 중앙은행 자금(central bank money)에 의한 결제시스템이라고 한다. 이와 같은 결제시스템은 중앙은행에서의 계좌이체를 통하여 결제가 이루어진다. 중앙은행 자금은 안전성, 유동성, 결제 완결성 등에서 우수하기 때문에 BIS(CPSS)-IOSCO(2012)[31] 등 국제기구에서도 중앙은행 자금을 이용하도록 권고하고 있다.

한편, 각국의 중앙은행은 거액자금을 원활히 결제하기 위하여 거액결제시스템을 구축·운영하고 있다. 미국의 Fedwire, 유럽의 TARGET2, 일본의 BOJ-Net, 한국의 BOK-Wire 등이 그 예이다.

### 3.2.2. 상업은행

상업은행(commercial bank)은 금융시장에서 대금거래 등 자신이 행한 거래에 관한 결제를 수행하며, 기업이나 개인 등 고객의 결제를 담당하고 있다.

상업은행에 예치된 예금을 결제자산으로 사용하여 결제가 이루어지는 것을 상업은행 자금(commercial bank money)에 의한 결제시스템이라고 한다. 이와 같은 결제시스템은 상업은행 내에서의 계좌이체, 또는 민간기관에서 운영하는 결제시스템

30 증권예탁결제원, 대금결제시스템의 모든 것(나카지마 마사지와 슈쿠와 준이치 원저, 박준원 번역, 2006. 7), pp. 6~19 참조.

31 Principle 9 (Money settlements). An FMI should conduct its money settlements in central bank money where practical and available. If central bank money is not used, an FMI should minimize and strictly control the credit and liquidity risk arising from the use of commercial bank money.

에서의 계좌이체를 통하여 결제가 이루어진다.

그러나 상업은행 자금으로 결제할 경우 상업은행이 파산하게 되면 금융시스템이 심각한 혼란에 빠질 위험성이 있다. 이와 같은 위험성에도 불구하고 상업은행을 이용하는 이유는 일부 국가에서 결제기관 또는 시장참가자가 중앙은행에 접근할 수 없기 때문이다. 따라서 상업은행을 이용하는 경우에는 상업은행에 대한 신용위험, 유동성위험을 충분히 억제하는 장치를 강구해야 한다.

한편 상업은행들의 원활한 자금결제를 위하여 별도의 민간기관(은행협회 등)이 결제시스템을 소유·운영하는 경우도 있다. 하지만 결제시스템의 공공성 때문에 운영주체인 민간기관은 중앙은행의 회원이 되는 등 어느 정도의 공적인 성격을 갖고 있는 경우가 많다.

## 4. 규제기관

### 4.1. 규제의 필요성

자본주의 경제에서 규제의 필요성에 대하여 많은 논란이 있다. 대체로 미국 경제학자들은 규제에 반대 입장을 취하는 반면 영국의 화폐금융학자들은 규제를 옹호하는 이가 많다. 규제를 지지하는 근거로는 자연독점, 외부효과, 정보의 비대칭성 등에 의한 시장실패(market failure)의 사전예방을 들 수 있고 이하에서는 이를 살펴보고자 한다.

#### 4.1.1. 자연독점

자연독점(natural monopoly)이란 '규모의 경제가 존재하여 한 산업이 본질적으로 독점상태에 놓이게 되는 성질'을 말한다. 여러 시장의 결제업무를 단일기관에서 처리하면 차감효과가 극대화되어 결제규모를 최소한으로 축소시킬 수 있다. 따라서 참가자가 결제이행에 대비하기 위해 보유해야 하는 증권 및 대금의 규모를 축소시킴으로써 유동성 보유에 따른 기회비용을 감소시킬 수 있다.

또한 결제위험에 대한 통제도 일원화되어 쉽게 이루어질 수 있다. 따라서 결제업무는 단일기관에서 처리할수록 비용이 감소하는 자연독점적 특성을 내포하고 있다. 이러한 특성 때문에 각국은 자국 증권시장의 대외경쟁력 제고를 위해 단일의 결제기관을 창설하거나 아니면 통합과 유사한 효과를 얻을 수 있도록 상호연계를 지원하고 있다.

자연독점은 전력, 수도 등 한 경제의 하부구조를 이루는 산업에서 흔히 발생한다. 이러한 산업에서는 규모의 경제가 작용하여 평균비용이 감소하는 현상이 발생한다. 이러한 특성을 갖는 산업에서는 자연독점이 가장 효율적이며 동시에 불가피하다. 그러나 만일 자연독점을 정부가 아무런 개입 없이 그대로 놓아두면 이 독점자는 자신의 이윤을 극대화하기 위해 서비스의 공급을 줄이고 가격은 높게 책정할 우려가 있는 것이다.

### 4.1.2. 외부효과

외부효과(externalities)란 한 경제주체의 경제활동 결과가 시장의 외부에서 다른 경제주체에게 영향을 미치는 것을 말한다. 외부성이 존재하면 소비와 생산활동에 참여하지 않는 제3자가 아무런 대가를 지불하지 않고 이익을 얻거나 아무런 보상도 받지 못하고 손해를 보는 경우가 발생한다. 전자를 외부경제(external economy), 후자를 외부불경제(external diseconomy) 또는 負의 외부경제라고 한다.

증권결제는 특히 외부불경제가 큰 산업이다. 전술한 바와 같이 금융시스템 간 상호연계성의 심화는 한 금융기관의 결제불이행이 다른 금융기관의 결제불이행으로 이어지는 파급효과(contagion effect)를 유발할 가능성이 크다. 이러한 결제위험의 전파현상은 개별 금융기관의 안전성과 건전성을 저해하고 급기야는 한 나라의 금융경제질서 전체를 혼란에 빠뜨리기도 한다. 따라서 외부성이 존재하면 시장을 통한 거래가 이루어지지 않거나 거래가 이루어진다 하더라도 가격메커니즘에 의한 자원의 효율적 배분을 달성할 수 없게 된다. 이와 같은 외부불경제를 해소하기 위해 결제기관은 각종 예방적인 규제와 함께 결제기금 등과 같은 제도적 안전장치를 구비해야 한다.

### 4.1.3. 정보의 비대칭성

증권결제에 있어서 정보의 비대칭(asymmetry information)은 역선택과 도덕적 해이의 문제를 일으킨다. 역선택(adverse selection) 문제는 타인의 사전 미공개 정보와 관련된 것으로서 이러한 정보를 갖지 못한 자는 정보 부족으로 인해 최선의 선택을 하지 못할 가능성이 크다는 것이다.

증권결제업무에 있어서도 결제기관이 결제위험을 노출시키는 정도를 구분하지 않고 참가자에게 획일적으로 결제책임을 부담시킨다면 상대적으로 결제위험을 적게 노출시키거나 신용상태가 양호한 참가자는 결제제도에 참가하지 않으려 할 것이다. 이러한 역선택 문제를 해결하기 위해서는 정보의 공개가 중요하다.

결제제도에 참가하고 있는 금융기관의 정보공개는 이와 같은 역선택 문제를 방지하는 것 이외에도 규제를 효율적으로 행할 수 있게 한다. 또한 참가자 간 경쟁을 촉진하여 이러한 규제와 역선택 문제를 의식한 금융기관들이 보다 건전하게 경영할 수 있게 하는 유인(incentives)으로 작용하기도 한다.

도덕적 해이(moral hazard)는 사전적으로 알려지지 않은 타인의 행위(hidden action)에 관계되는 문제로서 대표적인 예로 위임자가 실제 의사결정을 하는 대리인의 이기적 행동을 관찰할 수 없음에 따른 대리인 문제(agency problem)를 들 수 있다. 도덕적 해이는 탈법적 행위를 수반하는 법적 위험과 법적 흠결은 없으나 사적 이익을 추구하는 윤리적 위험을 포함하는 개념이다.

예컨대 결제기관은 시장의 효율성 증대 및 안전성 확보를 사명으로 하고 있으나 자신의 이익과 상충되는 상황이 발생할 때에는 자신의 이익에 우선할 가능성이 있다. 결제기관과 참가자 간의 위험분담 관계에서도 참가자는 결제기관의 이행보증장치에 의존한 나머지 자신의 위험을 부담하지 않으려고 한다. 이러한 도덕적 해이를 감소시키기 위하여 결제기관은 시장규율(market discipline)의 강화, 담보의 징구 등의 수단을 사용할 수 있다.

### 4.2. 증권결제제도에 대한 규제 유형

일반적으로 증권결제제도에 대한 규제의 유형은 법적규제와 자율규제(self-regulation)로 구분된다. 법적규제는 법과 규정의 위반시 법적 강제권을 갖기 때문에 규제의 효력이 직접적이고 신속하며 공신력이 높다. 반면 규제기관이 시장메커니즘에 개입하기 때문에 시장의 조정기능과 피규제기관의 자율성을 저해하고 규제비용을 증대시킬 우려가 있다.

한편 자율규제는 동업자들의 상호 감시기능(peer monitoring)을 강화하고 규제의 전문성과 융통성을 발휘할 수 있는 장점이 있다. 그러나 법적 강제력이 없기 때문에 규제의 공신력이 약하고 업계의 이해관계 때문에 공공성이 소홀해질 우려가 있으며, 피규제기관들의 자발적 협조가 없으면 실질적 규제가 어렵다는 단점이 있다.

자본주의 경제체제에서 가격기능에 의한 건전한 경쟁을 활성화하기 위해서는 자율규제가 효과적으로 기능을 발휘할 수 있도록 법적 규제기관이 지원해 주어야 한다. 법적 규제기관이 자율 규제기관에 대한 감독권을 갖는 동시에 시장에 직접 개입하는 것은 금융제도의 안정성 확보나 시장실패의 방지 등을 위해 부득이한 경우에 한정하도록 하고 법적 규제기관과 자율규제 기관이 상호보완적으로 기능하도록 해야 한다.

이에 따라 미국, 캐나다 등 선진국에서는 증권결제업무에 대한 규제의 효율성과 전문성을 확보하기 위해 증권결제기관이 결제회원에 대한 제한적인 자율규제기능을 수행하는 경우가 있다.

규제기관과 결제기관 간의 관계는 협조적 관계(지원측면)와 대립적 관계(규제측면)의 양면성이 있다. 즉 규제기관은 증권결제제도가 효율적으로 운영될 수 있도록 지원하는 한편, 동 제도를 구성하고 있는 개별 금융기관이 공정하고 적절한 경쟁체제를 확보하도록 규제한다.

증권결제제도 상 규제기관의 관심은 다음 세 가지 사항에 집중된다.

첫째, 증권결제시스템의 효율성 확보이다. 대부분의 증권시장 규제기관들은 자신들이 속한 자본시장의 성장과 발전을 촉진시켜야 하는 권한과 책임이 있다. 이러한 목적을 달성하기 위해 증권거래의 효율적 결제는 필수사항이며, 따라서 규제기관들이 효율적인 증권결제제도의 구축에 있어서 가장 강력한 후원자가 되기도 한다.

둘째, 증권결제시스템의 위험 감축이다. 증권시장의 규제기관은 또한 자신이 속한 금융시스템의 안정성 확보에 지대한 관심을 갖고 있다. 금융시스템에 대한 안정성 확보는 동 시스템의 근간을 이루는 결제시스템이 안정되지 않고는 달성할 수 없다. 그러나 증권결제시스템 상 결제위험의 효율적 감축을 위해서는 결제위험에 대한 정확한 파악도 중요하지만, 동 위험의 참가자 간 배분은 물론이고, 결제기관과 참가자 상호 간에 적정한 배분도 중요하다. 이렇게 함으로써 증권결제제도 상 존재할 수 있는 역선택이나 도덕적 위험 등의 문제를 제거할 수 있다.

셋째, 공공정책에 관한 사항이다. 규제기관들은 정부의 공공정책 결정사항을 증권시장 등 관련시장을 통해 집행할 의무가 있다. 규제기관은 증권결제시스템을 통해 정부의 제반 정책을 효율적으로 집행하려고 노력할 것이다.

결제기관에 대한 규제는 단일 규제기관이나 복수 규제기관에서 이루어질 수 있다. 복수 규제기관에서 규제가 이루어지면 양 기관 상호 간에 긴밀한 협조가 있어야 한다. 일반적으로 증권결제업무에 대한 규제는 결제기관에 대한 규제와 참가자에 대한 규제로 구분할 수 있다. 이 중 참가자에 대한 규제가 증권결제제도의 안정성 및 효율성 확보에 가장 큰 영향을 미친다.

참가자에 대한 규제는 최소자본금, 유동성 기준 등 재무적 안정성을 위한 규제와 참가기준의 설정, 수수료의 부과 등 공정성을 위한 규제, 결제방법, 결제수단 등 효율성을 위한 규제로 구분된다.

### 4.3. 규제방향

경쟁을 촉진하는 것과 시장실패를 방지하기 위한 규제 간에는 상충관계가 있다. 바꾸어 말하면 시장 능률을 제고하기 위해 경쟁을 촉진시키다 보면 금융시스템의 안정성이 저해될 우려가 있고, 반대로 금융시스템의 안정성을 강조하여 경쟁을 제한하다 보면 금융서비스의 질이 저하되어 사용자에게 불이익을 주는 등 부작용이 따른다. 따라서 증권결제제도에 대한 규제와 경쟁은 어느 하나의 선택에 관한 문제가 아니라 양자 간 적절한 조화의 문제이다.

일반적으로 크고 작은 금융위기가 발생하기 전에는 금융시스템의 안정성보다는 경쟁에 의한 효율성을 중시하여 규제를 완화하는 경향이 있다. 이러한 추세에서는 ① 역선택 및 도덕적 위험 등 정보의 비대칭문제를 감소시키며, ② 경쟁 자체가 유효한 안전장치가 된다는 점, ③ 정(正)의 외부경제를 초래한다는 점이 강조되고 있다. 그러나 금융위기를 맞이하면 규제를 다시 강화하려는 경향이 있다.

이러한 금융의 환경변화에 따라 금융기관 간 경쟁이 심화되어 금융기관의 수익성이 저하되고 이를 보전하기 위해 금융기관들이 고위험·고수익 경영을 추구하게 되어 금융기관의 위험이 증대되고 금융시장의 안정성이 크게 저하되는 경향도 있다는 점을 주목할 필요가 있다.

# 03 증권결제의 결제방법[32]

## 1. 결제방법의 결정요소

결제방법은 증권시장의 특성, 매매방법, 결제제도에 대한 하부구조의 정비 수

32 증권예탁원, 증권예탁결제제도(2003년 9월) pp. 241~266 참조.

준 등에 따라 적절히 결정되어야 한다. 이와 같이 결정되는 결제방법에 따라 증권시장의 유동성, 결제업무의 효율성과 결제위험에 미치는 영향이 달라진다.

### 1.1. 증권시장의 특성에 따른 결제방식

참가자가 많고 거래 건수가 적은 증권시장의 경우에는 차감의 효과가 크지 않으므로 총량결제방식을 채택하는 것이 바람직하다. 반대로 참가자가 적고 거래 건수가 많은 증권시장의 경우에는 차감의 효과가 크므로 차감결제방식을 채택하는 것이 업무의 효율성 측면에서 유리하다.

### 1.2. 매매방법에 따른 결제방식

증권거래의 매매방법에는 상대매매, 경매, 경쟁매매 등이 있는데 이 중에서 상대매매 방식과 경쟁매매 방식이 증권거래에 주로 이용된다.

상대매매 방식은 매매거래 당사자 간의 개별 교섭을 통해 가격·수량·결제 조건 등을 정하는 매매방법을 말한다. 따라서 거래 건수가 적고 거래 규모가 큰 시장인 채권시장에서 주로 사용된다. 상대매매 방식은 거래의 특성상 거래의 상대방과 결제의 상대방 간에 동일성이 유지되므로 결제 불이행위험이 여타 참가자에게 전파되지 않는다는 장점이 있다. 상대매매 방식을 채택하는 시장이 조직화되어 있으면 일반적으로 양자 간 차감결제방식을, 조직화되어 있지 않으면 총량결제방식을 채택하는 경우가 많다.

반면에 경쟁매매 방식은 다수의 거래당사자간에 미리 정해진 통일적 조건에 따라 집단적으로 표준화된 거래가 이루어지는 방식을 말한다. 따라서 거래 건수가 많고 건별 거래 규모가 적은 거래소시장에서 주로 이용된다. 경쟁매매는 일반적으로 청산기관 등이 매매거래에 따른 결제의 상대방이 되므로 거래의 상대방과 결제의 상대방이 상이하다. 따라서 집중 차감결제방식이 주로 채택되고 별도의 결제이행보증장치가 필요하다.

### 1.3. 증권결제제도의 정비 정도에 따른 결제방식

결제방법을 선택함에 있어서 또 하나의 중요한 요소는 증권결제제도의 정비 정도이다. 집중예탁제도가 발달한 증권시장에서는 계좌 간 대체방식에 의한 결제방법을 주로 채택하고, 그렇지 못한 시장에서는 실물수도방식을 주로 이용한다.

또한 지급결제시스템의 발달 정도에 따라 익일자금결제방식(next day funds settlement)과 당일자금결제방식(same day funds settlement)이 있다.

일반적으로 결제기관이 중앙은행이 운영하는 지급결제시스템에 직접 참가하여 결제업무를 처리할 수 있다면 당일자금결제방식이 가능하고, 그렇지 못한 경우에는 익일자금결제방식으로 처리하여야 한다.

## 2. 결제방법의 유형

증권시장 매매거래의 결제방법은 다양한 분류기준에 따라 〈표 2-4〉와 같이 그 유형을 나눌 수 있으며 각 결제방법에 대한 구체적 설명은 후술하는 바와 같다.

▶▶ 표 2-4 결제방법의 일반적 분류

| 분류기준 | 결제방법 | | 내용 |
|---|---|---|---|
| 차감유무 | 총량결제 | | 매매 건별로 결제 |
| | 차감결제 | | 매도·매수의 차감에 의한 결제 |
| 차감방식 | 당사자의 수 | 양자간 차감결제 | 두 당사자 간의 차감 |
| | | 다자간 차감결제 | 다수 당사자 간의 차감 |
| | 법적 구속력 유무 | 상계적 차감 | 법적 구속력이 없는 차감 |
| | | 경개적 차감 | 법적 구속력이 있는 차감 |
| | 차감의 연속 유무 | 일일 차감결제 | 일자별로 차감하여 결제 |
| | | 연속 차감결제 | 일자별로 차감하여 미결제분은 익일로 이연되어 재차감 |
| 결제집중 유무 | 집중결제 | | 결제기관에서 집중결제 |
| | 개별결제 | | 매매 당사자 간 직접결제 |
| 결제대상거래 기간의 장단 | 어카운트결제 | | 일정기간 동안의 매매거래를 특정일에 결제 |
| | 연속결제 | | 매일의 결제를 매영업일에 계속해서 결제 |
| 반대매매 허용 유무 | 실물결제 | | 증권과 대금의 실질적인 인도·인수 |
| | 차금결제 | | 전매 또는 환매에 의한 결제 |
| 대금지급의 조건 | 동시결제 | | 증권과 대금을 동시에 결제 |
| | 분리결제 | | 대금지급이 수반되지 않는 증권인도 |

## 2.1. 총량결제와 차감결제

매매거래에 따른 결제를 매매 건별로 거래금액 전체를 결제하느냐, 아니면 매도수량과 매수수량을 차감하여 그 잔량에 대해서만 결제하느냐에 따라 구분하는 결제방식이다. 전자를 총량결제방식, 후자를 차감결제방식이라 한다.

차감결제방식은 시장의 특성에 따라 상이하지만, 일반적으로 결제건수 및 결제규모를 크게 축소시킴으로써 효율성 측면에서는 유리하다. 그러나 다자간 차감방식의 경우처럼 거래 당사자와 결제 당사자의 상이함에서 초래되는 제도적 취약성으로 인해 안정성 측면에서는 불리하다. 반면 총량결제방식은 매매 건별로 결제하기 때문에 결제건수 및 결제규모 측면에서 다소 불리하고, 증권시장의 환경 변화에 신축적으로 대응할 수 없다는 단점이 있다. 그러나 결제 당사자와 매매 당사자 사이에 동일성을 유지하므로 안정성 측면에서는 차감결제방식보다 다소 유리하다.

### 2.1.1. 총량결제방식

총량결제(gross amount settlement)는 결제의 가장 기본적인 형태이다. 즉 동일 당사자 간의 여러 거래내역을 차감하지 않고, 각 거래 건별로 매도증권 전량을 인도하고 매수대금 전액을 지급하는 건별결제방식(trade for trade processing)이다. 따라서 각 당사자는 매매 건별로 자신의 거래 상대방과의 권리·의무 관계를 알 수 있다. 이와 같은 결제방식은 거래량은 적으나 거래 규모가 큰 시장 또는 거래량은 많더라도 고도화된 전산 시스템을 구축하고 있는 증권시장에서 주로 이용된다.

총량결제는 차감 없이 거래건별로 즉시 결제하므로 다음과 같은 장점이 있다.

첫째, 총량결제방식은 컴퓨터 시스템의 반복 처리에 적합하여 비교적 개발이 용이하다. 즉 각각의 매매거래가 다른 매매거래와는 독립적으로 처리되므로 시스템에서는 모든 매매거래가 결제될 때까지, 또는 더 이상의 결제 처리를 할 수 없을 때까지 시스템의 결제진행 판단 기준을 단순히 반복해서 적용하는 것만으로 충분하다.

둘째, 증권거래에 따른 안정성을 제고한다. 총량결제는 거래의 상대방과 결제의 상대방 간에 동일성을 유지하므로 결제위험이 다른 참가자에게 전파될 가능성이 차감결제방식에 비해 크지 않다. 따라서 결제이행의 보증에 필요한 결제기금의 조성, 손실분담협약 등 결제 관련 부대비용을 절감할 수 있다.

셋째, 총량결제는 시스템 상 정해진 요건을 구비한 경우 거래건별로 즉시 결제되므로 결제의 신속성과 안전성을 확보할 수 있다. 이와 같은 장점 때문에 거래건수는 적으나 건별 거래 규모가 큰 채권시장의 결제에 많이 이용된다.

이러한 장점에도 불구하고 많은 국가에서 차감결제방식을 채택하고 있는 것은 총량결제방식이 가지고 있는 다음과 같은 단점 때문이다.

첫째, 결제위험에 노출되는 정도가 차감결제에 비해 크다. 총량결제는 〈그림 2-10〉과 같이 매매거래 건별로 거래금액 전체를 결제해야 하기 때문에 차감결제보다 결제해야 할 규모가 크다. 실례로 여러 결제방식 중 다자간 차감결제방식을 채택하고 있는 우리나라의 장내 주식시장의 결제대금은 2012년을 기준으로 전체 거래대금의 6.0%에 불과하다. 결제규모가 크다는 것은 이에 따른 신용 및 유동성위험도 그만큼 커진다는 것을 의미한다.

또한 총량결제방식은 결제업무 처리 과정에서 참가자가 직면하는 당일의 최대 결제채무를 정확하게 예측하는 것을 어렵게 한다. 비록 결제처리 후에 상기 채무의 확실한 규모를 알 수 있게 되더라도 증권 잔고의 이용 가능성에 따라 이전 순서가 결정되고, 동 순서가 미리 예측될 수 없기 때문에 최대 결제채무는 상당히 큰 규모가 될 수 있다. 그러므로 원활한 결제를 위해서는 증권 및 대금계좌에 잔고를 많이 유지해야 한다. 그러나 결제기관에 예치해야 하는 증권과 대금은 그 특성상 무수익 자산이거나 수익성이 낮기 때문에 예치 금융기관의 자산운용 효율성을 저하시킨다. 따라서 이들 금융기관이 결제기관의 이용을 회피할 우려도 있다.

둘째, 총량결제방식은 시스템 개발이 쉬운 반면 운영 경비가 많이 소요된다. 총

▶▶ 그림 2-10 총량결제방식

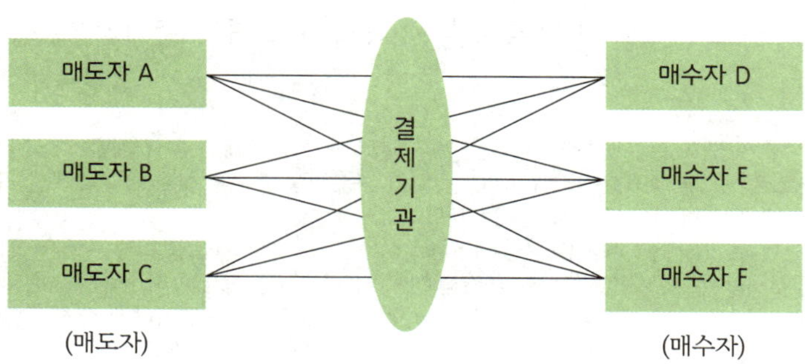

량결제를 위한 시스템 본래의 특성 상 반복적인 절차가 필요하기 때문에 차감 시스템보다 많은 컴퓨터 용량이 필요하다. 그러므로 거래량이 증가함에 따라 컴퓨터 장비의 용량도 증가해야 한다. 또한 돌발적인 거래량의 폭증 현상도 충분히 수용할 수 있는 시스템을 확보해야 한다.

셋째, 총량결제방식에서는 연쇄거래(chain trade)를 해결하기가 곤란하다. 왜냐하면 각 거래가 개별적으로 분리되어 결제절차가 진행되므로, 특정 거래의 결제가 다른 거래의 결제에 의존하는 경우 그것이 결제과정에 반영되기 어렵기 때문이다. 예를 들어, 특정 종목을 참가자 A가 참가자 B에게 매도하고, 참가자 B는 참가자 C에게, 그리고 참가자 C는 참가자 A에게 매도한 경우를 가정해보자. 참가자 A는 참가자 C로부터 증권을 수령할 것으로 예상하고 있지만, 사실 상 참가자 A는 자신의 증권이 인도되기를 기다리는 것과 같다. 이러한 결제제도상의 문제점 때문에 총량결제방식에서는 결제대기제도,[33] 지정시간결제제도,[34] 일중당좌대월[35]의 허용 등 여러 가지 보완책이 제시되고 있다.

### 2.1.2. 차감결제방식

#### 가. 차감결제의 의의

차감(netting)이란 다수의 매매 당사자 간에 존재하는 복수의 채권·채무를 소수 또는 단일의 채권·채무로 축소시키는 과정이라고 정의할 수 있다. 따라서 차감결제는 차감 과정을 통해 확정된 소수 또는 단 한 건의 채권·채무를 인수·인도함으로써 증권거래로 인한 본래의 채권·채무 관계를 종료·소멸시키는 결제방식이다. 차감결제는 13세기 초 이탈리아 각 도시의 은행 거래에서 관습법으로 발달한 데서 기원하였으며, 이것이 각국에 계승되어 제도화된 것이다.

차감결제방식이 증권결제 상 중요한 사안으로 부각된 것은 증권시장에서의 컴퓨터와 통신 기술의 급속한 발달로 증권 거래량이 급격히 증가하고, 증권시장의 대

---

33 결제대기제도는 잔고 관리의 부담 경감을 위해 결제시스템에 queue(대기행렬) 관리 기능을 부여하여, 잔고 부족으로 처리할 수 없는 대체지시는 잔고가 충분해질 때까지 queue 상태에서 기다리게 되며 잔고가 충분해진 단계에서 결제가 실행되는 제도이다.

34 지정시간결제제도(designated-time settlement system)는 매매체결일 이후 사전에 정한 결제 시점에 한 번(단일결제방식), 또는 수회(복수결제방식)에 걸쳐 최종적인 결제가 이루어지는 결제방식을 말한다.

35 일중당좌대월제도(daylight overdraft)란 주로 총액결제방식의 DVP 결제에서 흔히 당일의 유동성이 보장되어야 하므로, 지급결제시스템을 운영하는 중앙은행에서 참가 기관에 대해 일중당좌대월의 형태로 유동성을 공여하는 제도를 말한다.

외 개방으로 증권거래의 국제화가 진전된 점에서 기인하였다. 이에 따라 각종 결제 위험이 증대되어 위험관리가 금융시스템의 근간을 결정하는 상황에 이르렀다. 이러한 위험에 대한 적절한 해결 수단 중의 하나로 강구된 것이 바로 차감결제방식이다.

#### 나. 차감결제의 유형

##### (1) 양자간 차감결제와 다자간 차감결제

이는 차감의 당사자 수에 따른 분류이다. 양자간 차감결제(bilateral netting settlement)란 두 거래 당사자 간에 인수도할 채권·채무를 서로 차감해 그 결과 산정된 차감 포지션만을 수수함으로써 결제를 종료시키는 것을 말한다. 양자간 차감결제는 거래 당사자 간에 발생하므로 결제의 상대방과 거래의 상대방 간에 동일성이 유지된다. 그러므로 결제 불이행위험이 당사자 간에 한정되므로 결제이행보증 등 결제 부대비용을 유발하지 않는다. 또한 매매정정 등 결제업무의 처리 절차가 간편하다.

그러나 양자간 차감결제는 차감 효과가 적으므로 신용 및 유동성위험의 감축 효과가 크지 않고 업무 처리량이 많다는 단점이 있다. 비록 양자간 차감결제방식이 초보적인 형태의 차감이기는 하지만 종목수가 적고 거래 규모가 큰 시장에서는 차감의 효과가 크게 나타나므로 채권시장이나 기관투자자결제에서 많이 이용되고 있다.

다음으로 다자간 차감결제(multilateral netting settlement)란 3인 이상의 거래 당사자 간에 인수도할 채권·채무를 서로 차감해 산정된 차감 포지션만을 수수함으로써 결제를 종료시키는 것을 말한다. 다자간 차감결제는 다수 거래 당사자 간에 발생하므로 결제의 상대방과 거래의 상대방이 바뀌게 된다. 다자간차감은 소규모의 대량거래가 발생하는 증권거래소 등 조직화된 시장에서 많이 이용된다.

그러나 다자간차감은 그 효과에도 불구하고 일부 당사자가 차감 후 지급불능상

**▶▶ 표 2-5 양자간 차감결제와 다자간 차감결제의 비교**

| 구분 | 양자간 차감결제 | 다자간 차감결제 |
|---|---|---|
| 거래 상대방의 동일성 | 유지 | 상실 |
| 결제 이행보증 | 불필요 | 필요 |
| 차감의 효과 | 작다 | 크다 |
| 결제기구의 역할 | 중개 | 이행보증 |

태에 빠지는 경우 시장전체에 결제위험이 전이될 수 있기에 결제이행보증을 위한 결제기금 조성, 손실분담협약 등 강력한 리스크 통제장치를 필요로 한다.

(2) 상계적 차감과 경개적 차감

이 구분은 차감의 법적 구속력에 의한 분류 방식이다. 상계적 차감(相計的 差減, payment netting)이란 참가자 간에 이행기를 같이하는 복수의 채권·채무를 갖고 있는 경우 그 이행기가 도래해 이행할 때 상호 간 채권·채무를 차감해 그 잔액 또는 잔량만을 수수함으로써 결제하는 방식을 말한다.

경개적 차감(更改的 差減, obligation netting)은 참가자 간에 이행기를 같이하는 복수의 채권·채무를 이행기의 도래를 기다리지 않고 이를 차감하여 차감한 채권·채무로 종전의 개별 채권·채무를 대체하는 것을 말한다. 그러므로 이행기가 도래한 시점에서 한 건의 채권·채무만을 이행함으로써 전체 증권거래에 따른 채권·채무 관계를 종결·소멸시키는 것을 말한다.

상계적 차감과 경개적 차감의 차이점은 〈표 2-6〉과 같다. 즉 상계적 차감은 법적 구속력이 없어 결제 불이행이 발생하는 경우 거래취소 방식으로 결제위험을 처리한다. 반면, 경개적 차감은 법적 구속력이 있어 결제 불이행이 발생하는 경우 결제이행보증 방식으로 결제위험을 관리한다. 따라서 경개적 차감은 차감에 포함된 개별 채권·채무는 소멸하고 법적 구속력이 있는 새로운 채권·채무가 발생하므로, 당사자는 차감에 산입된 채권·채무의 개별적인 이행을 청구할 수 없고 차감 외에 다른 채권·채무와 차감할 수 없다. 따라서 차감에 산입된 채권·채무는 개별적인 소멸 시효가 진행되지 않으나 개별 채권에 대한 확인 소송, 취소권 등은 행사할 수 있다.

▶▶ 표 2-6 상계적 차감과 경개적 차감의 비교

| 구분 | 상계적 차감 | 경개적 차감 |
|---|---|---|
| 개별 채권의 독립성 | 유지 | 상실 |
| 차감시기 | 이행기 | 이행기 도래 전 |
| 차감 효력의 감소 | 당사자 | 제3자까지 |
| 결제위험의 감소 | × | ○ |
| 차감의 주요 목적 | 결제물건 수수 편리 | 결제위험의 축소 |
| 주요 이용 시장 | 어음교환제도 | 거래소시장결제 |

자료: 神田秀樹 外, 'ネッティングをめぐる法的諸問題',「金融法務事情」.

이와 같이 경개적 차감은 결제 규모의 절대적 크기를 감소시키므로 결제업무 처리 상 신용위험 및 유동성위험을 감축시킬 수 있다. 상계적 차감은 법적 구속력이 없으므로 개별 채권·채무가 독립성을 잃지 않는다. 다만 채권·채무를 이행하는 시점에서 이행의 편리성을 확보하기 위해 차감하므로 차감의 효력은 당사자 간에만 영향을 미치고 제3자에게는 영향을 미치지 못한다.

한편 차감의 법적 구속력과 당사자 수를 고려할 때 가장 바람직한 차감방식은 다자간 경개적 차감(multilateral obligation netting)이라 할 수 있다. 이와 같은 차감방식을 실제적으로 구현하기 위해서는 청산기관(CCP)이 필요하게 된다. 즉 청산기관이 증권거래에 관해 한 쪽 당사자의 채무를 인수하는 동시에 이에 상당하는 채권을 취득해서 청산기관과 각 당사자와의 양자간 차감으로 변경함으로써 실질적으로 다자간 경개적 차감을 실현할 수 있게 된다.[36] 일본과 우리나라가 그 예라 할 수 있다.

또한 청산기관의 관여가 없는 순수한 다자간 경개적 차감에서는 〈그림 2-11〉 ②와 ③에서 볼 수 있는 바와 같이 차감 후에 참가자간의 채권·채무의 관계에 복수

▶▶ 그림 2-11 청산기관을 통한 실질적인 다자간 경개적 차감

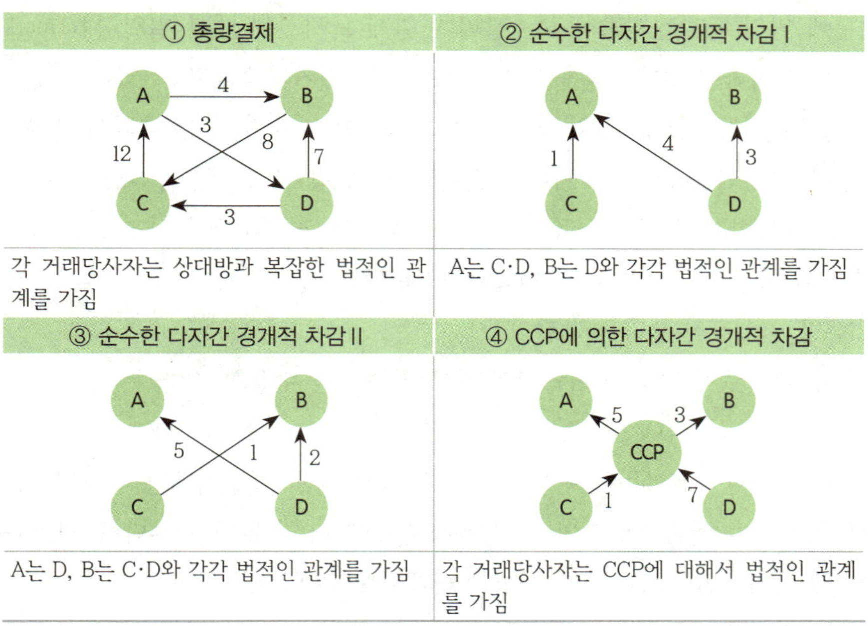


36 증권예탁원, 일본 증권거래법에 있어서의 청산기관제도(高橋康文·長崎幸太郎 원저, 조사개발부 번역, 2005년 2월).

의 해가 존재한다. 즉, C가 의무를 이행하지 않으면 A는 유형 ③이, B는 유형 ②가 더 유리하게 된다. 이와 같이 복수의 해가 존재하기 때문에 어느 유형을 채택할지에 관해 관련 참가자들의 의견이 일치하지 않고 이로 인해 복잡한 법률분쟁이 생길 수 있다. 그러나 청산기관이 관여하는 실질적인 다자간 경개적 차감에서는 〈그림 2-11〉의 ④와 같이 모든 참가자가 청산기관만을 상대하므로 권리의무 관계의 법적 안정성이 실현되게 된다.

#### (3) 일일차감결제와 연속차감결제

이 구분은 차감의 연속성 여부에 의한 분류 방식이다. 일일차감결제(DNS: Daily Netting Settlement)란 매일 매일의 매도 및 매수 거래에 대해 다자간 차감을 행하고, 당해 결제일에 결제되지 않는 거래에 대해서는 결제 불이행으로 처리한다. 따라서 일일 차감에 의한 경우에는 인도·인수 어느 한 쪽의 결제포지션만을 가지므로 결제 규모가 크게 축소된다.

연속차감결제(CNS: Continuous Net Settlement)란 당일 발생한 매매거래를 참가자 간에 다자간 차감한 후, 차감된 수량을 전일로부터 이월되어 온 미결제잔고와 다시 차감하는 방식을 말한다. 따라서 CNS 방식은 미결제잔고의 이월을 허용하기 때문에 일일 차감결제방식과는 달리 미결제 포지션에 대한 일일정산(mark-to-market)을 실시하여 결제위험을 최소화하는 결제 메커니즘을 갖고 있다.

이 결제방식은 결제회원에게 증권의 유동성을 제공해 주는 효과를 창출함으로써 시장 안정성의 제고에 큰 기여를 하는 것으로 평가받고 있다. 다만 CNS 방식의 효과를 극대화하기 위해서는 증권결제 프로세스와 결제대금의 산정 프로세스가 자동화되어야 하는 등 고도화된 결제업무의 재설계가 필요하다.

CNS방식의 장점은 다음과 같다.

첫째, 결제주기 단축과 지속적인 거래량 증가를 수용할 수 있는 효율적인 시스템이다.

둘째, CNS방식에서는 연속차감, 즉 매도거래량과 매수거래량의 차감, 당일 결제수량과 전일 미결제수량과의 차감으로 결제에 따른 유동성 부담을 최소화하고, 부분 결제를 허용함으로써 결제 이행을 극대화할 수 있다.

셋째, CNS방식에서는 증권결제가 일중에 계속 이루어지기 때문에 결제의 정체현상이 발생하지 않는다.

이에 반해 CNS방식의 단점은 참가자가 결제 이행을 하지 못할 경우를 대비하기 위한 다양하고 복잡한 위험 제어장치가 필요하다는 것이다. 순채무한도(Net Debit Cap) 설정, 일일정산, 결제기금의 조성 등이 그 사례이다.

### 다. 차감의 효과

차감결제는 거래량이 많고 참가자의 수가 비교적 적은 시장에서 결제방식으로 채택하는 경우 효율적이지만, 몇 가지 기본적인 법률 상 문제를 야기시킨다.

차감 방식의 중요한 문제는 거래 당사자 간의 법률 관계의 변경과 이에 따른 법적 구속력의 확보이다. 예를 들면 연속차감결제(CNS)를 이용하는 경우에 한 참가자와 다수 참가자 간의 모든 채권·채무는 〈그림 2-12〉와 같이 청산기관(CCP)과의 단일 채권·채무로 대체된다. 이러한 대체를 통해 매매 당사자 간의 법률관계가 변경되며 거래의 종결을 위해 결제기관이 개입하게 된다.

한편 다자간 차감방식(multilateral netting)을 이용하는 경우에는 본래의 매매 상대방과는 관계없이 청산기관(CCP)과 참가자 간의 단일 채권·채무로 대체된다.

차감결제제도가 법적 안정성을 확보하기 위해서는 청산기관 및 결제기관의 관련 규정에 차감에 의한 법률관계의 변경과 법적 구속력 부여 등에 관해서 구체적으로 명시되어야 한다.

차감의 효과는 증권결제제도의 안정성 및 결제업무 처리의 효율성 측면에서 살펴볼 수 있다. 증권결제제도에 대한 안정성은 결제위험의 감축 형태로, 결제업무 처리의 효율성은 결제건수 및 결제규모의 축소 형태로 나타난다.

먼저 증권결제제도의 안정성 확보에 기여하는 측면을 살펴보면 차감은 결제위

▶▶ 그림 2-12 다자간 차감결제방식

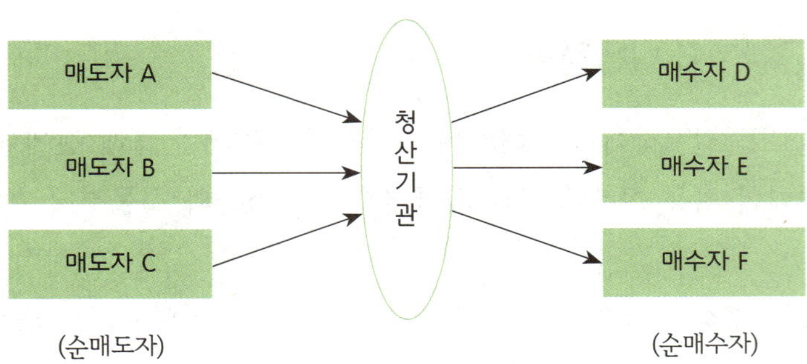

험을 축소시킨다. 일반적으로 증권결제제도에서 주로 운영되고 있는 차감의 형태는 법적 구속력이 있는 경개적 차감이다. 따라서 법적 구속력이 있는 다자간 차감결제는 원본위험과 대체비용 위험을 감소시킨다.

차감은 결제를 위하여 인도해야 하는 증권의 총량과 결제건수를 실제 매매된 증권 총량과 매매건수보다 현격히 감소시킴으로써 원본위험과 대체비용위험을 감소시킬 수 있다.

결제의 효율성 측면에서 차감제도는 유동성위험을 감소시키는 효과도 있다. 차감시스템에서는 결제의 건수와 규모가 크게 축소된다. 따라서 증권인도나 대금지급 과정상 예기치 못한 실패로 인해 유동성 압력이 야기되지만 다자간 차감결제방식에 의해 그만큼 축소시킬 수 있다.

그러나 다자간 차감결제방식은 총량결제방식이나 양자간 차감결제방식과는 달리 시스템위험을 야기시킨다. 총량결제방식과 양자간 차감결제방식은 거래의 상대방과 결제의 상대방 간에 동일성을 유지한다. 따라서 결제 불이행이 발생하더라도 이로 인한 결제위험이 당사자 사이에 한정된다. 이렇게 되면 연쇄적인 결제 불이행 사태가 발생할 가능성이 적을 뿐 아니라 시스템위험도 최소화될 수 있다.

이와는 반대로 다자간 차감결제방식에서는 거래의 상대방과 결제의 상대방이 달라지게 된다. 따라서 결제 불이행이 발생할 경우 상대방이 특정되지 않아 연쇄적인 결제 불이행 사태가 발생할 수도 있다. 이는 특정 참가자의 결제 불이행이 동 참가자와 직접적인 거래 관계가 없는 다른 모든 참가자들에게까지 영향을 미쳐 연쇄적인 결제 불이행 사태를 야기시키기 때문이다. 이러한 사태에 대비해 다자간 차감시스템 내에서는 결제기금의 조성, 결제 이행 보증 등 사전 안전 장치의 마련이 필수적이다.

### 2.2. 차금결제와 실물결제

일반적으로 증권시장에서 행해지는 증권결제는 결제일 도래 전에 전매 또는 환매 등 반대매매의 허용 여부에 따라 차금결제(差金決濟)와 실물결제(實物決濟)로 구분된다.

차금결제는 일정 기간을 매매 기간으로 정해 이 기간에는 증거금만으로 매매거래를 하고 결제는 전매 또는 환매 등 반대매매에 의한 결제를 허용하는 방식으로,

주로 선물거래의 청산 방식에서 이용된다.

차금결제방식은 브로커·딜러의 입장에서 결제규모가 축소된다는 편리한 점이 있고, 또한 증권거래에 가수급의 원리를 도입해 거래를 활성화시킨다는 장점이 있다. 그러나 결제기간이 길기 때문에 결제 불이행 위험이 높고 과도한 투기로 흐르기 쉬운 단점이 있다. 따라서 이 결제방식은 공급 물량이 적고 증권시장의 규모가 작은 증권시장의 발달 초기에는 적합하였으나, 증권시장의 안정성이 절대적으로 요구되는 현재의 환경에는 맞지 않다. 우리나라에서는 거래소시장 개설 초기부터 차금결제방식을 실물결제방식과 병행해 사용해 왔다. 그러나 1958년 1·16 국채파동과 1962년 증권파동 등으로 인한 결제 불이행, 과당 투기의 유발 등 우여곡절을 겪은 끝에 1971년 보통거래 방식의 도입과 함께 폐지하였다.

이와 같은 차금결제방식의 단점은 증권시장의 안정성을 중요시하는 현대 증권시장에서 결정적인 취약점이 되었다. 그뿐만 아니라, 1970년대 이후 선물·옵션시장의 등장으로 유동성 문제를 투기적 부문과 비투기적 부문으로 양분함에 따라 현물시장에서 그 필요성이 더욱 감소되었다. 따라서 G-30 권고에서는 차금결제방식 대신에 실물결제방식인 연속결제방식(rolling settlement)을 채택하도록 권고하고 있으며, 오늘날 현물시장에서 차금결제방식을 사용하는 나라는 거의 없다.

한편 실물결제는 결제일 도래 전에 반대매매에 의한 차금결제를 허용하지 않고, 결제일에 실제로 증권과 대금을 수수하는 결제방식이다.

실물결제는 현물의 직접 수수 여부에 따라 실물인수도결제(physical delivery)와 계좌 간 대체방식(book entry delivery)에 의한 결제로 구분할 수 있다.

실물인수도결제는 매도증권과 매수대금을 결제기관의 중개에 의해 실물증권을 직접 수수하는 결제방식을 말한다. 이 방식은 미국 NSCC의 봉투결제서비스(ESS: Envelope Settlement Service)처럼 결제기관의 업무처리 절차에 실물 인수도에 관한 사항을 내포하고 있다. 실물인수도결제방식에서는 결제기관이 인수도될 실물 증권의 수량을 계산해 각 참가자에게 통보하고, 각 참가자는 결제할 증권을 봉투에 넣어 봉인한 후, 송부받을 참가자의 주소와 성명을 기재해 결제기관에 제출한다. 결제기관은 동 봉투를 수취인별로 분류해 수취인에게 송부한다. 인수·인도되는 증권의 정확성 여부에 대한 위험은 참가자 자신이 부담한다.

이러한 실물결제 절차는 많은 시간이 소요되어 비효율적이고 착오가 발생할 가능성도 높다. 만약 봉함된 증권이 부적절하거나 착오가 발견되는 경우에는 참가자가 다른 참가자에게 자신의 대금을 재청구할 수 있는 충분한 시간적 여유가 있어야 한다. 또한 실물결제방식은 실물증권의 수수에 따른 도난·분실 위험의 내재 등으로 인해 계좌 간 대체 방식에 비해 비효율적이다.

계좌 간 대체방식은 증권예탁제도가 발달한 증권시장에서 적용 가능한 효율적인 결제방식이다. 즉 실물 증권을 인수도하는 대신에 전산화된 계좌부의 대변 또는 차변에 기장함으로써 결제가 이루어진다. 참가자 간 대금지급도 이와 유사하게 대금지급기관에 개설된 대금계좌에 대체기장함으로써 이루어진다.

### 2.3. 어카운트결제와 연속결제

어카운트결제(account settlement)[37]는 매매거래를 일정기간 동안(account period) 계속한 후 특정일을 결제일로 정해 집중적으로 결제하는 방식이다.

어카운트결제는 거래의 연속성 단절, 결제위험 관리의 부적절 등 구조적인 단점으로 인해 현물 증권시장에서 동 방식을 채택하고 있는 국가는 거의 없다. 그러나 어카운트결제방식은 결제일이 도래하기 전에 반대매매에 의한 결제가 허용되는 차금결제의 특성이 가미되어 선물거래에 있어서는 많이 채택되고 있다. 현물시장에서 어카운트결제방식을 채택했던 대표적인 국가는 영국으로, 매매거래를 2주간 계속하고 이 기간에 이루어진 거래의 결제일은 최종 거래일로부터 통상 T+6일인 결제방식을 채택한 적이 있다.[38]

반면 연속결제(rolling settlement)는 특정 영업일별로 체결된 모든 거래를 거래일로부터 일정기간이 경과한 날에 결제하는 결제방식으로 매영업일에 계속해서 결제일이 도래한다. 그러므로 연속결제는 반대매매에 의한 결제를 허용하지 않는다. 다만 다자간 차감결제방식을 채택하고 있는 시장에서는 당일중에 반대매매를 하면 결제 대상에서 제외되므로 반대매매에 의한 결제를 허용하는 것과 동일한 효과를 얻을 수 있다.

현재 대부분의 나라에서 이 연속결제방식을 채택하고 있는데, 결제주기는 미국 T+3일, 일본 T+3일, 독일 T+2일, 우리나라 T+2일 등 다양하다. 구체적인 결제 절

---

37 어카운트결제방식은 매매거래 기간 종료 후 특정일에 결제가 집중되므로 특정일지정결제 또는 특정기간결제방식이라고도 한다.

38 영국은 1994년 7월 종전의 어카운트결제방식을 연속결제방식(rolling settlement)으로 전환하여 T+5일 결제주기를 채택하였고, 2001년 1월 T+3일로 변경하였다.

▶▶ 그림 2-13 연속결제방식(T+2일) 예시

| 월 | 화 | 수 | 목 | 금 |
|---|---|---|---|---|
| 9/5 | 9/6 | 9/7 | 9/8 | 9/9 |
| (T) | (T+1) | (T+2) | | |
| | | 9/5거래 | 9/6거래 | 9/7거래 |
| 9/12 | 9/13 | 결제일 | 결제일 | 결제일 |
| 9/8거래 | 9/9거래 | | | |
| 결제일 | 결제일 | … | … | … |

차를 보면 〈그림 2-13〉과 같이 T+2일 결제방식을 채택한 경우(주 5영업일), 월요일에 매매된 거래는 수요일에, 화요일에 거래된 매매는 목요일에, 수요일에 거래된 매매는 금요일에, 목요일에 거래된 매매는 그 다음주 월요일에 각각 결제가 이루어진다.

연속결제는 매매일부터 결제일까지의 기간이 짧기 때문에 미결제잔고의 규모를 제한하는 효과가 있다. 따라서 〈표 2-7〉과 같이 어카운트결제방식보다 거래의 안정성과 확실성을 보장한다는 장점이 있다. 반면, 연속결제는 미결제포지션의 이월이 계속되면 실물공급의 한계와 편중으로 인해 거래의 경직을 초래할 가능성이 있다는 단점이 있다.

그러나 세계 증권시장의 발전에 따라 유동성 문제는 많이 해소된 반면, 개방화·자율화에 따른 증권거래의 안정성과 결제위험의 통제 문제가 중요시되고 있다. 이에 따라 G-30 등 세계 유수의 증권 연구단체는 어카운트결제보다 연속결제를 채택하도록 권고하고 있으며, 세계 주요 증권시장에서 이 방식을 채택하고 있다.

▶▶ 표 2-7 어카운트결제와 연속결제의 비교

| 구분 | 어카운트결제 | 연속결제 |
|---|---|---|
| 시장 유동성 | 크다 | 작다 |
| 거래의 안정성 | 작다 | 크다 |
| 결제위험 | 크다 | 작다 |
| 주요 적용 시장 | 선물시장 | 현물시장 |

## 2.4. 분리결제와 동시결제

증권거래의 결제는 반드시 증권인도와 대금지급을 상호 교환하여 이행해야 한다. 증권인도와 대금지급의 연계 여부에 따라 분리결제와 동시결제로 나누어진다.

### 2.4.1. 증권과 대금의 분리결제

분리결제(FOP: Free of Payment)는 증권결제에서 대금지급이 수반되지 않는 증권의 인도를 말한다. 즉 증권인도와 대금지급이 개별적으로 이루어지는 결제방식이다.

쌍무계약은 그 특성상 의무를 먼저 이행하는 측이 상대방의 결제이행 여부에 대한 위험을 부담한다. 증권거래에 따른 결제도 쌍무계약의 이행이므로, 그 이행상 시차가 발생하면 어느 일방은 결제위험(원본위험)에 노출된다.

〈그림 2-14〉는 기관 A와 기관 B가 증권거래를 한 후 결제이행에 따른 위험부담 관계를 나타내고 있다. 양 기관은 결제를 이행하기 전에는 ⓐ와 ⓒ라는 서로 동등한 위험을 부담하고 있다. 그러나 기관 A가 자신의 의무인 증권인도를 기관 B가 대금지급 의무를 이행하지 않은 상태에서 먼저 이행하게 되면, 기관 B가 부담하는 결제위험은 없어지고 기관 A만 추가로 ⓑ라는 위험을 부담하게 된다.

이와 같이 분리결제는 증권인도와 대금지급에 시차가 발생하므로 결제위험을 항상 내포하고 있으며, 이는 동시결제방식(DVP: Delivery versus Payment)의 도입으로 그 결제위험이 제거될 수 있다.

▶▶ 그림 2-14 분리결제에 따른 결제위험

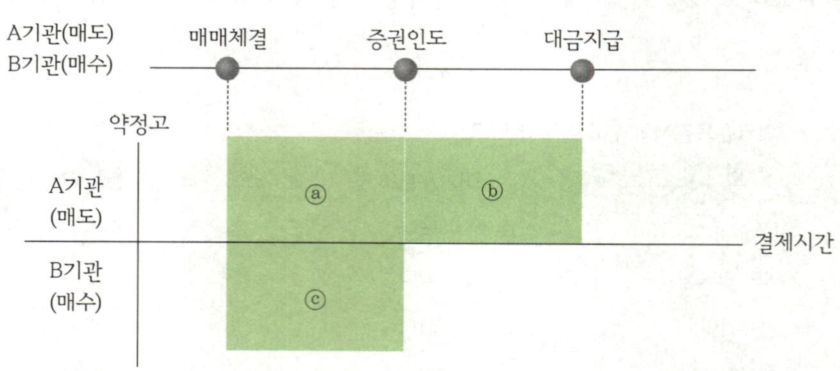

그러나 국제 간 증권거래의 결제에 있어서는 외환이 개입된다. 따라서 자국 동시결제방식의 도입만으로 결제위험이 제거되지 않으므로 국제적으로 동시결제가 이루어지도록 노력해야 한다. 특히, 외환거래 과정에서 국가 간 업무처리시간대 차이로 인해 이종 통화 간 결제에서 발생하는 Herstatt 위험[39]을 고려할 필요가 있다.

이러한 문제점을 해소하기 위해 2002년 9월 전 세계 63개 대형 은행들이 CLS(Continuous Linked Settlement) 은행을 설립하여 외환동시결제(PVP: Payment versus Payment) 방식의 외환결제를 도입하였다. 현재 CLS은행의 결제 통화는 전세계 외환거래액의 약 80%를 차지하는 미국 달러, 캐나다 달러, 유로, 영국 파운드, 스위스 프랑, 일본 엔, 호주 달러, 한국 원 등 17개 통화로 지정되어 있다. 결제방식은 CLS은행이 결제회원 은행들의 외환거래를 다자간 차감하여, 각 결제 통화국의 중앙은행에 개설된 CLS은행 계좌를 통해 최종 대금의 지급과 수취를 동시에 결제하는 방식을 채택하고 있다.

### 2.4.2. 증권과 대금의 동시결제

#### 가. 동시결제의 의의

매도인의 증권인도 의무는 원칙적으로 매수인의 대금지급 의무와 동시 이행의 관계에 선다(민법 제568조).[40] 이와 관련하여 동시결제(DVP: Delivery versus Payment)는 증권거래에 따른 결제가 증권과 대금을 동시에 교환함으로써 완료되는 것을 말한다. 즉 증권의 인도 시점과 대금의 지급 시점 간에 시차가 'Zero'인 것을 말한다.

그러나 일반적으로 증권업계에서 사용하는 동시결제의 개념은 다르다. 즉 증권인도와 대금지급 사이에 시차가 존재하더라도 그 사이에 존재하는 결제위험을 막을 수 있는 안전장치가 구비되어 있고, 그 시차가 기술적인 업무 처리 절차상 어쩔 수 없이 발생하는 경우에는 동시결제라고 보고 있다. 왜냐하면 CNS(연속차감결제)방식 또는 DVP2방식(증권은 총량결제, 대금은 차감방식)을 채택하고 있는 증권결제제도에

---

39 독일의 상업은행인 Herstatt 은행은 1974년 외환 투기로 인한 거액 손실로 파산하였다. 이에 따라 해당 은행과 외환거래를 해왔던 금융기관 중 해당 은행에 마르크화를 인도하였으나 동 은행의 폐쇄로 인해 뉴욕에서 달러를 수취할 수 없게 된 거래처가 있었다. 이는 기본적으로 시차 때문에 결제가 동시에 발생하지 않고, 한 쪽 당사자에게 미결제잔액이 남아 있는 데 기인한다. 이 사건 이후 이러한 위험을 Herstatt 위험이라 한다.

40 제568조(매매의 효력) ① 매도인은 매수인에 대하여 매매의 목적이 된 권리를 이전하여야 하며 매수인은 매도인에게 그 대금을 지급하여야 한다. ② 전항의 쌍방의무는 특별한 약정이나 관습이 없으면 동시에 이행하여야 한다.

서는 증권인도와 대금지급이 기술적으로 동시에 이루어질 수 없기 때문이다.

동시결제는 매도자의 증권계좌에 감소 기재(차변 기재) 및 대금계좌에 증가 기재(대변 기재)와 동시에 매수자의 증권계좌에 증가 기재(대변 기재) 및 대금계좌에 감소 기재(차변 기재)함으로써 이루어진다.

일반적으로 동시결제는 원본위험을 제거한다고 하는데, 원본위험의 제거는 결제가 완결성을 갖고 있을 때만 달성이 가능하다. 이러한 완결성의 기본 요건은 결제가 조건부가 아닌 무조건적이어야 하며, 취소 불가능한 것이어야 한다. 증권인도의 경우 결제기관이 직접 사고증권을 관리할 뿐만 아니라 증권예탁계좌도 직접 관리하므로 증권인도 시점에서 완결성 확보에 어려움이 없다.

그러나 대금지급의 경우, 지급 수단에 따라 결제 완결성 확보에 큰 영향을 준다. 대금지급시 주로 이용되는 어음·수표 등은 은행 간 교환결제시스템에서 교환이 종료되는 익일에 완결성이 확보되는 익일 자금이므로 대금지급 시점에서 완결성을 보장받지 못한다. 따라서 증권인도가 종료되는 시점부터 익일 중앙은행에 개설된 당좌예금계좌에서 교환결제가 종료되는 시점까지 잠재적 결제위험에 노출된다.

대금지급 시점에서 완결성을 확보하려면 우선 완결성이 있는 지급수단을 이용해 결제가 이루어져야 한다. 완결성이 있는 지급수단은 중앙은행이 발행한 현금과 지급준비금뿐이다. 현금은 특성상 거액의 지급을 요하는 증권결제에는 적합하지 못하다. 그러므로 대금지급의 완결성을 확보하기 위해서는 중앙은행의 당좌예금계좌에 결제기관이 직접 참여하는 것이 유일한 길이다.

대부분 주요 선진 국가의 결제기관은 〈표 2-8〉과 같이 중앙은행의 지급결제시스템과 직접 연계를 통해 대금결제의 완결성을 확보하고 있다. BIS, G-30, ISSA,

**▶▶ 표 2-8 주요 국가의 지급결제시스템과 연계 현황**

| 국가 | 결제기관 | 증권결제시스템 | 중앙은행 | 지급결제시스템 | 완결성 |
|---|---|---|---|---|---|
| 미국 | DTC | 주식, 채권 | 미국중앙은행(FRB) | Fed-Wire | ○ |
| 캐나다 | CDS | CDSX | 캐나다중앙은행(BOC) | LVTS | ○ |
| 영국 | Euroclear UK | CREST | 영란은행(BOE) | CHAPS | ○ |
| 프랑스 | Euroclear France | ESES | 프랑스중앙은행(BDF) | TBF | ○ |
| 독일 | CBF | CASCADE | 독일연방은행(DB) | RTGS plus | ○ |
| 일본 | JASDEC | 주식, 채권 | 일본은행(BOJ) | BOJ-net | ○ |

BIS(CPSS)/IOSCO 등도 결제 대금의 완결성 확보를 위해 중앙은행의 지급결제 시스템을 통해 결제하도록 권고하고 있다.

### 나. 동시결제(DVP)의 유형[41]

BIS의 지급결제위원회(CPSS)는 '증권결제시스템에서의 동시결제(Delivery versus Payment in Securities Settlement Systems) 보고서(1992년)'에서 증권인도 및 대금지급을 총량기준으로 할 것인지 차감기준으로 할 것인지에 따라 동시결제의 유형을 다음의 3가지로 구분하고 있다.

#### (1) 동시결제(DVP) 모델 1 (gross-gross)

동시결제(DVP) 모델 1은 증권인도와 대금지급 모두를 총량기준으로 거래 건(trade-by-trade)마다 동시에 처리하는 방식이다. 매도자로부터 매수자로의 증권대체와 매수자로부터 매도자로의 대금대체가 동시에 이루어진다. 모든 대체는 취소불능(irrevocable)으로 무조건(unconditional)이며, 결제 완결성(finality)을 갖는 형태로 이루어진다. 이 방식은 증권결제시스템이 증권계좌와 대금계좌의 양쪽을 관리하고 있는 경우에 채택되는 경우가 많다.

이 방식은 증권과 대금의 대체가 동시에 이루어지기 때문에 2개의 대체 간에 시차가 없어서 원본리스크를 완전하게 해소할 수 있다. 또한 거래 1건마다 독립해서 결제를 하기 때문에 당일의 종료시까지 기다리지 않고, 일중에 결제를 완료시켜 '일중 결제 완결성'을 확보할 수 있다. 이러한 이유로 이 방식을 '진정한 DVP(real DVP 또는 true DVP)'라고 하는 경우도 있다. 또한 결제가 실시간총량결제방식(RTGS: Real Time Gross Settlement) 기준으로 이루어지는 것에 착안해서 'RTGS 기준의 DVP'라고 하는 경우도 있다.

이와 같이 위험축소 측면에서는 커다란 효과가 있으나, 이 방식은 ① 차감결제에 비해서 결제에 필요한 자금이나 증권의 유동성이 많이 필요하다는 점, ② 일중에 참가자의 자금·증권의 잔량관리의 부담이 크다는 점 등의 단점이 있다. 즉, 이 모델은 안전성은 높지만, 이용자로서는 부담이 큰 DVP 방식이라고 말할 수 있다.

이러한 이유로, 이 방식을 채택하는 결제시스템에서는 유동성 부담을 경감하기 위한 구조가 도입되어 있는 경우가 많다. 우선 대금계좌에서는 '당좌대월(overdraft,

---

41 證券決濟システムのすべて(第2版)/中島眞志·宿輪純一 [共著] (2008. 5)

이하 'O/D'라고 한다)'을 인정하고 있는 경우가 많다.[42]

또한 매도자로부터 수취하는 증권을 담보로 O/D를 받고, 그 자금을 매입대금의 지급에 충당할 수 있는 구조(self-collateralisation)를 제공하고 있는 경우도 있다. 더욱이 사전승인에 근거해서 대출 가능한 증권을 잔량이 부족한 참가자에게 대출하는 '증권의 자동대차(automatic securities lending)'가 제공되어 있는 경우도 있다. 이것은 사전의 승인에 근거해서 대차 가능한 증권을 잔량이 부족한 참가자에게 대여하는 것이다.

또한 잔량관리의 부담을 경감하기 위해서 '대기행렬(queue) 관리기능'이 제공되는 경우도 많다. 결제시스템에 대기행렬 관리기능이 있는 경우에는 잔량부족으로 처리할 수 없는 대체지시는 잔량이 충분해질 때까지 대기행렬의 속에서 대기 상태가 되며, 잔량이 충분해진 단계에서 결제가 실행된다.

#### (2) 동시결제(DVP) 모델 2 (gross-net)

동시결제(DVP) 모델 2는 증권인도는 결제일 중에 총량기준으로 처리되는 반면에, 대금지급은 증권인도 종료시점 이후에 차감기준으로 처리되는 방식이다. 이 방식은 결제기관이 참가자의 증권계좌는 보유하고 있지만, 대금계좌는 중앙은행, 상업은행 등이 보유하고 있는 경우에 채택되는 경우가 많다.

이 방식에서 증권인도는 일중에 이루어져 완료된다. 반면, 대금은 증권의 대체를 할 때마다 그 시점에서의 차감포지션(running balance)이 산출되며, 최종적인 차감 기준의 결제대금이 마감시점에 결제된다.

이 방식에서는 증권인도가 대금지급에 선행하기 때문에, 언뜻 보면 시차에 의한 원본리스크가 발생하고 있는 것처럼 보인다. 그러나 대부분 이 방식에서는 추가적인 안전대책으로서 결제기관이나 결제대행은행 등이 대금지급을 보증하는 '보증결제방식(assured payment system)'을 도입하고 있다.

결제기관이 모든 대금결제에 관한 보증자(guarantor)가 되는 경우에는 증권의 매수자(=자금의 지급자)는 지급채무액에 상당하는 담보를 결제기관에 제공할 필요가 있다. 또한 매수자의 결제대행은행이 매수자의 채무를 보증하는 경우, 매수자의 결제대행은행은 매도자의 결제대행은행에 대해서 취소불능인 채무를 지게 된다. 증권의 대체와 취소불능의 대금지급 채무가 교환됨으로써, 원본리스크를 축소하는 구

42 증권계좌의 경우 일반적으로 O/D는 인정되지 않는다.

조로 되어 있다.

이러한 보증결제방식에서는 참가자와 보증자(결제기관이나 결제대행은행) 간에 여신관계가 발생한다. 따라서 리스크를 억제하기 위해서 각 참가자의 지급채무액에 상한(net debit cap)이 설정되는 경우가 많다.

이 방식에서는 마감시점에 차감금액의 자금을 준비하면 된다. 따라서 이 방식은 ① 결제에 필요한 자금이 작아진다는 점, ② 일중의 자금잔량관리의 부담이 경감된다는 점, ③ 자금 부족에 의한 결제지연이 일어나기 어렵다는 점 등의 장점을 가지고 있다.

#### (3) 동시결제(DVP) 모델 3 (net-net)

동시결제(DVP) 모델 3은 증권인도와 대금지급 모두가 차감기준으로 처리되는 방식이다. 차감결제는 1일에 1회 또는 수회 이루어진다. 이 방식은 결제기관이 참가자의 증권계좌는 보유하고 있지만, 대금계좌는 다른 기관(중앙은행, 상업은행 등)이 보유하고 있는 경우에 채택되는 경우가 많다.

증권은 종목마다 다자간 기준으로 차감되며, 대금은 종목 전체로 차감된다. 처리 사이클의 종료 시점에서 차감포지션이 '마이너스(지급 초과)'로 되어 있는 참가자에 관해서 결제시스템이 대금 및 증권의 잔량이 충분한지의 여부를 체크한다. 잔량이 부족한 참가자가 있는 경우에는 그 내역이 통지되고, 대금이나 증권을 조달하는 시간이 부여된다. 그리고 모든 마이너스 포지션의 참가자가 그것을 커버하는 데 충분한 대금 및 증권의 잔량을 갖고 있다는 것이 확인되면, 증권과 대금의 차감포지션의 최종적인 대체가 이루어진다.

이 방식에서는 증권과 대금 모두 차감 기준으로 결제되기 때문에, 필요한 유동성이나 잔량관리의 부담이 증권·대금의 양쪽 모두 경감된다(모델 2에서는 대금에만 장점이 있었던 것이 증권으로도 확대된다).

그러나 이 방식은 어떤 참가자가 마이너스 포지션의 증권인도 또는 대금지급을 이행할 수 없는 경우, 당초의 차감을 무효로 하고, 원상회복(unwind)이라고 하는 재계산을 할 필요가 있다는 단점이 있다. 원상회복이 이루어지면, 다른 참가자에게 커다란 유동성위험, 재구축비용리스크가 발생하고, 더 나아가서는 결제시스템 전체에 걸친 시스템리스크로 연결될 가능성도 있다. 이에 따라 이 방식을 채택하는 경우에는 원상회복을 회피하기 위한 강력한 리스크관리대책이 필요하다.

### 다. 중앙은행 자금에 의한 동시결제와 상업은행 자금에 의한 동시결제

동시결제(DVP)는 대금의 결제가 어떠한 은행의 계좌에서 이루어지는가에 따라서 중앙은행 자금(central bank money)에 의한 동시결제와, ② 상업은행은행 자금(commercial bank money)에 의한 동시결제로 분류할 수 있다.

중앙은행 자금에 의한 동시결제는 대금의 결제가 중앙은행의 계좌에서 이루어지는 것으로, 대금의 이체는 그 시점에서 결제 완결성(finality)을 갖는다.

한편, 상업은행 자금에 의한 동시결제는 대금결제를 담당하는 대금결제은행 등 상업은행의 계좌에서 대금의 결제가 이루어지는 것이다. 이 경우, 참가자입장에서는 결제가 완료되어 있는 것처럼 보일 수 있다. 그러나 사실은 복수의 결제은행 간에 채권·채무관계가 남아 있게 되며, 이것이 최종적으로 중앙은행 계좌에서 결제되기까지 커다란 리스크가 잔존하게 된다.

이 때문에, 최근에는 증권결제에 관련된 대금결제는 가능한 한 중앙은행 자금으로 하는 것이 바람직하다고 생각되고 있다.

### 라. 접속(interfaced) 결제모델과 통합(integrated) 결제모델

중앙은행 자금에 의한 동시결제를 고려하는 경우에 중앙은행과 결제기관(CSD)의 관계에는 2가지 모델이 있다.

그 한 가지가 결제기관에서 증권의 대체가 이루어지는 동시에, 중앙은행에서

▶▶ 그림 2-15 중앙은행 자금에 의한 동시결제와 민간은행 자금에 의한 동시결제

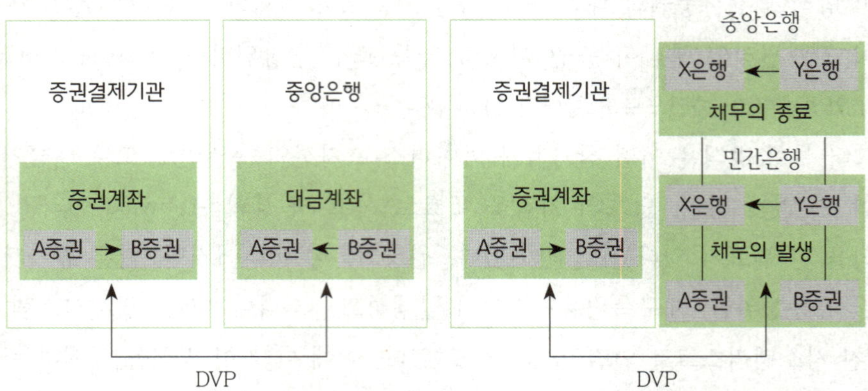


(1) 중앙은행 자금에 의한 DVP의 예 (2) 민간은행 자금에 의한 DVP의 예

▶▶ 그림 2-16 접속(interfaced) 결제모델

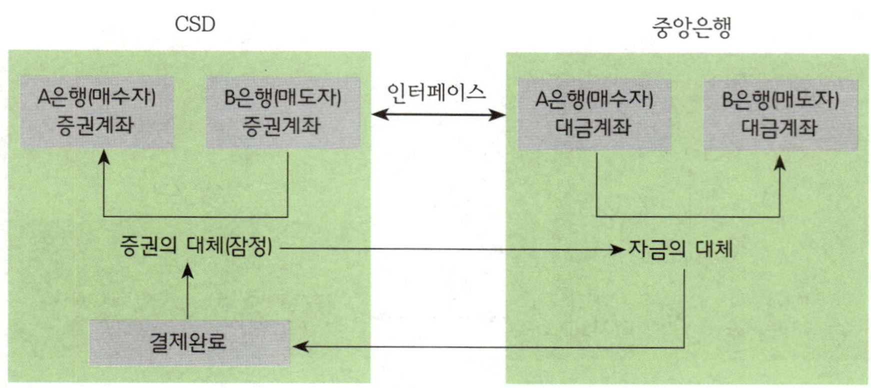


는 대금의 이체가 이루어지고, 이 2개의 프로세스가 조합된 형태로 동시결제가 이루어지는 것이다. 이러한 모델을 '접속 결제모델(interfaced settlement model)'이라고 한다. 예를 들면, 결제기관에서 증권의 대체가 이루어지면(이 단계에서는 잠정적인 대체에 그친다), 그 결과가 중앙은행에 통지된다. 중앙은행에서는 그것에 대응한 대금의 이체가 이루어지고, 그 결과가 결제기관에 전달된다. 결제기관이 중앙은행으로부터 대금이체의 정보를 얻은 단계에서 증권의 대체가 완료되며, 증권의 대체와 대금의 이체가 연계되어 이루어진다(〈그림 2-16〉 참조). 독일의 Clearstream Frankfurt(CBF)와 분데스방크에 의한 동시결제는 이러한 형태로 이루어지고 있다. 우리나라의 경우도 이에 해당된다.

한편, 결제기관이 증권계좌 이외에, 대금계좌도 보유해서 증권의 대체와 자금의 대체를 동시에 하는 모델을 '통합 결제모델(integrated settlement model)'이라고 한다. 이 모델에서는, 중앙은행이 대금계좌의 서브계좌를 결제기관에 아웃소싱하는 형태로 서브계좌의 관리를 위탁하고 있고, 결제기관의 이용자는 증권결제에 필요한 자금을 중앙은행 계좌로부터 결제기관의 서브계좌로 이동시켜서 증권결제를 한다. 대금의 이체와 증권의 대체는 결제기관 내에서 동시처리에 의해 이루어진다(〈그림 2-17〉 참조). 프랑스의 Euroclear France와 프랑스 중앙은행에 의한 동시결제가 이러한 형태로 이루어지고 있다.

요컨대, 증권대체와 대금이체가 다른 기관에 의해서 이루어지는 경우의 DVP가 접속(interfaced) 결제모델이고, 1개의 기관에서 증권대체와 대금이체가 이루어지는

▶▶ 그림 2-17 통합(integrated) 결제모델

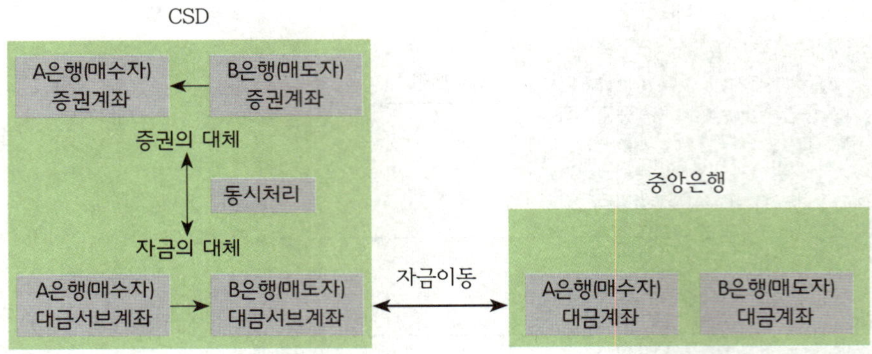


경우의 DVP가 통합(integrated) 결제모델이라고 말할 수 있다. 증권계좌만을 보유한 CSD에서는 접속(interfaced) 결제모델이 일반적이다. 그러나 ① 증권계좌와 대금계좌를 보유한 ICSD(Euroclear Bank, Clearstream Luxembourg 등), ② 중앙은행 자신이 결제기관(CSD)으로 되어 있는 경우(일본은행이나 Fed에서의 국채결제), ③ CSD가 자금서브계좌의 아웃소싱을 받고 있는 경우 등에는 통합(integrated) 결제모델에 의해서 DVP 결제가 이루어진다.

## 2.5. 익일자금결제와 당일자금결제

### 2.5.1. 결제대금이 갖추어야 할 속성

결제기관은 증권거래에 따른 결제를 위해 참가자와 매일 대금을 주고받게 된다. 그러나 대금의 수수가 어떠한 지급 수단에 의해 행해지느냐에 따라 결제위험에 미치는 영향은 크게 다르다. 예컨대 수표나 어음을 이용할 경우 수표의 진실성, 채무자의 결제 불이행(부도) 등 잠재적 위험에 직면할 가능성이 있다.

따라서 결제기관은 대금을 수수하는 과정에서 직면할 수도 있는 잠재적 문제점을 정확히 인식해야 한다. 이러한 문제점을 인식하는 데 있어서 가장 중요한 것은 결제대금이 갖추어야 할 기본적인 요건을 이해하는 것이다.

일반적으로 결제대금이 갖추어야 할 요건은 대금의 확실성(certainty), 완결성

(finality), 취소 불가능성(irrevocability)이다.[43]

첫째, 확실성은 결제기관이 참가자의 대금납입 의무를 어느 정도 실현성이 있는 방법으로 보장하느냐에 따라 달려 있다. 참가자의 대금납입 의무 이행에 대한 확실성은 각 참가자가 부담할 수 있는 채무 규모를 일정 수준으로 제한하거나 담보물건의 징구 등을 통해 확보된다.

둘째, 수수된 대금은 완결성을 갖고 있어야 한다. 일반적으로 수표로 지급된 대금은 발행기관의 지급 거절 등 대금 수수 과정에서 지급이 중단될 수도 있다. 그러므로 결제기관은 지급 중단이 거의 불가능한 형태의 지급 수단에 의거해 결제대금을 수수하도록 대금지급 조건을 명시해야 한다. 당일지급이 확인된 수표를 예를 들 수 있다.

마지막으로 결제대금은 취소 불가능해야 한다. 즉 대금결제시스템을 통해 수수된 대금은 결제과정이 종료된 후에도 취소될 가능성이 없어야 한다. 취소 가능성이 없는 지급 수단에는 현금과 중앙은행의 지급준비금이 있다.

### 2.5.2. 자금이체에 의한 대금지급

증권결제에 따른 대금지급은 수수해야 할 대금이 대규모이기 때문에, 현금을 직접 수수하는 경우는 드물고 대부분 자금이체 방식에 의해 이루어진다. 자금이체(funds transfer)란 자금을 주고받을 당사자 사이에 현금을 이동시키지 않고 장부 또는 전자 장치 상의 기장 또는 입력에 의해 자금을 이체하는 것을 말한다.

자금이체에는 두 가지 유형이 있다. 하나는 채무자가 채권자에게 자금을 보내는 입금이체(credit transfer)이고, 다른 하나는 채권자가 채무자로부터 자금을 추심하는 출금이체(debit transfer)이다.

〈표 2-9〉와 같이 입금이체는 지로(giro), 유·무선이체처럼 채무자의 이니셔티브(initiative)에 의해 그 절차가 개시된다. 이에 비하여 출금이체는 수표, 어음 등과 같이 채권자의 이니셔티브에 의해 그 절차가 개시되는 특징이 있다.

전통적으로 증권거래에 따른 결제에는 입금이체 방식이 많이 사용되었는데, 최근에는 출금이체 방식의 사용이 증가하는 추세에 있다.

또한 자금이체는 이체를 위해 이용되는 수단에 따라 서면 자금이체(paper-

43 1995년의 ISSA 권고안에는 'DVP는 모든 증권거래의 결제방식으로 채택되어야 하고, DVP는 일중 연속적으로 증권과 대금의 동시적, 최종적, 취소 불가능 및 즉시 이용 가능한 교환'으로 정의하고 있다. 이에 따라 증권결제를 위한 대금결제수단은 이 세 가지 요건을 충족해야 한다.

▶▶ 표 2-9 입금이체와 출금이체의 비교

| 구분 | | 입금이체 | 출금이체 |
|---|---|---|---|
| 결제에 대한 주도권 | | 채무자 | 채권자 |
| 주요 지급수단 | | 지로, 유·무선 이체 | 어음, 수표 |
| 기초 사상 | | 상호 신뢰 | 상호 불신 |
| 장·단점 | 장점 | 업무 처리 절차가 자연스럽고 간편함 | 채권 회수 용이 |
| | 단점 | 채무 이행 지연 | 업무 처리 절차의 번잡<br>채권자와 채무자 간 긴장 관계 조성 |

based funds transfer)와 컴퓨터 등 전자적 장치에 의한 전자적 자금이체(EFT: electronic funds transfer)로 나누어진다. 이전에는 장부 등 서면을 이용한 자금이체가 많이 행해졌으나, 오늘날에는 컴퓨터 등 전자 장치가 발달함에 따라 전자적 자금이체의 이용 빈도가 현저히 증가하고 있다.

그러나 자금이체가 이루어졌다고 할지라도 어떤 지급수단을 사용하느냐에 따라 이체된 대금의 당일 자금화 여부가 결정된다. 일반적으로 상업은행 등이 제공하는 지급수단에 의해 자금이체가 이루어진 경우에는, 익일 중앙은행에서 완결성과 취소 불가능성을 갖춘 지급수단에 의해 결제될 때까지는 자금의 이용을 허용하지 않는다. 반면 중앙은행이 제공하는 지급수단인 현금이나 지급준비금을 이용하는 경우에는 당일 이용을 허용한다. 전자를 익일 자금결제(next day funds settlement)라 하고, 후자를 당일 자금결제(same day funds settlement)라 한다.

어음·수표 등 민간 금융기관이 제공하는 지급 수단에 의한 익일 자금결제는, 증권결제에 따른 대금지급이 익일에 가서야 완결성과 확정성을 갖기 때문에 결제위험, 특히 원본위험에 노출된다. 이러한 결제위험을 감소시키기 위해 G-30, BIS(CPSS)/IOSCO 등은 당일 자금결제방식을 도입하도록 권고하고 있다.

한편 결제대금이 갖추어야 할 대금의 요건 중에 완결성과 취소 불가능성은 지급결제시스템에 직접 참가하지 않고서는 달성하기 어렵다. 지급결제시스템은 중앙은행이 운영하는 경우가 있고 은행 또는 그 밖에 민간 금융기관에서 운영하는 경우가 있다. 그러나 중앙은행이 운영하는 지급결제시스템은 담보 제공 없이 결제대금의 완결성과 취소 불가능성이 보장된다. 반면, 상업은행 등 금융기관에서 제공하는 지급결제시스템을 이용하는 경우에는 일정한 담보 제공이 있어야만 완결성이 확보될 수 있다.

## 3. 최적 결제방법

앞서 살펴본 바와 같이 결제방법에는 차감 여부에 따라 총량결제와 차감결제, 증권인도와 대금지급의 연계 여부에 따라 동시결제와 분리결제, 결제대금의 이용 여부에 따라 익일 자금결제와 당일 자금결제 등 여러 가지가 있다. 특히 차감결제는 차감의 법적 효력에 따른 구분과 양자간 차감, 다자간 차감, CNS 등의 결제방식을 적절하게 조합하는 것에 따라 여러 가지 결제방식이 있다.

그러나 각각의 결제방법은 〈표 2-10〉과 같이 그 나름대로의 장·단점을 모두 갖고 있으며 절대적인 것은 없다. 그러므로 최적결제(optimal settlement)를 달성하기 위해서는 자국의 시장 규모, 제도, 관행 등을 면밀히 검토해 결제방법별 손익을 계산해야 한다. 이런 계산에 의해 산출된 결제방법간의 적절한 혼합(mix)이 최적결제를 실현하기 위한 최선의 방법이다.

▶▶ 표 2-10 결제방법별 장·단점 비교

<table>
<tr><th>분류 기준</th><th>결제방법</th><th>장점</th><th>단점</th></tr>
<tr><td rowspan="2">차감 유무</td><td>총량결제</td><td>안전성</td><td>효율성</td></tr>
<tr><td>차감결제</td><td>효율성</td><td>안전성</td></tr>
<tr><td rowspan="2">대금지급과 연계 유무</td><td>동시결제</td><td>원본위험 제거</td><td>편의성</td></tr>
<tr><td>분리결제</td><td>편의성</td><td>원본위험 노출</td></tr>
<tr><td rowspan="2">차감의 법적 효력</td><td>상계적 차감</td><td>시스템 비용</td><td>안전성</td></tr>
<tr><td>경개적 차감</td><td>안전성</td><td>시스템 비용</td></tr>
<tr><td rowspan="2">결제대금의 특성</td><td>익일 자금결제</td><td>지급수단의 다양화</td><td>원본위험 노출</td></tr>
<tr><td>당일 자금결제</td><td>안전성</td><td>시스템 비용</td></tr>
</table>

## 04 결제위험의 관리[44]

금융시스템에서 가장 큰 위험은 결제업무 처리 중에 발생하는 결제위험이다. 이러한 결제위험이 최근 들어 주목받게 된 것은 〈그림 2-18〉과 같이 증권거래의 국제화, 증권 거래량의 증대, 결제업무의 전산화 등 금융 환경의 변화에 따라 결제위험이 구조적으로 크게 변화하여 이에 대한 체계적 대응이 어렵게 된 것에 기인한다. 결제위험의 통제에 대한 어려움은 금융시스템의 안정성 유지에 커다란 위협이 되고 있다.

▶▶ 그림 2-18 금융 환경 변화와 결제위험

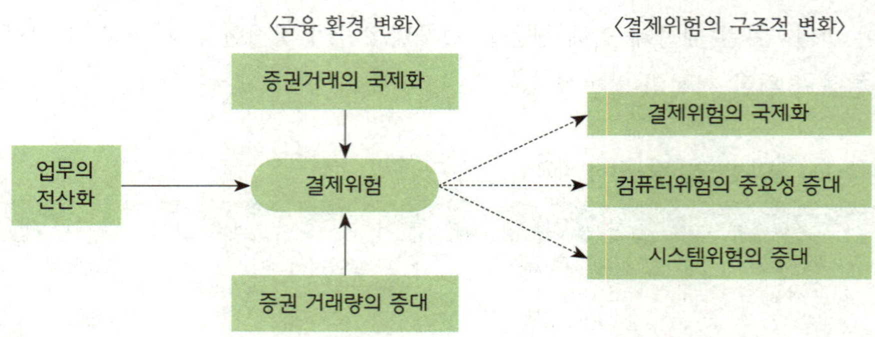


▶▶ 표 2-11 결제위험의 발생 원인별 규제 대책

| 위험 종류 | | 발생 원인 | 위험의 크기 | 규제 대책 |
|---|---|---|---|---|
| 신용위험 | 대체비용 위험 | 가격 변동 등에 기인한 거래 상대방의 계약 미이행 | 미실현 이익 | 결제주기 단축, 매매확인 시스템 구축 |
| | 원본위험 | 쌍무 계약상 의무 선이행, 익일 자금결제 | 거래금액 전체 | 동시결제, 당일 자금화 |
| 유동성위험 | | 거래 상대방의 결제 이행 지체 | 조달비용 | 차감결제, 증권대차 |
| 시스템위험 | | 신용위험과 유동성위험의 전파 | 측정 불가능 | 결제기금 조성, 결제회원 관리 |

44 증권예탁원, 증권예탁결제제도(2003년 9월) pp. 266~286 참조.

이에 따라 세계 각국은 이러한 결제위험으로부터 자국 금융시스템을 보호하고자 체계적으로 대응할 필요성을 인식하게 되었다.

결제위험은 〈표 2-11〉과 같이 발생 원인별 규제 대책이 상이하다. 여기에서는 결제위험의 종류 및 그 규제 대책 등에 대해서 살펴보고자 한다.

## 1. 결제위험의 의의

### 1.1. 결제위험의 개념

일반적으로 금융기관에서 사용하고 있는 위험(risk)의 개념이 경우에 따라 여러 가지 의미로 사용되고 있어 혼동의 여지가 많다. 따라서 여기에서는 우선 위험의 개념부터 정확히 정의하고자 한다.

위험은 통상 '미래의 불확실성으로 광범위하게 정의되거나, 미래의 불확실성 때문에 야기되는 손실 발생 가능성'으로 정의한다. 즉 실제 실현된 이익이 기대에 미치지 못하게 되는 경우처럼, 미래의 불확실성으로 인해 금융기관에게 불리한 결과를 초래할 가능성을 위험이라 한다. 따라서 결제위험이란 '매매체결 이후 예기치 않은 사정으로 인해 결제가 예정대로 이루어지지 않을 가능성, 또는 그것으로 인해 야기되는 손실 발생 가능성'으로 정의할 수 있다.

결제위험이 발생하는 근본적인 원인은 증권거래의 특성상 매매 시점과 결제 시점 사이의 시간적인 차이가 발생하기 때문이다. 따라서 만약 매매 시점과 동시에 결제가 이루어진다면 결제위험은 존재하지 않는다.

이러한 결제위험의 크기는 기본적으로 거래금액과 최종 결제주기에 의해 결정된다. 따라서 결제위험은 〈그림 2-19〉와 같이 결제기간과 거래금액과의 곱인 채권·채무 잔고의 규모, 즉 미결제잔고의 크기로 표시할 수 있다. 요컨대, 거래금액이 p이고 결제기간이 t라면, 결제위험은 p와 t를 곱한 p·t로 나타낼 수 있다.

이러한 결제위험은 증권시장의 주변 환경 변화에 따라 질적·양적으로 변화하는 특성을 갖고 있다. 따라서 증권시장의 대규모화, 국제화 등 환경 변화에 적절히 대응하여 금융시스템의 안정성과 건전성을 확보하기 위해서는 결제위험의 관리가 필요하다.

결제위험의 관리란 위험을 제로(zero)로 만드는 것이 아니다. 다만 일어날 수

▶▶ 그림 2-19 결제위험의 양적 크기

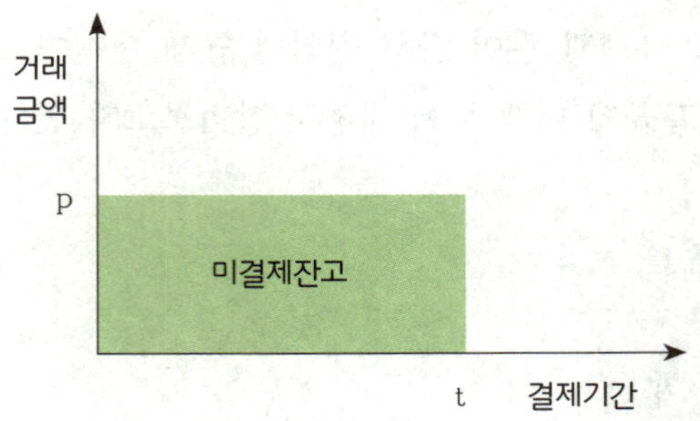


있는 손실 가능성을 사회적으로 용인할 수 있는 범위 내로 수용하여 금융시스템의 안전성과 건전성을 확보하는 데 그 목적이 있다.

위험관리에 있어서 가장 중요한 것은 결제시스템에 참여한 각 금융기관이 각종 위험에 대해 정확하게 인식하는 것이다. 또한 스스로의 책임과 능력으로 이러한 위험을 관리할 수 있도록 하는 제도적 유인 장치가 결제시스템 내에 구축되어야 한다.

### 1.2. 증권결제위험의 복잡성[45]

증권결제위험은 자금결제위험에 비해서 복잡한 면이 있다. 이것은 다음과 같은 요인에 의한 것이다.

#### 1.2.1. 다양한 상품

자금결제에서 결제되는 것은 그 국가의 통화로, 통상 한 종류이다. 그런데 증권결제에서는 대상이 되는 상품은 주식, 국채, 지방채, 사채, CP 등 다양하다. 또한 각각의 상품이 상이한 시장(증권거래소, OTC시장, ECN 등)에서 거래되거나, 시장참가자나 거래단위가 상품에 따라서 상이하다. 더욱이 상품마다 근거법이나 규제·제도가 상이하거나, 각각의 증권결제기관(CSD)에서 결제되는 경우도 있다. 이러한 이유로 증권 결제위험은 증권 전반적으로 일괄해서 논의될 수 없는 면이 있다.

45 證券決濟システムのすべて(第2版)/中島眞志·宿輪純一 [共著] (2008. 5)

### 1.2.2. 다수의 당사자

증권결제리스크를 복잡하게 하는 이유 중의 하나는 증권거래에 관여하는 당사자가 많다는 점이다. 즉 주문을 낸 고객 또는 기관투자자, 거래를 중개하는 증권회사, 매매를 체결하는 증권거래소, 증권의 보관관리를 하는 보관은행(custodian bank), 자금의 지급을 대행하는 결제대행은행, 차감 등을 하는 청산기관(CCP), 최종적으로 증권인도와 대금지급을 담당하는 결제기관(CSD) 등 다수의 기관이 관여하고 있다.

### 1.2.3. 복잡한 국제 간 증권결제

경제·금융의 국제화 진전에 따라서 해외의 증권에 투자하는 국제 간(cross-border) 증권거래가 증가하고, 그것에 따라서 국제 간 증권결제가 급속하게 증가하고 있다. 국제 간 증권결제의 경우에는 관여하는 국가가 많고, 시차 및 외환 문제가 관계되며, 다수의 당사자가 관여하기 때문에 결제위험은 그만큼 복잡해지게 된다.

### 1.2.4. 실물증권의 존재

법률에 의한 전면적인 전자증권화가 이루어지지 않는 한, 결제기관(CSD)에서의 전자적인 계좌 간 대체(book-entry)가 중심으로 되어 있더라도, 실물증권에 의한 결제가 남게 된다. 종이 베이스인 실물증권의 경우에는 증권의 분실이나 위조의 위험이 있는 것 외에, 발행·보관·실물수수 등에 수고와 비용이 들게 된다. 양쪽이 병존하고 있는 경우에는 전자증권의 결제와 실물증권의 결제로 사무가 중복되고, 위험도 달라진다. 특히, 실물증권의 부동화 비율이 낮은 경우에는 실물증권에 의한 결제의 비중이 높아지기 때문에, 사무부담이 커지게 된다.

## 2. 결제위험의 종류

증권의 결제 과정에는 여러 가지의 위험이 발생하게 된다. 이와 같은 결제위험은 일반적으로 위험의 발생 시기나 원인, 성질 등에 따라 신용위험, 유동성위험, 시스템위험, 운영위험, 법률위험 등으로 구분한다.

### 2.1. 신용위험

신용위험(credit risk)이란 '거래 당사자 일방이 재무 상태의 악화, 증권가격의 급격한 변동 등으로 인해 예정된 대로 결제를 이행하지 못할 경우 거래 상대방이 입게 되는 손실'을 의미한다. 이러한 신용위험은 원본위험과 대체비용위험으로 구분된다.

증권의 매도자는 당해 증권의 매수자가 특정한 사유로 대금지급을 하지 않을 경우 신용위험에 노출된다. 이 경우 매도자는 첫째, 증권을 인도했는데 매수자가 대금지급을 하지 않는 경우 손실의 범위는 '당해 거래의 원본 전체 금액'에 해당된다. 둘째, 당해 매매거래를 취소할 수 있는 경우 손실의 범위는 '거래로부터 얻을 수 있는 미실현 이익'에 한정된다. 전자를 원본위험이라 하며 후자를 대체비용위험이라 한다.

#### 2.1.1. 원본위험

원본위험(principal risk)이란 '증권거래와 같은 쌍무계약에 있어서 매매거래의 일방이 자신의 의무를 먼저 이행함으로써 상대방의 의무이행 불확실성에 노출되는 위험'을 말한다. 원본위험은 매도자, 매수자 모두에게 존재한다. 즉, 매도자에게는 증권을 인도했지만 그 대금을 수령할 수 없는 위험이 있으며, 매수자에게는 대금을 지급했지만 증권을 수령할 수 없는 위험이 있다.

이러한 원본위험은 증권결제가 가치교환형 결제라는 특성으로 인해 발생하는 증권인도와 대금지급 간의 시차(time lag) 때문에 발생한다. 즉, 원본위험은 거래당사자 일방이 증권인도나 대금지급을 한 시점부터 발생하게 된다. 따라서 증권인도와 대금지급이 동시에 이루어지지 않는 시장에서는 〈그림 2-20〉과 같은 원본위험에 노출된다. 증권결제와 관련된 원본위험은 이른바 외환결제시의 이종통화표시 결제위험, 즉 Herstatt 위험과 동일한 개념에 해당한다.

후술하는 대체비용위험이 가격변동 부분의 위험인 데 반해, 원본위험은 증권거래에 따른 전체 금액으로 대체비용위험과 비교할 수 없을 정도로 크기[46] 때문에 특정 참가자의 결제 불이행은 여타 참가자의 신용 상태에 큰 영향을 미칠 수 있다. 따라서 원본위험은 증권시장 전체에 영향을 미치는 시스템위험을 유발할 가능성이 있

46 예를 들면, 당초의 매매시점부터 다른 매매거래의 체결시점까지 증권가격이 1% 변동했다면, 원본위험은 대체비용위험의 100배가 된다.

▶▶ 그림 2-20 결제업무 처리 상 위험의 비교

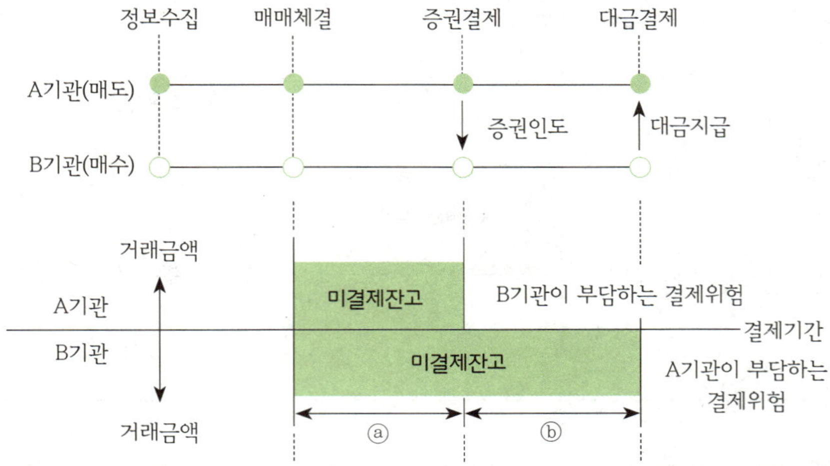


| 구 분 | ⓐ 기간 | ⓑ 기간 |
|---|---|---|
| A기관이 부담하는 결제위험 | 대체비용 위험, 유동성위험 | ⓐ + 원본위험 |
| B기관이 부담하는 결제위험 | 상동 | 없음 |

을 뿐만 아니라 신용위험의 주요 원인이 된다.

원본위험의 중요성 때문에 G-30 등 증권연구단체에서는 증권인도와 대금지급 간에 강력한 연계 시스템을 갖는 동시결제시스템을 구축할 것을 요구하고 있다. 그러나 강력한 동시결제시스템의 실현은 원본위험을 제거할 뿐, 후술하는 대체비용위험과 유동성위험에는 영향을 줄 수 없다는 점에 유의할 필요가 있다.

### 2.1.2. 대체비용위험

대체비용위험(replacement cost risk)은 '거래 상대방이 결제일에 결제를 이행하지 않음에 따라 거래당사자 일방이 새로운 거래를 다시 체결하는 경우에 손실을 입게 되는 위험'을 말한다. 대체비용위험은 증권가격의 변동에 기인하기 때문에 은행권에서는 가격변동 위험(price volatility risk)이라고 한다. 따라서 대체비용위험은 원래의 거래를 다른 거래로 대체할 때 드는 비용과 동일하다.

이 위험의 크기는 〈그림 2-21〉과 같이 증권가격의 변동성과 매매일과 결제일 간의 기간, 즉 결제 기간에 의해 결정된다. 즉 대체비용 위험은 약정가격과 비교해

▶▶ 그림 2-21 대체비용 위험의 크기

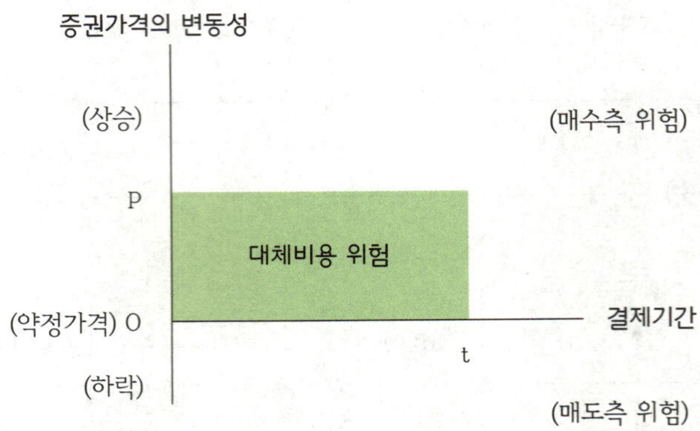


가격 상승시에는 매도자가 결제를 불이행할 가능성이 있으므로 매수자가 이를 부담하고, 가격 하락시에는 매수자가 결제를 불이행할 가능성이 있으므로 매도자가 부담한다. 가격 상승시 매수자가 부담하는 대체비용 위험은 상승폭 p와 결제기간 t의 곱인 p·t이다.

대체비용위험은 결제기간을 단축하거나 법적으로 구속력이 있는 매매거래 차감방식을 채택함으로써 축소가 가능하다. 또한 대체비용위험은 미결제잔액에 대해 일일정산을 실시하여 현재가격으로 증권가치를 재평가하고, 미실현손실에 대해 책임있는 상대방에게 손실가치에 상응한 대금이나 담보를 거래상대방이나 결제기관에 제공하도록 하여 감소시킬 수 있다.

## 2.2. 유동성위험

유동성위험(liquidity risk)이란 '증권거래가 발생한 후 거래 당사자 일방이 일시적인 유동성 부족으로 예정된 결제일에 결제를 하지 못하고 결제를 지연함으로써 발생하는 위험'을 말한다. 유동성 부족으로 거래가 지연되는 경우, 거래 상대방도 다른 거래를 이행하기 위해 증권을 빌리거나 자금을 차입해야 되기 때문에 유동성 위험에 노출된다.

일반적으로 결제 불이행은 결제일 영업시간 종료 시점에 임박하여 판명되는 경우가 많다. 따라서 결제대금 또는 증권의 조달에 시간상 제약이 있을 뿐만 아니라

▶▶ 그림 2-22 시중 유동성과 유동성위험

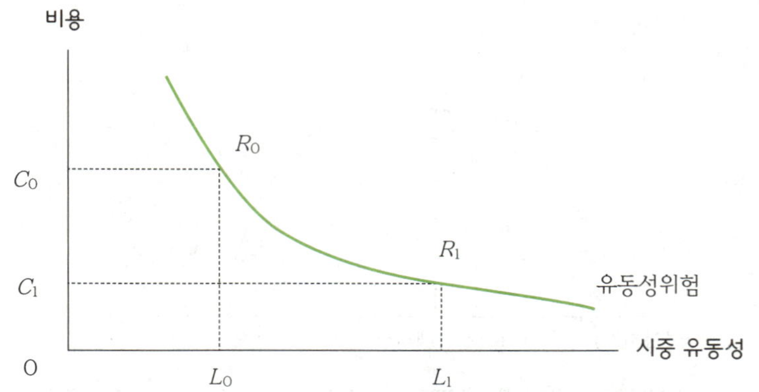


금융시장의 불안 심리를 고조시켜 시중 유동성을 위축시킨다. 또한 시장의 다른 참가자가 당해 참가자의 신용 능력에까지 의문을 갖게 되어 대출을 기피할 수도 있으며, 결국에는 당해 당사자도 결제 이행이 불가능하게 되는 상황을 초래하기도 한다. 이러한 유동성위험은 실물 결제 메커니즘을 가진 시장과 총액결제시스템을 갖고 있는 시장에서 종종 발생한다.

유동성 압력에 따른 관련 비용은 영향을 받는 자가 부담할 수밖에 없는데, 시중의 유동성 정도에 따라 그 비용의 크기가 결정된다. 일반적으로 시중 유동성이 풍부할수록 유동성 부족에 따른 증권이나 대금의 조달에 드는 비용은 감소하게 되고, 시중 유동성이 부족할수록 유동성 확보에 드는 비용은 증대한다. 〈그림 2-22〉와 같이 시중 유동성이 부족한 $L_0$인 상태에서 발생한 유동성위험에 대응하기 위해서는 비용이 $C_0$만큼 들게 된다. 그러나 시중 유동성이 풍부한 $L_1$인 상태에서 발생한 유동성위험에 대응하기 위해서는 비용이 $C_1$만큼만 소요된다.

G-30 권고는 유동성위험의 절대적 크기를 축소시키기 위해 차감결제방식의 채택을 권유하고 있다. 또한 유동성위험이 통상 시중 유동성이 거의 고갈된 상태에서 발생하기 때문에, 이에 대한 대책으로 증권대차제도와 결제대금주선제도의 도입을 통해 제도적으로 유동성을 확보하도록 권유하고 있다.

유동성위험과 가장 밀접한 관련이 있는 것은 결제일 당일 중 결제시한을 정하는 문제이다. 결제시한은 결제마감시한(settlement cut-off time)을 의미한다. 일반적으로 결제시한을 결정하는 데 고려해야 할 사항은 시중 유동성이 풍부해야 한다는

▶▶ 그림 2-23 시중 유동성과 최적결제시간

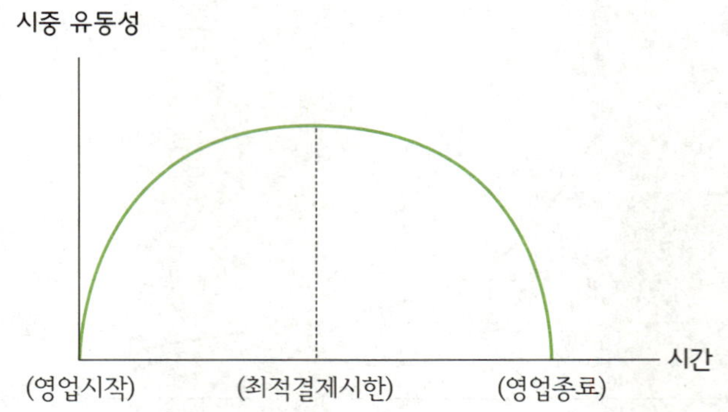


것과 결제시한에 임박해서 발생하는 위험에 대처할 수 있는 시간적 여유를 확보해야 한다는 것이다.

시중 유동성은 〈그림 2-23〉과 같이 당일 영업 개시 시점에서부터 증가하기 시작해, 일반적으로 은행 간 교환결제가 종료되는 오후 14~15시 사이에 가장 풍부하고, 영업 종료 시간이 다가옴에 따라 점점 고갈된다.

또한 결제시한에 임박해서 발생한 증권이나 대금의 부족을 처리하는 데는, 결제방법별로 다르기는 하나 최소 2시간 이상 소요되는 것으로 알려져 있다. 대금의 부족을 처리하기 위한 유동성은 콜시장 등 제도화된 시장을 통해 확보하며, 업무 처리 절차는 상대방의 모색, 거래 조건의 협의 및 약정, 결제에 의한 유동성 확보 등의 순서로 이루어진다. 이에 반해 증권은 기본적으로 종목별 유동성이 낮아 부족분 발생시 결제 불이행으로 이어질 가능성이 크다. 이러한 증권 부족분 발생에 적절히 대응하기 위해서는 제도적인 유동성 확보 장치의 마련이 관건이 된다.

따라서 최적결제시한은 이와 같이 유동성 요건과 시간 요건을 모두 구비한 시간대에서 결정되어야 한다.

## 2.3. 시스템위험

시스템위험(system risk)이란 '신용위험 또는 유동성위험 등으로 인한 개별 금융기관의 결제 불이행위험이 다른 금융기관에 전파되어 연쇄적으로 결제 불이행을 발생시킴으로써 금융시스템 전체가 마비되는 것'을 말한다.

최근 개별 금융기관의 위험 증가, 결제기관을 통한 금융기관 상호 간 채권·채무관계의 증대 및 복잡화에 따라 시스템위험은 크게 증가하고 있다. 예컨대 오늘날 채권·채무 관계는 각종 집중결제제도를 통해 이루어진다. 따라서 만일 어느 특정한 참가자의 결제 불이행이 발생할 경우 그것이 즉시 다른 참가자의 결제 불이행을 초래하고, 이것이 도미노 효과를 초래해 결제시스템 전체의 기능을 마비시킬 위험성이 높아지고 있다.

또한 시스템위험은 누가, 무엇이 원인이 되어 발생되었는지가 분명하지 않은 상태에서 갑자기 유동성 부족에 빠지게 되는 경우가 많다. 따라서 시스템위험을 이해하기 위해서는 다음과 같은 시스템위험의 특성을 이해할 필요가 있다.

첫째, 시스템위험의 원인은 참가자의 도산, 컴퓨터 장애, 사무 착오 등 다양하다. 그렇기 때문에 개별 금융기관이 위험의 와중에서 위험 발생의 원인을 정확하게 파악하는 것이 어렵고 오히려 이것이 혼란을 가중시킬 우려가 있다.

둘째, 시스템위험의 영향을 받는 측은 위험을 발생시키는 측과 직접 상대하지 않는 경우가 많다. 따라서 시스템위험의 축소는 자기의 대응뿐만 아니라 다른 참가자의 대응에 의존하는 일종의 외부성이 존재한다.

셋째, 시스템위험은 예기치 않게 파급되기 때문에 신용도에 문제가 없다고 하더라도 자금 등의 조달이 시간적인 제약으로 인해 결제를 할 수 없는 경우가 많다. 따라서 시스템위험에서는 시간적 제약이 커다란 의미를 갖는다.

넷째, 금융기관의 결제 불이행 사태는 실제로 재무 상황의 악화나 도산이라는 사태가 발생하지 않아도 그럴 가능성이 있다는 우려가 시장에 유포됨으로써 유동성 조달이 곤란하게 되고 그 영향이 시스템위험으로 파급되는 경우도 있다.

이처럼 시스템위험은 겸업화의 진전, 정보통신기술의 발달로 인한 전산연계에 의한 업무처리 등 금융기관 간, 결제시스템 간 상호의존성이 심화됨에 따라 발생한다. 만약 상호의존적이지 않고 서로 독립적이라면 한 시장에서의 붕괴가 다른 시장에 영향을 줄 수 없기 때문이다.

오늘날 금융환경의 변화에 따라 시스템위험은 금융시스템의 안정성을 위협하는 가장 큰 위험 중 하나이기 때문에 반드시 적절하게 관리되어야 한다.

세계적으로 시스템위험은 결제시스템의 통합을 통해 경감시키는 것이 일반적인 경향이다. 단일의 결제시스템은 한 회원이 유발시킬 수 있는 신용위험과 유동성위험을 경감시킴으로써 이러한 문제가 여타 참가자에게 이전될 수 있는 절대적인 위험의 크기를 축소시킨다. 또한 단일의 결제시스템은 결제기금의 조성, 손실분담 계약의 체결 등을 통해 시스템위험이 다른 참가자에게 영향을 미치기 전에 이 위험을 조기에 흡수할 수 있는 제도적인 위험억제 체계(risk containment mechanism)를 구축·운영할 수 있다. 이러한 위험억제체계는 매매거래의 결제 이행에 대한 신뢰성을 부여함으로써 심각한 유동성 부족 사태를 미연에 방지할 수 있다.

그러나 단일의 결제시스템은 한 기관으로 결제업무가 집중되어 컴퓨터 위험 등 새로운 시스템위험을 초래할 수 있다. 이와 같은 위험에 대처하기 위해서는 광범위한 전산장애 복구 시스템(disaster recovery procedures)과 백업시스템(back-up system)이 필요하다.

단일의 결제시스템 도입으로 인한 또 다른 문제는 결제시스템의 운영기관인 결제기관과 참가자 간의 위험 배분에 관한 사항이다. 결제기관의 주요 역할은 결제시스템 내에 존재하는 결제위험을 효율적으로 배분·통제하는 데 있다. 이러한 위험통제의 핵심은 위험관리에 대한 참가자의 무임승차 등 도덕적 해이를 방지하고 자기책임의 원칙을 확립하는 데 있다.

## 2.4. 운영위험

운영위험(operating risk)이란 사무착오, 시스템 장애, 또는 태풍·지진·화재 등과 같은 재해 등의 발생으로 결제를 할 수 없게 되는 위험을 말한다. 운영위험은 한 기관의 운영사무·시스템부문의 문제와 한 기관의 범위를 벗어난 재해위험(disaster risk)을 포함한다.

이와 같은 운영위험은 결제위험을 발생시키는 요인으로 실제 이것이 표면화되면 최종적으로는 원본위험,[47] 대체비용위험, 유동성위험 및 시스템위험 등으로 이어지게 된다. 오늘날에는 증권결제가 컴퓨터나 네트워크에 의존해서 이루어지도록 되어 있기 때문에 운영위험에 대한 대책이 중요해지고 있다.

최근에는 특히 업무연속계획(BCP: Business Continuity Planning)의 정비가 중요

47 다만, 운영위험의 경우 거래상대방은 파산 상태(insolvent)에 있는 것이 아니라, 시스템 장애 등에 의해 일시적으로 결제할 수 없는 상태에 있다고 하는 것이다. 이 때문에, 결제시점에서는 미결제라고 하더라도, 최종적으로는 원본금액이 회수될 가능성이 높다.

해지고 있다. 이에 따라 각국의 결제기관은 BCP의 수립 및 보강을 통해 운영위험의 적절한 관리에 많은 노력을 기울이고 있다.

### 2.5. 법률위험

법률위험(legal risk)이란 법률이나 제도가 제대로 정비되어 있지 않거나 법적 불확실성으로 인하여 결제를 완결할 수 없게 되는 위험을 말한다. 증권결제와 관련하여 국내외 법률, 결제기관의 규정 또는 참가자와의 계약 등이 미미한 경우나 새로운 법률이나 제도의 도입에 따른 예상치 못한 책임이나 상황에 대한 대응이 미흡한 경우에 발생할 수 있다.

예를 들면, 상대방에게 담보로 제공한 증권을 되찾으려고 했지만, 담보계약의 불비로 담보증권을 되찾을 수 없는 경우나, 거래상대방의 파산 후에 차감의 유효성을 확인할 수 없어서 어쩔 수 없이 총액기준으로 결제하게 된 경우 등이 이에 해당된다.

이와 같은 법률위험을 제거하기 위해 각국은 증권결제제도와 관련된 제반 법규 및 처리절차 등에 관하여 명확하고 투명한 법적 근거를 마련하기 위해 노력하고 있다.

## 3. 결제위험의 변화

### 3.1. 결제위험의 양적 확대

최근 우리나라는 경제 성장의 지속 등으로 증권거래가 급격히 증가하고 있다. 이러한 증권거래의 증가는 결제 수요를 증대시키고 결제 규모의 대형화를 초래했다.

현재 한국예탁결제원이 운영하고 있는 증권결제제도의 현황을 살펴보면 〈표 2-12〉와 같이 결제 규모가 2007년에는 경상GDP 대비 251.4%에 불과하였다. 그러나 2012년에는 경상GDP 대비 399.0%로 증가하는 등 2007년에 비해 약 1.6배 가량 증가한 것을 알 수 있다.

최근 증권 거래량의 급증은 증권결제제도 참가자 간 결제 관계의 증대 및 복잡화를 야기하고, 〈표 2-13〉과 같이 결제제도에 내재하는 미결제잔액(일평균 결제예

▶▶ 표 2-12 증권결제금액 대비 경상GDP 비율 추이 (단위: 십억 원, %)

| 연도 | 경상GDP (A) | 결제금액 (B) | | | | 비율(B/A) |
|---|---|---|---|---|---|---|
| | | 장내시장 결제 | 장외주식 기관결제 | 장외채권 기관결제 | 계 | |
| 2007 | 975,013 | 233,472 | 451,552 | 1,765,787 | 2,450,811 | 251.4 |
| 2008 | 1,026,452 | 231,996 | 485,442 | 2,150,506 | 2,867,944 | 279.4 |
| 2009 | 1,065,037 | 257,084 | 444,363 | 2,906,001 | 3,607,448 | 338.7 |
| 2010 | 1,173,275 | 219,456 | 506,188 | 3,553,698 | 4,279,342 | 364.7 |
| 2011 | 1,237,128 | 342,147 | 630,827 | 3,920,475 | 4,893,449 | 395.6 |
| 2012 | 1,236,801 | 421,096 | 194,141 | 4,320,190 | 4,935,427 | 399.0 |

출처: 한국예탁결제원

주: 장외 채권기관결제에는 CD, CP도 포함

정금액×결제주기)의 급격한 증가를 초래했다. 미결제잔액의 급격한 증가는 결제위험의 양적 크기가 그만큼 증대되었다는 것을 의미한다. 그뿐만 아니라 결제업무 처리 과정에서 원본위험에 크게 노출되고 있다.

▶▶ 표 2-13 증권거래에 따른 일평균 미결제잔액 (단위: 십억 원)

| 구 분 | 2008년 | 2009년 | 2010년 | 2011년 | 2012년 |
|---|---|---|---|---|---|
| 장내시장결제 | 1,473 | 1,464 | 1,349 | 1,946 | 2,161 |
| 장외기관결제 | 14,004 | 17,483 | 23,389 | 33,419 | 18,910 |
| 합계 | 15,477 | 18,947 | 24,738 | 35,365 | 21,071 |

출처: 한국예탁결제원

## 3.2. 결제위험의 구조적 변화

### 3.2.1. 결제위험의 국제화

SWIFT(Society for Worldwide Interbank Financial Telecommunication) 등 국제 간 정보통신 네트워크의 구축에 따른 국제 간 통신비용의 저하는 증권시장의 대외 개방과 더불어 국제 간 증권거래의 급격한 증가를 초래했다. 우리나라의 주식시장 대외 개방 원년인 1992년에는 외국인의 국내 주식투자 규모가 전체 증권거래액의

1.8%에 불과한 3.9조 원이었다. 그러나 2012년에는 상장주식의 34.8%인 401조 원에 이를 정도로 급격한 증가 양상을 보이고 있다.

증권거래의 국제화는 자국 증권결제제도에 외국 금융기관이 참여하는 등 필연적으로 증권결제업무의 국제화를 초래한다. 이러한 현상은 자국 증권결제제도의 안정성이 외국 금융기관의 영향력 하에 노출되었다는 것과 이의 국제적 전파 가능성을 의미한다. 결제업무의 국제화는 시스템위험이 국제적인 규모로 발생할 가능성이 있으며, 그것이 현실로 나타날 경우 국내에서 발생하는 시스템위험보다 훨씬 대응하기 어렵게 된다는 것을 의미한다.

증권거래 관계자가 복수의 국가에 존재함에 따라 사태를 신속하고 정확하게 파악하기가 곤란하고, 증권거래에 따른 채권·채무 관계도 복잡하기 때문이다. 비록 은행권의 사례이기는 하나 Herstatt위험이나 BCCI(Bank of Credit and Commerce International) 파산[48] 등은 금융의 국제화에 따른 위험의 국제화를 나타내는 좋은 사례라고 할 수 있다.

이러한 이유로 세계 각국은 결제위험의 국제적 전파 가능성으로부터 자국의 증권결제제도를 보호하기 위해 증권결제의 국제표준화, 국제 간 업무제휴에 의한 결제업무의 처리 등 국제 간 증권거래의 결제위험을 효율적으로 통제하기 위해 노력하고 있다.

### 3.2.2. 시스템위험의 증대

증권결제시스템은 구조적으로 증권인도와 대금지급으로 구성되어 있어 대금지급을 위한 지급결제시스템과 밀접한 관련이 있다. 그뿐만 아니라 증권, 은행, 보험 등 다수의 참가자가 복잡한 연결고리를 이루고 있어 금융시스템 간 상호 의존이 불가피하다. 이러한 상호 의존성은 국제 경쟁력 강화를 위한 겸업주의 추세에 따라 심화되고 있는 상황이다.

우리나라에서도 은행의 금융투자업 진출, 증권회사의 소액지급결제 참여 등 겸업화의 진전으로 금융업종 간 상호 진출 현상이 두드러지고 있다. 이러한 겸업화 현상은 금융시스템 간 의존성을 심화시키는 하나의 원인이 되고 있다. 상호 의존성의

48 1991년 BCCI 파산에 따라 해당 은행과 환거래를 이행한 은행의 지급이행 거부와 BCCI 청산인에 의한 BCCI의 뉴욕자산에 대한 동결 조치로 BCCI에 이미 영국 파운드화 및 일본 엔화를 지급한 영국 및 일본계 은행이 미달러화를 지급받지 못해 큰 손실을 입었다.

심화 현상은 증권결제제도에 참가하고 있는 한 회원의 결제 불이행 또는 전산 장애 등의 여파가 당해 회원에만 국한하지 않는다. 이는 연쇄적으로 파급 현상을 불러일으켜 증권결제제도와 금융시스템 전체에 심각한 영향을 줄 수 있는 것이다.

실제로 시스템위험이 언제 어떠한 형태로 나타나게 될지 한마디로 말하기는 어렵다. 그러나 시장 참가자의 결제 불이행이 분명해질 즈음에는 불안 심리가 고조되고 신용 관계가 위축되어 시장 기능 마비 등의 사태가 발생할 수도 있다. 1987년 10월에 발생한 주가 대폭락 사태(Black Monday) 당시 미국의 선물·옵션거래에 관련된 결제제도의 동요는, 시장 참가자의 결제 불이행 우려가 금융시스템 전체에 커다란 위협이 된다는 귀중한 교훈을 보여주었다.

### 3.2.3. 컴퓨터 위험의 증대

컴퓨터 위험이란 증권산업의 전산화 현상에 따라 컴퓨터의 고장이나 통신 네트워크의 장애로 인해 금융 업무의 수행이 불가능하게 되는 위험을 말한다. 정보통신 기술의 발달을 배경으로 한 결제시스템의 전산화는 증권시장의 상황 변동에 따라 신속하게 대응할 수 있는 즉시성, 안전성을 갖추고 있다. 반면 이로 인해 증권결제제도 내에서 발생한 결제 불이행 사태나 유동성 위기 등의 여파가 순식간에 폭넓게 전파되는 위험을 안고 있다.

증권업무의 전산화는 프로그램 매매의 등장 등으로 증권시장의 불안정성을 증대시키는 요인으로 내재되어 있다. 또한 제반 업무 처리를 컴퓨터와 정보통신에 크게 의존함으로써 시스템 장애 및 컴퓨터 범죄의 발생 가능성에 노출되어 있다. 그 사례로 1985년 11월 뉴욕은행(Bank of New York)에서 시스템 장애가 발생하여 증권결제를 위한 증권의 인도 지시 송신이 불가능하게 되어 증권의 인수(즉 대금의 지급)가 일방적으로 증가하여 뉴욕연방은행의 계좌에 거액의 적자 잔고가 발생했다. 이 적자 잔고를 충당하기 위해 뉴욕연방은행으로부터 300억 달러의 일중여신과 23억 달러의 익일(overnight) 대출을 받아 위기를 모면한 사례가 있다.[49]

---

49 中島眞志, 宿輪純一,'決濟システムのすべて', 東洋經濟新報社, 2001, p. 20.

## 4. 결제위험의 관리

### 4.1. 결제위험 관리의 의의

증권결제제도는 자본주의 경제의 근간을 이루고 있으므로, 제도 내에 내재된 결제위험을 적절히 관리하지 않으면 사회 전체에 회복할 수 없는 손해를 끼칠 가능성이 있다. 증권결제에서의 위험을 적절히 통제하기 위해서는 결제제도의 운영기관인 결제기관과 참가자의 결제위험에 대한 명확한 인식이 선행되어야 한다.

증권결제제도란 본질적으로 다자간 협정이다. 다자간 협정은 Lamfalussy 보고서에서 언급한 바와 같이 참가자 상호 간, 또는 시스템의 운영기관과 참가자 간에 위험관리를 분담하는 문제를 야기시킨다.

이러한 결제위험을 관리하는 방식에는 참가자 스스로에게 위험관리의 책임을 부담시키는 분산방식(decentralized risk control system)과 시스템 운영기관이 전체적인 위험을 통제하는 집중방식(centralized risk control system)이 있다. 이 모든 방식이 위험을 제한하는 데 있어서 효과적이지만, 중요한 것은 참가자가 위험관리에 대한 책임 소재를 분명히 이해하는 것이다.

먼저 분산방식은 시스템의 참가자가 자신이 거래한 상대방별로 신용 한도를 설정해 위험을 통제한다. 이와 같은 분산방식은 시장원리에 의한 위험관리 방식으로, 결제위험의 노출이 당사자 간에 한정되므로 결제 이행의 보증을 위한 별도의 장치가 필요 없다. 다만 이 방식은 결제업무 처리 상 법적 구속력이 없는 상계적 차감방식을 채택하고 있는 경우가 많아 시스템의 안정성 측면에서는 집중방식보다 다소 취약한 부분이 있다. 그러나 오늘날 분산방식을 채택하고 있는 대부분의 결제제도는 제도 운영기관이 제공하는 집중화된 컴퓨터 시스템을 통해 위험을 관리하는 것이 일반적인 현상이다.

분산방식에서 주로 사용되는 상대 신용한도액 설정 방식에는 총액 방식과 차액 방식이 있다. 총액 방식은 참가기관이 취할 수 있는 채무총액에 대해 규제하는 방식이다. 차액 방식은 다른 어떤 참가기관으로 보내는 금액(채무액)에서 그 참가기관으로부터 송부받을 금액(채권액)을 차감한 금액(net credit)을 일정한 금액 이하로 제한함으로써 미결제잔고의 규모를 삭감하는 방식이다. 이 한도액 방식에서는 어떤 참가기관과 다른 모든 참가기관과의 사이에서 상대적으로 $n(n-1)$개만큼 순채무한도가 설정된다.

한편 집중방식(centralized risk control system)은 결제제도를 통해 결제되는 모든 매매에 대해 결제기관 또는 청산기관이 중심이 되어서 결제위험을 통제하는 방식이다. 이 방식에서 결제기관 등은 모든 매매거래에 대해 당사자의 위치에 있거나 결제이행을 보증할 책임을 부담한다. 따라서 이 방식에서 결제위험은 결제기관 등에 집중되고, 결제의 상대방이 특정되지 않는 경우 결제위험이 시장 전체로 파급될 가능성이 있다.

집중방식에서는 이러한 특성 때문에 법적 안정성이 강한 경개적 차감 방식을 채택하고 있는 것이 일반적이다. 이에 따라 결제기금의 조성, 결제 이행의 보증 등이 전형적인 위험통제의 수단으로 사용되며 주로 증권결제시스템에서 이 방식을 이용한다.

한편, 이 방식의 단점은 첫째, 참가자들의 이해 부족으로 위험관리에 대한 동기유발을 약화시킬 수 있다. 즉 참가자들은 시스템 운영기관이 결제 불이행을 방지하기 위해 직·간접적으로 필요한 신용을 제공할 것이라고 인식할 가능성이 크다. 둘째, 참가자들이 고객분 결제에 따른 위험을 고객들에게 전가할 수 있는 경우 참가자들의 위험관리에 대한 동기 유발은 제한될 수밖에 없다. 셋째, 결제기관에 대한 위험의 집중으로 결제기관의 안정성과 공공성이 절대적으로 요구된다.

오늘날 각국의 결제위험통제 방식은 금융 관행, 역사 등에 따라 조금씩 상이하나, 〈표 2-14〉와 같이 양 방식이 장단점을 내포하고 있어 일반적으로 집중방식과 분산방식을 조합한 형태로 운영하고 있는 경우가 많다.

▶▶ 표 2-14 결제위험관리방식의 비교

| 구분 | 집중방식 | 분산방식 |
|---|---|---|
| 위험관리책임 | 결제기관(또는 청산기관) | 개별 참가자 |
| 차감형태 | 경개적 차감 | 상계적 차감 |
| 결제 이행보증 | 有 | 無 |
| 운영기관의 지위 | 매매 당사자 및 결제업무 제공기관 | 결제업무 제공기관 |
| 장점 | ·복잡 다기화된 위험구조에 적합<br>·금융시스템 안정 | ·시장원칙에 입각한 위험통제<br>·위험통제 범위의 제한 |
| 단점 | ·참가자의 도덕적 해이<br>·새로운 위험의 발생 | ·시스템의 안정성이 낮음<br>·환경 변화에 신속한 대응 부적절 |

### 4.2. 결제위험과 자기책임의 원칙

결제위험은 결제제도에 참가한 금융기관 간 증권거래에 따른 채권·채무 관계의 발생에 그 주요 원인이 있다. 최근 증권시장을 볼 때 기관화 현상의 심화는 금융기관이 증권시장에서 차지하는 비중을 점차 증대시키고 있다. 따라서 증권결제제도에서 우려할 만한 위험을 발생시키는 주체는 대부분 금융기관이라 할 수 있다.

이에 각국은 회원 자격 기준의 설정, 담보 제공의무의 부과 등을 통해 금융기관이 노출시키는 위험 수준을 제한하려고 노력하고 있다. 그러나 금융기관에 대한 지나친 규제는 탈규제화라는 시대적 조류에 역행할 뿐만 아니라, 증권시장의 비효율을 초래하여 자국 증권시장의 공동화 현상을 유발할 우려가 있다.

따라서 현대 증권시장의 위험관리에서 가장 중요한 것은 자기책임의 원칙에 입각한 결제제도의 개선이라고 할 수 있다. 결제기관은 결제회원이 자기책임의 원칙에 입각해 위험관리를 할 수 있도록 제도적 유인 수단을 제공하는 것이 중요하다.

여기서 자기책임의 원칙이란 자기의 창의와 노력을 발휘해 최대 수익을 추구하는 한편, 이에 따른 위험이나 손실에 대해서도 스스로 책임을 지는 것을 말한다. 자기책임의 원칙에 의한 위험관리를 위해서는 결제제도에 참가하고 있는 각 금융기관이 위험을 정확하게 파악할 수 있는 체제의 정비가 선행되어야 한다.

자기책임의 원칙에 입각한 위험통제는 증권시장의 안정성을 제고한다. 〈그림 2-24〉는 자기책임의 원칙에 의한 결제위험의 통제가 전체 금융시스템의 안정성에 기여하는 정도를 나타내고 있다. 그러나 자기책임의 원칙에 의한 위험관리를 구체화하기 위해서는, 개별 금융기관의 노력도 중요하지만 이를 뒷받침하는 제도적 정비도 또한 중요하다.

### 4.3. 결제위험의 감축 수단

일반적으로 결제기간이 길수록 거래금액이 클수록 미결제잔고, 즉 결제위험은 커진다. 결제위험을 감축하는 방법은 여러 가지가 있지만, 기본적으로 결제기간의 단축, 차감, 증권인도와 대금지급의 시차(time lag) 제거 등을 통하여 미결제잔고의 크기를 축소할 필요가 있다.

▶▶ 그림 2-24 자기책임의 원칙과 금융시스템의 안정도

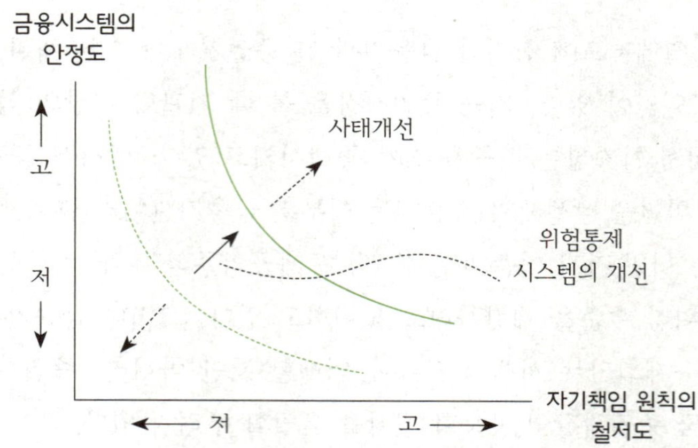


### 4.3.1. 결제기간의 단축

미결제잔고를 줄이는 최선의 방법은 매매체결에서 결제까지의 기간을 단축하는 것이다.[50] 그동안 G-30, ISSA 등의 권고사항에 따라 주요 선진국은 주식에 관해 T+2일 또는 T+3일 결제를 달성하였으며, 국채나 CP 등에 대해서는 T+0일 또는 T+1일 결제로 하는 국가가 증가하고 있다.

결제주기가 길면 길수록 그 사이의 미결제잔고는 증가하게 되어 그만큼 결제위험을 증대시킨다. 이처럼 결제위험은 미결제잔고의 크기에 따라 크게 좌우된다. 따라서 미결제잔고를 감축해 결제위험을 축소하기 위해서는 결제기간의 축소를 도모하는 것이 필요하다. 이러한 결제의 신속화를 위한 수단으로는 증권거래 전 과정의 STP화, 연속차감결제(CNS), 전자증권화 등을 들 수 있다.

### 4.3.2. 경개적 차감의 채택

경개적 차감(obligation netting)에서 개별 거래는 이행기를 기다리지 않고 발생할 때마다 차감 계산이 이루어진 시점에서 이행한 것이 된다. 이 경우 채권·채무액은 정산 후의 차액에 한정되기 때문에 차감 전과 비교해 미결제잔액이 그만큼 감소

50 2000년 SIA의 'T+1 Business Case Final Report'에 의하면 미국에서 T+3일 결제주기를 T+1일로 단축할 경우 1999년 일평균 결제대기 거래금액이 약 1,250억 달러이므로 2일의 단축을 통해 결제위험이 약 2,500억 달러 감소하게 될 것이라고 분석한 바 있다.

▶▶ 표 2-15 주요국의 결제주기 채택 현황

| 국가 | 주식 | 국채 |
|---|---|---|
| 미국 | T+3 | T+0, T+1(FICC) |
| 캐나다 | T+3 | T+0, T+2, T+3 |
| 영국 | T+3 | T+1 |
| 프랑스 | T+3 | T+3 |
| 독일 | T+2 | T+2 |
| 이탈리아 | T+3 | T+3(장내), T+0~40(장외) |
| 스위스 | T+3 | T+3 |
| 일본 | T+3 | T+0, T+1(JGBCC) |
| 중국 | T+3 | T+0 |
| 홍콩 | T+2 | T+2 |
| 싱가포르 | T+3 | T+1 |
| 한국 | T+2 | T+1(장내), T+1~30(장외) |

하게 된다.

따라서 그에 수반하는 신용위험 및 유동성위험 등 결제위험을 삭감할 수 있다. 왜냐하면 경개적 차감 효과는 결제 관련 규정에 의거해 법적 강제성을 부여하고 있기 때문이다. 이러한 경개적 차감의 효과를 최대화하기 위해서는 청산기관(CCP)의 개입을 통한 다자간 경개적 차감(multilateral obligation netting)의 구현이 필요하다. 즉, 청산기관이 한 쪽 당사자의 채무를 인수하는 동시에 이에 상당하는 채권을 취득하여 차감함으로써 실질적인 다자간 경개적 차감을 실현한다. 이러한 결제방식은 〈그림 2-25〉와 같이 연쇄거래(chain trade)에서 매도자와 매수자 간의 관계를 최종 매수자 또는 매도자와 청산기관 간의 채권·채무 관계로 대체할 수 있다.

경개적 차감에 의한 차감결제의 위험 삭감 효과는 동일 당사자 간에 거래가 대량으로 빈번하게 발생하고, 특히 양방향으로 발생하는 경우 더욱 커진다. 이러한 효과가 실현되기 위해서는 채권·채무의 대체라는 당사자 간의 계약 내용이 제3자에 대해 대항력을 갖도록 법적인 뒷받침을 갖는 것이 필요하다.

### 4.3.3. 동시결제의 실현

증권인도와 대금지급의 시차(time lag)가 발생하면 원본위험이 발생한다. 이와

▶▶ 그림 2-25 연쇄거래에서의 경개적 차감의 구조

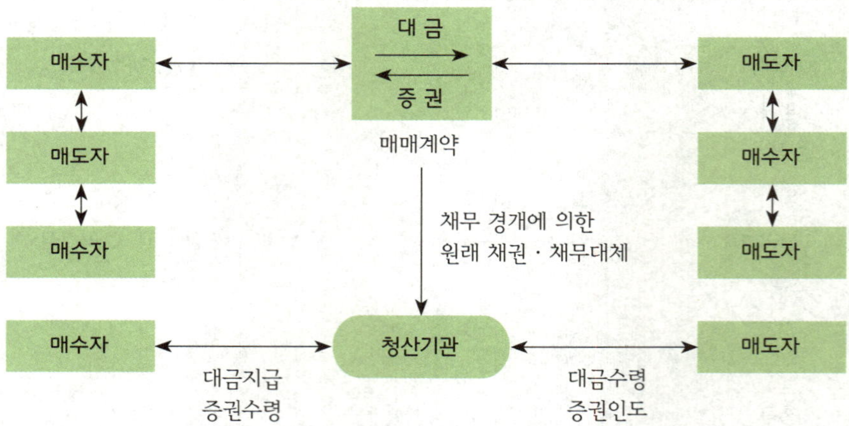


같은 원본위험을 축소하기 가장 유용한 방법이 동시결제(DVP)이다. 동시결제는 증권인도와 대금지급을 동시에 조건부로 함으로써 상대방으로부터 증권 또는 대금을 수령하지 않으면 대금 또는 증권을 인도하지 않도록 하는 구조이다.

▶▶ 표 2-16 주요국의 동시결제(DVP) 채택 현황[51]

| 국가 | 주식 | 국채 |
|---|---|---|
| 미국 | DVP2(장외), DVP3(장내) | DVP1 |
| 캐나다 | DVP2(TTF), DVP3(CNS) | DVP2(TTF), DVP1 |
| 영국 | DVP1 | DVP1 |
| 프랑스 | DVP1 | DVP1 |
| 독일 | DVP2 | DVP1 |
| 이탈리아 | DVP3 | DVP1 |
| 스위스 | DVP1 | DVP1 |
| 일본 | DVP2(장외), DVP3(장내) | DVP1 |
| 중국 | DVP1(B주식), DVP2(A주식) | DVP1 |
| 홍콩 | DVP3 | DVP1 |
| 싱가포르 | DVP2 | DVP1 |
| 한국 | DVP2(장외), DVP3(장내) | DVP1 |

51 DVP유형(DVP1, DVP2, DVP3)에 대한 구체적인 설명은 '나. 동시결제(DVP)의 유형(p. 75)' 참조.

동시결제는 유동성위험이나 대체비용위험의 삭감에는 유효하지 않지만, 신용위험의 핵심인 원본위험은 동시결제시스템의 도입으로 제거가 가능하다. 따라서 결제위험의 삭감 측면에서 동시결제를 실시하는 의미는 매우 크다.

특히 대금결제에서 익일 자금결제를 중앙은행의 지급결제시스템과 연계하여 당일 자금결제로 이행해야 진정한 동시결제가 달성될 수 있다.

#### 4.3.4. 담보 이용 및 손실분담규칙의 명확화 등

담보의 이용이나 손실분담규칙(loss-sharing rule)을 법적으로 명확히 하는 것도 결제위험, 특히 시스템위험의 관리 방안으로 유효하다. 물론 담보의 징구가 행해진다면 결제 불이행 발생시 담보의 처분으로 그 영향의 파급을 차단할 수 있다. 그러나 이 방법은 결제 불이행 발생시 담보물 처분에 의한 자금 조달의 용이성에 크게 의존한다.

또한 결제제도의 참가자가 미리 정한 일정 규칙 하에 결제 불이행으로 인한 손실을 분담해 결제 이행을 확보하는 체제를 확립해 두는 것도 결제 불이행 위험을 사후적으로 흡수하는 효과가 있다. 그 방법으로는 담보의 제공이나 손실분담에 따른 비용부담을 통해 각 금융기관이 자율적으로 결제위험을 삭감하도록 유인책을 제고시키는 것도 고려해 볼 수 있다.

## 5. 결제이행의 보증 및 결제원활화제도

### 5.1. 결제이행의 보증

결제제도의 안정성은 결제가 예정된 대로 이행될 것이라는 신뢰성에 크게 의존한다. 이러한 신뢰의 기초가 되는 것이 결제이행 보증장치이다.

양자간 차감결제방식 및 총량결제방식은 거래의 상대방과 결제의 상대방이 동일하므로 별도의 결제이행 보증장치가 필요 없다. 그러나 다자간 차감결제방식에서는 거래 상대방과 증권 인수도 상대방 사이의 대등 관계가 상실된다. 그 결과 참가자는 자신의 선택과는 무관하게 결제 불이행이란 예기치 않은 위험을 당할 수도 있다. 따라서 다자간 차감결제방식에서는 이러한 위험으로부터 참가자를 보호하기 위해 결제이행 보증장치가 필요하다.

### 5.1.1. 청산기관의 결제 이행책임 부담

다자간 차감결제방식에서 채택할 수 있는 가장 강력한 결제이행 보증장치는 청산기관이 매매거래의 집중거래상대방(CCP)이 되는 것이다. 이로써 청산기관은 당사자로서 결제이행의 책임을 부담한다. 즉 매도자의 결제 불이행에 대해서는 매도자를 대신해 매수자에 대한 증권인도 의무를 부담하고, 매수자의 결제 불이행에 대해서는 매수자를 대신해 대금 납입 의무를 부담한다. 따라서 청산기관은 매매 당사자로서 증권거래에 따른 쌍무 계약 상의 이행 확보 수단인 동시이행 항변권과 유치권을 행사할 권리를 갖는다.

참가자가 결제 불이행을 발생시켰을 경우, 청산기관은 동 참가자 및 여타 참가자가 적립한 결제기금의 사용 등으로 결제이행을 보증한다. 만약 이러한 기금의 사용으로도 충분하지 못한 경우 여타 참가자로부터 추가적인 결제기금을 징수할 수도 있다.

### 5.1.2. 결제기금의 조성

청산기관은 참가자의 결제 불이행 위험으로부터 자신을 보호하기 위해 청산기관에 대한 위험을 노출시키는 정도에 따라 일정한 결제기금(clearing fund)을 징수, 적립해야 한다. 참가자로부터 징수해 적립한 결제기금은 참가자가 청산기관에 대해 유발시키는 직접 채무 및 우발 채무에 대한 담보로서 기능을 한다. 또한 기금의 범위 내에서 참가자는 연대책임을 부담한다.

### 5.1.3. 참가자별 순채무 포지션의 제한

청산기관은 재무상황 등을 고려해 참가자가 보유할 수 있는 순채무(純債務) 포지션을 일정한 범위 내로 규제할 수 있다. 이 방식에 따르면 참가자에게 설정된 순채무 포지션을 초과할 경우 증권인도가 자동적으로 정지된다. 따라서 참가자가 노출시킬 수 있는 위험의 규모를 원천적으로 제한할 수 있다.

그러나 이러한 시스템은 신용위험을 완벽하게 차단하지 못한다. 왜냐하면 다자간 차감결제방식을 채택하고 있는 청산기관은 대부분 일괄처리(batch) 방식으로 결제업무를 처리하기 때문에 당일 영업시간 중에는 증권가격의 변동으로 인해 동 제한을 초과할 수도 있기 때문이다.

보다 중요한 것은 매매거래가 총량결제방식으로 처리되는 경우에도 증권가격의 변화에 따라 이러한 제한을 초과할 수 있다는 점이다. 이러한 증권가격의 변동으로 인한 유동성 압력으로부터 자신을 보호하고자, 청산기관은 증권거래소가 설정한 일일 가격변동 제한폭을 이용하는 경우도 있다. 그러나 가격변동 제한폭의 설정은 매매거래를 위축시키고 파산 참가자의 포지션을 정산하는 데 방해가 될 뿐만 아니라 청산기관에 대한 신용위험의 노출을 증대시킨다.

따라서 이러한 방식을 채택하고 있는 미국 DTC의 경우 실시간 담보가치 평가 등을 통하여 시장가격변동으로부터 자신을 보호하고 있다.

#### 5.1.4. 참가자에 대한 규제

청산기관은 참가자에 대한 재무적·비재무적 규제를 통해 결제위험을 사전적으로 제한할 수 있다. 즉 결제기관은 일정한 재무적 또는 비재무적 요건을 충족시키지 못하는 참가자에 대해 참가 자격의 박탈 등 일정한 제재를 가할 수 있다. 이러한 규제를 효율적으로 수행하기 위해 청산기관은 참가자로부터 정기 또는 수시로 재무보고서를 징구할 수 있다.

### 5.2. 결제원활화제도

결제일 영업 마감 시점에 발생하는 증권이나 대금의 부족은 시중 유동성의 고갈로 인해 결제 불이행으로 이어질 가능성이 크다. 특히 증권은 대금과는 달리 종목별 유동성이 크지 않기 때문에 이러한 상황에 직면할 가능성이 더욱 크다.

따라서 G-30 등의 증권연구단체들은 이러한 문제점을 인식하고 결제기관에 의한 제도적 유동성 확보 장치의 도입을 촉구하고 있다. 이에는 자동증권대차제도와 자기담보제도(self-collateralization) 등이 있다.

#### 5.2.1. 증권대차제도

결제기관이 운영하는 결제 목적의 증권대차제도(securities lending and borrowing)란 '매매거래에 따른 결제 이행을 원활히 하기 위해 결제에 필요한 증권을 결제기관의 중개에 의해 확보하는 제도'이다. 결제에 필요한 증권을 원활히 확보하기 위해서는 증권대차에 대한 수급 정보에 용이하게 접근할 수 있는 기관이 필요하다.

그런데 증권 차입에 관한 정보는 결제 과정에서 발생하고 증권 대여에 관한 정보는 예탁업무의 수행 과정에서 발생한다. 따라서 양 업무를 동시에 관장하고 있는 결제기관에서 중개 업무를 수행하는 것이 바람직하다.

이러한 이점 때문에 현재 증권대차제도를 시행하고 있는 대부분의 국가에서는 결제기관이 동 업무에 대한 중개기구의 역할을 담당하는 경우가 많다.[52] 중개기구인 결제기관은 증권의 차입 및 대출을 중개하고 대차거래에 따른 담보물건 등의 관리 업무를 수행한다.

또한 결제기관은 결제 과정에 직접 참가하여 결제위험을 유발시키는 모든 결제회원이 차입자가 될 수 있도록 공정한 기준을 설정·운영해야 한다. 차입자는 유가증권 차입 신청시에 담보물건을 제시해야 하며, 담보물건은 신용도와 유동성이 높은 상장유가증권, 현금 등으로 제한하는 것이 바람직하다.

중개기구는 담보물건의 가치 하락시 대여자를 위해 담보의 추가 납입을 요청할 수 있으며, 이의 불응시에는 공개시장에서 매각해 채권회수에 충당할 수 있다. 이러한 담보물건의 납입은 중앙예탁기관에 예탁된 유가증권에 한하며, 대여자나 차입자는 중앙예탁기관의 참가자여야 한다.

증권대차거래의 대상 유가증권은 업무처리의 편의상 중앙예탁기관에 예탁된 유가증권에 한하며, 대차거래에 따른 유가증권의 인도는 실물수수 없이 차입자와 대여자의 계좌부상 대체기재방식에 의한다.

### 5.2.2. 신용공여한도 제도

신용공여한도(credit line)는 '참가자의 자금 부족시 결제 이행에 필요한 대금을 결제기관이 은행을 통해 조달하는 제도'이다. 결제기관은 이를 통해 자금이 부족한 참가자를 대신하여 대금결제를 완료하게 된다. 결제기관은 이러한 신용공여한도를 구축함에 있어서 주의해야 할 점은 다음과 같다.

첫째, 신용공여한도를 통해 조달하는 자금은 완결성을 확보한 당일 자금이어야 한다. 왜냐하면 익일 자금으로 조달하면 또 다른 결제위험에 직면하기 때문이다.

---

52 전통적으로 RTGS 결제방식을 이용하고 있는 유럽의 증권예탁결제기관이 자동증권대차제도를 운용하고 있으며, 대표적인 기관은 Euroclear, Clearstream, SIS 등이 있다.

둘째, 결제기관이 지정, 운영하는 신용공여 은행은 체계적인 동시결제 달성이 용이한 기관이어야 한다. 이는 신용공여 은행이 결제에 필요한 대금지급 업무를 처리해야 하는 기관이어야 한다는 것을 의미하며, 이 경우에만 조달 자금의 이동없이 결제에 이용할 수 있기 때문이다.

또한 결제기관은 신용공여 은행에 대한 상환위험으로부터 보호될 수 있도록 참가자로부터 증권 등을 담보로 제공받아야 한다.

결제대금의 조달기간은 결제 목적의 초단기 대출에 한하며 대출금리는 참가자가 도덕적 위험(moral hazard)에 빠지지 않도록 콜금리보다 높은 벌칙금리를 적용한다.

현재 신속한 결제의 이행을 위해 미국(NSCC), 캐나다(CDS), 일본(JSCC) 등이 은행과 일정 규모의 신용공여한도를 유지하고 있다.

## 6. 결제완결성의 보장[53]

### 6.1. 결제완결성의 의의

결제완결성(settlement finality)이란 결제시스템을 통해 이루어지는 결제는 어떤 상황이나 법률에 의해서도 취소되지 않고 결제시스템의 운영규칙에 따라 무조건적으로 이루어져야 하는 것을 의미한다.

오늘날과 같이 증권시장이 폭발적으로 성장하는 상황에서 증권결제와 관련된 법률이나 제도가 명확하게 정비되어 있지 않을 경우 참가자 간에 이루어진 결제가 사후적으로 무효화되는 법률위험이 발생할 수 있다. 이와 같은 법률위험이 발생하면 금융시스템 전체에 치명적인 혼란을 초래할 수 있다. 따라서 주요 선진국들은 법률위험으로부터 자국 결제시스템을 보호하기 위하여 별도의 법률을 제정하거나 기존의 법률을 개정하여 결제완결성에 관한 법적체계를 갖추고 있다.

이러한 결제완결성과 관련하여 중요한 개념인 파산법상의 '0時 규정(zero-hour rule)'과 '다자간차감의 이행강제력(enforceability of netting arrangement)'이 있다.

먼저, 파산법에서 규정하고 있는 파산절차의 하나인 0時 규정(zero-hour rule)에 대하여 살펴보자. 0時 규정이란 파산법에서 규정하고 있는 파산절차의 하나로서

53 증권예탁결제원, 증권시장의 청산·결제제도(2006. 12), pp. 67~72.

법원이 파산선고를 결정한 날에 이루어진 거래가 파산선고 이전에 이루어졌는지 아니면 이후에 이루어졌는지 정확히 입증하는 것은 어렵다. 이에 따라 파산선고의 효력이 선고 당일의 가장 이른 시점인 오전 0시부터 발생하는 것으로 간주하게 되는데 이를 0時 규정이라 한다. 따라서 결제시스템의 참가자가 파산한 경우 파산법 상의 0시 규정이 적용된다면 파산 선고일에 행해진 참가자의 모든 결제는 파산 관재인 등에 의해 무효[54]가 될 수 있는 것이다.

다음으로 다자간차감의 이행강제력을 살펴보자. 오늘날 대부분의 국가에서는 증권과 대금을 총액으로 결제하기보다는 다자간차감(multilateral netting)을 한 후 잔존하는 포지션만을 결제한다. 증권거래소에서 거래되는 주식거래의 경우 약 97%가 차감된 후 나머지 3%만을 결제하는 실정이다. 만약 이러한 다자간차감이 법적인 이행강제력(enforceability)을 가지지 못한다면 어떻게 될까? 차감된 포지션이 원상회복(unwind)될 것이고 개별 참가자들의 결제불이행이 금융시장 전체의 결제불이행으로 확산되는 시스템 리스크가 발생하게 될 것이다. 마찬가지로 파산관재인이 파산회사에 이익이 되는 계약만을 인정하고 손해가 되는 계약은 인정하지 않는 권한을 행사한다면 다자간차감의 법적 이행강제력은 확보되지 않을 것이다.

이러한 결제시스템의 법적 불확실성을 해소하기 위하여 결제시스템 참가자가 파산한 경우 파산법상 0시 규정의 적용을 명시적으로 배제하거나, 다자간차감의 이행강제력이 법적으로 부여될 수 있도록 법체계를 구축하여야 할 필요성이 있다.

### 6.2. 결제완결성 관련 외국사례

최근 몇 년 동안 EU국가 및 여러 선진국에서는 결제시스템의 완결성을 보장하기 위하여 다양한 형태의 법률을 제정 및 개정하여 왔다. 특히 EU는 결제시스템을 통하여 종료된 결제의 법적 불확실성을 제거하기 위하여 1998년에 결제완결성 지침(Settlement Finality Directive[55])을 제정하여 EU국가들이 이행하도록 의무화하였다. 이에 EU 각국은 중앙은행, 결제기관 등에서 수행된 결제를 일반적인 도산법 적용을

54 파산관재인(破産管財人, trustee in bankruptcy)은 행위능력·소송능력이 있는 파산자 이외의 자연인 중에서, 법원이 파산선고와 동시에 1인 또는 2인 이상을 선임한다. 이 파산관재인은 파산재단을 대표하여 재단의 관리·환가(換價)·배당(配當) 등 파산절차 상의 중심적 역할을 담당하며, 파산절차(破産節次)의 개시 전에 파산자가 한 일정한 행위의 효력을 부인할 수 있는 권리인 부인권(否認權)을 가지고 있다.

55 Directive 98/26/EC of The European Parliament of the Council on Settlement Finality in Payment & Securities Settlement Systems.

배제하고 결제시스템 자체 규정이 적용되도록 법률을 마련하였다.

한편, 캐나다, 호주, 싱가포르, 뉴질랜드 등 여타 국가에서도 결제완결성 보장을 위하여 관련 법률을 개정하거나 별도의 법률을 제정하였다.

▶▶ 표 2-17 주요국의 결제완결성 관련 법률 현황[56]

| 국가 | 관련법률 | 입법형태(년도) | 결제완결성 보장내용 | 결제완결성 적용범위 |
|---|---|---|---|---|
| 미국 | 파산법<br>연방예금보험법,<br>연방예금보험공사개선법,<br>금융계약차액결제촉진법 | 기존법률<br>(—) | 특정금융거래에 대해 파산절차의 일반적 적용 배제 | 특정금융거래(스왑, 옵션, 환매계약, 선물환 등) |
| 캐나다 | 청산결제법 | 별도법률 제정<br>(1996년) | 지정된 결제시스템의 결제규칙은 다른 법률에 불구하고 모든 참가자에게 유효함을 규정 | 캐나다 중앙은행이 지정한 청산결제시스템 |
| 영국 | 금융시장 및 파산(결제완결성) 규정 | 별도법률 제정<br>(1999년) | 지정된 지급시스템을 통한 자금이체는 파산법 적용을 배제 | 영란은행 및 금융감독청이 지정한 지급결제시스템 |
| 독일 | 도산법 | 기존법률 개정<br>(1999년) | 지급결제시스템을 통한 결제의 완결성 보장 | — |
| 이탈리아 | 법률 210/2001호 | 별도법률 제정<br>(2001년) | 파산절차 개시 이전에 발생한 거래를 취소할 수 없음을 규정 | 법률에 의거 지정된 지급결제시스템, 증권결제시스템 및 청산시스템 |
| 호주 | 지급결제시스템 및 차액결제법 | 별도법률 제정<br>(1998년) | 파산으로 인해 기 실행된 거래를 무효화할 수 있는 법률 조항으로부터 특정 거래를 보호 | 승인된 결제시스템 및 다자간 차액결제협약 |
| 뉴질랜드 | 중앙은행법 | 기존법률 개정<br>(2003년) | 지정결제시스템을 통해 이루어진 결제의 법적 불확실성 제거 | 지정된 모든 지급결제시스템 |
| 싱가포르 | 지급결제시스템(결제완결성 및 차액결제)법 | 별도법률 제정<br>(2002년) | 지급결제시스템의 결제완결성 보장 | 중앙은행이 지정한 결제시스템을 통해 결제 또는 차액 결제되는 모든 거래 |
| 한국 | 채무자회생 및 파산에 관한 법률 | 기존법률 개정<br>(2006년) | 지급결제시스템을 통한 결제의 완결성 보장 | 법률에 의거 지정된 지급결제시스템, 증권결제시스템 |

56 한국은행, 우리나라의 지급결제제도(2009. 12), p. 36 참조.

### 6.3. 우리나라의 현황

우리나라는 2006년 4월 1일에 '채무자 회생 및 파산에 관한 법률[57]'이 시행됨에 따라 결제시스템에 대한 결제완결성 보장의 근거가 마련되었다. 즉 결제시스템의 참가기관이 파산(회생절차개시 포함)한 경우 결제에 관하여는 결제시스템운영기관이 정한 바에 따라 효력이 발생하도록 하여 '0時 규정' 배제, '다자간차감의 이행강제력' 확보 등이 가능하게 되었다.

한편 이 법은 지급결제시스템과 증권청산결제시스템에 관하여 결제완결성 보장의 근거를 달리 정하고 있다.

먼저 지급결제시스템의 경우 동법 제120조제1항에 따라 한국은행총재가 금융위원회와 협의하여 대상 지급결제시스템을 선정하도록 하였다. 이에 따라 한국은행총재는 2006년 8월 신한은금융망, 3개 소액결제시스템(CD공동망, 타행환공동망, 전자금융공동망), 외환결제시스템인 CLS시스템 등 5개 결제시스템을 결제완결성 보장 대상 지급결제시스템으로 지정하였다.

그 다음으로 증권·파생 청산결제시스템의 경우 제120조제2항에 따라 별도의 지정절차 없이 결제완결성을 보장받고 있다.[58] 즉, 한국예탁결제원이 운영하는 증권결제시스템과 한국거래소가 운영하는 증권청산시스템 및 파생상품청산결제시스템이 이에 해당된다.

---

57 제120조 (지급결제제도등에 대한 특칙) ① 지급결제의 완결성을 위하여 한국은행총재가 금융위원회와 협의하여 지정한 지급결제제도(이 항에서 '지급결제제도'라고 한다)의 참가자에 대하여 회생절차가 개시된 경우, 그 참가자에 관련된 이체청구 또는 지급 및 이와 관련된 이행, 정산, 차감, 증거금 등 담보의 제공·처분·충당 그 밖의 결제에 관하여는 이 법의 규정에 불구하고 그 지급결제제도를 운영하는 자가 정한 바에 따라 효력이 발생하며 해제, 해지, 취소 및 부인의 대상이 되지 아니한다. 지급결제제도의 지정에 관하여 필요한 구체적인 사항은 대통령령으로 정한다.
② 「자본시장과 금융투자업에 관한 법률」 그 밖의 법령에 따라 증권·파생금융거래의 청산결제업무를 수행하는 자 그 밖에 대통령령에서 정하는 자가 운영하는 청산결제제도의 참가자에 대하여 회생절차가 개시된 경우 그 참가자와 관련된 채무의 인수, 정산, 차감, 증거금 그 밖의 담보의 제공·처분·충당 그 밖의 청산결제에 관하여는 이 법의 규정에 불구하고 그 청산결제제도를 운영하는 자가 정한 바에 따라 효력이 발생하며 해제, 해지, 취소 및 부인의 대상이 되지 아니한다.

58 한국은행, 우리나라의 지급결제제도(2009. 12), p. 35 참조, BFL, 제22회 논고「채무자 회생 및 파산에 관한 법률 제120조의 해석(박준, 홍선경, 김장호)」, 2007. 7. 증권예탁결제원, 증권예탁 제62호 논고 「도산절차와 결제제도-신도산법 제120조의 해석론(오수근)」, 2007. 7.

제3장

# 증권결제제도관련 국제단체의 권고내용

## 01 개 요[1]

세계 증권시장은 국제화(globalization), 증권화(securitization) 추세와 더불어 정보통신기술이 급속하게 발전함에 따라 각국의 증권시장 거래규모는 물론 국제 간 거래 또한 매년 급속하게 성장하고 있다. 그러나, 1987년 10월 19일의 주가대폭락 사태(Black Monday)는 각국 시장 참가자뿐만 아니라 증권당국이 증권결제시스템의 중요성을 인식하게 되는 계기가 되었다. 이 사건은 증권결제시스템의 정비가 부족할 경우 한 증권시장에서 발생한 결제위험이 해당 국가의 결제위험은 물론 관련 지역, 나아가 세계 증권시장으로 급속히 전파될 수 있다는 것을 여실히 보여주었다. 이 사건을 계기로 증권결제시스템은 금융시장의 핵심 분야로 자리잡기에 이르렀다. 그리고 각국의 증권결제시스템의 차이에서 오는 불합리성을 개선하고 국제 정합성이 맞는 증권결제시스템을 구축하도록 하는 국제적인 협력이 더욱 중요해졌다. 사실 국제 간 증권거래에서 개별 국가의 법률, 업무관행, 감독체계 등에서 많은 차이가 있을 뿐만 아니라 각 시장별로 복잡한 양상을 보인다. 따라서 국가별 또는 국가 간 결제비용을 절감하고 결제위험을 낮추기 위한 증권결제시스템의 개선노력은 국제기구들을 중심으로 논의되는 것이 보다 효과적이다.

이 중 국제증권관리자협회(ISSA)가 1988년 국제기구로는 처음으로 증권결제제도의 세계적인 표준화와 통일화를 위해 12개 권고안을 제시한 바 있다. 그리고 이를 바탕으로 G-30는 1989년 증권결제시스템의 안정성을 제고하기 위해 세계 각국의 증권결제제도에 관한 개선을 촉구하는 9개항의 권고안을 발표하였는데, 이것이 국제기구의 증권결제시스템에 관한 최초의 권고안이라고 볼 수 있다.

1 한국증권학회, 금융인프라 선진화 방안(2003. 10), pp. 5~6 참조.

그 이후 ISSA는 1995년 G-30와 공동으로 수정 권고안을 발표한 데 이어 2000년에는 새로운 권고안을 발표하였다. 그리고 G-30는 2003년 국제결제에 관한 최적업무처리절차(best practice)와 함께 실행계획으로 20개 권고안을 제시한 바 있다. 또한 국제결제은행(BIS)도 지급결제제도위원회(CPSS)를 통해 국제증권감독기구(IOSCO)와 공동으로 증권결제시스템에 관한 권고(2001년), 청산기관(CCP)에 관한 권고(2004년)를 발표한 데 이어, 최근 2012년 4월에는 금융시장인프라에 관한 원칙(PFMIs)을 발표하였다.

한편 유럽시장을 중심으로 국제 증권결제시스템에 관한 연구 또한 활발하게 진행되었다. 그 중 Giovannini 그룹은 EU지역의 역내 증권거래에 있어 결제시스템 위험관리의 장애요소와 대처방안에 관한 두 차례(2001, 2003) 보고서를 발표한 바 있다. 이와 함께 유럽 증권규제위원회(CESR)와 유럽 중앙은행연합(ESCB)은 2003년 공동으로 EU지역의 증권청산결제 표준안을 발표한 바 있다.

그리고 각국이 이러한 권고 내용을 달성하기 위해 자국 제도를 재검토하고 시스템 개선을 위해 노력한 결과 각국 증권결제시스템 개선에 커다란 진전을 이루게 되었다. 이하에는 각 국제기구의 권고사항을 자세히 살펴보기로 한다.

## 02 ISSA의 권고내용

ISSA[2](International Securities Service Association: 국제증권관리자협회)는 국제기구로는 처음으로 1988년에 증권결제시스템에 대한 권고를 제시한 이래, 1995년, 2000년에도 각국이 증권결제에 관해서 달성해야 할 국제기준을 발표하였다.

### 1. 1988년 권고

ISSA는 1988년 5월 제4차 심포지엄에서 증권청산결제시스템의 세계적인 표준

2 ISSA는 세계 각국의 증권시장 인프라 기관 및 금융기관으로 구성된 민간단체로 증권관리 및 결제의 효율화에 기여하고자 매 2년마다 심포지엄을 개최하고 있다. 현재 42개 국가의 77개 기관이 회원으로 참여하고 있으며, 우리나라에서는 한국예탁결제원이 가입하여 활동하고 있다.

화와 통일화가 증권청산결제시스템에 내재되어 있는 위험과 비용을 최소화하고 유동성을 극대화시킬 수 있다고 보고 이를 위해 12개의 권고안을 채택하였다.[3] 이 권고안은 세계 각국의 증권결제시스템 정비를 위한 가이드라인으로 이용되었으며 1989년에 발표된 G-30 권고안의 기초가 되었다. 권고안을 정리해보면 다음과 같다.

▶▶ 표 3-1 ISSA의 1988년 권고안

| | |
|---|---|
| 권고 1 | 각국은 단일의 청산기관 및 결제기관을 보유해야 한다. |
| 권고 2 | 국제 증권거래의 촉진을 위한 상호 간 업무, 통일된 기준 및 정합성 있는 결제주기를 제공하기 위하여 각국 청산기관 및 결제기관간의 연계가 수립되어야 한다. |
| 권고 3 | 결제기간은 가능한 한 T+5일 이내로 단축되어야 한다. |
| 권고 4 | 청산시스템은 결제위험이 없는 DVP를 보증하여야 한다. |
| 권고 5 | 연속차감방식의 결제가 시행되어야 한다. |
| 권고 6 | 청산기관 및 결제기관은 시스템위험과 참가기관의 불이행위험을 철저히 조사하여 최소화시켜야 한다. 참가기관은 최소한의 자본 및 신용 요건을 충족시켜야 한다. |
| 권고 7 | 증권 무권화 시스템을 확대·발전시켜야 한다. |
| 권고 8 | 청산기관 및 결제기관은 이용자에 의해 소유되고 통제되어야 하며 비용 효율적으로 운영되어야 한다. |
| 권고 9 | 외국시장에 상장된 증권의 결제는 해당 증권 발행국가의 청산기관 및 결제기관을 통해 이루어져야 한다. |
| 권고 10 | 제3국에 있는 투자자나 국제금융기관을 이용하는 투자자에 대한 공평한 대우가 이루어질 수 있는 조세협정이 제공되어야 한다. |
| 권고 11 | 증권산업의 정보에 관한 표준화는 더욱 진전되어야 하며, SWIFT와 같은 국제적 네트워크의 이용이 확대되어야 한다. |
| 권고 12 | 국제표준증권코드(ISIN)가 국제적 증권거래에 사용되어야 한다. |

## 2. 1995년 권고

ISSA의 1988년 권고안은 G-30의 1989년 권고안에 많은 영향을 주었으며, 이후 각국은 증권결제시스템의 개혁을 위해 노력하게 되었다. 그 이후 증권시장의 변화가 가속화됨에 따라 새로운 기준이 필요하게 되었다. 이에 ISSA는 1995년 5월 그동

3 ISSA, Symposium Report 4: 4th International Symposium of Securities Administrators(1988.5), pp. 169~170 참조.

안의 시장 변화를 고려하여 더욱 강화된 리스크 감소에 관한 내용을 포함한 G-30 개정 권고안(Revised Recommendations of the G-30)을 발표하였다.

이 개정 권고안은 G-30의 1989년 권고안의 달성을 위한 그동안의 증권결제 개혁의 진전과, BIS, EU 등 국제적인 논의를 반영하여 원래의 권고안을 수정·발전시킨 것이다. 이 권고안은 그 이후 사실상 글로벌 스탠다드로 인식되었다.

이 권고안의 주요 내용을 보면 다음과 같다. 첫째, 시장의 직접참가자 간 매매확인을 T+0일로 단축하고, 간접참가자들의 매매승인은 T+1일로 제시하여 결제기간의 단축을 통한 결제위험의 최소화를 요구하고 있다. 둘째, 결제기간을 T+3일에서 T+3일 이내로 하도록 하여 리스크 감소에 관한 내용을 더욱 강화하고, 결제기관(CSD)의 예탁증권 종류를 광범위하게 확대하였으며, DVP의 정의를 새롭게 하였다. 셋째, 더욱 강력한 차감결제의 도입을 Lamfalussy 기준에 적합한 차감결제시스템으로 명시적으로 표현하고 당시 세계적인 결제시스템의 흐름이었던 RTGS방식의 이용도 선택사항으로 추가하였다.

▶▶ 표 3-2 ISSA의 1995년 권고안(G-30 개정 권고안)

| | |
|---|---|
| 권고 1 | 모든 시장의 직접참가자(브로커, 딜러, 기타 증권거래회원) 간의 매매거래 조회를 T+0일까지 완료해야 한다. 조회내용은 결제시스템에 연계해야 한다. |
| 권고 2 | 시장의 간접참가자(기관투자가 등)는 T+1일까지 거래내용에 관해서 승인을 하여야 한다. |
| 권고 3 | 각국은 효율적이고도 충분하게 정비된, 가능한 한 광범위한 참가자(직접 또는 간접)가 참가하는 증권결제기관(CSD)을 보유해야 한다. CSD에 예탁되는 증권의 종류는 가능한 한 광범위해야 한다. 증권의 부동화나 무권화를 가능한 한 추진해야 한다. 1개의 시장에 복수의 CSD가 있는 경우에는 결제 리스크 제거, 대금의 효율적인 이용, 교차담보제공 등을 가능하게 하기 위해 호환성이 있는 규정과 시장관행 하에서 운영되어야만 한다. |
| 권고 4 | 각 시장에서는 실시간총량결제(RTGS)시스템 또는 Lamfalussy 기준에 적합한 차감시스템을 도입함으로써, 결제 리스크의 감소를 목표로 해야 한다. |
| 권고 5 | 모든 증권거래의 결제에 있어서, 동시결제(DVP)가 도입되어야 한다. 동시결제는 다음과 같이 정의된다: 당일에 계속적으로 이루어지는 증권과 대금의 교환이 동시적으로, 결제완결성을 보유하며, 취소불능이고, 즉시 이용 가능한 형태로 이루어지는 것 |
| 권고 6 | 증권거래에 관련된 대금의 결제는 모든 상품과 모든 시장에 있어서 당일자금에 의해서 이루어져야 한다. |
| 권고 7 | 모든 시장에 있어서 연속결제가 채택되어야 한다. 결제기간은 T+3일 이내로 해야 한다. |
| 권고 8 | 증권결제를 신속하게 하는 방법으로, 증권대차의 발달을 촉진시켜야 한다. 증권대차를 저해하는 규제 및 세제상의 제약은 제거되어야 한다. |
| 권고 9 | 각국은 ISO 7775의 증권메시지에 관한 표준을 채택해야 한다. 또한, 증권코드에 관해서는 ISO 6166에 정해진 국제증권인식코드(ISIN)를 최소한 국제 증권거래에 관해서 채택해야 한다. |

## 3. 2000년 권고

2000년 6월 ISSA는 1995년 권고안을 더욱 향상시킨 권고안(Recommendations 2000)을 발표하였다. 이 권고안은 1995년 권고 이후의 증권시장의 변화, 즉 증권시스템[4](Securities System)의 지배구조, 기술적 위험의 관리, 새로운 이용자의 요구에 대한 대응 등의 사항을 반영하기 위한 것이었다. 이 권고안은 총 8개 항목으로 구성되어 있으며, 각국이 이것을 5년 이내에 달성하도록 권고하고 있다.

이 권고안의 주요 내용을 보면 다음과 같다. 첫째, 증권시스템의 지배구조에 관한 것으로 모든 관계자가 공평한 대우를 받을 수 있도록 투명성을 요구하고 있다. 둘째, 증권사무자동화(STP)를 위해 증권시스템이 기본적으로 갖추어야 하는 처리기능에 관한 정의, ISIN, 은행식별코드(BIC), ISO 15022 등의 증권거래에 관한 표준코드와 표준 메시지 이용에 관해 정의를 제시하고 있다. 셋째, 증권시스템의 위험을 완화하기 위한 T+1 결제주기 채택, 무권화 결제 시행, 증권대차, 교차담보 등을 제시하고 있다.

그 이후 ISSA는 세계 약 50개 증권시장의 2000년 권고안의 이행 상황을 2년마다 조사하여 국가별 상세 보고서(ISSA Handbook)를 작성하였다. 그러나 각국에서 그 필요성을 인식하지 못함에 따라 2004년을 마지막으로 보고서 작성을 중지하였다.[5]

4 증권시스템에는 예탁기관, 결제 및 청산시스템을 포함한다(In the text below, where we refer to "Securities Systems", these cover depositories, settlement and clearing systems. Recommendations 2000, p. 10 참조).

5 證券決濟システムのすべて(第2版)/中島眞志·宿輪純一 [共著] (2008. 5).

▶▶ 표 3-3 ISSA의 2000년 권고안

| | |
|---|---|
| 권고 1 | 증권시스템은 이용자와 기타 이해관계자들에 대한 기본적인 책임을 진다. 동 시스템은 효율적이고 저비용으로써 서비스를 제공해야 한다. 서비스 요금은 이용자에게 공평하게 부과되어야 한다. |
| 권고 2 | 증권시스템은 이용자로부터 쌍방향 네트워크에 의한 접근을 가능하게 해야 한다. 동 시스템은 피크시에도 서비스 수준이 저하되지 않도록 하기 위한 처리능력을 보유하는 동시에, 장애시에도 당일 중의 합리적인 시간 내에 복구할 수 있도록 하기 위한 백업설비를 갖추어야 한다. |
| 권고 3 | 증권업계는 효율적이고 신속한 결제를 실현하기 위해 ISO 6166에 정해진 ISIN(국제증권식별코드)의 이용을 엄수하고, 모든 증권메시지에 관하여 ISO 15022에 정해진 표준메시지를 이용해야 한다. 또한 업계는 STP화를 추진하기 위해 고객이나 거래상대방의 글로벌한 식별방법(ISO 9362에 정해진 BIC(은행식별코드)의 이용)의 도입에 관해서 검토해야 한다. 더욱이 어플리케이션이나 프로그램은 모든 참가자 간의 오픈된 대화를 가능하게 하는 구조이어야 한다. |
| 권고 4 | 각 시장은 결제불이행에 의한 리스크로부터 참가자를 보호하고, 또한 상장기업이 기업지배구조, 이익의 분배, 주주의 권리 등에 관해서 준수해야 하는 건전한 방침을 의무화함으로써, 투자자 보호를 확보하기 위한 명확한 규정을 마련해야 한다. |
| 권고 5 | 증권시스템에 관한 주요 리스크는 다음과 같은 5개의 방법에 의해서 축소되어야 한다.<br>① 진정한 DVP의 실시<br>② T+1일 결제의 채택. 단, 운영리스크를 증가시키지 않도록 할 것<br>③ 증권대차, 광범위한 담보의 공용화, Repo나 차감의 적절한 이용 등에 의해 자금조달 및 유동성의 제약을 최소화할 것<br>④ 무권화 결제(scriptless settlement)의 의무화<br>⑤ 거래조회나 결제의 이행비율에 관한 규정의 의무화 |
| 권고 6 | 국내 및 국제적인 증권시스템의 집중화(convergence)가 촉진되어야 한다. 이것은 운영리스크의 축소, 비용의 절감, 시장의 효율성 향상에 도움이 된다. |
| 권고 7 | 투자자에게 투자처 현지국가의 법률이나 규제를 준수시키는 것은 각국 당국의 당연한 책무이다. 한편, 투자자는 투자처 시장이 개설된 현지의 국가에서 주주로서의 권리, 이중과세에 관한 경감조치 등에 관해서 공평한 대우를 받아야 한다. |
| 권고 8 | 각국의 법률 및 규제는 고객자산이 보관기관의 자기자산으로부터 분리되어 보관되며, 보관기관의 파산 또는 이와 유사한 사태가 발생한 경우에도 고객자산으로의 영향이 미치지 않도록 해야 한다. 규제당국 및 시장은 더 나은 투자자 보호를 위해 다음과 같은 과제를 추진해야 한다.<br>① 국제 증권거래에 관한 준거법을 명확하게 할 것<br>② 증권결제의 결제완결성에 관한 법적 강제력이 있는 규정에 대한 국제적인 합의를 위해 노력할 것<br>③ 각국은 법률로서 실질주주의 권리를 완전하게 보호할 것<br>④ 담보권자의 권리확보 및 증권시스템에 예탁되는 고객자산의 보호를 위해서 증권관련 법제를 강화할 것 |

# G-30의 권고내용 03

G-30[6](The Group of Thirty)는 국제 증권거래의 증가로 인한 결제위험, 미국의 주가대폭락사태(Black Monday)를 계기로 증권결제제도의 불안전성 등에 대처하고자 결제시스템의 안정성을 제고하기 위한 연구를 진행해왔다. 그리고 1989년에 권고안을 처음 발표한 이래 2003년에도 권고안을 발표하여 각국의 증권결제시스템 개혁에 많은 영향을 미쳐왔다.

## 1. 1989년 권고

G-30는 1989년 3월 런던에서 "세계 증권시장에서의 청산 및 결제시스템(Clearance and Settlement System in the World's Securities Markets)에 관한 심포지엄"을 갖고 그곳에서 9개의 권고안을 발표하였다.

이 권고안의 주요 내용은 단일의 증권결제기관(CSD)의 설립, 차감시스템 도입에 의한 위험 축소, 동시결제(DVP)에 의한 결제, 결제일의 당일자금화, 연속결제방식의 채택, T+3일 결제, 증권대차제도, 증권표준메시지 채택, 국제증권표준코드의 사용 등이다.

G-30의 1989년 권고안은 증권결제에 관한 본격적인 제언으로서 세계 각국의 광범위한 지지와 공식적인 승인을 받았으며 그 충격은 매우 지대하였다. 그 결과 연속결제, DVP, T+3일 결제 등이 각국의 증권결제제도에 도입되었다. 특히 증권결제기관(CSD)의 중요성이 인식되어 증권결제기관의 설립이 급증하게 되었다.

---

6 G-30는 1978년 미국의 록펠러재단이 세계 각국의 경제, 금융 전문가인 저명 인사 30명을 선정하여 구성한 민간단체로서 세계 공동의 이익을 위해 국제 경제 및 금융과 관련된 정책방향을 설정하고 이의 달성을 위한 대안을 제시하여 왔다.

▶▶ 표 3-4 G-30의 1989년 권고안

| | |
|---|---|
| 권고 1 | 1990년까지 시장의 직접참가자(브로커, 딜러, 기타 증권거래소 회원) 간의 모든 매매확인은 T+1일까지 완료되어야 한다. |
| 권고 2 | 1992년까지 시장의 간접참가자(기관투자자 또는 브로커·딜러 외의 거래상대방)는 매매내역을 승인해주는 매매확인시스템의 참가자가 되어야 한다. |
| 권고 3 | 1992년까지 각국은 효율적이고 잘 정비된 예탁결제기관(CSD)을 설립하여, 참가자를 될 수 있는 한 광범위(직접 또는 간접적으로)하게 참가시키는 것을 조직적·제도적으로 추진해야 한다. |
| 권고 4 | 각국은 자국 시장의 거래량이나 참가자의 상황을 조사하여 차감의 도입이 리스크 축소나 효율성의 촉진에 유익한지 여부를 결정해야 한다. 차감이 바람직한 경우에는 1992년까지 실시해야 한다. |
| 권고 5 | 동시결제(DVP)는 모든 증권거래의 결제방법으로서 채택되어야 한다. 동시결제(DVP)는 1992년까지 실행되어야 한다. |
| 권고 6 | 증권거래의 결제 또는 증권의 포트폴리오 서비스와 관련된 대금결제는 모든 상품 또는 시장에서 당일자금(Same Day Funds)에 의하여 이루어져야 한다. |
| 권고 7 | 연속결제방식을 모든 시장에서 채택해야 한다. 최종 결제일은 1992년까지 T+3일로 해야 한다. 1992년까지 T+3일 결제에 지장이 없는 한 중간목표로서 늦어도 1990년까지는 T+5일 결제로 해야 한다. |
| 권고 8 | 증권대차는 증권결제를 신속하게 하는 수단으로 촉진시켜야 한다. 증권대차를 저해하는 규제 및 세제 상의 제약은 1990년까지 제거되어야 한다. |
| 권고 9 | 각국은 국제표준화기구(ISO)에 의하여 개발된 ISO 7775의 증권메시지에 관한 표준을 채택하여야 한다. 특히 적어도 국제거래에 있어서는 ISO 6166에 정해진 국제증권인식코드(ISIN)를 채택하여야 한다. 이 표준화는 1992년까지 이루어져야 한다. |

## 2. 2003년 권고[7]

G-30의 1989년 권고 이후 10년 이상이 경과되면서 국제 간 증권거래가 급속하게 확대되고, 증권결제를 둘러싼 환경이 크게 변화하는 가운데 기술 및 증권시장 하부구조의 변화는 증권결제제도의 중요성을 크게 부각시켰으며 관련 리스크를 더욱 증대시켰다. 요컨대 각국마다 상이한 업무관행, IT, 법규제 등으로 인하여 국제 간 청산·결제의 리스크가 높아지고 비효율이 초래되었다.

이러한 배경 하에 G-30는 2003년 1월 국제 간 청산 및 결제-실행계획(Global Clearing and Settlement-A Plan of Action)을 새롭게 발표하였는데, 이 보고서에는 3개 부분에 걸쳐 20개의 권고사항을 포함하고 있다. 권고안은 주로 국제 증권거래에

7 증권예탁결제원, 증권시장의 청산·결제제도(2006.12), pp. 100~107 참조.

초점을 맞추고 있지만 각국의 증권결제시스템이 향후 나아가야 할 방향을 제시하고 있다는 점에서 의미가 크다고 할 수 있다.

G-30의 2003년 권고내용은 주로 선진국의 시장을 목표로 하고 있으며, 최소한의 국제기준인 기존 권고와 달리 선진 청산·결제시스템이 최소 5~7년에 걸쳐 달성해야 하는 최적 관행(best practice)을 권고하고 있다는 특징이 있다.

또한 과거의 권고들과는 달리 G-30의 2003년 권고에서 새로이 다루고 있는 사항은 다음과 같다. 첫째, 국제간 청산·결제시스템에서 상호 호환성(inter-operability)에 대한 정의, 구체적인 표준의 개발 및 호환성을 달성하기 위한 방안을 제시하고 있다. 둘째, 증권 청산·결제서비스 제공기관과 이용자를 위한 위험관리 방안을 제시하고 있다. 셋째, 차감과 담보계약의 이행 가능성과 관련한 법적위험의 주요 문제점들을 제기하고 있다. 넷째, 미국의 9.11 테러사건으로부터의 교훈을 바탕으로 비즈니스 영속성과 재해복구계획을 위한 높은 표준을 설정하고 있다. 다섯째, 권리행사, 조세감면협약, 외국인 증권소유제한 등 결제 이후의 자산관련 서비스가 중요한 분야로 언급되었다.

한편 G-30는 '국제점검위원회(GMC: Global Monitoring Committee)'를 조직해서 권고안 달성을 점검하였는데, 이 위원회에서는 2005년 4월에 달성상황에 관한 '중간보고서'를, 2006년 5월에는 '최종보고서'를 공표했다.

동 보고서에서는 세계의 15개 시장(북미 2, 유럽 9, 아시아 4)에 관해서 권고의 달성상황을 정리했다. 이것에 따르면, 전체적으로는 상당한 진전이 있었으며, 실물증권의 축소(권고 1), CCP의 이용(권고 6) 등 거의 달성된 항목도 있었다. 그러나 이 보고서는 국제 증권결제의 효율성을 높이기 위해서는 더욱 노력이 필요하다고 언급하고 있다.

특히 국내 수준에서 달성되어 있더라도, 국제 수준에서는 달성되지 않은 항목이 적지 않다고 지적하고 있다. 그러한 항목으로는 메시지 표준(권고 2), 참조데이터(권고 3), 증권대차(권고 7), 자산관리서비스(권고 8), DVP와 결제완결성(권고 11), 공정한 접근성(권고 18) 등을 들 수 있는데, 중장기적인 대응이 필요하다고 지적하고 있다.

**▶▶ 표 3-5 G-30의 2003년 권고안**

| Ⅰ. 강력하고 상호 호환(inter-operability)이 가능한 글로벌 네트워크의 구축 | |
|---|---|
| 권고 1 | 실물증권을 축소하고 통신 및 데이터 수집·생성을 자동화해야 한다. |
| 권고 2 | 메시지표준과 통신 프로토콜을 일치시켜야 한다. |
| 권고 3 | 참조 데이터 표준을 개발하고 실행해야 한다. |
| 권고 4 | 서로 다른 청산·결제시스템과 관련 대금지급·외환시스템 간 시차를 일치시켜야 한다. |
| 권고 5 | 기관투자자의 매매확인을 자동화하고 표준화해야 한다. |
| 권고 6 | CCP의 이용을 확대해야 한다. |
| 권고 7 | 결제를 촉진하기 위하여 증권대차를 허용해야 한다. |
| 권고 8 | 자산관리서비스(권리행사, 조세감면협약 및 외국인의 증권소유제한)를 자동화하고 표준화해야 한다. |
| **Ⅱ. 리스크의 축소** | |
| 권고 9 | 청산·결제서비스 제공기관의 재무적 건전성을 보장해야 한다. |
| 권고 10 | 청산·결제서비스 제공기관 이용자의 위험관리를 강화해야 한다. |
| 권고 11 | 자산 이전의 완결성, 동시성 및 이용가능성을 보장해야 한다. |
| 권고 12 | 실효성이 있는 업무연속계획 및 재해복구계획을 수립해야 한다. |
| 권고 13 | 시스템적으로 중요한 기관의 장애가능성에 대처해야 한다. |
| 권고 14 | 계약의 이행가능성에 대한 평가를 강화해야 한다. |
| 권고 15 | 증권, 대금 및 담보에 관한 권리의 법적 확실성을 향상시켜야 한다. |
| 권고 16 | 향상된 평가방법 및 일괄정산(close-out) 차감협약을 승인하고 지원해야 한다. |
| **Ⅲ. 지배구조의 개선** | |
| 권고 17 | 적절한 경험과 연륜 있는 이사회 구성원의 선임을 보장해야 한다. |
| 권고 18 | 청산·결제 네트워크에 대한 공정한 접근성을 촉진시켜야 한다. |
| 권고 19 | 이해관계자의 이익에 대한 공평하고 효과적인 관심을 보장해야 한다. |
| 권고 20 | 청산·결제 서비스 제공기관에 대한 지속적인 규제와 감시가 이루어져야 한다. |

## 04 BIS(CPSS)-IOSCO의 권고내용

BIS 산하의 CPSS[8](Committee on Payment and Settlement Systems: 지급결제위원회)

8 CPSS는 1990년 G10의 중앙은행이 지급 및 증권 결제에 관한 최신 동향을 모니터·분석하고 정책과제를 검토하기 위하여 설립한 기구로 현재는 23개 중앙은행이 가입하고 있다. 한국은행은 2009년에 가입하였다.

는 지급결제뿐만 아니라 증권결제에 관한 중요한 보고서나 권고를 발표하여 왔다.

즉, CPSS는 1992년 9월에 증권결제시스템에서의 동시결제(Delivery versus Payment in Securities Settlement Systems)를 발표하여 동시결제(DVP) 모델을 제시하였으며, 2001년 1월에는 중요 지급결제시스템의 핵심원칙(CPSIP: Core Principles for Systemically Important Payment Systems)을 발표하였다. 그 이후 CPSS는 2001년 11월에는 IOSCO[9](International Organization of Securities Commissions: 국제증권감독기구)와 공동으로 워킹그룹을 구성하여 증권결제시스템에 관한 권고(Recommendations for Securities Settlement Systems)를 발표한 데 이어, 2004년 11월에는 청산기관(CCP)에 관한 권고(Recommendations for Central Counterparties)를 각각 발표하였다.

그리고 최근 2012년 4월에는 CPSS와 IOSCO가 공동으로 그동안의 지급결제시스템, 증권결제시스템 및 청산기관(CCP)에 관한 3개 기준을 통합·강화한 금융시장 인프라에 관한 원칙(Principles for Financial Market Infrastructures)을 발표하였다.

## 1. 2001년 권고[10]

### 1.1. 개요

CPSS와 IOSCO는 G30, ISSA 등의 기존 권고안이 시대적 흐름을 제대로 반영하지 못하게 되고 새로운 이슈가 발생함에 따라 2001년 11월에 증권결제시스템에 관한 권고(RSSS: Recommendations for Securities Settlement Systems)를 발표하였다. 이는 기존 권고가 민간부문에서 이루어져 온 것에 비해 증권결제시스템의 위험에 대한 인식이 세계적으로 확산되면서 공적부문의 BIS 산하의 CPSS와 IOSCO가 공동 발표했다는 데 의의가 있다.

이 권고에서는 증권결제시스템을 증권거래의 매매확인, 청산, 결제와 증권보관을 위한 제도적 장치를 포함하는 것으로 하여 포괄적으로 정의[11]하고 있다. 그러나

9 IOSCO는 1975년 국제 증권시장의 효율성 및 공정성 제고와 감독기관 간 정보 및 상호협력을 강화하기 위하여 설립된 기구로 현재 115개 기관이 가입되어 있다. 금융위원회와 금융감독원은 1999년에 가입하였다.

10 증권예탁결제원, 증권시장의 청산·결제제도(2006. 12), pp. 94~99 참조.

11 Securities Settlement System ; The full set of institutional arrangements for confirmation, clearance, and settlement of securities trades and safekeeping of securities(Recommendations for Securities Settlement Systems, 2001. 11, p. 48).

이후 청산기관(CCP)에 관한 권고가 별도로 작성되었기 때문에 증권결제시스템에 관한 권고(RSSS)는 사실상 증권결제기관(CSD)을 대상으로 한 권고라고 할 수있다.

### 1.2. 권고내용

증권결제시스템에 관한 권고(RSSS)는 19개 항목으로 구성되어 있으며, 증권결제시스템이 갖추어야 할 최소요건(minimum standards)과 그 실현을 위해 노력해야 하는 최적 업무관행에 관하여 포괄적으로 규정하고 있다.

그 주요 내용으로는 법적위험(권고 1), 결제전 위험(권고 2~5), 결제위험(권고 6~10), 운영위험(권고 11), 보관위험(권고 12), 증권결제시스템에 관한 제도적인 결정(권고 13~18), 증권결제기관 간의 국제연계(권고 19) 등이 있다.

이 권고의 특징은 과거 G-30(1989) 등에서 주로 논의되어 온 내용 외에 법적구조, 투명성, 시스템에의 참가, 지배구조 및 감시에 관한 사항 등의 새로운 이슈들과 함께 국제 간 거래에 따른 결제문제의 중요성을 부각하였다는 점이다. 또한 각국에 적용되는 획일적인 권고 대신 각국 시장제도의 다양성을 고려하여 업무처리기관 중심이 아니라 업무처리기능 자체에 초점을 맞춰 권고사항을 제시하였다는 점도 주목할 만하다.

지금까지 지침이 되어 온 G-30, ISSA 권고와 동 권고를 비교하면 19개 항목 중에서 9개 항목이 ISSA의 1995년 권고와 공통인 반면, 나머지 10개 항목은 신규항목으로 ISSA의 1995년 권고보다 폭넓은 내용을 권고하고 있다. 특히 지배구조, 참가기준, 효율성, 투명성 등 증권결제에 관한 제도적인 결정에 대해 폭넓게 규정하고 있다. 또한 법적구조의 명확화, 감독이나 감시에 관하여 규정하고 있다는 특징도 가지고 있다.

한편 ISSA의 1995년 권고와 공통인 항목에 관해서도 집중거래상대방(CCP)의 개념을 명시(권고 4), 증권결제기관(CSD)의 위험관리에 관해 자세히 규정(권고 9)하는 등 한층 깊이 있는 내용으로 구성되어 있다.

▶▶ 표 3-6 BIS(CPSS)-IOSCO의 2001년 권고

| | |
|---|---|
| 권고 1 | (법적구조) 증권결제시스템은 해당 사법관할권 내에 잘 수립된, 명확하고 투명한 법적근거를 가지고 있어야 한다. |
| 권고 2 | (매매확인) 직접 시장참가자 간 매매확인은 매매체결 후 가능한 한 신속히 이루어져야 하며 거래일(T+0)을 넘겨서는 안 된다. 기관투자자 등 간접 시장참가자의 매매확인은 가능한 한 T+0일 내에 이루어지는 것이 바람직하며, 늦어도 T+1일까지는 이루어져야 한다. |
| 권고 3 | (결제주기) 모든 증권시장에서 연속결제가 채택되어야 한다. 최종결제는 늦어도 T+3일 이내에 이루어져야 하며, T+3일 이하로 결제주기를 단축시키고자 하는 경우에는 그에 따른 편익과 비용이 평가되어야 한다. |
| 권고 4 | (집중거래상대방(CCP)) CCP의 도입시 편익과 비용이 평가되어야 한다. CCP를 도입하는 경우에는 CCP가 부담하게 되는 위험을 엄격하게 통제할 수 있어야 한다. |
| 권고 5 | (증권대여) 증권대차(또는 RP거래나 경제적으로 유사한 거래)는 증권거래의 결제를 촉진시키는 방법으로 권장되어야 한다. 결제를 촉진하기 위한 증권대여를 저해하는 요인은 제거되어야 한다. |
| 권고 6 | (증권결제기관(CSD)) 증권은 가능한 한 부동화 또는 무권화되어야 하며, 가능한 한 CSD의 계좌대체방식으로 이전이 이루어져야 한다. |
| 권고 7 | (동시결제(DVP)) CSD는 동시결제(DVP)를 달성할 수 있도록 증권대체시스템을 대금이체시스템과 연계함으로써 원본위험을 제거하여야 한다. |
| 권고 8 | (결제완결성의 시기) 결제완결은 늦어도 결제당일 업무 종료시까지는 이루어져야 한다. 결제위험 감소를 위해 필요한 경우에는 일중 수회 또는 실시간 방식으로 결제가 완결되어야 한다. |
| 권고 9 | (참가자의 결제불이행에 대비한 CSD의 위험관리) 차감결제시스템을 운영하는 CSD와 참가자에게 일중 신용을 공여하는 CSD는 최대 결제채무를 지닌 참가자가 결제불이행을 하는 경우에도 최소한 적시 결제를 보장하는 위험관리장치를 갖추어야 한다. 가장 신뢰할 만한 위험관리장치는 담보와 한도설정을 조합하는 것이다. |
| 권고 10 | (대금결제자산) 증권거래로부터 발생하는 최종 지급채무를 결제하기 위해 사용되는 자산은 신용위험과 유동성위험이 없어야 한다. 중앙은행 자금을 이용하지 않는 경우에는 대금결제은행의 실패에 따른 잠재적 손실과 유동성 압박으로부터 CSD 회원들을 보호하기 위한 조치가 취해져야 한다. |
| 권고 11 | (운영의 신뢰성) 청산 및 결제과정에서 발생하는 운영위험의 원인을 확인하고, 이에 대응하는 적절한 시스템, 위험관리장치 및 운영방안 등을 마련함으로써 위험을 최소화하여야 한다. 시스템은 신뢰할 수 있고 안전해야 하며, 적절하고 확장 가능한 용량을 보유하고 있어야 한다. 또한, 시의 적절하게 업무를 복구하고 결제과정을 원활히 종료할 수 있도록 비상계획과 백업시설을 구축하여야 한다. |
| 권고 12 | (고객증권의 보호) 증권보관기관은 고객증권을 충분하게 보호할 수 있는 회계처리실무와 안전보관장치를 채택하여야 한다. 보관기관 채권자의 청구권으로부터 고객증권이 보호되는 것은 필수적이다. |
| 권고 13 | (지배구조) CSD와 CCP의 지배구조는 공공의 요구사항을 충족시키고 소유자와 이용자의 목적을 향상시킬 수 있도록 설계되어야 한다. |
| 권고 14 | (참가기준) CSD와 CCP는 참가자에게 공정하고 개방적인 참가를 허용하는 객관적이고 공개된 참가기준을 제공하여야 한다. |
| 권고 15 | (효율성) 증권결제시스템은 안전하게 운영되어야 하며, 이용자의 요구를 충족시킬 수 있도록 비용 대비 효율적이어야 한다. |

| | |
|---|---|
| 권고 16 | (통신절차와 표준) 증권결제시스템은 국제 간 거래의 효율적인 결제를 촉진할 수 있도록 적절한 국제통신절차와 표준을 이용하거나 채택하여야 한다. |
| 권고 17 | (투명성) CSD와 CCP는 참가자에게 CSD와 CCP 서비스 이용과 관련된 위험과 비용을 정확히 인식하고 평가할 수 있도록 충분한 정보를 제공하여야 한다. |
| 권고 18 | (규제와 감시) 증권결제시스템은 투명하고 효과적인 규제와 감시를 받아야 한다. 중앙은행과 증권감독기관은 상호 간 그리고 다른 관련 기관과도 협조체제를 유지하여야 한다. |
| 권고 19 | (국제간 연계의 위험) CSD가 국제 간 증권거래를 결제하기 위한 연계를 구축하는 경우에는 국제 간 증권거래에 수반되는 위험을 효과적으로 축소할 수 있도록 설계하고 운영하여야 한다. |

### 1.3. 평가방법

CPSS와 IOSCO는 2002년 1월 증권결제시스템에 관한 권고의 평가방법[12]을 발표하였다. 이 평가방법은 19개의 권고에 관해서 각각 ① 준수하고 있다(observed), ② 거의 준수하고 있다(broadly observed), ③ 일부 준수하고 있다(partly observed), ④ 준수하고 있지 않다(non-observed), ⑤ 해당하지 않는다(not applicable)의 5단계로 평가를 설정하고 평가의 포인트를 해설한 것이다.

이는 각국의 증권결제기관이 자율적으로 자체평가(self-assessment)를 공표하도록 장려하고 감독당국에서도 이 항목에 따라 평가하도록 하고 있다. 더욱이 IMF 및 세계은행(World Bank)도 금융부문 평가 프로그램[13](FSAP: Financial Sector Assessment Program)에서 이 평가방법을 가이드라인으로 따르도록 하였다.

## 2. 2004년 권고

### 2.1. 개요

CPSS와 IOSCO는 청산기관(CCP)의 설립이 증권시장에서 확산되고 증권결제에서 그 역할이 중요해짐에 따라 청산기관(CCP)의 리스크 관리를 위한 국제적 기준이 필요하다고 인식하였다. 이에 CPSS와 IOSCO는 2004년 11월에 청산기관(CCP)에

12 Assessment methodology for 'Recommendations for Securities Settlement Systems'

13 금융부문 평가 프로그램(FSAP)은 IMF와 세계은행이 공동주관으로 회원국 금융시스템 전반의 안정성에 대한 평가보고서를 작성하는 프로그램으로 1999년 5월에 도입되어 5년에 한 번씩 25개 회원국을 대상으로 금융시스템의 취약점을 조기진단하고 적절한 대응을 통해 위기를 예방하는 것을 목적으로 하고 있다.

관한 권고(RCCP: Recommendation for Central Counterparties)를 발표하였다.

CCP(Central Counterparties)는 증권거래에서 거래당사자 사이에 개입하여 모든 매도자에게는 매수자가 되고, 모든 매수자에게는 매도자가 되는 기관[14]을 말한다. 이에 따라 거래당사자에게는 익명성을 제공하고 거래상대방위험(counterparty risk)을 제거하여 시장 유동성을 증대시킨다. 반면, 리스크가 청산기관(CCP)에게 집중되기 때문에 청산기관(CCP)은 거래당사자가 불이행하더라도 결제를 원활하게 종료시키고 건전성을 유지하기 위해 엄격한 리스크 관리대책이 필요하게 되었다.

따라서, 청산기관(CCP)에 관한 권고(RCCP)는 청산기관(CCP)의 위험관리에 관한 세부적이고 포괄적인 지침을 제공하고 있다. 또한 이 권고는 청산기관(CCP)과 관련된 여러 가지의 이슈들 중 RSSS에서 소개되었던 지배구조·투명성·규제 및 감독 등을 다루고 있으며, 새로운 권고안들의 구체적인 내용들을 재검토·보완하고 있다.

### 2.2. 권고내용

15개 항목으로 구성되어 있으며, 청산기관(CCP)이 갖추어야 할 최소요건(minimum standards)으로서 위험관리에 관한 세부적이고 포괄적인 내용을 규정하고 있다.

그 주요 내용으로는 법적위험(권고 1), 위험관리대책(권고 2~5), 불이행처리절차(권고 6), 결제위험(권고 7~10), 청산기관(CCP) 간 연계(권고 11), 청산기관(CCP)에 관한 제도적 결정(권고 12~15) 등이 있다.

이 권고의 특징은 참가자의 불이행에 대비한 세부적이고 포괄적인 위험관리대책을 포함하고 있다는 것이다. 즉, 청산기관(CCP)은 참가자에게 엄격한 참가요건(권고 2)을 요구하고, 청산기관(CCP)의 신용노출규모의 측정 및 관리 방법(권고 3)을 정하고 있다. 또한 참가자의 불이행에 대비한 증거금 요건(권고 4), 재무요건(권고 5) 등을 정하고 있다.

이와 함께 청산기관(CCP)에 관한 권고(RCCP) 중 일부는 기존의 증권결제시스템에 관한 권고(RSSS)의 내용도 따르고 있다. 법적위험(권고 1), 운영위험(권고 8), 효율성(권고 12), 지배구조(권고 13), 투명성(권고 14), 규제 및 감시(권고 15) 등이 이에 해당된다.

---

14 Central Counterparty: An entity that interposes itself between counterparties to contracts traded in one or more financial markets, becoming the buyer to every seller and the seller to every buyer(Recommendations for Central Counterparties, 2004. 11, p. 64).

▶▶ 표 3-7 BIS(CPSS)-IOSCO의 2004년 권고

| | |
|---|---|
| 권고 1 | (법적위험) CCP는 모든 관련 사법관할 내에서 자신의 모든 업무에 관한 정립되고, 투명하고, 이행 강제력이 있는 법적구조를 갖추어야 한다. |
| 권고 2 | (참가요건) CCP는 참가자에게 참가에 따른 의무를 이행할 수 있는 충분한 재원과 엄격한 운영 능력을 보유하도록 요구하여야 한다. CCP는 참가요건이 충족되는지 여부를 지속적으로 모니터링 하는 절차를 마련하여야 한다. CCP의 참가요건은 객관적이고 공개되며 공정한 접근이 허용되어야 한다. |
| 권고 3 | (신용노출의 측정 및 관리) CCP는 자신의 신용노출규모를 최소한 매일 측정하여야 한다. CCP는 증거금, 다른 위험관리장치, 또는 양자 모두를 통해서 정상적인 시장 상황 하에서 참가자의 결제불이행이 발생하더라도 자신이 부담하여야 할 잠재적인 손실규모를 제한하여야 한다. 이를 통해서 CCP의 운영은 중단되어서는 아니 되며, 결제불이행 회원 이외의 회원들은 그들이 예상할 수 없거나 또는 통제할 수 없는 손실에 노출되지 않도록 하여야 한다. |
| 권고 4 | (증거금 요건) CCP가 참가자로 인한 신용노출을 제한하기 위해 증거금을 활용한다면, 증거금 요구액은 정상적인 시장상황 하에서 잠재적 손실을 충분히 충당할 수 있도록 하여야 한다. 증거금 요구액을 정하는 데 사용된 모델 및 파라미터 등은 위험을 기초로 작성되고 정기적으로 점검되어야 한다. |
| 권고 5 | (재원) CCP는 최대의 위험노출을 가진 한 참가자에 의한 결제불이행을 견뎌 낼 수 있도록 충분한 재원을 유지하여야 한다. |
| 권고 6 | (결제불이행 처리절차) CCP의 결제불이행 처리절차는 명확하게 규정되어야 한다. 동 절차는 CCP가 손실 및 유동성 압박을 통제하면서 CCP로서의 의무를 이행하는 데 필요한 적절한 조치를 포함하여야 한다. 결제불이행 처리절차의 중요 내용들은 모두가 이용할 수 있어야 한다. |
| 권고 7 | (보관 및 투자 위험) CCP는 원금손실 없이 즉시 인출할 수 있는 방법으로 자산을 보관하여야 한다. CCP에 의해 투자된 자산은 신용위험, 시장위험 및 유동성위험이 최소인 금융상품이어야 한다. |
| 권고 8 | (운영위험) CCP는 운영위험의 요인을 인식하고 적절한 시스템, 통제수단 및 업무처리절차를 개발하여 이를 최소화시켜야 한다. 시스템은 신뢰할 수 있고 안전하여야 하며 충분한 용량을 보유하여야 한다. 업무연속성계획(BCP)은 CCP로서의 의무 완수와 운영시스템의 적시 복구를 고려하여 마련하여야 한다. |
| 권고 9 | (대금결제) CCP는 대금결제은행의 위험을 엄격히 제한하거나 제거할 수 있는 대금결제제도를 채택하여야 한다. CCP로의 대금 이체는 실행되었을 때 결제완결성이 보장되어야 한다. |
| 권고 10 | (실물인도) CCP는 실물인수와 관련하여 의무를 명확히 정의하여야 한다. 이러한 의무로부터의 위험은 인식되고 관리되어야 한다. |
| 권고 11 | (CCP 연계에 따른 리스크) CCP는 매매거래의 청산을 위해 국내 또는 해외에 연계될 때 발생가능한 위험의 원천을 평가하여야 하며, 위험이 신중하게 지속적으로 관리될 수 있도록 하여야 한다. 관련 규제 및 감독당국 간 협력을 위한 체제가 구축되어야 한다. |
| 권고 12 | (효율성) CCP가 안전하게 운영되어야 하는 반면, 이용자 요구사항을 충족시키는 데 있어 비용대비 효과적이어야 한다. |
| 권고 13 | (지배구조) CCP의 지배구조는 소유자와 이용자의 목적을 지원하고 공익을 수행하기 위하여 효과적이고 명확하며 투명하여야 한다. 특히 CCP의 위험관리절차의 효과성을 제고할 수 있어야 한다. |
| 권고 14 | (투명성) CCP는 참가자들이 CCP가 제공하는 서비스를 이용하는 경우 부담하게 되는 리스크와 비용을 정확하게 인식하고 평가하도록 충분한 정보를 제공하여야 한다. |
| 권고 15 | (규제 및 감시) CCP는 투명하고 효과적인 규제와 감시를 받아야 한다. 국내외 문제에 있어서 중앙은행과 증권감독기관은 상호 간 및 다른 관계 당국과 협조하여야 한다. |

### 2.3. 평가방법[15]

CPSS와 IOSCO의 청산기관(CCP)에 관한 권고는 권고 내용과 함께 평가방법도 포함하고 있다는 특징이 있다. 15개의 각 권고를 각각 5개의 평가 범주와 평가포인트로 명시하고 있는 점은 증권결제시스템을 위한 권고(RSSS)의 평가방법과 유사하다.

또한 청산기관이 우선 자기평가(self-assessment)를 하고, 그것을 공표하는 것이 장려되고 있으며, 감독당국이나 국제기관이 이 권고를 이용해서 청산기관을 평가한다는 점도 증권결제시스템을 위한 권고(RSSS)와 유사하다.

이 권고도 국제적으로 청산기관(CCP)의 리스크관리에 대한 국제 기준으로 인식되고 있다. 따라서 청산기관(CCP)은 ① 자율적으로 자기평가를 공표하는 동시에, ② 미달성의 항목에 관해서는 권고 내용을 충족시키고 리스크관리를 개선해 나가기 위해 노력하여 왔다.

## 3. 2012년 권고

### 3.1. 개요

2008년 리먼 브라더스의 파산으로 시작된 글로벌 금융위기는 전 세계 금융시장을 혼란에 빠뜨리고 나아가 실물경제의 위기로까지 확대되어 최근까지도 세계 경제가 몸살을 앓고 있다. 이러한 글로벌 금융위기 이후 주요국의 금융시장 인프라(FMI: Financial Market Infrastructure)는 대체로 원활하게 작동하였음에도 불구하고 FMI가 감수해야 할 위험이 노출되었다.

이에 따라 위험을 관리하기 위한 시스템의 정비와 감독체계의 변화에 대한 필요성이 부각되었다. 또한 국제적으로 장외파생상품시장의 인프라 확충이 필요하다는 인식이 확산되면서 시장 충격의 국제적 파급 경로를 제어할 필요성이 제기되었다.

이와 같은 상황에서 CPSS와 IOSCO는 2010년 3월부터 글로벌 금융위기 이후 FMI의 위기대응능력 및 위험관리기준을 강화하고 장외파생상품시장의 CCP 이용 의무화 등 금융환경 변화를 반영할 필요가 있었다. 그리고 이를 위해 중요 지급결제시

15 證券決済システムのすべて(第2版)/中島眞志·宿輪純一 [共著] (2008. 5)

스템에 관한 원칙(CPSIPS: Core Principles for Systemically Important Payment Systems), 증권결제시스템에 관한 권고(RSSS: Recommendations for Securities Settlement Systems) 및 청산기관에 관한 권고(RCCP: Recommendations for Central Counterparties)를 통합·강화하여 금융시장 인프라에 관한 원칙(PFMIs: Principles for Financial Market Infrastructures)을 발표하였다.

새로운 기준의 적용 대상인 FMI는 시스템적으로 중요한 지급결제시스템(SIPS), 증권결제기관(CSD), 청산기관(CCP), 증권결제시스템(SSS), 거래정보저장소(TR: Trade Repository)이다. 이러한 FMI의 위험이 적절하게 관리되지 못할 경우에는 유동성 부족, 신용손실과 같은 금융충격의 원인이 되거나, 이러한 충격을 국내·외 금융시장으로 파급시키는 주요 경로가 될 수 있다. 따라서 이러한 위험을 관리하기 위한 새로운 국제기준의 제정이 필요하게 되었다.

새로운 PFMIs는 조약과 달리 각 회원국의 의무 준수사항은 아니다. 그러나 IMF 및 세계은행(World Bank)의 FSAP 등 국제기구 및 주요국에서 FMI에 대한 평가나 감독시 모범규준으로 폭넓게 활용될 것으로 예상된다.

### 3.2. 권고내용[16]

PFMIs는 FMI가 준수해야 할 24개 원칙과 규제당국 및 중앙은행의 책무로 구성되어 있다. 새롭게 제정된 PFMIs는 FMI의 신용위험, 유동성위험 및 운영위험 등에 관한 기존 원칙을 강화하였으며, 일반사업위험, FMI 간 연계 등에 관한 원칙을 신규로 추가하였다. 또한 FMI의 범위에 거래정보저장소(TR)도 포함하여 전체적으로 FMI의 안전성과 효율성 강화를 도모하였다.

PFMIs에서는 기존보다 강화된 원칙을 포함하고 있는데 그 주요 내용은 다음과 같다.

첫째, FMI는 신용위험에 대비한 결제이행재원을 확충하여 안정성을 제고하도록 하였다. FMI는 참가자에 대한 현재 및 잠재적 미래 익스포저(exposure)를 참가자가 사전 납입하는 증거금, 담보 등으로 완전히(100%) 커버해야 하고, 공동기금(default fund)을 적정하게 확보하여 결제이행능력을 제고하여야 한다. 특히 CCP는 상기 재

16 한국은행, 2011년도 지급결제보고서, pp. 53~55 참조.

무자원 이외에도 1개 또는 2개[17] 최대 채무 참가자와 관계회사의 결제불이행을 감당할 수 있는 추가적인 재무자원을 확보하여야 한다.

둘째, 유동성위험과 관련해서 FMI가 1개 또는 2개의 최대 채무 참가자와 관계회사의 결제불이행시에도 일중 적시에 결제를 완료할 수 있을 만큼 충분한 유동자산을 보유하도록 권고하였다. 다만 CCP가 파산 참가자의 결제불이행 자금 및 거래증권을 결제 이행하기 위해서는 CCP의 필요 유동성 조달부담이 크게 늘어나는 점을 고려하였다. 즉, 2개 최대 채무 참가자의 결제불이행에 대비하는 것을 의무 이행사항이 아닌 권고사항으로 두었다.

셋째, 신용 및 유동성위험에 대비한 적정 결제이행재원의 산출을 위해 FMI는 극단적이지만 발생 가능한(extreme but plausible) 시나리오를 설정하고 정기적으로 스트레스 테스트를 실시하도록 하는 등의 계량분석 기준도 강화하였다.

넷째, 운영위험에 대응하여 FMI는 주 전산센터와 지리적으로 떨어진 곳에 위치한 백업센터 간 자료복구 기능을 완비하고 재해복구 목표시간을 2시간으로 설정하였다. 아울러, 백업 시스템이 즉시 가동되어 극단적 상황 하에서도 당일 내 결제를 종료할 수 있도록 업무연속체제를 정비하도록 하였다.

다섯째, CCP는 고객자산 보호를 위해 참가기관 고객자산(증거금, 담보증권 등)을 분리 관리하고 금융기관 파산시 해당 자산을 안전한 금융기관으로 신속히 이관하기 위한 절차 및 규정을 강화하도록 하였다.

또한 PFMIs에는 새로운 원칙이 신규로 추가되었는데 그 주요 내용은 다음과 같다.

첫째, 일반사업위험에 대비해서 FMI가 경영전략의 실패나 시스템 장애 등에 따라 발생하는 영업손실을 자기자본으로 충당할 수 있도록 하였다. 이를 위해 6개월 운영비용 수준의 자기자본을 고신용·고유동 자산으로 보유하고 손실이 지속되는 경우 단계적으로 FMI 서비스를 줄여나가도록 하였다.

둘째, FMI는 계층적 참가제도로부터 발생하는 잠재적 위험을 식별하고 이해하며 관리하도록 하였다. 또한, 간접참가자에 대한 자료수집, 상호의존성 확인 등을 통해 위험관리를 강화하도록 하였다.

셋째, 거래정보저장소(TR)는 관계당국과 일반대중 각각에 대하여 시장투명성을 제고하고 기타 공공정책 목적에 부합하도록 충분히 포괄적이고 상세한 데이터를

17 시스템적으로 중요한 CCP는 Cover2(2개 최대 채무 참가자의 결제불이행에 대비)를, 그 외 CCP는 Cover1(1개 최대 채무 참가자의 결제불이행에 대비)을 적용한다.

충분히 제공하도록 하였다.

▶▶ 표 3-8 BIS(CPSS)-IOSCO의 2012년 원칙

| 구분 | 내용 | SIPS | CSD SSS | CCP | TR |
|---|---|---|---|---|---|
| 원칙 1 | (법적기반) FMI는 관련된 사법권역 내의 모든 업무의 중요측면에 대하여 확고하고, 명확하며, 투명하고, 집행가능한 법적기반을 갖추어야 한다. | ● | ● | ● | ● |
| 원칙 2 | (지배구조) FMI는 명확하고 투명하며, FMI의 안전성과 효율성을 촉진하고, 금융시스템 전반의 안정, 기타 관련된 공익적 고려사항 및 이해당사자의 목적을 뒷받침하는 지배구조 체계를 갖추어야 한다. | ● | ● | ● | ● |
| 원칙 3 | (종합적 위험관리체계) FMI는 법률, 신용, 유동성, 운영 및 기타 위험을 종합적으로 관리할 수 있는 견고한 위험관리체계를 갖추어야 한다. | ● | ● | ● | ● |
| 원칙 4 | (신용위험) FMI는 참가자에 대한 신용익스포저와 지급, 청산 및 결제과정에서 발생하는 신용익스포저를 효과적으로 측정, 모니터링 및 관리해야 한다. FMI는 각 참가자에 대한 신용익스포저를 높은 신뢰수준으로 충분히 커버할 수 있을 만큼의 재무자원을 유지해야 한다. 그리고 좀 더 복잡한 리스크 프로파일을 가진 업무를 수행하거나, 복수의 사법권역에서 구조적으로 중요한 CCP는 광범위한 잠재적 스트레스 시나리오를 커버할 수 있는 충분한 재무자원을 유지해야 하는데 이 시나리오는 극단적이지만 발생 가능한 시장상황에서 CCP에게 최대의 신용익스포저를 일으킬 수 있는 최소한 둘 이상의 참가자 및 그 관계사의 채무불이행이 발생할 경우를 포함해야 한다. 그 외의 CCP는 극단적이지만 발생 가능한 시장상황에서 최대의 신용익스포저를 일으킬 수 있는 최소한 하나 이상의 참가자 및 그 관계사의 채무불이행이 발생할 경우에 대비한 스트레스 시나리오를 충분히 커버할 수 있는 추가적 재무자원을 유지해야 한다. | ● | ● | ● | |
| 원칙 5 | (담보) FMI는 자신 또는 참가자의 신용익스포저를 관리하기 위하여 담보를 요구하는 경우 신용, 유동성 및 시장리스크가 낮은 담보를 수용해야 한다. FMI는 또한 적절하게 보수적인 담보인정비율과 집중한도를 설정하여 시행해야 한다. | ● | ● | ● | |
| 원칙 6 | (증거금) CCP는 위험에 기반하고 정기적으로 점검되는, 효율적인 증거금제도를 통해, 모든 상품에 관하여 참가자에 대한 신용익스포저를 커버해야 한다. | | | ● | |
| 원칙 7 | (유동성위험) FMI는 유동성위험을 효과적으로 측정, 모니터링 및 관리하여야 한다. FMI는 광범위한 잠재적 스트레스 시나리오 하에서 높은 신뢰수준으로 지급채무를 당일 또는 필요시 일중결제 또는 수일에 걸쳐 결제할 수 있을 만큼 충분한 유동자원을 모든 대상 통화로 유지해야 한다. 상기 시나리오는 극단적이지만 발생 가능한 시장상황에서 최대의 총 유동성 채무를 발생시킬 수 있는 최소한 하나 이상의 참가자 및 그 관련회사의 채무불이행 등을 포함한다. | ● | ● | ● | |

| | | | | | |
|---|---|---|---|---|---|
| 원칙 8 | (결제완결성) FMI는 늦어도 결제일 종료시점까지 명확하고 확실하게 최종 결제처리를 완료해야 하며, 필요한 경우(또는 바람직한 경우)에는 일중 또는 실시간으로 최종 결제처리를 해야 한다. | ● | ● | ● | |
| 원칙 9 | (대금결제) FMI는 실질적으로 이용 가능한 경우 중앙은행자금으로 대금결제를 이행해야 한다. 만약 중앙은행자금을 사용하지 않는 경우, 상업은행자금의 사용으로 인해 발생할 수 있는 신용 및 유동성위험을 최소화하고 엄격히 통제해야 한다. | ● | ● | ● | |
| 원칙 10 | (실물인도) FMI는 실물증권 또는 상품의 인수도에 관한 자신의 의무를 명시하여야 하며, 그러한 실물 인도와 관련된 위험을 식별, 모니터링 및 관리하여야 한다. | | ● | ● | |
| 원칙 11 | (중앙예탁기관) CSD는 증권발행의 완결성을 보장하고 증권의 보관 및 이전과 관련된 리스크를 최소화하고 관리하기 위해 적절한 규정과 절차를 갖추어야 한다. 또한 CSD는 장부 상 기재에 의한 이체를 위해 증권을 부동화 또는 무권화된 형태로 관리해야 한다. | | ● | | |
| 원칙 12 | (가치교환형 결제시스템) FMI는 2개의 연결되어 있는 채무의 결제를 수반하는 거래(예를 들어, 증권 또는 외환거래)를 결제하는 경우 한 채무의 최종결제를 다른 채무 최종결제의 전제조건으로 하여 원본위험을 제거해야 한다. | ● | ● | ● | |
| 원칙 13 | (참가자 채무불이행 규정 및 절차) FMI는 참가자의 채무불이행을 관리할 수 있는 효과적이고 명확한 규정과 절차를 갖추어야 한다. 이러한 규정과 절차는 FMI가 참가자 결제불이행에 따른 손실 및 유동성 경색을 억제하고, 채무이행을 지속하기 위한 적시조치를 취할 수 있도록 구성되어야 한다. | ● | ● | ● | |
| 원칙 14 | (분리관리 및 계정이관) CCP는 참가자의 고객분 포지션 및 그 포지션과 관련하여 CCP에 제공한 담보에 대하여 분리관리와 계정이관을 가능하게 하는 규정과 절차를 갖추어야 한다. | | | ● | |
| 원칙 15 | (일반사업위험) FMI는 일반사업위험을 식별, 모니터링 및 관리해야 하며, 지속기업으로서 일반사업관련 손실이 실체화되더라도 영업 및 서비스가 지속될 수 있도록 잠재적 일반사업 손실을 커버하기에 충분한, 자기자본(주식)으로 조달되는 순유동성자산을 보유해야 한다. 그리고 순유동성자산은 중요한 업무 및 서비스의 재개 또는 단계적 축소를 보장하는 데 항상 충분해야 한다. | ● | ● | ● | ● |
| 원칙 16 | (보관 및 투자 위험) FMI는 자기자산과 참가자자산을 안전하게 보호하고 해당자산의 손실 또는 접근지연 위험을 최소화해야 한다. FMI는 신용, 시장 및 유동성위험이 최소화된 금융상품에만 투자해야 한다. | ● | ● | ● | |
| 원칙 17 | (운영위험) FMI는 운영위험을 초래할 수 있는 내·외부의 모든 원인을 식별하고 적절한 시스템, 정책, 절차 및 통제수단을 채택하여 그 영향을 최소화하여야 한다. 시스템은 고도의 안전성 및 운영면의 신뢰성을 확보해야 하고, 적절하며 확장 가능한 처리 능력을 갖추고 있어야 한다. 업무지속계획은 광범위한 장애발생시를 포함하여 운영의 적시 복구 및 FMI의 의무이행을 목표로 해야 한다. | ● | ● | ● | ● |

| | | | | | |
|---|---|---|---|---|---|
| 원칙 18 | (접근 및 참가요건) FMI는 공정하고 개방적인 접근을 허용하는 객관적이고, 위험에 기반하며, 공개된 참가요건을 갖추어야 한다. | ● | ● | ● | ● |
| 원칙 19 | (계층적 참가제도) FMI는 계층적 참가제도로부터 발생하는 주요 위험을 식별, 모니터링 및 관리해야 한다. | ● | ● | ● | ● |
| 원칙 20 | (FMI 연계) FMI는 단독 또는 복수의 FMI와 연계관계를 구축하고 있는 경우, 동 연계와 관련된 위험을 식별, 모니터링 및 관리해야 한다. | | ● | ● | ● |
| 원칙 21 | (효율성 및 실효성) FMI는 그 참가자와 업무를 제공하는 시장의 요구조건을 충족할 수 있도록 효율성과 실효성을 갖추어야 한다. | ● | ● | ● | ● |
| 원칙 22 | (통신절차 및 표준) FMI는 시스템에 걸쳐 효율적인 기록, 지급, 청산 및 결제를 촉진하기 위해 국제적으로 통용되는 통신절차 및 표준을 사용하거나 최소한 이에 부합해야 한다. | ● | ● | ● | ● |
| 원칙 23 | (규정, 주요 절차 및 시장 데이터의 공개) FMI는 명확하고 포괄적인 규정과 절차를 구비하여야 하며 참가자가 FMI에 참가함으로 인해 발생할 수 있는 위험, 수수료, 기타 비용을 정확하게 이해할 수 있도록 충분한 정보를 제공해야 한다. 모든 관련 규정 및 주요절차는 공개되어야 한다. | ● | ● | ● | ● |
| 원칙 24 | (TR에 의한 시장데이터의 공개) TR은 관계당국과 일반대중에게 각각의 수요에 맞게 적시에 정확한 데이터를 제공하여야 한다. | | | | ● |
| 책무 A | (FMI의 규제, 감독 및 감시) FMI는 중앙은행, 시장감독자 또는 기타 관계당국에 의해 적절하고 실효성 있는 규제, 감독 및 감시를 받아야 한다. | | | | |
| 책무 B | (규제, 감독 및 감시의 권한과 자원) 중앙은행, 시장감독자 및 기타 관계당국은 FMI를 규제, 감독 및 감시함에 있어 그들의 책무를 실효성 있게 수행하기 위한 권한과 자원을 구비하여야 한다. | | | | |
| 책무 C | (FMI에 관한 정책의 공개) 중앙은행, 시장감독자 및 기타 관계당국은 FMI에 대한 규제, 감독, 감시의 방침을 명확하게 정의하고 공개해야 한다. | | | | |
| 책무 D | (FMI에 관한 원칙의 적용) 중앙은행, 시장감독자 및 기타 관계당국은 CPSS-IOSCO 원칙을 채택하고 이를 일관성 있게 적용해야 한다. | | | | |
| 책무 E | (다른 당국과의 협력) 중앙은행, 시장감독자 및 기타 관계당국은 FMI의 안전성 및 효율성을 촉진하기 위해 적절하게 국내 및 국제적으로 상호 협력해야 한다. | | | | |

### 3.3. 이행일정 및 절차

CPSS와 IOSCO는 2012년 4월 PFMIs 최종본 발표시 함께 발표된 FMI의 자체 공개지침(Disclosure Framework) 및 감시·감독당국의 평가방법론(Assessment

Methodology) 잠정안에 대해서는 2012년 6월까지 시장의견을 수렴하였다. 이 잠정안들은 2012년 말까지 최종 확정될 예정이다.

자체 공개지침은 FMI운영의 투명성을 제고하기 위해, 사용자 및 관계 당국에게 FMI의 지배구조, 운영, 위험관리 등을 자체적으로 공개하는 지침을 제시하고 있다. 그리고 평가방법론은 IMF와 세계은행이 추진하는 금융부문 평가 프로그램(FSAP: Financial Sector Assessment Program)의 일환으로 FMI에 대한 평가시 필요한 착안사항을 제시하고 있다. 또한 CCP에 대한 자본부과 등 BaselⅢ 관련 이슈들에 대해서는 CPSS-IOSCO가 바젤은행감독위원회(BCBS: Basel Committee on Banking Supervision), 세계금융제도위원회(CGFS: Committee on the Global Financial System) 등과 협의하여 의견을 조율해 나갈 방침이다.

현재 전세계 주요국은 G-30 및 금융안정위원회(FSB: Financial Stability Board)의 권고에 따라 PFMIs에서 정한 필요사항을 2012년 말까지 자국 법규에 반영하고 가급적 조속한 시일 내에 이행한다는 목표를 잠정 설정하고 있다. PFMIs는 향후 IMF 등 각종 국제기구 및 주요국에서 FMI에 대한 규제·감시업무 수행의 객관적인 지표로 활용될 예정이다.

## CESR/ESCB의 표준내용 05

유럽증권규제위원회(CESR: The Committee of European Securities Regulations)와 유럽중앙은행연합(ECB: European Central Bank)은 2004년 9월 'EU의 유가증권 청산·결제 표준(Standards for Securities Clearing & Settlement in the European Union)'을 발표하였다. 이 표준안은 새로운 내용이 논의된 것은 아니고, BIS(CPSS)-IOSCO의 2001년 증권결제시스템에 관한 권고의 내용을 그대로 채용한 것이다.

이 표준안은 BIS(CPSS)-IOSCO 권고안 원문에다 자구를 수정, 삭제, 삽입하는 등의 표시를 함으로써 마치 원고를 교정하는 것과 같은 방식으로 작성된 것이 특징이다. 이 표준안은 CESR과 ESCB 및 BIS(CPSS)-IOSCO 권고의 채용과 함께 각 '권고(recommendation)'를 '표준(standard)'으로 변경·확정하여 이행 강제력 및 실효성 확보를 목표로 하고 있다.

증권 청산·결제시스템에 대한 기존의 G-30, ISSA, BIS(CPSS)−IOSCO 권고 등 수많은 발표들이 있었다. 그럼에도 불구하고 CESR과 ECB가 거의 중복되는 내용의 보고서를 다시 표준(Standards) 형식으로 발표한 것은 중앙은행이 증권결제시스템의 결제 비용과 위험의 축소에 본격적으로 관심을 갖게 되었기 때문이다. 전통적으로 유럽의 중앙은행들은 범 유럽지급결제시스템(TARGET[18])이 실시간총량결제(RTGS)의 리스크를 줄이기 위하여 증권 청산·결제시스템이 보유하는 담보에 상당부분 의존하고 있었다. 이에 따라 전체 금융시스템의 안정성 및 효율성 제고를 위하여 증권 청산·결제시스템의 개선에 지대한 관심을 가져왔다.

**▶▶ 표 3-9 CESR/ESCB의 2004년 표준**

| | |
|---|---|
| 표준 1 | (법적구조) 증권 청산·결제시스템 및 증권 청산·결제시스템 간 연계는 사법 관할권 내에 잘 수립된, 명확하고 투명한 법적근거를 가지고 있어야 한다. |
| 표준 2 | (매매확인 및 결제조회) 직접 시장참가자 간 매매확인은 매매체결 후 가능한 지체 없이 이루어져야 하며 거래일(T+0)을 넘겨서는 안 된다. 기관투자자 등 간접 시장참가자에 의한 매매확인이 필요한 경우 매매체결 후 가능한 한 T+0일 내에 이루어지는 것이 바람직하며, 늦어도 T+1일까지는 이루어져야 한다. 결제주기가 T+0일을 초과하는 경우, 결제청구는 가능한 한 신속하게 이루어져야 하며, 늦어도 결제일 전날까지는 이루어져야 한다. |
| 표준 3 | (결제주기 및 운영시간) 모든 증권시장에서 연속결제가 채택되어야 한다. 최종 결제는 늦어도 T+3일 이내에 이루어져야 한다. EU 역내의 결제주기를 T+3일 이내로 단축하는 경우 그에 따른 편익과 비용이 평가되어야 한다. 증권결제기관(CSD)과 집중거래상대방(CCP)은 영업일 및 시간을 일치시켜야 하며, 유로화에 의한 거래를 위해 적어도 TARGET의 영업시간 동안 영업을 하여야 한다. |
| 표준 4 | (집중거래상대방 (CCP)) CCP의 도입시 편익과 비용이 평가되어야 한다. CCP를 도입하는 경우에는 CCP가 부담하게 되는 위험을 엄격히 통제할 수 있어야 한다. |
| 표준 5 | (증권대여) 증권대차(또는 Repo거래나 경제적으로 유사한 거래)는 증권거래의 결제를 촉진시키는 방법으로 권장되어야 한다. 결제를 촉진하기 위한 증권 대여를 저해하는 요인은 제거되어야 한다. 증권 대여를 위한 제도는 건전하고 안전하며 효율적이어야 한다. |
| 표준 6 | (증권결제기관(CSD)) 증권은 가능한 부동화 및 무권화되어야 하며 가능한 한 CSD의 계좌대체방식으로 인도되어야 한다. 증권 발행 및 투자자의 권리를 완전하게 보호하기 위해 CSD는 증권의 발행, 보관, 계좌대체가 적합한 방법으로 이루어지도록 하여야 한다. 시스템 위험을 최소화하기 위해 CSD는 막대한 위험을 떠안는 것을 회피하여야 한다. |
| 표준 7 | (동시결제 (DVP)) 원본위험은 DVP를 달성할 수 있도록 증권대체시스템 및 대금이체시스템과 연계함으로써 제거되어야 한다. |
| 표준 8 | (결제완결성의 시기) 위험 감소 및 시스템 간 효율적인 결제를 위해 일중의 결제완결성이 실시간 혹은 다중 배치 처리를 통하여 제공되어야 한다. |

18 TARGET시스템은 상호 연계시스템을 통하여 EU 회원국의 실시간총액결제시스템과 유럽중앙은행(ECB)의 지급결제시스템을 연결하여 단일통화인 유로(euro)화의 지급결제를 처리하는 시스템이다.

| | |
|---|---|
| 표준 9 | (신용 및 유동성 위험관리) 시스템의 안정성을 위해 CSD가 가동중단 없이 운영되는 것이 중요하다. CSD가 유동성을 지원받는 것이 법에 의해 허용될 때, CSD는 증권결제와 자산관련 서비스의 원활한 기능수행을 위해 필요한 범위 내로 신용을 공여받는 것을 제한하여야 한다. 신용을 공여받는 CSD는 위험노출을 담보로 커버하여야 한다. 무담보 신용은 최소로 제한되어야 하며, 위험노출, 신용공여 상대방 및 신용공여의 기간 등에 대한 제한을 포함한 적절한 위험관리를 받아야 한다. 대부분의 보관기관은 EU 은행업규제를 받아야 한다. 증권거래의 결제를 위한 중요제도를 관리하는 보관기관을 위해서, 그리고 그들의 증권결제 활동에 연계된 시스템 위험을 억제하기 위하여 증권감독자, 은행감독자 등은 보관기관이 채택하고 있는 위험관리정책을 조사하여야 한다. 특히 신용노출 담보화 수준을 증가시키는 가능성은 조사되어야 한다. 차감결제시스템의 운영자는 최대 채무자가 결제불이행을 하는 경우에도 시기 적절한 결제를 보장하기 위하여 위험관리장치를 마련하여야 한다. 가장 신뢰할 만한 위험관리장치는 담보와 대여한도를 조합하는 것이다. |
| 표준 10 | (대금결제 자산) 증권거래에 따른 대금지급채무를 결제하기 위하여 사용된 자산은 신용위험 또는 유동성위험이 거의(또는 완전히) 없어야 한다. 중앙은행 자금을 이용하지 않은 경우에는 대금결제은행의 실패에 따른 잠재적 손실 및 유동성 압박으로부터 참가자를 보호하기 위한 조치가 취해져야 한다. |
| 표준 11 | (운영의 신뢰성) 청산 및 결제 과정에서 발생하는 운영위험의 원인은 확인, 모니터링 및 정기적인 평가가 이루어져야 한다. 이러한 위험은 적절한 시스템, 효과적인 관리수단 및 절차의 개발을 통하여 최소화되어야 한다. 시스템과 관련 기능은 (ⅰ) 신뢰할 만하고 안전해야 하며, (ⅱ) 탄탄한 기술적 솔루션에 기초해야 하며, (ⅲ) 입증된 절차에 따라 개발·유지되어야 하며, (ⅳ) 충분한 처리능력을 갖추어야 하며, (ⅴ) 적시복구와 결제처리과정을 완료할 수 있도록 적절한 업무지속계획 및 재난복구 장치를 갖추어야 한다. |
| 표준 12 | (고객증권의 보호) 증권보관기관은 고객의 증권을 충분히 보호할 수 있는 회계처리실무와 안전보관 장치를 채택하여야 한다. 증권보관과 관련된 모든 기관의 채권자 청구권으로부터 고객증권이 보호되는 것은 필수적이다. |
| 표준 13 | (지배구조) CSD와 CCP의 지배구조는 공공의 요구사항을 충족시키고, 소유자와 이용자의 목적을 향상시킬 수 있도록 설계되어야 한다. |
| 표준 14 | (참가기준) CSD와 CCP는 공정하고 공개된 참가를 허용하는 객관적이고 널리 공표된 참가 기준을 마련하여야 한다. 참가를 제한하는 규정 및 요건들은 위험 관리를 위한 것이어야 한다. |
| 표준 15 | (효율성) 증권 청산·결제시스템은 안전하게 운영되어야 하며, 효율적이어야 한다. |
| 표준 16 | (통신절차, 메시지 표준 및 STP) 증권 청산·결제서비스의 제공기관 및 동 시스템 참가자는 시스템 간 거래의 효율적인 청산·결제를 위하여 국제적인 통신절차, 메시지 및 조회 데이터 표준을 이용하거나 수용하여야 한다. 동 절차 및 표준의 수용은 전체 증권거래 과정에 있어서 STP를 제고할 것이다. 서비스 제공기관은 매매확인 및 대조, 차감, 결제, 보관 등을 포함하여 적시의 안전한 효율적인 증권 업무처리를 위하여 STP의 달성을 목표로 하여야 한다. |
| 표준 17 | (투명성) CSD, CCP는 시장 참가자에게 증권 청산·결제서비스 이용과 관련된 위험과 비용을 정확하게 인식하고 평가할 수 있도록 충분한 정보를 제공하여야 한다. 중요한 보관기관은 고객들이 증권 청산·결제서비스 이용과 관련된 위험을 정확하게 인식하고 평가할 수 있도록 충분한 정보를 제공하여야 한다. |

| | |
|---|---|
| 표준 18 | (규제, 감독 및 감시) 증권 청산·결제서비스 제공기관은 투명하고 일관된 효과적인 규제, 감독, 감시를 받아야 한다. 증권 청산·결제시스템은 투명하고, 일관된 효과적인 중앙은행 감시를 받아야 한다. 중앙은행, 증권규제기관 및 은행감독기관은 상호, 다른 관련 기관 간, 국내 및 국제 간(특히 EU 역내) 효과적이고 투명한 방식으로 협력하여야 한다. |
| 표준 19 | (시스템 연계의 위험) 국제 간 증권거래의 결제를 위해 연계를 하는 CSD는 국제 간 결제와 관련된 위험을 효과적으로 축소할 수 있도록 연계를 설계하고 운영하여야 한다. |

# 제2편

# 주요국의 증권결제제도

# 제4장 미국의 증권결제제도

## 01 증권시장의 개황

미국의 증권시장은 세계 최대의 시장으로 증권거래소 등을 통하여 거래가 활발하게 이루어지고 있다.[1] 먼저 주식시장의 경우 장내시장은 뉴욕증권거래소(NYSE), NASDAQ, NYSE Amex[2] 등 전국 증권거래소와 지역에 기반을 둔 지역 증권거래소 등이 있다.

이 중 NYSE는 2007년 4월 Euronext와 합병하여 지주회사인 NYSE Euronext를 출범시켰다. 지주회사인 NYSE Euronext에는 NYSE Group Inc와 NYSE Euronext BV가 자회사로 있으며, NYSE Group Inc산하에는 영리주식회사인 NYSE, NYSE Arca, 비영리 자율규제기관인 NYSE Regulation 등이 있다. NASDAQ의 경우 2008년 2월 OMX와 합병하여 NASDAQ OMX Group을 출범시켰다. 지주회사인 NASDAQ OMX Group에는 NASDAQ Inc, OMX, NASDAQ OMX Europe, NASDAQ Dubai가 자회사로 있으며, NASDAQ Inc 산하에는 NASDAQ, NASDAQ OMX BXSM, NASDAQ OMX Futures Exchange 등이 있다.

최근에는 IT기술 및 인터넷의 발달에 힘입어 Instinet, Dark Pool 등 대체거래시스템(ATS: Alternative Trading System)의 설립도 활발하며, 이들 ATS의 거래비중도 큰 폭으로 증가하고 있는 추세이다.[3]

채권시장의 경우 일부 채권이 증권거래소에서 거래되기도 하나 대부분의 거래는 장외시장에서 증권회사, 은행 등 딜러(dealer)에 의해 이루어지고 있다. 딜러는

1 NYSE와 NASDAQ의 거래대금은 전 세계의 55.9%를 차지한다.
2 NYSE Euronext가 2008년 10월 아메리카증권거래소(Amex)를 인수하여 명칭을 변경하였다.
3 ATS는 2009년 9월 기준으로 미국 전체 주식거래의 36.2%를 차지하고 있다(Concept Release on Equity Market Structure, SEC, 2010. 1).

▶▶ 표 4-1 미국 증권시장의 장내 주식거래대금 (단위: 백만 USD)

| 구분 | | 2010년 | 2011년 | 2012년 |
|---|---|---|---|---|
| NYSE Euronext (US) | 주식 | 18,923,171 | 19,328,715 | 14,747,043 |
| NASDAQ OMX (US) | 주식 | 29,030,207 | 28,913,510 | 24,478,739 |

출처: 세계거래소연맹(WFE), Electronic order book trade + Negotiated trade + reported trade

기관투자자에게 매도·매수 호가를 제시하고 그 가격차(spread)를 이익으로 취한다. 또한 딜러 간 거래가 포지션 조정 등으로 많이 이루어지고 있으며 딜러가 익명을 유지하기 위하여 자신을 다른 딜러에게 노출되지 않도록 채권딜러 간 브로커(IDB: Inter Dealer Broker)를 경유하여 거래하는 비중도 높다.

한편, 미국 증권시장의 증권결제는 증권별로 이원화되어 있다. 주식과 회사채 등에 대해서는 NSCC(National Securities Clearing Corporation)가 청산기관(CCP)의 역할을 수행하고, DTC(Depository Trust Company)가 결제기관의 역할을 수행하고 있다. 한편, MBS를 포함한 국채에 대해서는 FICC(Fixed Income Clearing Corporation)가 청산기관(CCP)의 역할을 수행하고, 미국 중앙은행인 Fed(Federal Reserve System)가 결제기관의 역할을 수행하고 있다.[4]



▶▶ 그림 4-1 미국 증권시장의 운영구조

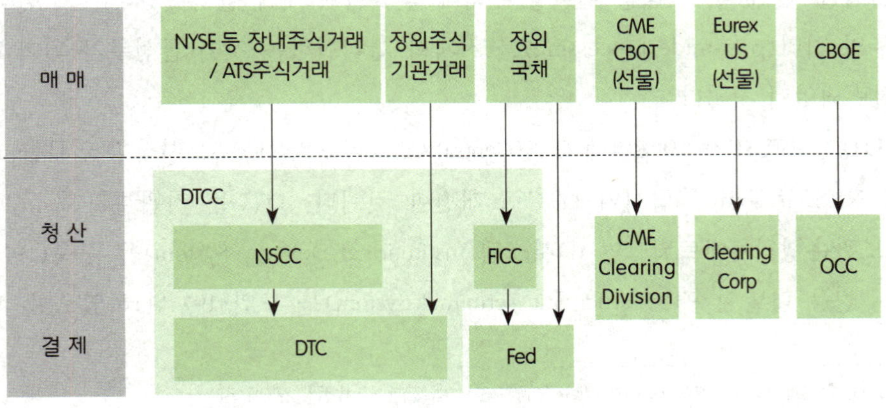


4 DTC, NSCC, FICC는 지주회사인 DTCC의 100% 자회사로 1999년 11월에 통합되었다.

# 02 증권결제제도의 구성

## 1. 결제기관

### 1.1. DTC[5]

#### 1.1.1. 개요

DTC(Depository Trust Company)는 1973년에 설립되어 국채 등 일부 채권을 제외한 주식, 사채, 지방채, CP 등 다양한 증권을 결제하는 증권결제기관(CSD)이다. DTC는 세계 최대의 증권결제기관으로 2011년 말 기준으로 보관잔량은 39.5조 달러, 결제금액은 287조 달러에 달하고 있다.

DTC는 뉴욕주 은행법에 근거하여 설립된 제한 목적의 신탁회사(limited purpose trust company)로서 증권회사, 보관은행, 기관투자자, 증권거래소 등 11,000개 이상의 기관과 네트워크로 연결되어 있다.

#### 1.1.2. 발전과정

DTC는 1960년대 후반에 미국에서 발생한 사무위기(paper work crisis)에 대응하기 위해 1973년에 설립되었다. 즉, 증권거래의 급증으로 실물증권이나 거래전표를 처리할 수 없어, 거래를 제한할 수밖에 없었던 사태가 발생했었다.[6] 그 결과 거래 후의 처리(post-trade processing)를 전자화·합리화하는 것이 급선무가 되어 DTC가 설립되었던 것이다.

DTC는 NYSE가 1968년에 CCS(Central Certificate Service)로 시작한 업무를 1973년에 NYSE로부터 독립시켜 DTC로 개편한 것이다. DTC는 기관투자자, 증권회사, 보관은행의  네트워크인 ID시스템(Institutional Delivery System)을 구축(1973년)하고, 전용 단말인 PTS(Participant Termimal System)를 도입(1974년)하였으며, 당일

5 證券決濟システムのすべて(第2版)/中島眞志 · 宿輪純一 [共著] (2008. 5)

6 주요 증권거래소에서는 미처리된 사무(paper work)를 해소하기 위해 매주 수요일을 휴장일로 지정했으며, 다른 영업일에도 거래시간을 단축하지 않을 수 없는 상황이었다. 또한 당시 T+4였던 결제기간을 T+5로 연장하는 조치도 취했다.

▶▶ 표 4-2 DTC의 결제기관(CSD) 통합과정

| | |
|---|---|
| 1973년 | DTC가 설립되어 주식 등을 대상으로 하는 증권결제서비스를 시작 |
| 1982년 | 보스턴증권거래소 산하에 있었던 New England Securities Depository Trust Company가 업무를 정지하고, DTC가 동 업무를 인수 |
| 1987년 | 퍼시픽증권거래소 산하에 있었던 Pacific Securities Depository Trust Company가 업무를 정지하고, DTC가 동 업무를 인수 |
| 1995년 | 시카고증권거래소 산하에 있었던 Midwest Securities Trust Company가 업무를 정지하고, DTC가 동 업무를 인수 |
| 1997년 | 필라델피아증권거래소 산하에 있었던 Philadelphia Depository Trust Company가 업무를 정지하고, DTC가 동 업무를 인수 |
| 1998년 | 모기지증권의 CSD였던 PTC가 DTC와 합병해서, DTC의 한 부문이 됨 |

자금결제제도(Same-Day Funds Settlement, 1987년) 등을 도입하여 사무의 합리화와 Paperless화를 추진해 왔다.

이와 함께 DTC는 지방거래소의 자회사였던 결제기관(CSD)들을 통합하여 오늘날 세계 최대의 결제기관으로 발전하여 왔다. 이러한 미국 CSD의 통합과정은 〈표 4-2〉와 같다.

DTC에서는 당초 NYSE, AMEX의 양 거래소의 주식만을 취급하였으나, 1970년대에 들어 OTC(장외거래) 주식, 사채로도 취급 범위를 확대했다. 그 후에도 1981년부터 지방채, 1990년부터는 CP의 취급을 시작하는 등 점차 취급 대상증권을 확대해 왔다.

한편 DTC는 운영의 효율성을 높이기 위해 1999년 9월 주식 등의 청산기관인 NSCC(National Securities Clearing Corporation)와 경영을 통합하였다. 이는 일체적인 운영으로 효율성을 높이는 것을 목적으로 한 것이다. 통합 과정에서 지주회사인 DTCC(Depository Trust & Clearing Corporation)가 설립되었으며, 그 산하에 업무 주체인 DTC와 NSCC를 100% 자회사로 편입하였다. DTCC는 은행·증권회사 등의 시장참가자가 주주로 되어 있으며(industry-owned), 산하의 자회사는 모두 실비주의(實費主義: at-cost basis)[7]로 운영되고 있다.

DTCC의 산하에는 DTC와 NSCC 이외에, ① 국채나 모기지증권(MBS)의 청산기관(CCP)인 FICC, ② 유럽에 있어서 주식의 청산기관(CCP)인 EuroCCP, ③ Corporate Action(권리행사) 정보의 통지업무를 하는 DTCC Solutions사, ④ OTC

7 일정 이상의 수익은 이용요금 인하 등의 형태로 이용자에게 환원된다.

▶▶ 그림 4-2 DTCC의 조직도

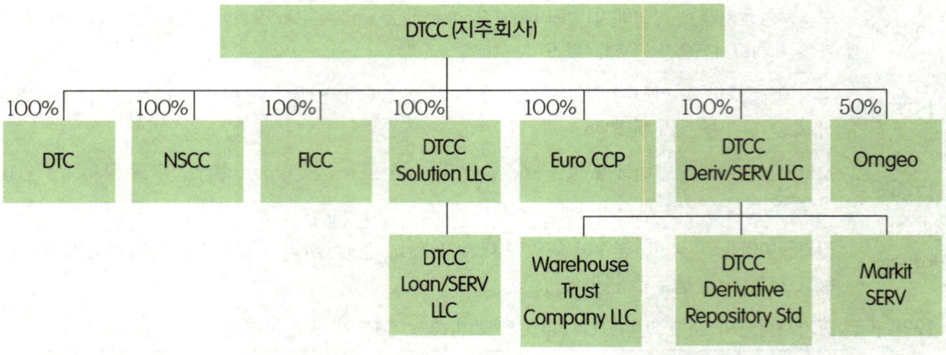


파생상품에 관한 매칭과 거래확인을 하는 DTCC Deriv/SERV사, ⑤ 매매확인 서비스를 제공하는 Omgeo 등이 있다.

### 1.1.3. 법적지위

DTC는 뉴욕주 은행법(New York State Banking Law)에 의하여 설립된 제한 목적의 신탁회사(limited purpose trust company)로서 뉴욕주 은행국(Banking Department)의 규제 및 감독을 받으며, 중앙은행인 Fed의 회원으로서 Fed의 규제 및 감독도 받는다.

또한 DTC는 1975년에 개정된 1934년 증권거래법(Securities Exchange Act of 1934) 제17A조에 의거, 청산기관(clearing agency)으로서 증권거래위원회(SEC)에 등록되어 SEC의 규제와 감독을 받고 있다. 여기서 유의할 점은 1934년 증권거래법 제3조에서 청산기관[8](clearing agency)의 범위를 청산기관(CCP)뿐만 아니라 결제기관

8 SEC.3.a(23)(A) The term "clearing agency" means any person who acts as an intermediary in making payments or deliveries or both in connection with transactions in securities or who provides facilities for comparison of data respecting the terms of settlement of securities transactions, to reduce the number of settlements of securities transactions or for the allocation of securities settlement responsibilities. Such term also means any person, such as a securities depository, who: (i) acts as a custodian of securities in connection with a system for the central handling of securities whereby all securities of a particular class or series of any issuer deposited within the system are treated as fungible and may be transferred, loaned, or pledged by bookkeeping entry without physical delivery of securities certificates, or (ii) otherwise permits or facilitates the settlement of securities transactions or the hypothecation or lending of securities without physical delivery of securities certificates.

(CSD)도 포함하도록 포괄적으로 정의하고 있다는 것이다.

### 1.1.4. 주요업무

#### 가. 증권예탁(Securities Deposit)

DTC는 상장주식, 사채, 지방채 등 예탁적격증권에 대하여 예탁서비스를 제공한다. 즉, DTC는 예탁증권을 전부 DTC의 Nominee 명의인 'Cede & Co'로 명의개서하여 보관하고, 해당 증권에 대해 계좌대체·반환 등의 서비스를 제공한다.

#### 나. 증권결제(Securities Settlement)

DTC는 주식,[9] 채권, 단기금융상품(MMI: Money Market Instrument) 등에 대해 결제서비스를 제공한다. 이들 증권결제는 DVP2방식에 따라 이루어진다.

먼저 증권결제는 순채무한도(net debit cap)와 담보관리(collateralization control)를 통해 이루어진다. 즉, 매수자는 자신의 순결제채무(net settlement debit)를 완전히 담보화한 상태에서 증권을 수령하게 된다.

대금결제는 마감시점에 증권결제에 따른 대금을 다자간 차감하여 결제한다. 그런데 여기서 대금결제 과정은 다소 복잡하다. 즉, DTC가 주식, 채권, MMI 등의 동시결제에 따른 대금과 NSCC의 CNS결제, 뮤추얼펀드, 보험·연금 등에 따른 대금을 합산한 후 DTC가 Fedwire를 통해 최종 결제한다(이하 '제4장 제3절 4. 장내·외 통합결제'에서 후술).

#### 다. 권리행사(Corporate Action)

DTC는 예탁증권에 대한 권리행사업무를 수행한다. 우선 예탁증권과 관련된 배당금(dividend), 원리금(principal & interest) 등을 수령·지급한다. 또한, 의결권 서비스(proxy service)를 통해 참가자들이 예탁증권의 의결권을 행사할 수 있도록 지원한다.

#### 라. MMI 프로그램

DTC는 MMI(Money Market Instrument) Program을 통하여 CP, CD, MTN(Mid Term Note) 등의 발행·상환 등에 관한 서비스를 제공하고 있다.

9 DTC의 DVP2방식에 의한 결제 대상이 되는 주식은 증권회사와 기관투자자 간의 거래이며, 증권회사 간의 거래(CNS)는 NSCC가 개입하며 DVP3방식으로 결제된다.

### 1.1.5. DTC로의 접속방법

참가자가 DTC에게 결제지시를 송신하는 방법은 ① 단말기로 입력하는 방법, ② CPU 간 접속하는 방법(CCF: Computer-to-Computer Facility)이 있는데, 사무량이 많은 곳에서는 CCF를 이용하고 있다. 단말기로는 전용 단말기인 PTS(Participant Terminal System)와 브라우저 베이스인 PBS(Participant Browser Services)가 있는데, 구식인 PTS(1974년 도입)를 고기능의 PBS(2002년 도입)로 대체하고 있다.

네트워크로는 2003년에 도입한[10] SMART(Securities Managed And Reliable Technology)를 이용하고 있다. SMART는 DTCC가 네트워크 전체를 관리하고 있으며, DTC 이외에 NSCC나 FICC 등 DTCC 그룹의 모든 곳에 접속이 가능하다.

## 1.2. Fed[11]

### 1.2.1. 개요

Fed(Federal Reserve System)는 1913년 연방은행법(Federal Reserve Act of 1913)에 의해 1914년에 설립되어 미국의 중앙은행으로서의 역할을 수행하고 있으며, 1967년부터는 국채 등을 대상으로 증권결제서비스를 제공하고 있다.

Fed가 증권결제서비스의 대상으로 하고 있는 증권은 국채(재무성증권), 연방기

▶▶ 표 4-3 Fed의 취급 대상증권

| 종류 | 내용 |
|---|---|
| 국채<br>(재무성증권) | 단기국채(Treasury Bill), 중기국채(Treasury Note),<br>장기국채(Treasury Bond) |
| 연방기관채 | Freddie Mac채(Federal Home Loan Mortgage Corporation),<br>Fannie Mae채(Federal National Mortgage Association),<br>Ginnie Mae채(Government National Mortgage Association),<br>Sallie Mae채(Student Loan Marketing Association) 등 |
| 모기지증권 | Freddie Mac, Fannie Mae, Ginnie Mae 등이 보증한 모기지증권 |
| 국제기관채 | 아시아개발은행(ADB), 아프리카개발은행(AFDB),<br>국제부흥개발은행(IBRD) 등이 발행한 달러표시 채권 |

10 그 이전에는 'Broker and Access networks'라는 구(舊) 네트워크를 이용하고 있었다.
11 證券決濟システムのすべて(第2版)/中島眞志・宿輪純一 [共著] (2008. 5)

관채, 모기지증권, 국제기관채 등이다(표 4–3). 이러한 증권은 전자적인 형태로 보유되며 참가자 간 계좌대체(book entry)에 의하여 결제가 이루어진다.

### 1.2.2. Fedwire

Fedwire(Federal Reserve's wire transfer system)는 Fed가 운영하는 결제시스템으로 RTGS(실시간총량결제) 시스템이다.

Fedwire에서는 자금결제서비스(funds transfer service)와 함께, 1967년부터 국채 등을 대상으로 하는 증권결제서비스(Fedwire securities service)를 제공하고 있다. 즉, 국채 등의 보호예수를 하는 동시에, 계좌대체(book-entry)방식(실물의 이전을 동반하지 않는 증권계좌의 대체)에 의해 증권을 결제하고 있다.

Fedwire를 이용할 수 있는 자는 예금취급 금융기관뿐이다. 9,100개 이상의 금융기관이 Fedwire의 증권결제서비스를 이용하고 있다. 증권회사(브로커/딜러)는 Fedwire의 직접 접속이 인정되지 않기 때문에, Fedwire의 참가자인 청산은행(clearing bank)을 통해서 결제를 하고 있다.

Fedwire에서는 2012년 3분기 기준으로 일평균 7만 건, 금액 기준으로는 1조 1,401억 달러의 증권결제가 되고 있다. 1건당의 평균 결제금액은 16.1백만 달러이다.

Fedwire를 이용한 증권결제서비스는 대형 금융기관에 집중되어 있는데, 결제건수의 상위 10개 금융기관이 전체 결제량의 약 90%, 상위 100개 금융기관이 99%를 점한다.[12]

Fedwire 참가자는 컴퓨터 간의 접속(CPU 접속)이나 Fedwire용 단말기인 Fedline의 이용에 의해, Fedwire를 이용할 수 있다. Fedline에는 DOS 베이스의 단말기 이외에, Web 베이스의 단말기(Fedline Web, 2001년에 도입)와 그 개량형(Fedline Advantage, 2004년에 도입)의 3종류가 있다.

12 특히, 청산은행(Clearing Bank)인 JP Morgan Chase와 The Bank of New York Mellon의 2개 은행이 전체의 4분의 3을 점하고 있다.

## 2. 관계기관

### 2.1. NSCC

#### 2.1.1. 개요

NSCC(National Securities Clearing Corporation)는 미국에서 증권회사 간(street-side)의 주식, 사채, 지방채 등의 매매확인, 차감, 이행보증 등을 담당하는 청산기관(CCP)이다. NSCC는 세계 최대의 청산기관으로 2011년 말 기준으로 처리건수는 연간 208억 건, 처리금액은 연간 221조 달러에 달하고 있다. 일평균 처리건수는 3,400만 건 정도이며, 가장 많을 때는 5,000만 건을 넘는다.

NSCC에는 2,500사 이상의 증권회사, 은행, 뮤추얼펀드, 보험회사 등이 직접참가자(direct participant)로 참가하고 있으며, 직접참가자가 아닌 증권회사는 직접참가자인 청산브로커(clearing broker)를 통해 NSCC에 간접적으로 참가할 수 있다.

#### 2.1.2. 발전과정

미국은 원래 뉴욕증권거래소(NYSE), 아메리칸증권거래소(AMEX), 장외시장(NASD)이 각각 독자적인 청산기관을 갖고 있었는데, 1960년대 후반 거래량의 급증으로 인해 사무처리를 감당할 수 없게 되어 이른바 사무위기(paper work crisis)가 발생하였다.

이러한 사태에 대한 대응으로, 1976년에 이들 3개의 청산기관을 통합하여 설립된 것이 NSCC이다. 이 무렵에는 몇몇 지방증권거래소를 위한 청산기관도 있었지만, 적은 처리량으로는 채산성이 떨어졌다. 이에 1980~90년대에 순차적으로 폐쇄되어 NSCC로 통합되었다. 이로 인해 NSCC는 현재, 미국에서 유일한 청산기관이 되었다.

한편, NSCC는 설립 초기에는 주식만을 취급했었지만, 그 이후 사채, 지방채, CP, 뮤추얼펀드, 투자펀드(UIT: Unit Investment Trust), ETF(Exchange-Traded Funds), 연금증서(Annuity), 미국예탁증서(ADR) 등으로 취급 범위를 확대해 왔다. 전술한 바와 같이 NSCC는 1999년 9월에 DTC와 경영이 통합되어 DTCC의 자회사가 되었다.

### 2.1.3. 법적지위

NSCC는 뉴욕주 회사법(New York Corporation Law)에 의하여 설립된 주식회사로서 1975년에 개정된 1934년 증권거래법(Securities Exchange Act of 1934) 제17A조에 의거, 증권거래위원회(SEC)에 등록된 청산기관(clearing agency)이다. 이로 인해 NSCC는 SEC의 규제와 감독을 받고 있다.

### 2.1.4. 주요업무

#### 가. 증권청산업무

NSCC는 NYSE, NASDAQ, NYSE Arca 등 증권거래소와 ATS에서 체결된 주식, 사채, ETF 등의 증권거래를 대상으로 증권청산업무를 제공하고 있다.

NSCC는 증권거래에 대해 매매확인을 한다. 증권거래소와 대부분의 ATS의 거래는 매매확인된 상태(locked-in)로 매매자료를 NSCC에 통보한다(99.9%). 다만 일부 ATS의 거래에 대해서는 NSCC가 매매확인을 실시한다.

NSCC는 증권과 대금에 대하여 다자간 차감을 한다. 증권의 경우 회원별·종목별로 차감을 하고, 대금의 경우 회원별로 차감하여 결제증권과 결제대금을 산정한다. 그 결과 회원은 NSCC를 상대방으로 하여 증권은 각 종목별로 1개의 차감포지션을, 대금은 종목과 관계없이 1개의 차감포지션을 갖게 된다.

또한, NSCC는 결제이행을 보증한다. NSCC는 T+1일 24:00부터 집중거래상대방(CCP)이 된다. 즉, 매도자에 대해서는 매수자, 매수자에 대해서는 매도자가 됨으로써 모든 거래의 결제를 보증하게 된다.

#### 나. 뮤추얼펀드서비스

NSCC는 1986년부터 뮤추얼펀드서비스를 제공하고 있다. 즉, NSCC의 Fund/SERV에 의해, 은행·증권회사가 뮤추얼펀드로 매매주문을 전달하거나 동 펀드에서 은행·증권회사의 매매확인 등을 할 수 있다.

Fund/SERV를 이용하여 은행·증권회사·뮤추얼펀드는 펀드의 매매나 상환의 처리를 전자적으로 할 수 있다. 2011년 말 기준 2,000사 이상의 펀드나 증권회사가 Fund/SERV를 이용하고 있다. Fund/SERV에 의한 처리는 연간 2억 2,300만 건, 금액 기준으로 3.3조 달러에 달하고 있다.

### 다. 보험서비스

NSCC는 1997년부터 보험서비스(Insurance Service)를 제공하고 있다. 구체적으로는 300사 이상의 보험회사, 증권회사, 은행 등의 보험판매업자와의 사이를 연결하고 있다. 그리고 이를 통해 생명보험이나 연금의 각 계약 포지션이나 가치, 보험금, 수수료, 관련되는 자금결제 등에 관한 정보를 교환할 수 있다. 이 서비스를 통한 보험금·수수료의 결제건수는 연간 1억 300만 건, 434억 달러에 달하고 있다(2011년 말 기준).

### 라. 고객계좌이관서비스(ACATS)

NSCC의 ACATS(Automated Customer Account Transfer Service)는 고객이 은행이나 증권회사에 맡기고 있는 증권을 다른 금융기관으로 이관하는 경우에 고객계좌의 증권을 금융기관 간에 전자적으로 이관하기 위한 서비스이다.

ACATS는 증권회사를 대상으로 1985년에 시작되어, 약 120사의 은행, 증권회사가 이 서비스를 이용하고 있다(2007년 말 기준).



## 2.2. FICC

### 2.2.1. 개요

FICC(Fixed Income Clearing Corporation)는 미국에서 국채, 연방기관채, 모기지증권 등의 매매확인, 차감, 이행보증 등을 담당하는 청산기관(CCP)이다. FICC는 2011년 말 기준으로 국채부문에서는 연간 4,050만 건, 1,130조 달러의 청산업무를 처리하고, MBS 부문에서는 390만 건, 97.7조 달러의 거래를 청산함에 따라 국채 부문이 90% 이상을 점한다. 국채부문의 경우 증권별로는 국채 90%, 연방기관채 8%, 스트립채 2%로 구성되어 있으며, 거래유형별로는 80%가 Repo거래,[13] 20%가 단순매매거래로 되어 있다.

FICC의 국채부문에는 131사의 증권회사, 은행 등의 딜러가 직접참가자로 되어 있으며, 이 중에서 110사가 차감까지 하는 차감회원(netting member), 거래조회만

13 FICC가 Repo거래를 대상에 포함한 것은 1995년인데, 그 이후 Repo거래액이 단순매매거래를 상회하는 신장세를 보였다. 또한 FICC에서는 Repo거래 중에서 오버나이트 Repo와 기일물(期日物) Repo를 대상으로 하고 있다(기한의 정함이 없는 오픈 Repo는 대상 외).

하고 차감에는 참가하지 않는 매매확인회원(comparison-only member)이 21사이다.

### 2.2.2. 발전과정

FICC는 2003년 1월에 종전의 GSCC와 MBSCC가 합병해서 설립된 청산기관으로, DTCC의 자회사이다. GSCC와 MBSCC의 발전과정을 살펴보면 다음과 같다.

먼저 GSCC(Government Securities Clearing Corporation)는 국채, 연방기관채 등의 청산기관으로서 1980년대 중반에 미국 국채의 거래량 증대로 사무처리를 감당할 수 없게 되자 증권업계가 중심이 되어 1986년 11월에 NSCC의 자회사로 설립되었다. 이후 1988년에 매매확인서비스를, 1989년에는 차감서비스를 시작했다. 그 이후, 1990년에 연방기관채를 대상에 추가하고, 1995년에는 Repo거래를 조회·차감의 대상에 추가하는 등 그 기능을 확충해 왔다.

MBSCC(Mortgage-Backed Securities Clearing Corporation)는 모기지증권의 청산기관이었다. MBSCC는 원래 1979년에 미드웨스트증권거래소의 100% 자회사로 설립되었다. 1980년대에는 모기지증권을 부동화해서 book entry를 하기 위한 증권보관국을 갖고 있었다. 이 부문은 1988년에 PTC(Participants Trust Company)로 독립했지만, 1998년에 DTC에 합병되어 DTC의 일부가 되었다.

한편, FICC는 2003년 1월 GSCC와 MBSCC를 합병한 후 FICC 내에 국채부문(GSD: Government Securities Division)과 MBS부문(MBSD: MBS Division)으로 나누어 운영하고 있다. 이는 양 시장의 참가자나 특성이 상이하기 때문에 청산업무나 리스크관리 등은 각각의 부문이 각 시장을 대상으로 독립적으로 운영하고 있다. MBS부문의 경우 기존에는 청산기관으로서 각 참가자의 차감포지션을 산출했지만, CCP로서의 역할을 수행하지는 않았다. 하지만, 최근 2012년 4월부터 CCP로서의 역할도 수행하기 시작하였다.

### 2.2.3. 법적지위

FICC는 뉴욕주 회사법(New York Corporation Law)에 의하여 설립된 주식회사로서 1975년에 개정된 1934년 증권거래법(Securities Exchange Act of 1934) 제17A조에 의거 증권거래위원회(SEC)에 등록된 청산기관(clearing agency)이다. 이로 인해 FICC는 SEC의 규제와 감독을 받고 있다.

#### 2.2.4. 주요업무

가. 매매확인업무

FICC는 매매확인서비스를 제공한다. 즉, FICC는 매매거래(cash buy/sell transaction), Repo거래, 국채입찰거래(Treasury auction transaction)의 거래당사자로부터 받은 매매보고에 근거하여 자동적으로 매매확인을 실시한다.

FICC는 2000년에 실시간 매매확인시스템인 RTTM(Real-Time Trade Matching)을 구축하여 국채부문에 대하여 매매확인서비스를 제공하였다. 그 이후 2002년에 MBS 부문으로 그 대상을 확대하였다.

나. 청산업무

FICC는 증권회사, 은행 등의 딜러 간 거래에 대해 청산업무를 제공하고 있다.

먼저 FICC는 증권과 대금에 대하여 다자간 차감을 한다. 증권과 대금은 모두 회원별·종목별로 차감을 한다. 그 결과 회원은 FICC를 상대방으로 하여 각 종목별로 1개의 증권포지션과 대금포지션을 갖게 된다.

또한, FICC는 결제이행을 보증한다. 즉 FICC는 차감결과가 회원에게 통지된 시점(T+0일 24:00)부터 집중거래상대방(CCP)으로서 결제이행을 보증한다.



### 2.3. Omgeo

#### 2.3.1. 개요

Omgeo는 2001년에 설립되어 증권거래 이후 약정조회, 운용지시, 결제지시 등에 대한 전자화된 매매확인 서비스를 제공하는 회사이다. Omgeo는 미국을 비롯해 세계 52개국에서 약 6,500사의 기관투자가, 증권회사, 보관은행, 헤지펀드 등에 대해 서비스를 제공하고 있다. 또한 Omgeo는 다양한 서비스 제공을 통해 세계에서 1일 220만 건 이상의 매매확인(trade confirmation)을 처리하고 있다(2011년 기준).

#### 2.3.2. 설립과정

Omgeo는 2001년 5월에 DTCC와 Thomson Financial의 합작으로 설립된 회사이다. DTCC는 원래 DTC와 이용자 간의 TradeSuite(구 명칭은 'ID 시스템')를 통해 결제조회서비스를 제공해 왔다. 한편 Thomson Financial은 OASYS를 통해 기관투자자와 증권회사 간의 약정조회서비스를 제공해 왔다.

2000년 전후로 주식결제의 T+1화가 논의되는 가운데, 약정조회부터 결제조회까지를 일괄해서 실시간으로 처리하는 것이 필요하다는 인식이 높아졌다. 당시 이러한 기능을 수행하는 시스템을 가상조회시스템(VMU: Virtual Matching Utility)이라고 했다. VMU의 기능을 제공하기 위해서는 OASYS와 TradeSuite의 기능을 조합해서 실시간화할 필요가 있었다. 이러한 업계 전체의 통일적인 매매확인시스템을 요구하는 움직임을 배경으로, 양자를 조합하기 위한 합병이 실현된 것이다.

Thomson Financial은 증권거래에 관한 정보통신·정보처리서비스를 제공하는 업자로 ETC(Electronic Trade Confirmation: 전자매매확인조회) 프로바이더라고도 불리고 있으며, 영리를 목적으로 하는 순수한 민간기업이다. 동사가 제공하고 있는 서비스는 미국 국내 및 세계 70개국 이상의 증권업계에서 폭넓게 이용되고 있다.

### 2.3.3. 주요 서비스

Omgeo가 제공하는 주요 서비스는 〈표 4-4〉와 같다. 이용자는 이 중에서 자사의 업무에 적합한 서비스를 선택하거나 몇몇을 조합해서 이용할 수 있다. 이러한 가운데에서도 가장 중요한 것은 OASYS-TradeMatch와 CTM(Central Trade Manager)과 같은 센트럴 매칭기능이다.

▶▶ 표 4-4 Omgeo의 주요 서비스

| 서비스명 | 주요 내용 |
|---|---|
| OASYS-TradeMatch | 미국 국내 거래를 대상으로 기관투자자, 증권회사 및 보관은행 간의 약정조회, 결제조회를 하는 서비스 |
| CTM | 국제 간 거래를 대상으로 기관투자자, 증권회사 및 보관은행 간의 약정조회, 결제조회를 하는 서비스 |
| OASYS | 미국 국내 거래를 대상으로 기관투자자와 증권회사 간의 거래배분(trade allocation) 및 이를 확인하는 약정조회 서비스 |
| OASYS Global | 국제 간 거래를 대상으로 기관투자자, 증권회사 및 보관은행 간의 체결통지, 거래배분(trade allocation) 및 이를 확인하는 약정조회 서비스 |
| ALERT | 거래의 결제조건(증권계좌, 대금계좌 등)인 SSI(Standing Settlement Instruction)의 데이터베이스 |
| TradeHub | 기관투자자와 보관은행 간의 통신서비스 |

▶▶ 그림 4-3 Omgeo의 OASYS-TradeMatch의 매매확인절차

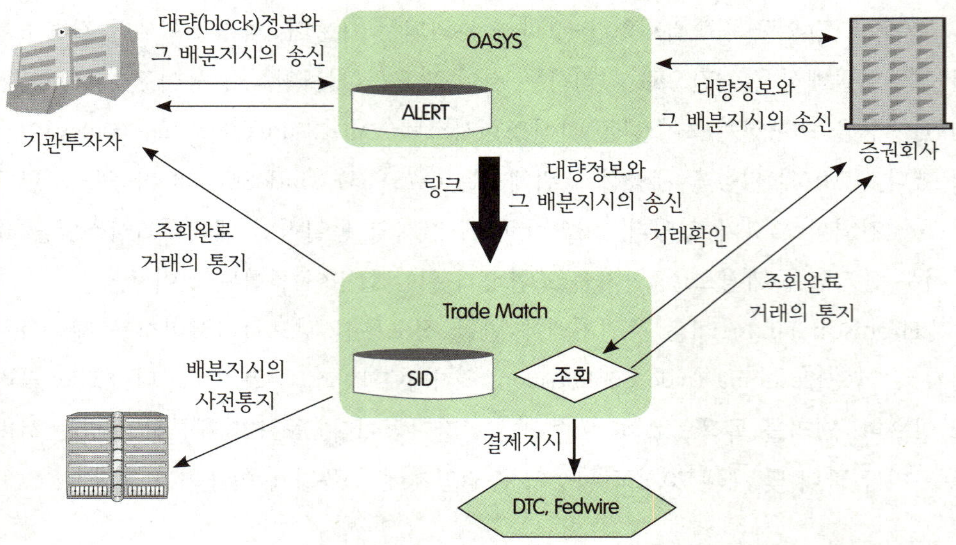


## 03 주식시장의 결제제도

### 1. 개 관

미국의 주식시장 결제제도는 크게 장내 주식시장결제와 장외 주식기관결제로 구분된다. 장내 주식시장결제는 NYSE, NASDAQ 등에서 증권회사 간의 거래(street-side)를 결제하는 것을 말하는데, 이는 NSCC의 청산과정을 거쳐 DTC에서 결제가 이루어진다. 장외 주식기관결제는 증권회사와 신탁은행 등 기관투자자 간의 거래(customer-side)를 결제하는 것을 말한다. 이는 Omgeo의 매매확인 과정을 거쳐 DTC에서 결제된다.

이하에서는 장내 주식시장결제와 장외 주식기관결제에 대해서 알아보기로 한다.

## 2. 장내 주식시장결제

### 2.1. 개요

장내 주식시장결제는 NYSE, NASDAQ, NYSE Amex 등 증권거래소 및 ATS에서 체결된 거래를 대상으로 한다. 대상증권(CNS-eligible securities)은 처음에는 주식만이었으나 사채, 지방채, 투자신탁증권(Unit Investment Trust) 등으로 확대되었다.

장내 주식시장결제는 증권과 대금을 차감하여 결제하는 DVP3방식이며, 증권미납부(fail)가 발생하면 익일에 재차감하여 결제하는 연속차감결제방식[14](CNS)을 채택하고 있고, 결제주기는 T+3일이다.

장내 주식시장결제에서 NSCC는 청산기관(CCP)으로서 채무인수, 차감, 이행보증의 기능을 수행하고, DTC는 결제기관으로서 증권과 대금의 결제를 담당한다. 또한 대금결제은행으로는 Fed가 이용되고 있다.

### 2.2. 업무처리절차

#### 2.2.1. 매매확인

T일에 NYSE, NASDAQ, NYSE Amex 등의 증권거래소와 ATS는 매매확인을 실시한다. 즉, 증권거래소 등은 거래가 체결되는 시점에 매매확인이 된 상태(locked-in)로 NSCC에게 매매자료를 통보한다(99.9%).

locked-in 거래 이외의 거래는 NSCC에서 매매확인이 이루어진다. 주식에 관해서는 OTC 매매확인시스템[15](OTC Comparison System)에 의해서 매매확인이 이루어지고 사채, 지방채, 투자신탁증권 등은 RTTM(Real-Time Trade Matching)에 의해서 이루어진다. RTTM은 원래 FICC가 국채(2000년)와 모기지증권(2002년)에 도입하고 있었던 시스템으로 2004년 6월에 NSCC도 이를 도입하였다.

---

14 NSCC는 DTC의 비적격증권인 경우에는 별도로 실물증권으로 결제할 수 있는 서비스를 제공하고 있다.
15 단, 주식거래의 99.9%는 locked-in거래이며, 이 시스템에 의한 매매확인은 0.1%만이다.

### 2.2.2. 채무인수

NSCC는 채무인수를 통하여 집중거래상대방(CCP)이 된다. 즉, NSCC는 CNS 거래(CNS transaction)에 대하여 채무이행을 보증하는 시점에 채무를 인수한다.[16] NSCC는 회원에게 거래일 계약서(T Contracts)라고 하는 전자적인 보고서를 발송한다(T+1일 24:00). 이 보고서는 모두 매매확인된 거래로 법적인 구속력을 가지며, 해당 내역은 CNS의 처리대상이 됨을 의미한다. NSCC는 이 보고서를 발송하는 시점(T+1일 24:00)부터 CCP로서 결제이행을 보증한다.

### 2.2.3. 차감

T+2일에 NSCC는 증권과 대금에 대하여 다자간 차감을 실시한다. 증권의 경우 T+3일의 결제예정수량과 페일수량을 반영하여 회원별·종목별 다자간 차감을 한다. 그 결과 각 회원은 종목별로 하나의 포지션(single position per issue)을 갖게 된다. 대금의 경우 회원별 다자간 차감을 통하여 각 회원별로 하나의 포지션을 갖게 되며, 다자간 차감에 의한 결제대금 축소율은 98%에 달한다. 2010년의 경우 차감에 의해 217.5조 USD의 결제대금이 5.5조 USD로 축소되었다.

NSCC는 차감 후 회원에게 매매확인된 모든 거래의 통합거래요약표(consolidated trade summary)를 보낸다. 이것에는 모든 거래내역 이외에 익일(T+3)에 결제될 예정인 증권과 대금의 차감포지션이 포함된다.

### 2.2.4. 결제

#### 가. 증권결제

DTC는 야간 사이클(night cycle)과 주간 사이클(day cycle)을 통해서 증권결제를 처리한다. 야간 사이클은 T+2일 19:30~23:59, 주간 사이클은 T+3일 00:00~15:30에 각각 처리[17]되며, CNS거래의 60%는 야간 사이클에서 처리된다.

DTC는 매도회원(net seller)계좌에 증권이 충분하면 매도회원 계좌에서 NSCC계좌로 계좌대체한다. 이러한 NSCC계좌로의 계좌대체는 부분인도(partial delivery)도

16 NSCC Rules, RULE 11. CNS System SEC.1.(b)

17 DTCC, DTCC Interruption in Processing Clearance and Settlement-System Outage(2007. 12), pp. 4~6 참조.

가능하다.

NSCC는 인수한 증권을 매수회원별로 할당(allocation)한 후 DTC에게 매수회원 계좌로 대체지시를 한다. 이에 따라 DTC는 NSCC계좌에서 매수회원(net buyer)계좌로 해당 증권을 계좌대체한다. NSCC는 일정한 알고리즘에 따라 매수회원에게 인도할 증권을 할당하는데, 증권할당은 매도회원의 총 인도수량이 매수회원의 총 인수수량보다 적을 때 매수회원에게 공정한 방식으로 증권을 할당하기 위한 것이다. 증권할당은 ① 매수포지션이 계속된 일수가 오래된 순서로 할당, ② 매수포지션의 계속일수가 동일한 경우 난수표에 의해 할당된다.

NSCC는 야간 사이클이 끝나면 회원에게 증권인도·인수내역을 반영한 야간결제활동보고서(Night Time Settlement Activity Statement)를 발송하고, 주간 사이클 중에는 결제활동표(Settlement Activity Ticket)를 보낸다. 그리고 주간 사이클이 종료되면 최종적으로 결제활동보고서(Settlement Activity Statement)를 발송한다.

한편, 회원은 CNS와 관련하여 다음과 같은 기능을 통하여 자신의 증권인도·인수수량을 관리할 수 있다. 첫째, 매도회원은 인도배제(exemption)를 통하여 자신의 계좌에 있는 증권이 NSCC계좌로 계좌대체되는 것을 제한할 수 있다. 둘째, 매수회원은 우선인수(priority request)신청을 통하여 우선적으로 증권을 할당받을 수 있다.

### 나. 대금결제

NSCC는 야간 사이클이 끝나면 회원에게 예비대금조정보고서(Preliminary Cash Reconciliation Statement)를 발송한다. 여기에는 전일 최종대금잔액, CNS결제금액, 배당금, 청산기금 조정분(miscellaneous) 등이 포함되어 있다. 주간 사이클 중에는 계속적으로 대금조정보고서(Cash Reconciliation Statement)를 계산하고, 주간 사이클이 종료되면 최종적으로 결제활동보고서(Settlement Activity Statement)[18]를 발송한다.

그 이후 NSCC는 뮤추얼펀드, 보험·연금 등 다른 서비스에서 발생한 대금을 반영하여 대금결제포지션(NSCC settlement balance)을 산정한 다음, DTC의 대금결제포지션과 통합차감하여 최종 결제를 완료한다. 이에 관해서는 후술한다.

18 미국의 경우 결제일(T+3)에 증권결제가 종료된 후 이를 반영한 최종 대금결제포지션을 산정하여 업무마감시점에 대금결제를 처리하는 반면, 우리나라의 경우 결제일(T+2)의 증권결제 결과를 반영하지 않고 전일에 산정된 대금결제포지션을 결제일(09:00~16:00)중에 처리한다.

### 2.2.5. 결제불이행 처리

NSCC는 결제지연과 불이행방지를 위해 다양한 제도를 운영하고 있다. 연속차감결제(CNS: Continuous Net Settlement), 자동차입제도, 강제매수(buy-in), 벌금 제도 등이 그 예이다. 이를 자세히 살펴보면 다음과 같다.

첫째, CNS방식은 매도회원이 증권인도에 실패하면 해당 수량을 익일로 이월하여 다른 결제수량과 재차감하는 방식을 말한다. 매도회원이 익일에 매수포지션이 있는 경우 전일의 미인도포지션과 재차감하여 결제함으로써 전일의 증권부족을 해결할 수 있다.

둘째, 자동차입제도(Automated Stock Borrow Program)는 CNS의 일시적인 증권부족을 충당하기 위해 운영하는 제도이다. 차입자는 NSCC가 되고 대여자는 대여를 신청한 회원이 되며 NSCC는 차입증권의 상환을 보증한다. DTC는 차입증권의 대여자계좌에서 NSCC계좌로 계좌대체하고, 다시 NSCC계좌에서 매수회원계좌로 계좌대체한다.

셋째, 미수령회원은 NSCC에 강제매수(buy-in)를 신청하여 모든 회원에 우선하여 증권을 인수할 수 있다.

넷째, NSCC는 증권인도와 대금납부의 지연에 대해 벌금을 부과한다. 증권인도 지연의 경우 결제이월 기간에 따라 결제이월 1건당 \$0.25~\$1.00의 벌금을 부과한다. 이에 비하여 대금납부 지연의 경우 지연횟수와 금액기준에 따라 지연대금의 약 0.04~0.3%(1회 기준)의 벌금을 부과한다(연 14.6~109.5%).

이러한 불이행 방지 노력에도 불구하고, 결제불이행이 발생시에는 증권이 불이행회원의 계좌에 있는 경우 DTC가 NSCC계좌로 해당 증권을 반환한다. 반면 불이행회원이 증권을 인출하여 DTC의 통제권 밖에 있는 경우, DTC는 은행에 질권을 설정할 수 있는 증권의 할인된 시장가격을 NSCC에 지급한다.

한편, 회원의 지급불능으로 NSCC에 손실이 발생하는 경우 ① 불이행회원의 청산기금 사용, ② NSCC 유보금의 25% 사용, ③ 불이행회원 외의 회원에 대한 안분비례(loss allocation)의 순서로 손실을 보전하다.

## 2.3. 위험관리방법

### 2.3.1. 회원관리

NSCC는 엄격한 회원(member) 기준 설정과 모니터링을 실시한다. NSCC는 회원이 될 수 있는 기관을 브로커, 딜러, 은행, 신탁회사, 보험회사 및 투자회사 등으로 한정하고 있다. 이러한 기관이 회원신청을 하면, 신청자의 재무요건과 인적·물적 자원 등 업무운용능력을 심사한 후 승인한다.

또한 NSCC는 개별 회원의 재무상황, 업무활동 변동상황 등에 대하여 지속적인 감시활동을 수행한다. 회원의 재정 상태에 문제가 있다고 판단되는 경우에는 청산기금을 추가 징수하는 등 당해 참가자의 업무 수행에 특별한 제한조치를 취할 수 있다.

이 밖에도 회원이 심각한 재정상황에 봉착하거나 업무운용상 장애를 겪는 경우에는 회원자격을 정지할 수 있다. NSCC는 회원의 미결제포지션에 따른 위험의 정도를 파악하고 필요한 경우 추가적인 담보납입을 요구하기 위하여 다양한 포지션 관리 시스템을 운영하고 있는데, 이에는 가격변동성이 높은 시장에서 회원에게 커다란 손실을 야기할 수 있는 주요 포지션 탐색 시스템, 미결제 포지션에 대한 가격변동성 산정 시스템 등을 운용하고 있다.

### 2.3.2. 청산기금

NSCC는 회원의 결제불이행시 결제위험이 파급되는 것을 막기 위해 청산기금(clearing fund)을 적립한다. 청산기금의 예치는 NSCC의 일반회원(member)뿐만 아니라 뮤추얼펀드회원(Mutual Fund Service Member), 보험·연금회원(Insurance and Retirement Service Member) 등도 하게 된다. 2011년 말 기준, 청산기금 규모는 총 38.6억 달러로 이 중 35.8억 달러는 현금, 2.8억 달러는 증권으로 구성되어 있다.[19]

이들 회원은 최소 의무예치금을 납부하여야 한다. 또한 NSCC는 각 회원의 재무상태와 업무운용능력에 따라 최소 의무예치금을 증액 요구할 수 있다. 청산기금의 사용은 결제업무상 발생하는 손실의 보충 또는 채무의 이행에 한정하여 사용할 수 있는데, 청산기금의 사용은 이사회의 결정에 따르게 된다.

---

19 'NSCC Annual Financial Statement (2011)', p. 2 참조.

### 2.3.3. 상호보증

NSCC와 DTC는 증권결제에서 발생하는 위험을 관리하기 위해 상호보증(cross guaranty)을 한다. DTC가 매도회원계좌에서 NSCC계좌로, NSCC계좌에서 매수회원계좌로 증권을 계좌대체할 때에는 다음과 같은 2가지 위험이 발생한다. 첫째, NSCC와 DTC의 공통회원이 CNS 순매도포지션이 되어 공통회원계좌에서 NSCC계좌로 증권을 인도할 경우 공통회원의 담보가치 하락에 따라 DTC가 위험에 노출된다. 둘째, NSCC와 DTC의 공통회원이 CNS 순매수포지션이 되어 NSCC계좌에서 공통회원계좌로 증권을 인도할 경우 공통회원의 증권을 이용할 수 없게 되어 NSCC가 위험에 노출된다. NSCC와 DTC는 각각 상대 기관의 위험노출에 상호보증을 함으로써 위험을 관리한다.

이러한 위험이 발생하는 이유는 장내 주식시장결제(CNS결제)에서는 장외 주식기관결제와 달리 매수·매도회원의 순채무한도(net debit cap)와 담보(collateral) 요건과 관계없이 증권인도를 허용하기 때문이다.[20] 이런 측면에서 장내 주식시장결제는 분리결제(FOP)가 이루어지고 있는 것으로 평가되고 있다.

한편, NSCC와 DTC는 장내 주식시장결제에 대해서도 장외 주식기관결제와 같은 위험관리장치를 도입하기 위한 계획을 발표하였다.[21]



## 3. 장외 주식기관결제

### 3.1. 개요

장외 주식기관결제는 증권회사와 기관투자자 고객 간의 거래를 대상으로 한다. 즉, NYSE, NASDAQ, NYSE Amex 등 증권거래소 및 ATS에서의 거래에 따라 증권회사와 보관은행, 보험 등의 기관투자자 고객 간의 거래(customer-side)를 대상으로 결제를 한다. 대상증권은 주식, 사채, 지방채 등 DTC의 예탁적격증권이다.

---

20 우리나라의 경우 증권회사가 장외 주식기관결제에서 장내 주식시장결제에 필요한 증권을 수령할 경우에는 여유치, 순채무한도 조건 등을 충족해야 되고, 증권회사가 장내 주식시장결제에서 증권을 수령할 경우 증권수령한도 조건 등을 충족하도록 함으로써 위험을 관리하고 있다.

21 DTCC, CNS Settlement as Delivery versus Payment in DTC(2011. 9)

장외 주식기관결제의 DVP유형은 DVP2이다. 즉 증권은 일중에 건별로 먼저 결제되고, 대금은 마감시점에 차감하여 결제되는 방식이다. 결제주기는 T+3일이다.

장외 주식기관결제에서는 Omgeo가 매매확인기능을 수행하고, DTC가 결제기관으로서 증권결제와 대금결제를 담당한다. 특히, DTC는 DVP2에 따른 대금결제의 위험을 제거하기 위하여 대금지급을 보증한다. 그리고 Fed는 대금결제은행의 기능을 수행한다.

## 3.2. 업무처리절차

### 3.2.1. 매매확인

T+0～2일에 Omgeo에서 매매확인을 실시한다. 증권회사는 증권거래소 등에 거래가 체결된 내역을 투자관리회사(investment manager), 은행 등 기관투자자에게 통지(NOE: Notice of Execution)한다. 기관투자자는 대량주문의 체결분을 펀드(또는 계좌)별로 배분(allocation)하고, 해당내역을 증권회사에 통지한다.

그 다음 증권회사는 배분지시를 받아, 각 펀드별 거래에 따라 수수료나 세금을 차감한 결제금액을 산출하여 기관투자자에게 거래확인(confirmation)을 의뢰한다. 기관투자자는 거래내역을 확인한 후, 그것에 대한 거래승인(affirmation)을 증권회사에 통지한다.

이와 함께 기관투자자는 증권회사와의 거래내역을 확인한 후 보관은행(custodian bank)에 자신이 행한 거래결과에 따라 결제할 것을 지시한다. 이 지시는 Omgeo가 기관투자자를 대신해서 하는 경우도 있다.

T+2일 13:00 이후에 Omgeo는 기관투자자와 증권회사의 대리인으로서, DTC에게 결제지시(DO: delivery order)를 한다. 매도회원은 DTC의 IMS(Inventory Management System)를 통해 자동결제에 대해 승인(authorization) 또는 배제(exemption) 등을 신청할 수 있다.

### 3.2.2. 결제

#### 가. 증권결제

DTC는 야간 사이클(night cycle)과 주간 사이클(day cycle)을 통해서 증권결제를 처리한다. 야간 사이클은 T+2일 19:30~23:59, 주간 사이클은 T+3일 00:00~15:30에 각각 처리된다.

DTC는 순채무한도(net debit cap)와 담보관리(collateralization control)를 통해 증권결제를 실시한다. 즉, DTC는 매도참가자계좌에 증권이 충분히 있고, 매도·매수참가자의 순채무한도와 담보요건이 충족될 때 매도참가자계좌에서 매수참가자계좌로 건별로 증권을 계좌대체 한다.

나. 대금결제

DTC는 야간 사이클과 주간 사이클에서 증권결제가 처리될 때마다 매도참가자의 대금계좌(settlement account)에는 증가기재를, 매수참가자의 대금계좌에 감소기재를 한다. 이때 대금계좌에는 주식 이외에 채권, 단기금융상품(MMI: Money Market Instrument) 등의 동시결제(DVP)에 따른 대금내역도 반영된다.

그 이후 주간 사이클이 종료되면 DTC는 참가자별 대금포지션을 산정한 다음, NSCC의 CNS결제, 뮤추얼펀드, 보험·연금 등에 따른 대금결제포지션을 통합 차감하여 최종 결제한다.

### 3.2.3. 결제불이행 처리

장외 주식기관결제는 DVP2에 따라 매도참가자의 증권잔량이 있는 상태에서 증권결제를 처리하므로 증권미납부(fail)는 허용되고 있지 않다. 다만, 대금납부의 지연이 발생하여 DTC가 유동성을 조달했을 경우에는 벌금(fine)을 부여할 수 있다.

위와 같은 불이행 제재에도 불구하고, 참가자가 납부시한(17:00)까지 결제대금 납부를 하지 않은 경우 DTC는 다음의 순서로 자금을 충당하여 결제를 완료한다. 먼저 페일 참가자(failing participant)의 참가자기금을 사용하고, 이것이 부족하면 여신제공은행, 다른 참가자로부터 자금을 차입하여 충당한다. DTC는 자금을 차입할 때 페일 참가자의 담보물을 여신제공은행 등에 담보로 제공한다.

페일 참가자는 익일 10:00까지 DTC계좌로 차입금액을 상환해야 한다. 만일 페일 참가자가 이를 상환하지 않을 경우 DTC는 페일 참가자의 담보물을 처분할 권한을 갖는다.

그 이후 DTC는 결제불이행에 따라 손실이 발생하면, 불이행참가자의 참가자기금을 사용한다. 이것이 부족하면 DTC의 유보금을 사용하거나 다른 참가자의 참가자기금을 안분하여 사용한다. DTC가 참가자기금을 안분하여 사용한 후 참가자는 추가적인 참가자기금을 납부하여야 한다.[22]

### 3.3. 위험관리방법

DTC는 결제일 마감시한까지 Fedwire에서 대금이 결제되기 전에 일중에 증권을 먼저 결제하며, 이 시점부터 매도참가자(대금수령측)에 대해 대금지급을 보증한다. 그로 인해 대금지급포지션인 참가자가 결제시한까지 대금을 납부하지 못하면 DTC가 그 위험을 지게 된다. 따라서 DTC는 이러한 위험을 관리하기 위하여 순채무한도, 담보관리, 유동성 관리 등의 위험관리방법을 마련하고 있다.

#### 3.3.1. 순채무한도

DTC는 각 참가자가 당일에 지급할 채무액을 제한하기 위해서 참가자마다 지급채무액의 상한인 순채무한도(net debit cap)를 설정하고 있다. 참가자별 순채무한도는 ① 참가자의 과거 70영업일 동안의 상위 3개 순채무 평균, ② 참가자의 결제은행이 정한 순채무한도, ③ DTC가 재량으로 정한 금액, ④ $18억 중에서 작은 것으로 하며 일중 내내 동 수준에서 관리된다.

각 참가자의 DTC에 대한 순결제채무(net settlement debit)는 DTC에 있어서 각 참가자가 증권을 수취할 때마다 증가한다. 채무액이 상한(cap)에 달하면, 그것 이상의 증권을 수령할 수 없고, 대체지시는 대기행렬(pending queue)에 놓여진다. 이러한 경우 참가자는 일중에 결제대행은행을 통해서 Fed의 DTC계좌로 입금함으로써 지급채무액을 줄이고, 증권을 수령할 수 있다. 이처럼 증권의 수령을 촉진하기 위해 입금하는 자금을 결제촉진대금지급(SPP: Settlement Progress Payment)[23]이라고 한다.

#### 3.3.2. 담보관리

DTC는 대금 지급회원이 대금지급을 불이행한 경우에도 다른 참가자에게 대금지급을 할 수 있도록 하기 위해 참가자의 순결제채무가 완전히 담보(fully collateralized)되도록 관리한다. 즉, DTC는 증권인도, 입질(pledge), 반환

22 DTC, Assessment of Compliance with the CPSS/IOSCO Recommendations for Securities Settlement Systems(2011. 12), p. 23 참조.

23 우리나라의 장외 주식기관결제의 경우 결제촉진대금에 해당된다.

(withdrawal) 등 증권거래와 관련된 지시가 담보되지 않으면 이를 처리하지 않는다.

DTC의 담보관리스템은 참가자의 담보 모니터(collateral monitor, 담보가치의 합계)를 통하여 실시간으로 참가자의 담보액을 관리한다. 예를 들면, 어떤 참가자가 보유하고 있는 담보가 9만 달러이고 순결제채무액이 8만 달러라면, 담보가 충분하지 않아 채무액이 순채무한도 범위 내에 있더라도 증권인도가 처리되지 않는다.

참가자의 담보액은 다음과 같은 금액의 합계액이다. 첫째, 참가자기금으로 예치한 실제금액(actual participants fund deposit)이다. 둘째, 참가자가 보유하고 있는 DTC 우선주의 실제가치(actual preferred stock investment)이다. 셋째, 참가자의 증권 순증가분[24](net additions)이다. 순증가분은 ① 동시결제(DVP)에 의해 참가자계좌로 인도된 증권,[25] ② 예탁, 분리결제(FOP) 등을 통해 참가자계좌로 인도된 증권 중 순증가분으로 지정한 증권을 말한다. 넷째, 참가자가 Fed의 DTC계좌로 이체지시하여 결제처리 중인 결제대금이다.

DTC는 참가자의 순증가분의 담보가치를 실시간으로 평가한다. 순증가분의 담보가치는 해당증권의 시장가격×수량×할인율에 의해 산정된다. DTC는 담보가치를 평가하기 위해 제3의 정보업체로부터 담보 적격증권의 종가를 입수한다. CMO (Collateralized Mortgage Obligation)와 같이 이자율에 매우 민감한 상품의 경우에는 두 개의 외부기관으로부터 가격정보를 입수한다. 그 외에 신규증권으로서 아직 정보업체가 가격을 제공하지 않는 경우에는 주간사로부터 가격정보를 입수한다.

DTC는 전 영업일 종가기준으로 산정된 담보가치에 일정한 비율(haircut)로 할인하여 평가한다. 할인율은 증권의 종류, 등급, 시장가격 및 장내시장에서의 거래 여부 등 관련 기준을 적용하여 결정하는데, 할인율의 범위는 2~100%이며 할인율 정책은 여신제공은행과의 협약 갱신과 연계하여 최소 1년 단위로 조정된다. 주식의 경우에는 10%, 회사채 및 지방채는 5%, MMI는 2~100%의 할인율이 적용된다.

### 3.3.3. 유동성 관리장치

#### 가. 참가자기금

DTC는 규정에서 정한 업무[26] 수행에서 발생하는 손실 또는 채무의 구제목적으

24 우리나라의 장외 주식기관결제의 경우 수령예정증권과 담보지정증권이 이에 해당된다.

25 다만, 장내 주식시장결제(CNS)에 따라 참가자계좌로 인도된 증권, 참가자가 다시 입질·분리보관·양도·반환 등을 실행한 증권은 제외한다.

26 증권예탁, 계좌대체, 질권 설정·해지, 권리행사대금(배당금, 원리금 등)의 수령·지급, 증권거래 관련 대금의 수령·지급 등을 말한다.

로 참가자기금(participants fund)을 조성한다. 참가자기금은 결제 이외에 예탁, 권리행사 등의 업무에도 사용할 수 있다. 각 참가자는 60영업일 중 순채무 최고액의 평균에 근거하여 매일 산정된 필수참가자기금예치금(required participants fund deposit)을 납부하여야 하며, 모든 참가자는 최소 필수참가자기금예치금 $10,000를 납부하여야 한다. 참가자기금 규모는 2011년 말 기준, 총 17.6억 달러가 조성되어 있다.[27]

DTC는 재량에 따라 참가자기금의 일부 또는 전부를 미연방정부, 정부기관, 정부대행기관을 통해 발행하거나 이들 기관에 의해 지급이 보증된 증권, 위 증권과 관련된 Repo거래 등에 투자할 수 있다. 이 방식으로 투자되지 않은 현금은 DTC명의로 금융기관에 예치한다. 참가자는 실제참가자기금예치금(actual participants fund deposit)이 필수참가자기금예치금을 초과할 경우 반환을 요청할 수 있다. 참가자기금의 납입 및 지급은 참가자 결제계좌의 증감기재를 통해 이루어진다.

#### 나. 신용공여한도

DTC는 참가자가 대금결제채무를 불이행한 경우 유동성 조달을 목적으로 은행으로부터 신용공여한도(credit line)를 유지하고 있다. DTC는 참가자의 결제불이행 또는 영업일 중에 참가자의 재정 및 운영 상태를 감안하여 거래를 종결시키는 것이 낫다고 판단한 경우, 해당 참가자의 순증가분(net additions)과 우선주를 신용공여은행에 입질할 수 있다. 2011년 말 기준 몇 개의 대형은행으로부터 19억 달러의 신용공여한도를 설정하고 있다.

## 4. 장내·외 통합결제

### 4.1. 개요

미국은 장내·외의 결제대금을 통합하여 결제하는 통합결제방식을 채택하고 있다. 이는 장내·외 시장에 동시에 참여하고 있는 회원에 대해 시장별로 분산된 결제대금을 통합하여 결제하도록 함으로써 회원의 자금조달 부담을 경감시켜 주기 위한 것이다.

이러한 통합결제를 위한 결제대금의 통합은 두 단계 수준에서 이루어진다. 즉,

27 'DTC Annual Financial Statement (2011)', p. 9 참조.

DTC와 NSCC의 상호승인에 의한 회원수준에서의 결제대금 통합과 결제대행은행(settling bank) 수준에서의 결제대금 통합이다.

위와 같은 통합결제의 대상이 되는 NSCC의 결제대금에는 CNS 결제대금뿐만 아니라 뮤추얼펀드, 보험·연금 등 다른 서비스에서 발생한 대금도 포함된다. DTC의 결제대금에는 주식뿐만 아니라 채권, MMI 등의 동시결제에 따른 대금도 모두 포함된다.

한편, DTC는 2003년 12월부터 통합결제시스템(consolidated settlement system)을 구축하여 DTC의 결제대금과 NSCC의 결제대금을 통합한 형태(양 기관의 결제대금과 그 차감금액을 표시)로 단말기(PTS, PBS)의 단일 화면에서 볼 수 있게 하였다.

### 4.2. 상호승인(cross endorsement)

DTC와 NSCC는 상호승인약정(cross endorsement agreement)[28]을 체결하고 양 기관의 공통회원(common member)인 참가자의 자금 수령액과 지급액을 통합 차감하여 하나의 포지션으로 결제하도록 한다. 이를 구체적으로 살펴보면 다음과 같다.

먼저 NSCC는 주간 사이클이 종료되면 CNS 결제대금과 뮤추얼펀드, 보험·연금 서비스와 관련된 대금을 합산하여 최종적인 대금결제포지션(NSCC settlement balance)을 산정한 후 15:20까지 DTC에 통보한다.

DTC는 상호승인약정에 따라 공통회원이 한 기관에는 수령금액(credit amount), 다른 기관에는 지급금액(debit amount)이 있는 경우에는 다음과 같은 방식으로 공통회원별 순수령금액(net credit amount)과 순지급금액(net debit amount)을 산출하여 15:45까지 참가자에게 통보한다.

**① 공통회원의 수령금액 〉지급금액인 경우(순수령금액)**

: 공통회원의 수령금액을 갖고 있는 기관(credit 기관)은 공통회원에게 순수령금액을, 공통회원이 지급금액을 갖고 있는 기관(debit 기관)에게 해당 지급금액을 지급한다.

**② 공통회원의 수령금액 〈 지급금액인 경우(순지급금액)**

: 공통회원은 순지급금액을, credit 기관은 해당 수령금액을 debit 기관에 지급한다.

---

28 정식명칭은 Netting Contract and Limited Cross-Guaranty Agreement between DTC and NSCC로 1994년 4월에 체결된 후 1996년 2월, 2001년 6월에 각각 개정되었다.

▶▶ 표 4-5 상호승인에 의한 차감방법

◈ 공통회원별 포지션

| 구분 | 회원A | 회원B | 회원C | 회원D | 회원E |
|---|---|---|---|---|---|
| NSCC | −100 | −100 | +100 | −40 | +40 |
| DTC | +150 | +50 | −100 | −100 | +70 |
| 계 | +50 | −50 | 0 | −140 | +110 |

◈ 회원별 순수령금액 및 지급금액

▶ 회원A(순수령금액 50): DTC(credit 기관)는 회원A에게 50을, NSCC(debit기관)에게 100을 각각 지급

▶ 회원B(순지급금액 50): 회원B는 NSCC(debit 기관)에게 50을, DTC(credit기관)는 NSCC에게 50을 지급

▶ 회원C: NSCC(credit기관)는 DTC(debit기관)에게 100을 지급

▶ 회원D, 회원E: 차감대상이 아님

③ 공통회원의 지급금액 = 수령금액인 경우

: credit 기관이 해당 수령금액을 debit 기관에 지급한다.

한편, DTC와 NSCC의 상호승인에 의한 차감은 연방예금보험공사개선법(FDICIA: Federal Deposit Insurance Corporation Improvement Act)상의 차감계약(netting contract)으로서 도산뿐만 아니라 일반 상황에서도 제3자에 대한 이행강제력을 갖는다. 즉, 연방예금보험공사개선법은 Sec 402(14) 상에서의 차감계약에는 1934년 증권거래법 상 Clearing Agency인 NSCC와 DTC의 규정(rule)도 포함하는 것으로 정의하고 있다.

### 4.3. 결제대행은행 간 차감(settling bank netting)

결제대행은행은 자신 또는 다른 참가자를 위해 대금결제업무를 처리하며, DTC와 NSCC는 결제대행은행차감약정(DTC/NSCC Settling Bank Netting Agreement)을 통해 양 기관의 공통결제대행은행(common settling bank)의 자금 수령액과 지급액을 통합 차감하여 하나의 포지션으로 결제하도록 한다. 이를 구체적으로 살펴보면 다음과 같다.

먼저 DTC와 NSCC는 주간사이클이 종료되면 각각 결제대행은행별로 결제금액을 산정한다. 즉 결제대행은행의 각 참가자별로 산정된 순수령금액(net credit balance)과 순지급금액(net debit balance)을 결제은행 자신의 순수령 또는 지급금액과 차감하여 결제대행은행별로 단일의 순-순 수령금액(net-net credit balance) 또는

순–순 지급금액(net-net debit balance)을 산정한다.

그 다음으로 DTC는 15:20까지 NSCC로부터 대금결제포지션(NSCC settlement balance)을 통보받은 후 결제대행은행차감약정에 따라 공동결제대행은행이 한 기관에는 수령금액(net-net credit amount), 다른 기관에는 지급금액(net-net debit amount)이 있는 경우 공동결제대행은행별 통합결제지급금액(consolidated settlement debit amount)과 통합결제수령금액(consolidated settlement credit amount)을 산출하여 15:45까지 결제대행은행에 통보한다.

### 4.4. 통합결제대금의 최종 결제

DTC는 NSCC와 결제대행은행의 결제대리인(Settlement Agent)의 자격으로 Fed가 제공하는 NSS(National Settlement Service)를 통해 공동결제대행은행과의 최종 결제대금을 결제하는데, 통합결제는 다음의 순서로 처리된다.

우선 DTC는 17:00에 Fed에 대해 통합결제지급금액이 있는 결제대행은행 계좌에서 DTC계좌로 자금을 인출할 것을 지시한다. 그 다음 DTC는 자금입금을 확인한 후 17:15에 Fed에 대해 DTC계좌에서 통합결제수령금액이 있는 결제대행은행 계좌로 자금을 지급할 것을 지시한다.

한편, 공동결제대행은행이 통합결제지급금액을 결제하지 못한 경우 해당 지급금액이 NSCC지급금액(debit amount)이면 NSCC가 결제 불이행절차를 실행하고, 지급금액이 DTC지급금액(debit amount)이면 DTC가 결제 불이행절차를 실행한다.



# 04 국채시장의 결제제도

## 1. 개 관

미국의 국채시장은 세계 최대의 시장으로 대부분 장외시장에서 증권회사, 은행 등 딜러(dealer) 간 거래로 이루어지고 있다. 이와 같이 장외시장에서 이루어진 국채거래는 두 가지 형태로 결제가 이루어진다. 즉 청산기관(CCP)을 이용하는 결제와 이용하지 않는 결제가 있다. 전자의 경우에는 청산기관인 FICC(Fixed Income Clearing Corporation)의 청산과정을 거쳐 Fed에서 결제가 이루어진다. 후자의 경우에는 FICC의 RTTM 등의 매매확인과정을 거쳐 Fed에서 결제가 이루어진다.

이하에서는 이 두 가지 형태의 결제에 대해 알아보기로 한다.

## 2. 장외 국채기관결제(CCP결제)[29]

### 2.1. 개요

장외 국채거래 중 청산기관(CCP)을 이용하는 거래는 FICC의 청산과정을 거쳐 결제가 이루어진다. 이러한 거래유형에는 FICC 회원인 증권·은행 등의 딜러 간 거래가 해당된다. FICC의 국채부문(GSD: Government Securities Division)의 참가자는 2012년 말 기준 140사로 증권회사는 30사가 회원으로 등록되어 있다.

FICC의 대상인 국채거래는 매매거래(cash buy/sell transaction), Repo거래, 국채입찰거래(Treasury auction transaction) 등이다. 그리고 대상증권은 국채(Treasury Bill, Treasury Note, Treasury Bond), 연방기관채, 스트립채 등이다.

FICC를 이용한 장외 국채거래의 결제는 증권과 대금을 회원별·종목별로 차감하여 건별로 결제하는 DVP1방식이며, 결제주기는 T+1일[30]이다.

또한, FICC를 이용한 장외 국채거래의 결제는 FICC가 매매확인, 경개, 차감, 이행보증의 기능을 수행하고, Fed가 결제기관으로서 증권과 대금을 결제한다.

### 2.2. 업무처리절차

#### 2.2.1. 매매확인

T+0일에 FICC는 RTTM(Real-Time Trade Matching)을 통하여 실시간으로 매매확인을 실시한다. RTTM에서 매매확인은 회원이 입력한 매매보고에 근거해서 자동

29 FICC, Assessment of Compliance with the CPSS/IOSCO Recommendations for Central Counterparties(2011. 12) 참조.

30 다만, GC(General Collateral) Repo의 결제주기는 T+0일이다. GC Repo는 체결시점에 대상증권(underlying securities collateral)이 특정되지 않은 Repo를 말한다. 이에 대응되는 개념이 SC(Specific Collateral) Repo이다.

적으로 처리된다(bilateral trade submission). 회원은 FICC에 실시간으로 매매보고를 보내고,[31] 매매확인 상태를 확인할 수 있다. 이 밖에도 IDB 등의 중개업자가 FICC에 매매보고를 하여 매매확인을 할 수도 있다(demand submission).[32] 한편, 국채의 입찰결과 낙찰분은 Fed로부터 매매확인된(locked-in) 거래로서 FICC에 통지된다(locked-in submission).[33]

회원은 웹 베이스의 RTTM Web 또는 CPU 접속에 의해서 FICC에 실시간으로 접속할 수 있다. 네트워크로는 DTCC가 관리하는 SMART 혹은 SIAC(Securities Industry Automation Corporation)가 관리하는 SFTI(Secure Financial Transaction Infrastructure) 또는 인터넷(RTTM Web의 경우)이 이용된다.

### 2.2.2. 차감

T+0일 야간에 FICC는 매매거래, Repo거래, 국채입찰거래에 대해 다자간 차감을 실시한다.[34] 즉, 증권과 대금을 모두 회원별·종목별로 차감하며, 차감 후 회원은 종목별로 하나의 증권포지션과 대금포지션을 갖게 된다. 이때 대금포지션은 시스템가격[35]으로 계산하는데 이는 복수의 가격으로 거래되는 동일 종목에 대하여 시가를 통일하기 위한 것이다. 시스템가격을 적용함으로써 결제에 있어서 동일 종목을 무차별하게 취급할 수 있다.

한편, 실제 약정가격과 시스템가격의 차액은 차액자금결제(FOS: Funds Only Settlement)에 반영되어 처리된다.

이러한 차감결과는 거래일의 야간(통상 24:00)에 회원에게 통지된다. 차감에 의한 결제금액의 축소 비율은 76%에 달한다.

### 2.2.3. 경개

FICC에서 차감된 포지션은 모두 FICC의 채무로 바뀌게 된다(novation). 즉, FICC는 매도자와 매수자의 사이에 개입해 쌍방의 거래상대방(counterparty)이 되어 결제이행을 보증하고, 거래상대방 위험을 축소한다. FICC가 회원에 대해서 결제이

31 5,000만 달러를 상회하는 국채거래에 대해서는 5,000만 달러의 거래와 나머지 금액의 거래로 나누어 입력해야 한다. 이는 결제의 단계에서 Fedwire의 상한규제가 있기 때문이다.
32 이 경우 거래당사자는 확인되지 않은 거래를 DK거래(Don't Know trade)로 부인할 수 있다.
33 이 때문에, 국채입찰의 낙찰자는 낙찰결과를 FICC로 보낼 필요는 없다.
34 다만, GC Repo는 다른 거래와 별도로 다자간 차감을 실시한다.
35 시스템가격은 당일의 각 국채의 시장가격을 기초로 각 영업일마다 정해진다.

행을 보증하는 것은 차감결과가 회원에게 통지된 시점이다. 즉, 거래일의 야간(통상 24:00경)이 된다.

### 2.2.4. 결제

T+2일에 FICC에 의해 차감된 포지션은 증권 DVP결제와 차액자금결제의 2가지 결제를 통해 결제가 된다.

#### 가. 증권 DVP결제(Securities Settlement)

증권 DVP결제란 시스템가격으로 계산된 대금포지션과 증권포지션을 건별로 동시결제(DVP)하는 것을 말한다.

FICC는 Fed에 계좌를 갖고 있지 않기 때문에,[36] Fedwire를 이용하는 2개의 은행을 청산은행(clearing bank)으로 지정하고 있다. 중기국채(Treasury Note)는 BONY(Bank of New York Mellon)가, 그 이외의 채권[37]은 JPMC(JP Morgan Chase)가 FICC의 청산은행이다. 시장참가자의 대부분은 국채 결제를 원활히 하기 위해서, 이 2개 은행의 어느 한쪽(또는 양쪽)에 계좌를 갖고 있다.

회원과 FICC 간의 국채인도와 대금지급은 청산은행 내의 회원계좌와 FICC계좌 간 대체에 의해서 이루어진다. 즉, 청산은행 내부 결제(internal settlement)를 통해 이루어지고 있다.

한편, BONY에 계좌를 갖고 있는 회원이 JPMC가 청산은행으로 되어 있는 국채를 결제하는 경우에는 Fed 내의 BONY계좌와 JPMC계좌 간에 결제가 된다(Fedwire를 통한 결제).

매도회원의 FICC로의 증권 인도는 Fedwire의 마감시간(15:15)에 맞추기 위해 15:00까지이다. 또한 FICC로부터 매수자로의 증권 인도도 15:00까지 종료된다.

#### 나. 차액자금결제(Funds Only Settlement)

차액자금결제란 약정가격과 시스템가격의 차액 등을 결제하는 것을 말한다. 차액자금결제금액은 다음의 세 가지로 구성된다. 첫째, 약정가격과 시스템가격의 차액인 거래조정금액(TAP: Transaction Adjustment Payment)이다. 둘째, 선도 차감포지

36 이것은 Fed에 계좌를 개설할 수 있는 곳이 원칙적으로 예금취급기관(depository institution)으로 한정되어 있기 때문이다.

37 단기국채(Treasury Bill), 장기국채(Treasury Bond), 연방기관채, 스트립채 등.

▶▶ 그림 4-4 FICC 대상거래의 청산은행 내부결제

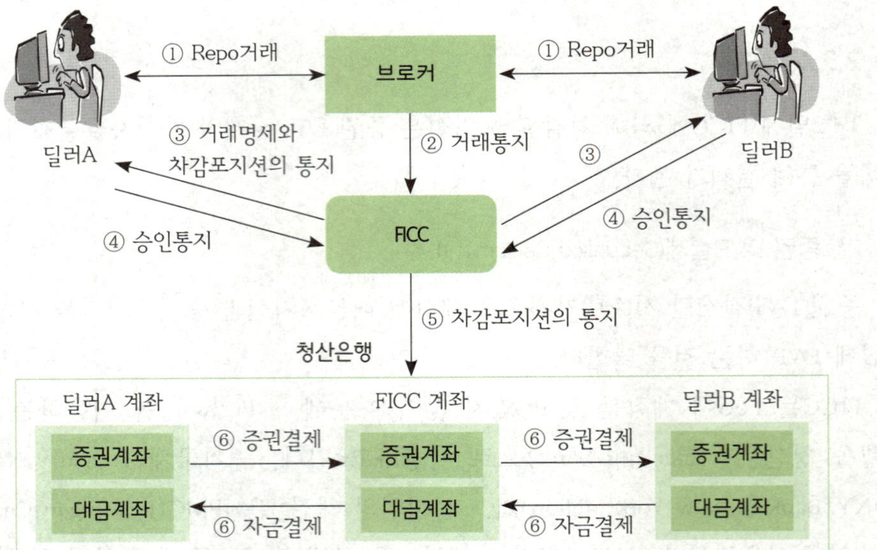


션의 시가평가와 관련된 선도일일정산금액(forward mark to market payment)이다. 셋째, 페일된 증권과 관련된 페일조정금액(fail mark adjustment payment)이다.

차액자금결제는 FICC의 지정은행인 DTC를 통해서 처리된다. 즉, 지급포지션인 회원은 10:00까지 Fed 내의 DTC계좌에 자금을 납부하고, DTC는 수령포지션인 회원에게 11:00까지 지급한다.

### 2.2.5. 결제불이행 처리

FICC는 참가자가 증권인도에 실패하면 페일 포지션을 별도로 관리하며, FICC의 재량으로 페일 포지션을 다른 포지션과 차감할 수 있다. 또한 FICC는 결제불이행을 억제하기 위하여 강제매수(buy-in), 벌금 제도를 운영한다. 이를 살펴보면 다음과 같다.

먼저, 페일이 지속될 경우 매수회원은 강제매수(buy-in)를 신청할 수 있다. 이와 같은 강제매수가 신청되면 FICC는 미결제 포지션이 있는 매도회원을 선정하여 해당 내역을 통보한다. 다만 강제매수는 매수회원과 선정된 매도회원 간에 실행되며 FICC가 강제매수를 실행할 의무는 없다.

둘째, FICC는 증권인도와 대금납부 지연에 대해 벌금을 부과한다. 증권의 경우 지연으로 발생하는 비용 및 벌금을 해당 참가자에게 부과하고 대금의 경우 그 지연 횟수 및 금액에 따라 지연대금의 약 0.03~0.3%(2회 기준)의 벌금을 부과한다. 벌금의 수준은 연 11.0~109.5% 수준이다.

위와 같은 불이행방지 노력에도 불구하고, 결제불이행이 발생하면 FICC는 회원에 대한 청산서비스를 중단하고 거래를 종료시킨다. 또한 회원의 결제 불이행으로 인해 FICC에 손실이 발생하면 다음의 순서에 따라 처리한다. ① 불이행회원이 납부한 청산기금과 담보물 사용, ② 불이행회원과 거래한 회원이 납부한 청산기금과 담보물 사용, ③ FICC의 이익잉여금의 25% 사용, ④ 모든 회원에게 안분하여 손실을 분배한다.

### 2.3. 위험관리방법

#### 2.3.1. 회원관리

FICC는 결제위험을 제한하기 위해 5가지 형태의 회원자격을 마련해서 엄격하게 모니터링하고 있다. 어떤 회원의 잠재적인 위험이 높아지고 있다고 판단하면 감시 대상(watch list)으로 하여, 재무상황을 빈번하게 보고하게 하고 청산기금의 증액을 요구한다.

#### 2.3.2. 증거금(forward margin)

FICC는 거래일 야간(24:00 경)의 결제이행 보증 이후 결제일까지의 가격변동위험에 대비하기 위해 회원에 대해 증거금(forward margin)을 요구하고 있다. 증거금은 차감 결제포지션에 대해 Repo이율로 할인하여 시장가치를 구한 후 거래금액과 비교하여 일일정산 함으로써 산출된다(daily mark-to-market). 증거금은 현금으로 납부할 필요가 있으며, 이는 차액자금결제(funds only settlement)에 포함되어 실행된다.

증거금은 채권 종목별 포지션 사이에서 상계되는 동시에, 매매거래와 Repo거래의 포지션 사이에서도 상계되어 산출된다(cross-margining). 즉, 어떤 채권의 증거금 부족(margin debit)은 다른 채권의 증거금 잉여(margin credit)로 상계됨으로써, 증거금의 효율적인 관리가 가능하다. 증거금의 부족액이 일정 이상이 된 경우에는 추가

증거금의 차입이 요구된다(margin call).

### 2.3.3. 청산기금

FICC는 증권과 대금을 DVP로 처리하기 때문에 원본위험을 제거하고 있으나 국채의 가격변동에 따른 위험은 계속적으로 존재하게 된다. 이에 따라 FICC는 회원의 파산 또는 fail로 인한 FICC 및 다른 회원의 손실을 충당하고 적시 결제이행을 담보하기 위하여 청산기금(clearing fund)을 조성한다.

증거금이 결제이행 보증(T+1일 24:00경) 이후 결제일까지의 가격변동위험에 대비하기 위한 것인 반면, 청산기금은 회원의 불이행시 일일정산 시점부터 회원의 포지션을 처분하는 동안의 가격변동위험을 커버하는 것을 목적으로 한 것이다.

청산기금은 ① 차액자금결제(Funds Only Settlement, FOS)금액이 이행되지 않을 위험, ② 차감결제포지션의 증권DVP결제가 불이행될 위험, ③ Repo이자율 변동에 따른 위험 등을 고려하여 조성된다. 차액자금결제금액의 불이행위험은 최근 75일 중에서 가장 큰 20일간의 평균 차액자금결제금액을 고려하여 기금에 반영한다. 증권 DVP결제의 불이행위험은 국채가격변동위험을 반영하기 위해 계산된 POMA(Post-Offset Margin Amount)를 고려하여 기금에 반영한다. 또한 Repo이자율 변동에 따른 위험은 시장의 급변에 따른 Repo이자율의 변동폭을 고려하여 기금에 반영한다.

각 회원에게 필요한 청산기금이 일정액 이상 부족하면 추가 납부가 요구된다. 이러한 추가납부 청구(deficiency call)시 회원은 2시간 이내에 추가적인 납부를 해야 한다.

2011년 말 기준으로 청산기금 규모는 173억 달러로, 그 내역은 국채·연방기관채가 91억 달러, 현금이 82억 달러이다.[38]

38 FICC, 'FICC Annual Financial Statement (2011)', p. 11 참조.

## 3. 장외 국채기관결제(Non-CCP결제)

### 3.1. 개요

장외시장에서 이루어진 국채거래 중 청산기관(CCP)을 이용하지 않는 거래(Non-CCP)는 두 가지 방법으로 결제가 이루어진다. 먼저 FICC의 RTTM을 통한 매매확인 과정을 거쳐 Fedwire를 통해서 결제가 이루어지는 형태이다. 다음으로 양당사자 간의 직접 매매확인 과정을 거친 후 직접 Fedwire를 통해서 결제가 이루어지는 형태이다. 여기서 Fed가 운영하는 증권결제서비스는 Fedwire 증권서비스(Fedwire Securities Service)라 한다.

### 3.2. 업무처리절차[39]

#### 3.2.1. 매매확인

Fedwire는 직접 매매확인서비스를 제공하지 않고 있으며, 결제대상인 국채거래가 매매확인이 될 것을 요건으로 하고 있지도 않다. 다만, 시장 참가자들이 매매확인서비스를 이용하고자 할 때에는 FICC의 RTTM을 이용한다. 이를 위해 FICC는 매매확인서비스만을 이용하는 참가자를 별도로 관리한다.

브로커, 딜러 등의 참가자가 거래일(T)에 매매자료를 RTTM에 입력하면, RTTM은 실시간으로 매매확인을 하고 그 결과를 수초 이내에 매매 당사자에게 통지한다.

#### 3.2.2. 결제

Fedwire의 참가자는 예금취급금융기관(depository institution), 정부관련 기관 등으로 제한되어 있으며, 2011년 말 기준 7,500개의 기관이 참가하고 있다. 이러한 Fedwire 참가자만이 Fed에 대금계좌와 증권계좌를 가진다. 따라서 증권회사 등 Fedwire에 참가할 수 없는 기관은 Fedwire 참가 금융기관을 통해 간접적으로 국채결제를 처리한다.

39 Fed, Assessment of the Compliance of the Fedwire Securities Service with the Recommendations for Securities Settlement System(2009. 8).

Fedwire에서는 대부분 DVP1에 따라 증권인도와 대금지급이 총량기준(gross base)으로 이루어진다.[40] 이는 증권인도와 대금지급이 실시간으로 이루어지기 때문에 실시간총량결제방식(Real time Gross Settlement)이라고도 한다. 이를 구체적으로 살펴보면 다음과 같다.

먼저, 매도자가 결제일[41]에 Fedwire에 증권대체지시를 한다. 그러면 Fedwire는 매도자의 증권잔량 등 증권대체지시의 유효성을 확인한 후 증권은 매도자계좌에서 매수자계좌로 계좌대체를 하고, 동시에 대금은 매수자계좌에서 매도자계좌로 계좌이체를 한다. 증권과 대금이 매도자·매수자 계좌에 기재되는 시점에 증권과 대금 모두 최종적으로 결제된다.

한편, Fedwire는 국채결제의 원활화를 위하여 증권결제 1건의 상한 금액을 5,000만 달러로 정하였다. Fedwire의 가동시간은 08:30~15:30이며, 그 후 19:00까지 동일 참가자가 보유하는 복수 계좌 간의 잔량을 조정할 수 있다.

### 3.2.3. 위험관리

Fedwire의 증권결제는 DVP1에 의해서 이루어진다. 따라서 참가자 간에 원본위험이 발생하지 않는다. 다만, DVP1의 경우 일중에 유동성이 많이 필요해지기 때문에, Fed에서는 Fedwire의 참가은행에 대해서 일중당좌대월(O/D: daylight overdraft)에 의해 일중 유동성을 공여하고 있다. Fedwire의 일중 O/D는 무담보·유료이다.

Fed는 일중 O/D에 관해서는 자기자본 등의 경영 내용에 따라서 일중신용한도(net debit cap)를 설정하고 이를 매일 엄격하게 모니터링하고 있다. 또한 참가자가 일중신용한도를 초과하여 일중 O/D를 사용하고자 할 경우에는 담보를 요구하고 있다. 이와 함께 일중 O/D를 당일 중에 상환하지 않은 경우에는 패널티를 부과한다.

---

40 2008년 말 기준 DVP결제는 85%이고, FOP결제는 15%이다.

41 일반적으로 미국의 국채거래의 결제주기는 T+1일이다. 그러나 참가자의 합의에 따라 T+0~T+N일까지 정할 수도 있다.

제5장

# 일본의 증권결제제도

## 증권시장의 개황 01

일본의 증권시장은 미국에 이어 세계 2위의 시장으로 거래가 활발하게 이루어지고 있다. 먼저 주식시장의 경우 장내시장은 도쿄증권거래소와 오사카증권거래소의 전국 증권거래소와 나고야증권거래소, 삿포르증권거래소, 후쿠오카증권거래소의 3개 지역 증권거래소가 있다. 이 중 도쿄증권거래소는 세계 4위의 증권거래소로 일본 장내시장 주식거래의 대부분을 차지하고 있다. 한편 도쿄증권거래소는 2011년 11월에 오사카증권거래소와의 합병계획을 발표하였으며, 동 계획에 따라 2013년 일본거래소 그룹이 출범하게 되면 NASDAQ OMX에 이어 세계 3위의 증권거래소로 거듭날 전망이다.

주식 장외시장의 경우 1998년 12월 증권거래법의 개정으로 거래소 집중의무가 폐지됨에 따라 증권회사들이 사설거래시스템(PTS: Proprietary Trading System)이라는 ATS의 설립이 가능해지게 되었다. 이에 따라 현재 Japannex PTS, Chi-x Japan 등의 PTS가 운영 중에 있으며 2011년 말 기준 전체 장내시장 거래대금의 3.5%를 차지하

▶▶ 표 5-1 일본 장내시장의 거래대금 (단위: 백 만 USD)

| 구분 | | 2010년 | 2011년 | 2012년 |
|---|---|---|---|---|
| 도쿄증권거래소 | 주식 | 4,121,029 | 4,370,498 | 3,873,587 |
| | 채권 | 4,205 | 3,092 | 1,571 |
| 오사카증권거래소 | 주식 | 187,376 | 195,815 | 149,204 |
| | 채권 | 76,019 | 0 | 0 |

출처: 세계거래소연맹(WFE), Electronic order book trade +Negotiated trade+reported trade

▶▶ 표 5-2 일본 장내 채권시장의 거래대금 (단위: 조 엔)

| 구분 | 2008년 | 2009년 | 2010년 |
|---|---|---|---|
| 중장기국채(JGB) | 7,566 | 4,756 | 5,126 |
| 단기국채(T-Bill, FB) | 2,795 | 3,057 | 2,495 |
| 사채 | 67 | 40 | 48 |
| 기타 | 84 | 53 | 54 |
| 계 | 10,512 | 7,906 | 7,723 |

출처: ASEAN+3 Bond Market Guide

고 있다.[1]

다음으로 채권시장의 경우 일본은 미국에 이어 세계 2위의 시장으로 성장했는데 이는 주로 장기의 경기침체에 따라 일본 정부가 적자재정을 실시하면서 대규모의 국채를 발행해 온 것에 기인한다. 또한 채권거래는 장내시장인 도쿄증권거래소, 오사카증권거래소 및 나고야증권거래소에서 국채와 전환사채의 일부가 거래되고 있으며, 대부분은 장외시장에서 거래가 이루어지고 있다.

일본의 장외시장에서 거래되는 채권의 대부분은 국채로 전체의 98% 이상을 차지하고 있으며, 이 중 1년 이하의 단기국채가 32.3%, 중장기국채가 66.4%를 차지하고 있다.

국채 장외거래의 종류는 주로 매매거래(outright trading), 현선거래(repurchase agreement),[2] 현금담보부대차거래(cash-collateralized securities lending)[3]이며, 2010년 말 기준으로 총 거래금액은 16,306조 엔이며 이 중 매매거래 3,393조 엔(20.8%), 현선거래 4,060조 엔(24.9%), 현금담보부대차거래 8,853조 엔(54.3%)이다.[4]

장외거래의 당사자는 주로 증권회사, 은행, 신탁은행, 보험 등 기관투자자 및 비거주자이다. 또한 이의 거래유형을 살펴보면 증권회사, 은행 등 딜러(dealer)와 기관투자자 간의 거래는 전화 등을 이용한 직접 협상으로 거래를 체결하는 유형과 증권회사, 은행 등 딜러 간의 거래는 전화 등을 이용한 직접 협상 또는 IDB(Inter Dealer Broker)를 이용한 협상을 통하여 거래를 체결한다. 최근에는 채권거래의 투

1 http://pts.offexchange.jp/
2 Special Collateral Repo라고도 하며 이는 현금을 담보로 채권의 대차를 목적으로 하는 거래를 말한다.
3 General Collateral Repo라고도 하며 이는 채권을 담보로 자금대차를 목적으로 하는 거래를 말한다.
4 JGBCC, Answers to the key questions of Recommendations for Central Counterparties(CCPs, 2012년 3월), p. 4 참조.

명성, 효율성 등을 위해 JBOND, Yensai.com 등의 PTS가 등장했으나, 크게 활성화되지는 못하고 있다.

한편, 일본 증권시장의 결제제도는 1990년대 말까지는 국제수준에 비해 여러 측면에서 뒤처져 있었으며, 시장참가자의 안전성·편의성에서도 문제가 있었다. 이로 인해 일본은 증권시장의 국제 경쟁력 강화 측면에서 증권결제시스템을 국제적인 수준으로 안전하고 효율적으로 개편하는 것이 주요 과제였다.

구체적으로 증권거래 이후부터 결제까지 프로세스에서 Fax나 전화에 의한 매매확인이 이루어지고 있었으며, 실물증권의 비중이 높아서 전반적으로 수작업 개입이 발생하는 등 STP(Straight Through Processing)가 발달하지 못한 상황이었다. 또한 각 증권마다 법제가 나누어져 있었다. 증권결제는 여러 결제기관(CSD)에서 분산되어 처리되고 있었으며, CP(Commercial Paper)는 결제기관이 존재하지도 않았다. 더욱이 주식의 경우 통일적인 청산기관(CCP) 없이 증권거래소마다 청산을 하고 있었으며, 국채나 사채의 청산기관도 존재하지 않았다. 또한 DVP(Delivery versus Payment) 결제가 실현되지 않은 증권이 남아 있어 위험관리 측면에서 문제가 있었다.

이와 같은 상황에서 1999년 8월 일본의 채권시장문제소위원회가 발표한 「증권결제시스템의 개혁을 위한 보고서」를 계기로 증권결제 개혁을 위한 논의가 본격화되었다. 동 보고서에서는 일본 증권결제제도의 문제점을 지적하면서 ① 결제기간을 T+1일로 단축, ② 증권 STP화의 추진, ③ 사채 등 등록법의 재검토, ④ 증권결제시스템 및 운영규칙의 일원화 등 증권결제시스템의 근본적 개혁을 요구하였다.

그 이후 일본 증권업계가 노력한 결과 통일적인 증권법제가 정비되었으며, 매매확인시스템의 정비, 청산기관(CCP)의 설립, 결제기관(CSD)의 기능 확대 등이 추진되어 매매확인부터 청산을 거쳐 증권결제의 과정에서 STP화, DVP화가 크게 진전되었다. 또한 2009년 1월에는 증권결제제도 개혁의 총 마무리라고 할 수 있는 주권 전자화가 실시되었다.

이와 같은 개혁의 결과 일본 증권시장의 결제제도는 시장별·증권별로 정비되게 되었다. 먼저 주식시장의 경우 장내 주식시장 거래에 대해 JSCC가 청산기관(CCP)의 역할을, 장외 주식기관거래에 대해서는 JDCC가 청산기관의 역할을 각각 수행한다. JASDEC은 장내·외 시장의 결제기관으로서 역할을 수행한다. 다음으로 채권시장의 경우 장외 국채거래에 대해 JGBCC가 청산기관(CCP)의 역할을, 일본은행(BOJ)이 결제기관으로서의 역할을 수행하거나, 청산기관(CCP)의 개입 없이 BOJ가 결제기

▶▶ 그림 5-1 일본 증권시장의 운영구조

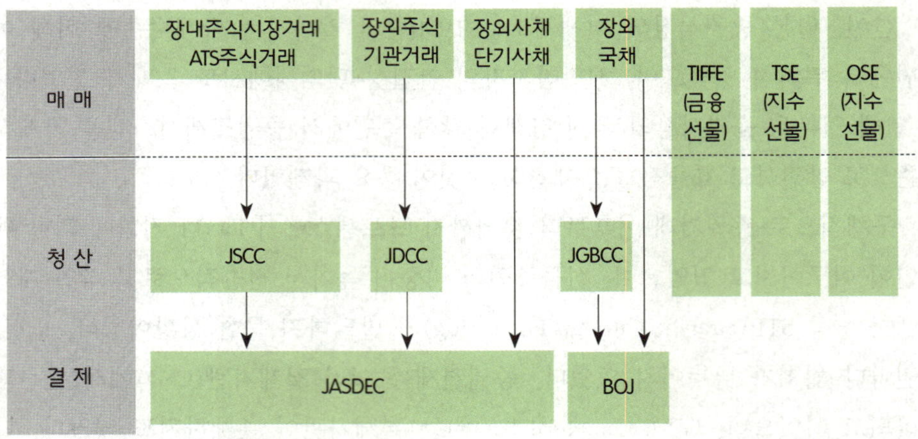


관으로서의 역할을 수행하는 경우도 있다. 또한 장외의 사채, 단기사채 등의 거래에 대해서는 별도의 청산기관(CCP)이 없이 JASDEC이 결제기관으로서의 역할을 수행한다.



# 02 증권결제제도의 운영구조

## 1. 결제기관[5]

### 1.1. 증권보관대체기구(JASDEC)

#### 1.1.1. 개요

증권보관대체기구(JASDEC: Japan Securities Depository Center)는 1984년에 설립되어 주식, 일반채(사채, 지방채, 정부보증채, 엔표시 외채 등), 단기사채(전자CP), 투자신탁수익증권 등 다양한 증권을 결제하는 증권결제기관(CSD)이다. JASDEC은

---

5 證券決済システムのすべて(第2版)/中島眞志・宿輪純一 [共著] (2008. 5)

2011년 말 기준으로 보관잔량은 696조 엔, 결제금액은 약 208조 엔에 달하고 있다.

JASDEC의 참가자는 2011년 말 기준 286사이다. 이 중 약 80%에 해당하는 223사가 증권회사, 약 10%에 해당하는 37사가 은행이며, 기타 참가자로 보험회사 7사, 증권금융회사 3사, 증권거래소 등 16사가 있다.

### 1.1.2. 발전과정

JASDEC은 1984년 5월에 제정된 주권 등의 보관 및 대체에 관한 법률에 근거하여 동년 12월에 재단법인으로 설립되었고, 1985년 5월에 법무성 장관과 대장성 장관으로부터 보관대체기구로 지정을 받아 1991년 10월부터 업무를 시작하였다.

JASDEC은 당초 재단법인으로 설립되었지만, 2002년 6월에 주식회사[6]가 되었다. 이와 같이 주식회사로 전환된 이유는 증권결제제도 개혁에 관한 논의에서 주식위주의 결제기관이었던 JASDEC에 다양한 증권을 취급하도록 할 필요성이 대두되었기 때문이다. 또한 재단법인 구조에서 이런 포괄적인 업무를 효과적으로 수용할 수 없다는 점이 지적되었고, 주식회사 형태를 취하는 것이 지배구조 개선, 업무 효율화, 신규업무에 대한 대응, 자금조달의 원활화 등의 장점을 얻을 수 있다는 것도 중요한 이유였다.

한편, JASDEC은 초기에는 주식 위주로 증권결제업무를 제공하였으나 점차 그 대상을 전환사채(CB), 사채, ETF, 수익증권 등으로 확대하여 왔다. 또한, JASDEC은 전자증권화도 적극 추진하여 단기사채(전자CP)는 2003년 3월부터, 일반채는 2006년 1월부터, 투자신탁수익증권은 2007년 1월부터 실시하였고, 2009년 1월부터는 주식에 대해서도 전자증권화를 추진하기에 이르렀다.

### 1.1.3 법적지위

JASDEC의 법인형태는 2002년 6월 이후 주식회사이다. 또한 주권 등의 보관 및 대체에 관한 법률에 따라 주무장관(법무성 장관과 대장성 장관)으로부터 보관대체기관으로 지정되었다. 이에 따라 JASDEC은 주무장관으로부터 일정한 규제를 받고 있다.

먼저 임원의 선임 및 해임, 사업계획과 예산의 작성 및 변경 등은 주무장관의 승인을 받아야 한다. 다음으로 주무장관은 JASDEC에 대해 감독상 필요한 명령을

6 2012년 6월 기준 출자비율은 도쿄증권거래소 22.70%, 일본증권업협회 12.35%, 노무라증권 5.70%, 도쿄미츠비시UFJ은행 5.00%, 미즈호은행 5.00%, 기타(150사) 49.25%이다(2012년 6월 18일 정기주주총회 보고서).

할 수 있다. 그 밖에 JASDEC은 주무장관의 업무보고 또는 자료제출 명령을 받아야 하며, 업무 및 재산 상황 등에 대해 검사를 받아야 한다.

### 1.1.4. 주요업무

가. 주식등의 대체업무

주식등의 대체제도는 상장주식 등의 권면을 모두 폐지하고 이의 신규발행·대체·소멸이 JASDEC 및 증권회사 등에 개설된 계좌에서 전자적으로 이루어지는 것을 말한다. JASDEC은 2009년 1월부터 대체기관으로서 주식등의 대체업무를 수행하고 있으며, 그 대상증권은 주식, 전환사채, 상장투자신탁(ETF) 및 이에 준하는 것으로 하고 있다.

한편, JASDEC은 도쿄증권거래소 등 장내시장에서 증권회사 간에 거래된 주식 등은 JSCC의 대체청구를 받아 동시결제(DVP)로 처리하고, 증권회사와 신탁은행 등

▶▶ 그림 5-2 주식등 대체제도의 처리구조

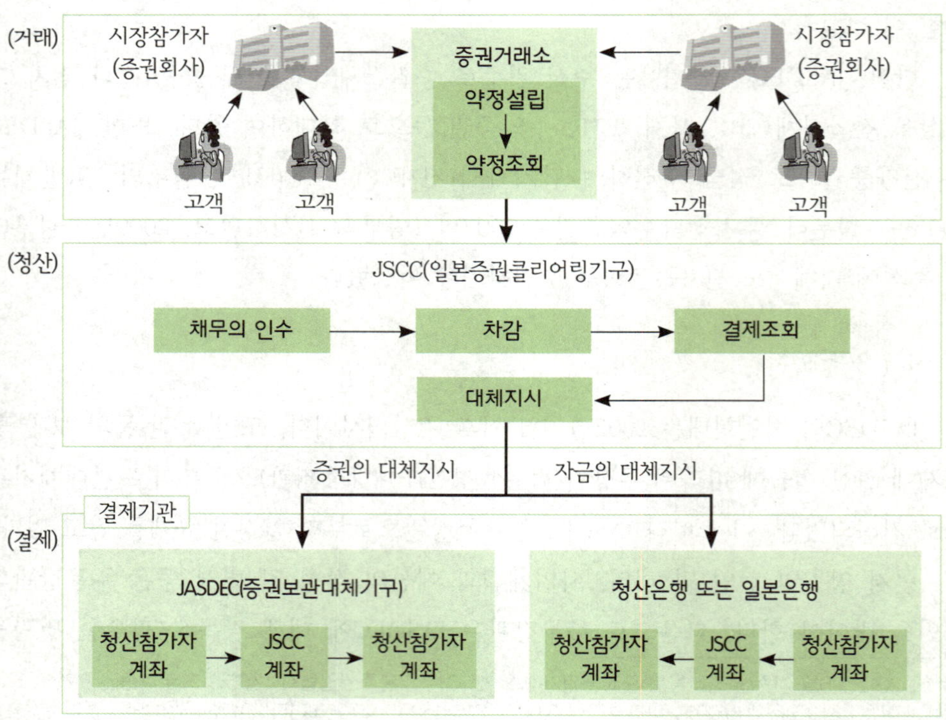

의 기관투자자 간에 거래된 주식 등은 JDCC의 대체청구를 받아 동시결제(DVP)로 처리하고 있다('제5장 제3절 주식시장의 결제제도'에서 후술).

2012년 7월 기준, 4,244종목, 16조 엔의 전자CP가 JASDEC의 대체 대상이다. 2011년도에는 1영업일 평균 682건, 4조 엔의 대체결제가 이루어졌다. 이 중에서 DVP 결제가 건수에서 60%, 금액에서는 70%를 점하고 있다.

### 나. 사채등의 대체업무

사채등의 대체제도는 단기사채, 일반채, 투자신탁 등의 권면을 모두 폐지하고 이의 신규발행·대체·소멸이 JASDEC 및 증권회사 등에 개설된 계좌에서 전자적으로 이루어지는 것을 말한다. JASDEC은 사채등의 대체제도의 안정적인 정착을 위해 단계적으로 실시하였다.

우선, 단기사채의 대체제도는 2003년 3월부터 실시되었다. 이는 일본 내 최초로 도입된 전자증권화로 종래의 CP(Commercial Paper)가 약속어음으로 실물결제가 되었던 것을 단기사채등 대체법(2002년 4월)에서 인정된 CP를 단기사채라 하여 권면 없이 전자 CP를 발행하고 대체기관에서 전자적인 대체를 할 수 있게 되었다.



▶▶ 그림 5-3 단기사채의 DVP결제 처리구조

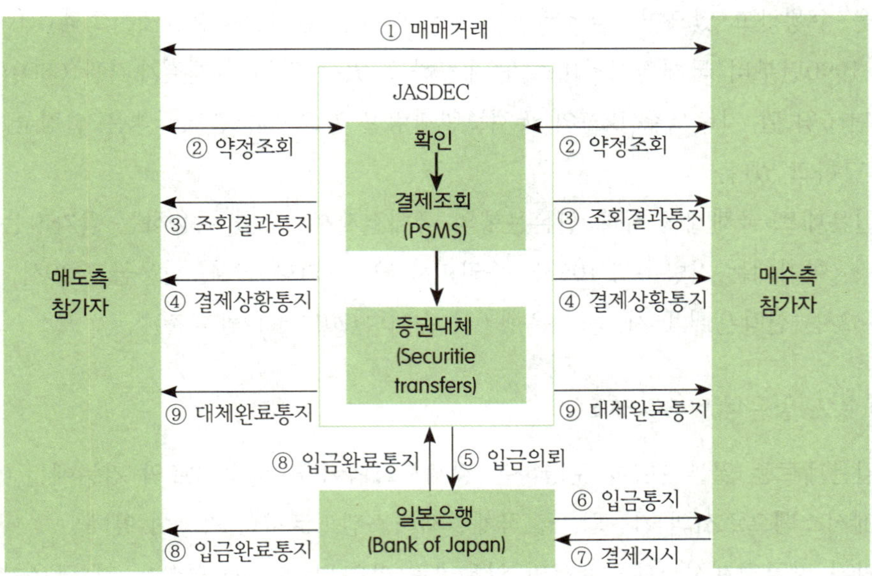

일반채의 대체제도는 2006년 1월부터 실시되었는데 이는 사채, 지방채, 정부보증채 등을 대상으로 하였다. 이러한 일반채 대체업무를 JASDEC이 수행하게 됨에 따라 종래에 일반채의 결제기관(CSD) 역할을 수행하던 채권결제네트워크(JB네트)는 2007년 4월부로 폐지되었다.

끝으로 투자신탁 대체제도는 2007년 1월부터 실시되었다. 이는 투자신탁 및 투자법인에 관한 법률에서 규정하는 계약형 신탁 즉, 투자신탁, 공사채신탁, MMF 등을 대상으로 하고 있다.

#### 다. 결제조회업무

JASDEC은 증권회사와 투자신탁회사, 신탁은행, 보험 등의 기관투자자와의 약정조회, 결제조회 등 결제조회업무를 수행하고 있다. 이와 같은 업무를 수행하기 위해 2001년 9월 결제조회시스템(PSMS: Pre-Settlement Matching System)을 구축하여 운영하고 있다('제5장 제2절 2.4. 결제조회시스템(PSMS)'에서 후술).



## 1.2. 일본은행(BOJ)

### 1.2.1. 개요

일본은행(BOJ: Bank of Japan)은 1882년에 설립되어 일본의 중앙은행으로서의 역할을 수행하고 있으며, 일은네트(BOJ-NET)라는 실시간총량결제시스템(RTGS)을 통해 1990년부터 국채결제서비스를 제공하고 있는 일본 국채결제기관(CSD)이다. 2012년 6월 말 기준으로 BOJ의 국채보관잔량은 79조 엔, 결제금액은 일평균 42조 엔에 달하고 있다.

일은네트 국채계를 통해 일본은행의 국채결제서비스를 이용하는 참가자는 307사이다. 여기에는 지방은행 105사, 증권회사 61사, 기타 49사, 신용금고 39사, 외환은행 32사, 신탁은행 15사, 시중은행 6사 순이다(2012년 12월 기준).

### 1.2.2. 일은네트(BOJ-NET)

일은네트는 일본은행이 운영하는 결제시스템이다. 일은네트의 기능에는 ① 자금결제시스템으로서의 기능과, ② 국채결제시스템으로서의 기능이 있다.

먼저 자금결제시스템으로서의 일은네트(일은네트 당좌예금계)는 각 금융기관이 일본은행에 개설하고 있는 당좌예금계좌 간의 자금이체에 의해 증권거래에 관련된 자금결제, 어음교환, 전은(全銀)시스템, 외환엔결제시스템 등의 집중결제제도(민간결제시스템)와 관련된 자금결제를 하고 있다. 이는 1988년 10월부터 가동되고 있다.

한편, 국채결제시스템으로서의 일은네트(일은네트 국채계)는 ① 매매에 따르는 국채의 결제, ② 국채의 발행시에 입찰·발행·납입, ③ TB[7] 오퍼레이션, FB[8] 오퍼레이션의 실행 등을 온라인 처리하고 있다. 이는 1990년 5월부터 가동되고 있다.

### 1.2.3. 국채결제제도

일본에 있어서 국채의 결제제도는 ① 국채등록제도와, ② 국채대체결제제도의 2가지가 있다. 그러나 국채등록제도에 의한 등록국채의 비율은 0.05%로 매우 저조하며(2011년 말 기준), 국채발행잔량 중에서 99.95% 이상이 국체대체결제제도에 의한 대체국채이다.

#### 가. 국채등록제도

국채등록제도는 1906년에 국채에 관한 법률 등의 법령에 근거해서 마련된 제도이다. 이 제도는 증권의 실물은 발행하지 않고, 등록기관에 등록된 국채인 '등록채'를 국채등록부에서 등록기명자 변경인 이전등록에 의해서 권리를 이전하는 제도이다. 국가로부터 위탁을 받은 일본은행이 동 제도의 등록기관이다.

#### 나. 국채대체결제제도

현행 국채대체결제제도는 사채등 대체법에 따라 2003년 1월에 도입된 Paperless화된 국채(대체국채)의 계좌대체시스템이다. 일본은행은 동법에 의한 대체기관이다.

대체국채는 권면이 폐지된 완전한 Paperless 국채로 발행, 유통, 상환 등 모든 경우에 권면은 일체 이용되지 않는다.

#### 다. 국채결제의 RTGS화

일본은행은 2001년 1월에 RTGS화를 하였다. 이러한 RTGS화에는 ① 자금결제(당좌예금결제)의 RTGS와 함께, ② 국채결제의 RTGS화가 포함되어 있었다. 그러므로 국채결제도 종래의 시점차감결제가 폐지되고, 실시간총량결제 방식이 되었다.

7 할인단기국채(Treasury Bill)
8 정부단기증권(Financing Bill)

RTGS화로의 이행은 종래의 시점차감결제 방식이 내포하고 있었던 시스템위험을 축소하기 위한 것이었다.[9]

RTGS화로 이행하기 전에는 국채결제의 대부분이 15:00의 시점차감결제로 처리되고 있었는데, RTGS화에 의해서 오전 중에 국채결제가 거의 완료되어, 조기에 결제완결성을 얻게 됨으로써, 국채결제의 위험을 축소할 수 있게 되었다('제5장 제4절 3.2.2. RTGS결제'에서 후술)

## 2. 관계기관[10]

### 2.1. 일본증권클리어링기구(JSCC)

#### 2.1.1. 개요

일본증권클리어링기구(JSCC: Japan Securities Clearing Corporation)는 2002년 일본 최초의 통일청산기관으로 설립되어 증권거래소에서 거래된 주식 등 증권거래 및 선물·옵션거래 등에 대하여 청산업무를 제공하는 청산기관(CCP)이다.

2011년 8월 기준으로 JSCC의 채무인수 규모는 증권이 일평균 1.9조 엔, 국채선물이 일평균 3.3조 엔이며, 신용디폴트스왑(CDS)의 경우 명목금액(notional amount) 기준으로 약 30억 엔이다. 그리고 JSCC의 참가자는 증권 100사, 국채선물·옵션 128사, 지수선물·옵션 90사이고, CDS는 4사에 불과하다.

#### 2.1.2. 발전과정

JSCC는 증권거래소 등의 공동 출자에 의해 2002년 7월에 설립[11]되었으며, 증권거래법에 근거하는 유가증권채무인수업의 면허를 교부받아 2003년 1월부터 청산기관[12] 역할을 수행하고 있다.

JSCC 이전에는 각 증권거래소가 매매시장인 동시에 청산기관으로 되어 있었기

9 시점차감결제는 일중에 DVP결제청구를 받은 후 특정시점(15:00경)에 차감하여 결제하는 것을 말하며, 이는 마감시점에 대금결제가 불이행되면 시스템위험이 크다는 문제점이 있다.

10 證券決濟システムのすべて(第2版)/中島眞志 · 宿輪純一 [共著] (2008. 5)

11 2012년 6월 기준 출자비율은 도쿄증권거래소 87.7%, 오사카증권거래소 11.5%, 나고야증권거래소 0.6%, 후쿠오카증권거래소 0.04%, 삿포르증권거래소 0.04% 등이다(http://www.jscc.co.jp/kaisya/gaiyou.html).

12 일본의 경우 청산기관은 내각총리대신의 면허를 받아 금융상품채무인수업을 행하는 자를 말한다.

때문에 증권거래소에서의 주식거래는 각 증권거래소에서 각각 개별적으로 청산되고 있었다.[13] 그러므로 시장별로 상이한 결제처리 등 비효율이 발생하고 있었는데, JSCC의 설립으로 인해 주식 등의 결제처리가 통일되어 증권결제업무가 효율적으로 이루어졌다. JSCC는 처음에 각 증권거래소에서 거래된 증권거래를 대상으로 청산업무를 시작했으며, 2004년 2월에는 도쿄증권거래소에서의 선물·옵션거래를 취급대상에 추가하였다.[14]

최근 2010년 7월에는 사설거래소(PTS)에서의 증권거래, 2011년 7월에는 장외시장에서의 CDS거래에 대해 청산업무를 제공하기 시작하였다.

### 2.1.3. 주요업무

#### 가. 증권청산업무

JSCC는 도쿄·오사카·나고야·후쿠오카·삿포르 증권거래소에서 체결된 주식, 국채, 전환사채, 상장ETF 등의 증권거래 및 사설거래소(PTS)에서의 증권거래를 대상으로 증권청산업무를 제공하고 있다. 이중에서 주식 청산업무가 98%에 달한다.

JSCC는 증권거래에 대해 채무인수를 한다. 즉, 매도자와 매수자의 사이에 개입해 매도자에 대해 매수자, 매수자에 대해 매도자가 되어 채권·채무의 당사자가 된다. 채무인수의 시기는 각 증권거래소에서 증권의 거래가 성립한 시점이다. JSCC는 집중거래당사자(CCP)로서 증권과 대금의 결제이행을 보증한다.

또한, JSCC는 채무인수를 한 증권거래에 대하여 결제일이 같은 각 시장의 매매거래를 각 참가자 사이에서 다자간 차감을 한다. 증권의 경우 참가자별·종목별로 차감을 하고, 대금의 경우 참가자별로 차감하여 결제증권과 결제대금을 산정한다. 이 결과 참가자는 JSCC를 상대방으로 하여 증권은 각 종목별로 1개의 차감포지션을, 대금은 종목과 관계없이 1개의 차감포지션을 갖게 된다.

#### 나. 파생상품청산업무

JSCC는 도쿄증권거래소에서 체결된 선물·옵션거래[15]와 장외시장에서 체결된

---

13 도쿄증권거래소는 1999년 5월부터, 오사카증권거래소는 1999년 11월부터 각각 청산기관방식(거래소가 결제의 당사자가 되는 방식)으로 이행했다.

14 오사카증권거래소에 있어서의 선물·옵션거래의 청산기능은 오사카증권거래소에 남아 있다. 또한 도쿄금융거래소에 있어서의 금융선물거래의 청산도 도쿄금융거래소가 하고 있다.

15 도쿄증권거래소의 국채선물거래, 주가지수선물거래, 주권옵션거래, 국채선물옵션거래, 주가지수옵션거래를 포함한다.

CDS거래를 대상으로 파생상품 청산업무를 제공하고 있다.

## 2.2. 호후리클리어링(JDCC)

### 2.2.1. 개요

호후리클리어링(JDCC: JASDEC DVP Clearing Corporation)은 2003년에 설립되어 주식 등[16]의 고객사이드(customer-side)거래에 대해 청산업무를 제공하는 청산기관(CCP)이다.

2010년 말 기준으로 JDCC의 채무인수 규모는 일평균 0.96조 엔, 결제금액은 일평균 0.12조 엔이다.[17] 그리고 2012년 말 기준 JDCC의 참가자는 55사이며, 이 중 증권회사가 41사, 은행이 14사이다.

### 2.2.2. 발전과정

JDCC는 2003년 6월에 JASDEC의 100% 자회사로 설립되었으며, 2004년 4월에 유가증권채무인수업의 면허를 교부받고, 동년 5월부터 청산업무를 하고 있다.

JDCC가 청산대상으로 하는 거래는 일반대체이다. 일반대체는 JASDEC의 거래소거래의 청산에 따르는 대체 이외의 것으로, 구체적으로는 매도자인 신탁은행 등이 주권 등을 증권회사에 인도하거나, 매수자의 신탁은행 등이 증권회사로부터 주권 등을 수령하는 거래를 가리킨다. 증권회사 간의 거래소거래를 street-side라 하고 일반대체는 일반적으로 customer-side라고 한다.

### 2.2.3. 2개 청산기관의 역할 분담

일본은 주식에 대해 JSCC와 JDCC의 2개 청산기관(CCP)이 역할을 분담하고 있다. 이는 CCP가 참가자의 결제불이행시 청산참가자 간에 연대해서 책임을 분담하는 부분도 있지만, 각각의 거래에 있어서는 그 담당자가 상이[18]하기 때문에 업계의 이해관계가 상이하다는 점에 기인하고 있다.

일본에서는 증권결제 개혁을 추진하면서 DVP의 도입과 청산기관의 정비가 급

---

16 주식 이외에 전환사채(CB), 상장ETF, REITs도 포함한다.

17 이는 전체 일반대체 중 58.9%가 JDCC의 청산업무를 이용한다.

18 일반적으로 street-side는 증권회사가 주체, customer-side는 은행도 커다란 위치를 차지한다.

하기에 이르렀다.

#### 2.3.3. 대상거래

JGBCC는 장외시장에서 이루어진 매매거래(outright trading) 이외에, 현선거래(repurchase agreement) 및 현금담보부대차거래(cash-collateralized securities lending)에 대해 청산업무를 제공하고 있다.

### 2.4. 결제조회시스템(PSMS)

#### 2.4.1. 개요

결제조회시스템(PSMS: Pre-Settlement Matching System)은 JASDEC이 2001년 기관투자자거래의 약정조회, 결제조회를 지원하기 위해 구축한 매매확인시스템이다.[22]

2011년 말 기준 PSMS의 참가자는 총 667사이다. 이 중 증권회사 109사, 은행 324사, 보험 54사, 투자위탁·자문사 44사, 기타 136사이다. 증권회사의 수가 은행에 비해 적은 이유는 PSMS가 기관투자자거래를 대상으로 서비스를 제공하므로 개인고객 위주로 영업을 하는 증권회사의 경우 참여 필요성이 적기 때문이다.

#### 2.4.2. 발전과정

JASDEC은 2001년 9월부터 PSMS를 구축하여 기관투자자의 국내주식 거래를 대상으로 결제조회업무를 시작하였다. PSMS 구축 이전에는 증권회사와 투자자문, 신탁은행 등의 기관투자자 간의 약정조회, 결제조회가 여러 단계에 걸쳐 복잡하게 FAX, 전화 등 수작업에 의하여 이루어짐에 따라 비효율이 발생하고 있었다. 또한 결제위험 축소를 위한 DVP화나 결제기간 단축을 추진하는 데도 장애가 되고 있었다.

이러한 상황에서 JASDEC은 T+1일 결제나 증권 STP화를 추진하기 위해서는 약정조회, 결제조회 부문에서 공통 인프라의 구축이 불가피하다는 인식을 하고, 1998년 12월부터 논의를 시작하여 마침내 2001년 9월부터 국내주식을 대상으로 PSMS를

---

22 PSMS 구축 이전에 FIRST(Fund's Information Relay System)과 IRS(Instruction Reconciliation System) 등의 매매확인시스템이 있었지만, 참가자 및 대상거래는 한정적이었다. FIRST, IRS 모두 2003년 4월에 결제조회시스템으로 기능을 이관하고 서비스를 종료했다.

구축·가동하게 되었다. 이후 JASDEC은 2002년 2월부터 전환사채 및 비거주자 거래, 2003년 5월부터 국채 및 선물·옵션 거래, 2006년 1월부터는 단기사채 및 일반채 거래, 2007년 10월부터는 대차거래를 대상으로 결제조회서비스를 제공하고 있다.

한편, PSMS는 청산기관(CCP) 등 다른 기관 간의 연계도 실시하였다. 2005년 5월부터는 JGBCC와 연계하였고, 2006년 10월부터는 Omgeo와 연계하여 외국인의 국내(in bound) 거래에 대해 결제조회서비스를 제공하고 있다.

### 2.4.3. 주요내용

#### 가. 대상거래

PSMS는 거주자와 비거주자 거래를 대상으로 하고 있다. 거주자 거래는 주식, 전환사채, 국채, Repo, 일반채, 단기사채, 대차, 선물·옵션 등의 거래를 대상으로 하고 있다. 비거주자 거래는 주식, CB, 국채 등의 거래를 대상으로 하고 있다.

또한 거주자 거래는 투자신탁·자문의 거래뿐만 아니라 은행, 신탁은행, 보험 등이 직접 운영하는 거래도 포함하고 있다.[23]

#### 나. 대상 업무범위

PSMS는 기관투자자의 증권거래 과정 중 주문(order), 체결통지(NOE: Notice of Execution), 대량거래(block trade)에 대한 배분지시(allocation)는 이미 각사가 독자적으로 서비스를 제공하고 있기 때문에 대상 업무에서 제외하고 있다.

PSMS는 배분 이후 증권회사의 매매보고데이터와 투자신탁·자문회사의 운용지시데이터를 상호 대조하는 약정조회(trade matching)를 대상으로 하고 있다. 또한, PSMS는 약정조회 이후, SSI(Standard Settlement Instruction)[24]를 이용해서 자동 작성된 결제지시데이터를 토대로 결제조회(settlement matching)가 되며, 여기서 확정된 결제지시데이터가 JASDEC의 계좌대체시스템으로 보내져 주식 등의 증권결제가 실행된다.

한편, 은행신탁, 보관기관, 보험 등의 경우 자신들의 필요에 따라 운용지시를 제외하는 경우, 결제조회만 이용하는 경우 등이 있다.

---

23 PSMS는 한국예탁결제원이 운영하는 FundNet과 기능이 유사하나, FundNet이 투자신탁·자문의 거래에 중점을 두고 있다는 점, 펀드의 설정·환매를 포함하고 있다는 점에서 차이가 있다.

24 이는 펀드코드, 결제당사자, 상품구분, 증권계좌번호, 대금계좌번호 등 결제정보를 저장하고 있는 데이터베이스이다.

▶▶ 그림 5-4 PSMS의 프로세스

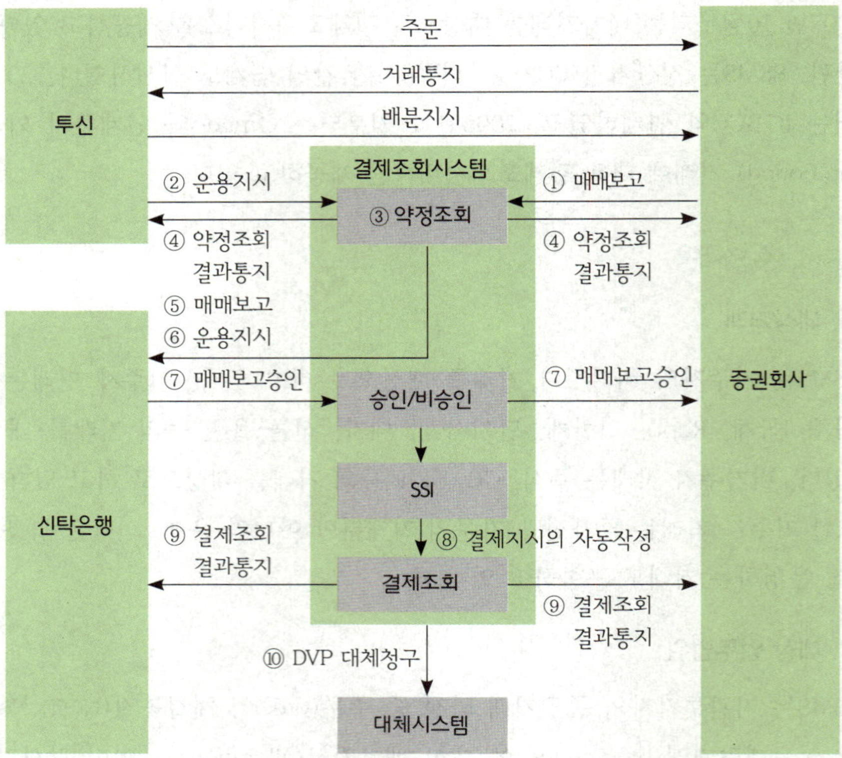




# 03 주식시장의 결제제도

## 1. 개　　관

일본의 주식시장 결제제도는 크게 장내 주식시장결제와 장외 주식기관결제로 구분된다. 장내 주식시장결제는 도쿄증권거래소 등에서 증권회사 간의 거래(street-side)를 결제하는 것을 말한다. 이는 JSCC의 청산과정을 거쳐 JASDEC에서 결제가 이루어진다. 다음으로 장외 주식기관결제는 증권회사와 신탁은행 등 기관투자자 간의 거래(customer-side)를 결제하는 것을 말한다. 이는 JDCC의 청산과정을 거쳐

JASDEC에서 결제가 이루어진다.

이하에서는 장내 주식시장결제와 장외 주식기관결제에 대해서 알아보기로 한다.

## 2. 장내 주식시장결제

### 2.1. 개요

장내 주식시장결제는 도쿄·오사카·나고야·후쿠오카·삿포르 증권거래소와 Japannex PTS, Chi-x Japan 등의 사설거래소(PTS)에서 체결된 거래를 대상으로 한다. 장내 주식시장결제의 대상증권은 주식 외에 전환사채(CB), 상장ETF, REITs 등을 포함한다.

장내 주식시장결제는 증권과 대금을 차감하여 결제하는 DVP3방식이며, 증권미납부(fail)가 발생하면 익일에 재차감하여 결제하는 연속차감결제(CNS)를 채택하고 있다. 그리고 결제주기는 T+3일이다.

장내 주식시장결제에서 JSCC는 청산기관(CCP)으로서 채무인수, 차감, 이행보증의 기능을 수행하고, JASDEC은 결제기관으로서 증권결제를 담당하며, 일본은행(BOJ)과 6개의 상업은행[25]이 대금결제은행의 기능을 수행한다.



### 2.2. 업무처리절차

#### 2.2.1. 매매확인

T일에 도쿄증권거래소 등 증권거래소는 매매확인을 실시한다. 즉, 증권거래소는 거래가 체결되는 시점에 매매확인(locked-in)된 상태로 약정완료데이터를 JSCC와 참가자에게 통보한다. 이로서 JSCC는 별도의 매매확인 과정을 거치지 않고 채무인수, 차감 등의 청산업무를 수행할 수 있게 된다.

25 2012년 6월 기준 미쓰비시도쿄UFJ은행, 미쓰이스미토모은행, 리소나은행, 미즈호코퍼레이트은행, 시치쥬시치은행, 시티뱅크은행이다. 일본의 경우 상업은행을 대금결제은행으로 지정한 이유는 소형 증권회사는 BOJ의 계좌가 없다는 점, 상업은행이 증권회사에 금융서비스를 제공하고 있다는 점 등이다.

### 2.2.2. 채무인수

JSCC는 T일 증권거래소에서 거래가 체결되면 CCP로서 모든 거래의 상대방이 된다. 즉, JSCC는 매도자에 대해 매수자, 매수자에 대해 매도자가 되어 결제이행을 보증한다.

JSCC가 채무를 인수하여 거래의 당사자가 되는 시기는 거래의 체결과 동시이다. 이에 따라 JSCC는 결제이행을 보증하고 참가자는 거래상대방의 결제불이행에 관한 위험을 걱정하지 않고 거래를 할 수 있게 된다.

### 2.2.3. 차감

JSCC는 증권과 대금에 대해 다자간 차감을 실시한다. 먼저 증권의 경우 T+1일 야간에 참가자별·종목별로 차감하여 청산참가자에게 통보한 후, T+2일 오후에 증권결제미완료(fail) 수량을 반영하여 확정한 증권결제수량을 청산참가자와 JASDEC에 통보한다. JSCC가 JASDEC에게 통보하는 자료에는 대체한도(net debit cap)에 관한 정보도 포함된다. 즉, 대체한도의 계산에 필요한 종목별 가격정보(DVP 청산가격) 및 각 참가자의 담보상황 등을 통지한다.

다음으로 대금의 경우 T+2일 야간에 참가자별로 차감하여 대금결제수량을 작성한 후, T+3일 오전에 청산참가자에게 통보된다. 이렇게 통보된 대금결제수량을 DVP예정수불대금이라 하며 이는 ① T+3일을 결제일로 하는 거래와 관련된 금액[26]과 ② 전일의 증권결제미완료(fail)에 따라 이월된 거래와 관련된 금액[27]을 합산하여 계산된다.

이러한 DVP예정수불대금은 증권결제시한인 T+3일 13:00 이후에 당일의 증권미인도(fail)와 관련된 금액을 반영하여 최종적인 DVP수불대금으로 확정된다.

### 2.2.4. 결제

#### 가. 증권결제

T+3일에 JASDEC은 두 가지 방법으로 증권결제를 실시한다. 먼저 JASDEC

26 이는 ① DVP청산가격(전일종가)에 의한 매도증권총액과 매수증권총액의 차감액과 ② 약정가격(체결가)과 DVP청산가격과의 차액으로 계산된다.

27 이는 ① 미결제 매도증권총액과 매수증권총액의 차감액과 ② 미결제 증권의 전일 DVP청산가격과 당일 DVP청산가격과의 차액으로 계산된다.

은 JSCC의 전일 DVP대체청구분에 대해서는 업무개시시점(09:00)에 1회 배치(batch)처리로 증권결제를 한다. 다음으로 JSCC의 당일 DVP대체청구분에 대해서는 09:00~14:15[28]에는 수회(14회) 배치처리로 증권결제를 한다. 전일 DVP대체청구분에 대한 배치처리는 전체의 50%를 처리한다.

한편 JASDEC은 매도참가자의 잔고가 충분하면 13:00까지 매도참가자계좌에서 JSCC계좌로 증권을 대체한다. 이때 매도참가자는 자신의 계좌에 있는 증권을 JSCC계좌로 대체되는 것을 제한하기 위해 JASDEC에 인도배제(exemption)를 신청할 수 있다. JASDEC은 매도참가자의 인도배제 신청분에 대해서는 대체 대상에서 제외한다.

다음으로 JASDEC은 매수참가자의 수령가능 유가증권의 한도(대체한도, net debit cap)[29] 내에서 14:15까지 JSCC계좌에서 매수참가자계좌로 증권을 대체한다. 즉, JASDEC은 JSCC가 통보한 DVP 청산가격, 참가자의 담보현황 및 DVP예정수불대금 납부 현황 등을 반영하여 대체한도 관리시스템을 구축·운영하고 있다. 또한 JSCC계좌에서 매수참가자로 증권을 인도하는 순서는 ① 전일의 fail에 의해 증권을 미수령한 참가자, ② 미수령참가자가 복수일 경우에는 제비뽑기에 의해 결정, ③ 그 외의 청산참가자 간에는 제비뽑기에 의한 결정에 따른다.

### 나. 대금결제

T+3일에 대금결제은행은 대금결제를 실시한다. 대금결제은행은 납부참가자의 잔고가 충분하면 예정대금수불시한(13:00)까지 DVP예정수불대금을 납부참가자계좌에서 JSCC계좌로 이체한다. 증권결제미완료(fail)에 따라 추가자금이 발생하면 추가자금납부시한(14:15)까지 JSCC계좌로 자금을 이체해야 한다. 이후 대금결제은행은 14:45부터 JSCC계좌에서 수령참가자계좌로 결제대금을 이체한다.

---

28 09:00~13:00 수회 배치처리를 하고, 증권결제미완료가 발생하면 대금납부가 완료되는 14:15에 마지막 배치처리를 한다.

29 유가증권 대체한도=DVP예정수불대금 납부금액* + 전일 차입담보금 예탁금액** + 인도된 유가증권총액 + 추가자금 지불금액*** + 청산기금 초과액 − 인수된 유가증권총액 ± 정산차금****

* 청산참가는 13:00까지 예정수불대금을 납부하여야 한다. 납부가 완료된 경우 fail분을 제외한 모든 증권의 수령이 가능하다.

** 청산참가자는 결제일 전일까지 청산기관에 현금 또는 대용유가증권을 담보로 납부가능하다.

*** fail에 의해 결제대금의 추가적인 지급이 필요한 경우에 해당 지급금액을 말함. 예를 들면, 매도참가자가 fail를 하면 해당 매도증권의 총액만큼 추가적인 납부가 필요하다.

**** 당일거래분 및 미결제분의 약정가격과 DVP청산가격의 차액을 말한다.

### 다. DVP의 특징

일본 장내 주식시장결제의 DVP는 각 청산참가자의 미이행채무와 동 가치의 증권 또는 자금을 유보함으로써 결제불이행으로부터 발생하는 원본위험을 제거하는 구조이다.

즉, 청산참가자가 JSCC에게 증권을 인도한 경우에는 이 증권의 가격에 상당하는 증권을 수령하는 것이 가능하다. 또한 인도한 증권을 상회하는 가치의 증권을 수령하기 위해서는 부족분에 해당하는 DVP예정수불대금, 결제촉진대금과 같은 담보

**▶▶ 그림 5-5 일본 장내 주식시장결제의 DVP 운영사례**

◈ 결제예정수량

▶ 甲참가자: A주식매도(90만 엔), B주식매수(120만 엔), 예정수불대금 −30만 엔

▶ 乙참가자: A주식매수(90만 엔), B주식매도(120만 엔), 예정수불대금 +30만 엔

◈ 정상적인 경우

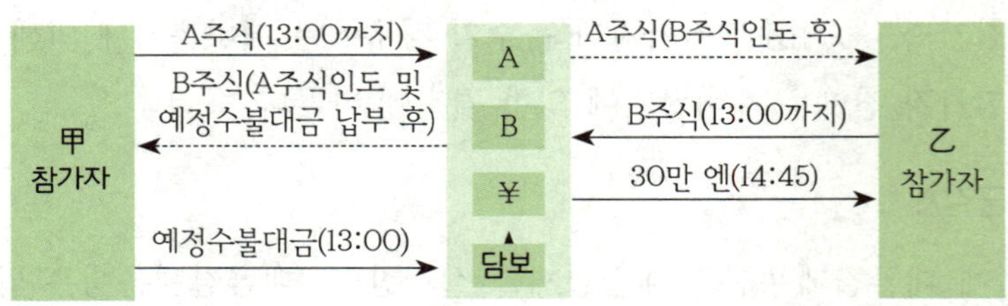


① 甲참가자는 A주식과 예정수불대금(30만 엔)을 13:00까지 JSCC에 납부. 이후부터 B주식 수령 가능

② 乙참가자는 B주식을 13:00까지 JSCC에 인도. 이후부터 A주식 수령가능. 자금은 14:45에 수령

③ JSCC는 예정수불대금(30 만엔)을 14:15 자금결제에 충당

◈ fail이 발생한 경우

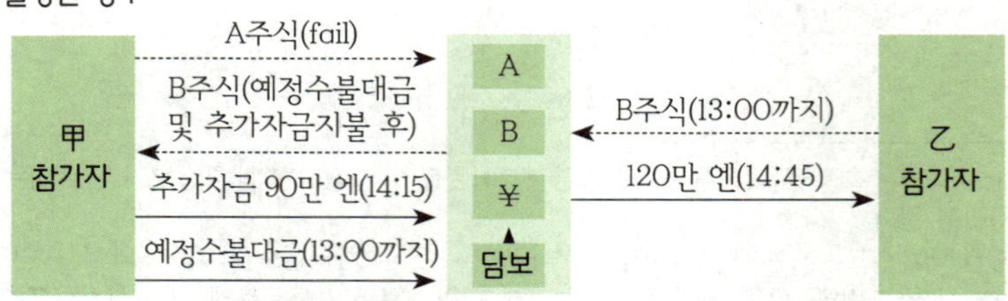


① 甲참가자는 예정수불대금(30만 엔)을 13:00까지 JSCC에 납부. fail에 따른 추가자금 90만 엔을 14:15까지 납부. B주식은 14:15에 수령

② 乙참가자는 B주식을 13:00까지 JSCC에 인도. 추가자금 90만 엔이 포함된 120만 엔을 14:45에 수령

③ JSCC는 예정수불대금(30만 엔)을 14:15 자금결제에 충당

의 납부가 필요하다. 따라서 이 구조에서는 청산참가자로부터의 담보납부, 증권인도 상황에 따라서 증권대체가 일중 수회 배치(batch)로 실행된다.

유럽·미국에서는 DVP의 구조 하에서 대금결제 전에 증권을 수령할 수 있도록 하기 위한 수단으로서, 사전에 담보를 차입하는 방법이 취해지고 있지만, 일본의 경우 결제이행을 위해 JSCC에 인도한 증권이 인도받을 증권의 대가(담보)로 되어 있다는 점이 특징이다. 이는 참가자의 담보 조달을 고려한 조치로 참가자의 부담을 가능한 한 적게 한 후에 효율적으로 증권을 조기에 수령할 수 있도록 하기 위해서 도입된 방법이다.

### 2.2.5. 결제불이행 처리

JSCC는 매도참가자가 증권결제의 결제시한(13:00)까지 증권을 납부할 수 없는 경우라도 즉시 채무불이행(default)으로 하지 않고, 익일로 결제를 이연하는 것을 인정하는 증권결제미완료(fail)제도를 마련하고 있다. 이러한 증권의 미납부가 발생한 경우 JSCC는 해당 종목의 매수참가자(=피 페일 참가자)를 확정한 후 이에 상응하는 대금결제를 익일로 연장한다.

이와 함께 JSCC는 매도참가자의 증권미납부를 억제하기 위해 강제매수(buy-in)와 벌금제도를 함께 운영하고 있다. 강제매수의 경우 매수참가자가 모든 참가자에 우선하여 증권을 인수하고자 할 때 JSCC에게 강제매수(buy-in)를 신청할 수 있다. 강제매수 신청은 결제일 익영업일(S+1)의 증권결제시한(13:00) 이후에도 페일이 해소되지 않을 경우 강제매수를 신청할 수 있다. 강제매수는 신청일로부터 기산해 4영업일 전일까지 페일포지션이 해소되지 않을 경우 강제매수를 실행한다. 강제매수에 따른 비용은 증권인도에 실패한 매도참가자가 부담하게 된다.

또한, 증권납부 지연에 따른 벌금은 페일에 해당하는 금액에 대해 100엔당 0.04엔(연 14.6%)을 부과하고, 페일 발생일로부터 5일째 되는 날에 100엔당 0.02엔의 벌금을 추가적으로 부과하고 있다. 이와 함께 증권결제미완료(fail)가 많은 참가자에 대해서는 페일 삭감요청을 하고, 사내 관리체제의 재검토 등을 요구하고 있다. 이러한 노력의 결과 2011년도 기준으로 페일률은 0.08%에 불과하다.

위와 같은 불이행 방지 노력에도 불구하고 청산참가자의 결제불이행이 발생한 경우, JSCC는 우선 그 참가자에 대한 결제대금이나 증권의 인도를 정지한다. 그 다음 당해 참가자의 미결제분의 거래를 반대매매하는 동시에, 인도를 정지한 증권을 매각해서 결제불이행에 따르는 손실액을 확정시킨다.

청산참가자의 결제불이행에 의한 손실은 ① 불이행 참가자의 예탁금(청산기금), ② 각 시장에 의한 손실보상(위약손실준비금 등), ③ JSCC의 잉여금, ④ 청산참가자의 안분비례 순서로 보전된다. 기본적으로는 결제불이행을 한 참가자가 갹출한 재산을 우선적으로 보전하면서(자기책임원칙), 그래도 부족한 경우에는 다른 참가자에게도 부담을 요구하는 방식에 근거하고 있다.

## 2.3. 위험관리방법

### 2.3.1. 참가자관리

JSCC의 청산참가자가 되기 위해서는 JSCC에 대해 청산자격 취득 신청을 하고 승인을 받아야 한다. 청산자격 요건은 ① 증권회사, 등록 금융기관 또는 증권금융회사일 것, ② 재무 상황에 대한 기준을 만족시킬 것, ③ 청산참가자로서 적절한 경영체제 및 업무 집행 체제를 가지고 있을 것의 3가지이다. JSCC는 청산참가자를 승인한 이후에도 이의 요건 충족여부를 지속적으로 관리한다.

### 2.3.2. 담보관리

매수참가자는 수령할 증권의 가치에 상당하는 현금 또는 증권을 담보로 JSCC에 예탁함으로써, DVP예정수불대금 납부시한(13:00) 이전에 증권을 수령할 수 있다. 담보에는 다음과 같은 2종류가 있다.

#### 가. 현금담보(필수담보)

DVP예정수불대금[30]이 마이너스 포지션인 참가자는 당해 금액을 현금담보로 하여 13:00 이전에 모든 증권(페일분은 제외)을 수령하는 것이 가능하다.

이 현금담보는 당일의 지급불능 확정으로 DVP수불대금이 확정된 후에, 추가자금 납부시한인 14:15에 대금납부에 충당된다.

#### 나. 결제촉진담보(임의담보)

참가자는 결제일 전일 12:00까지 JSCC에 현금 또는 증권의 담보를 납부함으로

30 결제대금의 잠정액(지급불능을 고려하지 않은 금액)과 지급불능에 의해 이월된 수도 등에 따르는 '일일정산 차금(差金)'의 차인계산에 의해 얻어진 금액.

써, 담보 금액[31]에 상당하는 증권을 수령할 수 있다. 이 담보 납부는 임의이다.

### 2.3.3. 청산기금

각 청산참가자는 JSCC에 대한 채무의 이행을 담보하기 위해서, 자기의 포지션에 따른 청산기금(clearing fund)을 예탁해야 한다. 청산기금의 소요액은 각 참가자의 미결제잔량(과거의 결제실적)과 가격변동위험을 기초로 JSCC가 각 참가자별로 산출한다. 청산기금은 증권으로 대용 예탁할 수도 있다.

소요액은 매월 4영업일째에 공표하고, 5영업일째부터 적용한다. 또한 참가자의 거래 상황의 급격한 변화에 대응할 수 있도록 하기 위해, 2007년 7월부터 청산기금 소요액의 임시변경에 관한 적용기준을 명확하게 하고, 참가자별로 임시변경 기준액[32]을 산출하고 있다.

이 예탁금은 결제불이행이 발생한 경우, 당해 불이행 참가자의 예탁분이 손실보전에 이용되는 자기책임부분이며, 다른 참가자에게는 부담이 발생하지 않는다.

### 2.3.4. 위약손실준비금 등

JSCC와 각 거래소는 거래소에 적립된 위약손실준비금 등의 적립액을 한도로 청산참가자의 결제불이행에 의한 손실을 보상하는 계약을 체결하고 있으며, 청산기금으로 손실을 커버할 수 없는 경우에는 제2순위로 이용된다. 이와 같이 거래소의 위약손실준비금을 사용하도록 한 것은 JSCC의 설립 당시 이관했을 경우 과세 대상이 되기 때문에 이를 방지하기 위하여 거래소에 그대로 적립한 것이다.

### 2.3.5. 유동성 공급계약

JSCC는 결제불이행이 발생한 경우에도 적시에 결제를 완료할 수 있도록 하기 위해 대금결제은행과 유동성 공급에 관한 계약을 체결하고 있다. 이 유동성 스킴은 Lamfalussy+1 기준에 따라 결제금액이 큰 상위 2개의 참가자가 결제불이행이 된 경우에도 커버할 수 있는 수준을 확보하고 있다. 2011년 12월 기준으로 계약금액은 300억 엔 수준에 달한다.

---

31 증권에 관해서는 대용가격을 곱해서 얻은 금액이다.

32 임시변경 기준액은 과거 60영업일(약 3개월)에 있어서 TOPIX의 4일분, 3일분, 2일분 변동률의 99%를 커버하는 수준으로 설정된다.

## 3. 장외 주식기관결제

### 3.1. 개요

장외 주식기관결제는 일반대체를 대상으로 한다. 일반대체는 거래소거래의 청산에 따른 대체 이외의 것을 말하는 것으로 증권회사와 신탁은행 등 기관투자자 간의 거래를 말한다. 장외 주식기관결제의 대상증권은 주식 외에 전환사채(CB), 상장 ETF, REITs 등을 포함한다.

장외 주식기관결제의 DVP유형은 DVP2이다. 즉 증권은 일중에 건별로 먼저 결제하고, 대금은 마감시점에 차감하여 결제하는 방식이다. 그리고 결제주기는 T+3일이다.

장외 주식기관결제에서 JDCC는 청산기관(CCP)으로서 채무인수, 차감, 이행보증의 기능을 수행하고, JASDEC은 결제기관으로서 증권결제를 담당하며, BOJ가 대금결제은행의 기능을 수행한다.

▶▶ 그림 5-6 PSMS와 증권대체시스템의 연동 처리

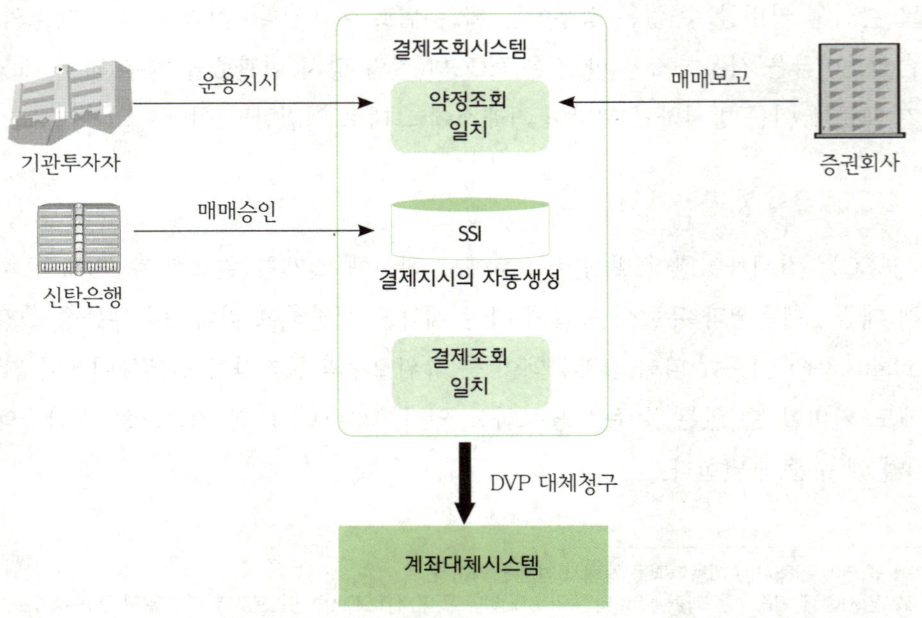

## 3.2. 업무처리절차

### 3.2.1. 매매확인

T일에 JASDEC의 PSMS에 의해 약정조회가 이루어진다. 즉 PSMS는 증권회사로부터 매매보고데이터를 받아 투자신탁·자문회사 등 기관투자자에게 통보하고, 기관투자자로부터 운용지시데이터를 받아 약정조회(trade matching)를 실시한다.

T+1～2일에 PSMS는 신탁은행 등 기관투자자로부터 매매보고승인데이터를 받아 결제조회(settlement matching)를 실시한다. 이러한 결제조회가 완료되면 JASDEC의 증권대체시스템에 DVP 대체청구(결제지시)가 된다.

### 3.2.2. 증권결제

가. 개요

T+3일 JASDEC은 JDCC의 DVP 대체청구에 근거해서 인도참가자계좌에서 JDCC계좌(DVP계좌)로 대체를 한다. 이것을 '증권대체의 실행'이라고 한다. 이어서 DVP계좌로부터 인수참가자계좌로 대체를 한다. 이것을 '증권대체의 완료'라고 한다.

증권대체의 실행과 완료의 2가지 프로세스는 각각 일정한 조건이 부여되어 있으며, 그 조건을 충족시킨 경우에만 대체된다. 증권대체의 대체실행시한은 14:00까지이다.

▶▶ 그림 5-7 장외 주식기관결제의 2단계 증권결제프로세스

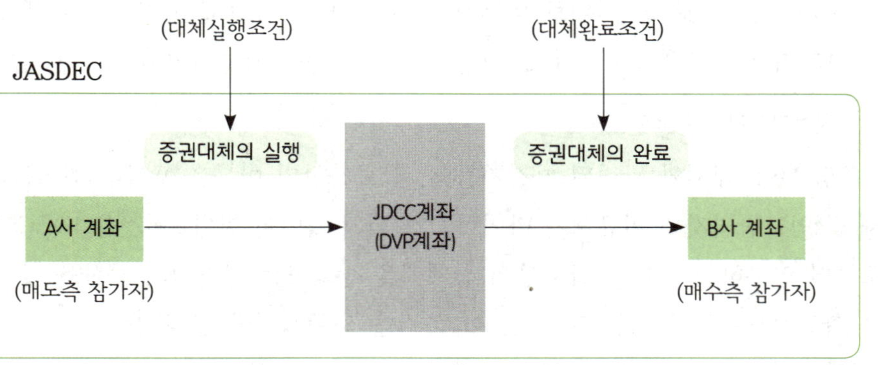

### 나. 증권대체의 실행

#### (1) 대체실행의 조건

JDCC는 참가자의 결제불이행에도 다른 참가자와 DVP 결제를 원활하게 이행하기 위해서 참가자의 채무를 인수할 때 대체실행조건을 충족할 것을 요구하고 있으며, 이것을 충족시킨 경우에만 채무인수를 한다.

장외 주식기관결제의 대상인 일반대체는 JDCC가 PSMS를 통해서 DVP 결제지시를 수령한 때에 JDCC의 청산대상 거래가 되지만 그 효과가 발생하는 것은 대체실행조건을 충족시킨 시점으로 되어 있어, 대체실행조건이 충족된 시점에서 채무를 인수한다.

대체실행조건은 3가지 조건으로 구성되어 있다. 각 조건의 내용은 다음과 같다.

① 대체대상 증권잔고에 관한 조건

인도참가자는 자신의 계좌 내의 증권과 수입예정증권으로 구성된 대체가능증권이 대체를 하기 위해서 충분한 증권잔고를 보유하여야 한다. 이것은 증권의 인도불이행이 발생하지 않도록 하기 위한 조건이다.

② 차감지불한도에 관한 조건

인수참가자의 차감지불액이 해당 DVP 대체에 의한 결제금액을 포함하더라도 차감지불한도액을 초과하지 않아야 한다. JDCC는 참가자별로 차감지불액의 상한을 설정하고 있다. 이와 같은 상한을 차감지불한도액이라고 한다. 차감지불한도액은 최대값이 300억 엔이며, 그 범위 내에서 각 참가자의 과거 일정기간의 일반대체 DVP 이용실적에 따라 각 참가자별, 각 영업일별로 설정된다.

이 한도액의 조건에 의해, JDCC는 각 참가자가 초래할 수 있는 익스포저(exposure)를 일정한도 이내로 억제하고 있다. 또한 JDCC는 이 상한금액에 맞춰서 참가자기금과 은행융자범위(한도)에 의해 유동성을 확보하고 있다.

③ 확보자산에 관한 조건

해당 DVP 대체와 관련된 차감지불액, 확보자산의 변동을 포함하더라도 인수참가자 및 인도참가자의 여유치가 마이너스가 되지 않아야 한다. 이것은 JDCC가 참가자로부터 인수하게 되는 지급채무의 합계액을 상회하는 평가액의 자산을 각 참가자별로 확보하도록 요구하는 것이다. 이 조건을 충족시켜야 만일 참가자가 자금결제를 이행할 수 없는 경우라도, 그 참가자의 확보자산을 처분함으로써 JDCC가 인수채

▶▶ 그림 5-8 확보자산에 관한 조건

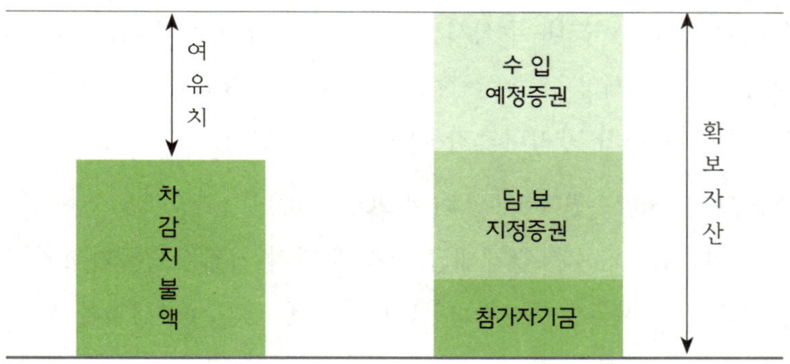


무를 확실하게 이행할 수 있는 구조가 된다.

확보자산은 각 참가자가 ① JDCC에 예탁한 현금인 참가자기금, ② JDCC에 담보로서 예탁한 유가증권인 담보지정증권, ③ 당해 결제일에 그 참가자가 일반대체 DVP를 통해서 수령할 예정의 유가증권인 수입예정증권의 3가지로 구성된다.

(2) 증권대체의 실행

JASDEC은 09:00부터 대체실행시한인 14:00까지 인도참가자계좌에서 JDCC계좌(DVP계좌)로 증권대체의 실행을 실시한다. 증권대체의 실행이 되면 인도참가자의 대체대상 증권잔고는 감소하고, 자금기록부는 증가기재 된다. 이와 동시에 인수참가자의 수입예정증권은 증가하고, 자금기록부는 감소기재된다.

JASDEC은 대체실행조건을 확인하기 위해 참가자의 차감지급액이나 확보자산의 합계액, 증권잔량을 실시간으로 파악하고 있다. 그리고 증권대체는 인도참가자와 인수참가자의 쌍방이 상기의 3가지 대체실행조건을 만족시킨 경우에 실행된다.

한편, ② 또는 ③의 조건을 충족시키지 못한 경우, 각 참가자는 증권대체를 촉진하기 위한 결제촉진대금을 납입하거나 담보지정증권의 증액 등으로 조건을 충족시켜 결제를 진행할 수 있다.

다. 증권대체의 완료

JASDEC은 다음의 요건을 충족하는 시점에 JDCC계좌(DVP계좌)에서 인수참가자계좌로 증권대체의 완료를 실시한다. 이는 다음의 두 가지로 구분된다.

① **대체청구에 의한 증권대체의 완료(09:00~14:00)**

인수참가자가 자신의 계좌로 수입예정증권의 증권대체 완료 청구(수입예정증권 완료청구)를 하거나 또는, 장내 주식시장결제, 다른 계좌로 대체 등을 위해 다른 계좌로의 대체청구(충당대체청구)를 한 경우 증권대체의 완료를 실시한다. 다만, 이 경우 인수참가자의 여유치가 마이너스가 되지 않아야 한다.

② **결제대금 확정에 의한 증권대체의 완료(14:00, 15:10)**

대체실행시한(14:00) 이후 결제대금 확정에 따라 차감수령참가자가 된 경우, 또는 차감지급참가자가 자금납부시한(15:10) 이전에 참가자결제액을 납부한 경우에 증권대체의 완료를 실시한다.

### 3.2.3. 대금결제

대체실행시한(14:00)이 되면, 그 시점에서 참가자와 JDCC 간의 채권·채무가 차감되어 각 참가자가 결제일에 실제로 지급해야 하는 참가자결제액이 산출된다.[33]

장외 주식기관결제에 있어서 대금결제는 일본은행이 운영하는 일은네트(BOJ-NET)를 이용해서 처리된다. 단독자금결제참가자의 경우에는 자신이 일본은행에 보유하는 계좌를 통해서, 또는 결제은행지정참가자의 경우에는 미리 지정한 결제은행의 계좌를 통해서 JDCC와 자금을 수수한다.

자금결제는 차감된 참가자결제액에 근거해서, 우선 차감포지션이 마이너스(지급 초과)인 참가자(또는 그 결제대행은행)가 15:10까지 JDCC계좌로 대금을 납부한다. JDCC에서는 모든 지급 초과인 참가자로부터 입금을 확인한 후에, 15:30까지 차감포지션이 플러스(수취 초과)인 참가자의 계좌로 대금을 지급한다.

### 3.2.4. 결제불이행의 처리

장외 주식기관결제는 DVP2에 따라 인도참가자의 증권잔고가 있는 것에 한해 대체실행을 하므로 증권미납부(fail)는 허용되지 않고 있다. 다만 대금납부의 지연에 대해서는 지연금액의 100엔당 1일 4전의 비율에 의해 손해금을 부과(연 14.6%)하고 있다.

위와 같은 대금결제 지연손해금에도 불구하고 지급참가자가 자금결제시한(15:10)까지 결제대금을 납부하지 않은 경우 JDCC는 다음의 순서로 자금을 충당하

33 이 시점에서 차감 전의 구(舊) 채권·채무는 신(新) 채권·채무로 치환된다.

여 결제를 완료시킨다. 먼저 참가자기금으로 충당하고, 이것이 부족하면 여신제공 은행에 불이행 참가자의 수입예정증권 또는 담보지정증권을 담보로 제공하고 자금을 차입하여 충당한다.

그 이후 JDCC는 결제불이행에 따른 손실이 발생하면 먼저 불이행 참가자의 확보자산을 처분하여 은행차입의 변제, 참가자기금의 복원 등에 충당하도록 되어 있다. 그 다음 불이행 참가자에게 인도한 인도참가자가 인도금액의 비율에 따라서 손실부담금을 부담한다. 그럼에도 불구하고 커버되지 않는 손실이 남은 경우에는 불이행 참가자 및 손실부담금을 부담한 인도참가자 이외의 다른 참가자가 미보전 손실을 분담한다.

### 3.3. 위험관리방법

#### 3.3.1. 차감지불한도액

JDCC는 모든 참가자에 대해 참가자별로 차감지불한도액(net debit cap)을 설정한다. 이를 구체적으로 살펴보면 다음과 같다. JDCC는 참가자마다 일중 차감지불액 피크치의 과거 일정기간 상위 몇 건의 평균치에 일정한 계수를 곱하여 참가자별 차감지불한도액을 결정한다. 이의 산출 시기는 매영업일 증권대체의 완료 후이며, 차감지불한도액을 산정하여 다음 영업일에 적용한다.

#### 3.3.2. 확보자산

JDCC는 참가자가 차감지불액을 지불할 수 없는 경우 다른 참가자의 손실을 막기 위해 차감지불액 이상의 확보자산을 보유하여야 한다. 확보자산은 참가자기금, 수입예정증권 및 담보지정증권으로 구성된다. 수입예정증권과 담보지정증권의 경우 결제일 전일의 시가에 증권 종류마다 별도의 요율을 적용하여 평가된다.

#### 3.3.3. 참가자기금

JDCC는 일정 규모의 대금결제 불이행에 대응할 수 있도록 과거의 실적에 근거하여 유동성이 가장 높은 현금으로 참가자기금을 조성한다. 각 참가자가 갹출해야 하는 금액(참가자기금소요액)은 모든 참가자가 일률적으로 예탁하는 기초소요액과 각 참가자의 과거 일정기간의 대체실적에 근거하는 추가소요액의 합계에 의해 산출된다. 참가자기금소요액은 매월 말에 수정된다.

2006년 3월 기준 의무적 참가자기금 총액은 150억 엔이며, 실제 적립된 참가자기금은 총액은 499.7억 엔이다.

#### 3.3.4. 은행신용라인

JDCC는 참가자기금을 모두 사용해도 당일의 자금결제를 완료할 수 없는 사태에 대비하여 은행신용라인을 설정하고 있다. JDCC는 미리 상업은행과 융자범위(commitment line) 계약을 체결함으로써 여신범위를 확보하고 있다.

#### 3.3.5. Lamfalussy+1 기준

JDCC는 최대의 차감지불한도액이 설정되어 있는 참가자 2사가 동시에, 또는 각각 최대의 한도액을 가진 상태에서 파산했다고 하더라도 자금결제를 완료시킬 수 있도록 유동성을 확보하고 있어 'Lamfalussy+1'[34]을 달성하고 있다. 구체적으로는 차감지불한도액의 최대값을 300억 엔으로 하는 한편, 참가자기금과 은행여신범위의 합계에 의해 600억 엔의 유동성을 확보하고 있다.



## 04 국채시장의 결제제도

### 1. 개 관

일본의 국채시장의 결제제도는 크게 장내 국채시장결제와 장외 국채기관결제로 구분된다. 먼저 장내 국채시장결제의 경우 도쿄·오사카·나고야 증권거래소에 체결된 국채거래는 JSCC의 청산과정을 거쳐 일본은행(BOJ)에서 결제가 이루어진다. 다음으로 장외 국채기관결제는 다시 청산기관(CCP)을 이용하는 결제와 이용하지 않는 결제로 구분된다. 전자의 경우 PSMS의 매매확인과 JGBCC의 청산과정을 거쳐

34 차감결제시스템의 국제표준(Global Standard)인 'Lamfalussy 기준(1990년에 BIS가 수립)'을 상회하는 안전성을 확보하고 있다는 것을 의미한다.

BOJ에서 결제가 이루어지는 반면, 후자의 경우 PSMS 등의 매매확인을 거쳐 BOJ에서 결제가 이루어진다.[35]

한편, 일본의 국채시장의 경우 도쿄증권거래소 등의 장내시장 거래는 극히 미미하고 대부분은 장외시장에서 거래가 이루어진다.

따라서, 이하에서는 장외 국채기관결제를 중심으로 청산기관(CCP)이 있는 결제와 없는 결제에 대해 각각 알아보기로 한다.

## 2. 장외 국채기관결제(CCP결제)

### 2.1. 개요

장외 국채거래 중 청산기관(CCP)을 이용하는 거래(CCP결제)는 JGBCC의 청산과정을 거쳐 결제가 이루어진다. 이러한 거래유형에는 JGBCC 참가자인 증권·은행 등의 딜러 간 거래[36]가 해당된다. 2012년 3월 기준 JGBCC 참가자인 증권·은행의 딜러는 35개사로 이 중 증권회사 25사, 은행 5사, 상호금융 1사, 증권금융 1사, 콜론 딜러 3사이다.

JGBCC의 청산 대상인 거래는 매매거래(outright trading), 현선거래(repurchase agreement), 현금담보부대차거래(cash-collateralized securities lending)이다. 그리고 대상증권으로 FB(정부단기증권), TB(할인단기국채), 할인국채(3년·5년), 이자부국채(2년~30년), 15년 변동이자부국채, 스트립국채 등 시장에서 거래되는 다양한 국채를 취급하고 있다. 그러나 개인대상국채, 물가연동국채 등은 대상에서 제외되었다.

JGBCC를 이용한 장외 국채거래의 결제는 증권과 대금을 참가자별·종목별로 차감하여 건별로 결제하는 DVP1방식이며, 결제주기의 경우 매매거래와 현금담보부대차거래는 T+2일[37]이고, 현선거래는 T+1일이다.

또한, JGBCC를 이용한 장외 국채거래는 JASDEC의 PSMS가 매매확인의 기능을

35 장외 국채거래 중 JGBCC를 이용하는 거래는 70%에 달하며, BOJ의 국채 DVP결제의 47%에 해당된다(JGBCC, Answers to the key questions of Recommendations for Central Counterparties, 2012. 3).

36 JGBCC 비참가자인 증권·은행의 딜러 간 거래 또는 딜러와 신탁은행·보험 등의 기관투자자 간의 거래는 JGBCC를 이용하지 않는 거래유형이다.

37 일본은 국채거래의 결제주기를 단축하기 위하여 노력한 결과 2012년 4월 13일부터 결제주기를 종전 T+3일에서 T+2일로 단축하였다.

▶▶ 그림 5-9 JGBCC를 이용하는 장외 국채기관결제의 프로세스

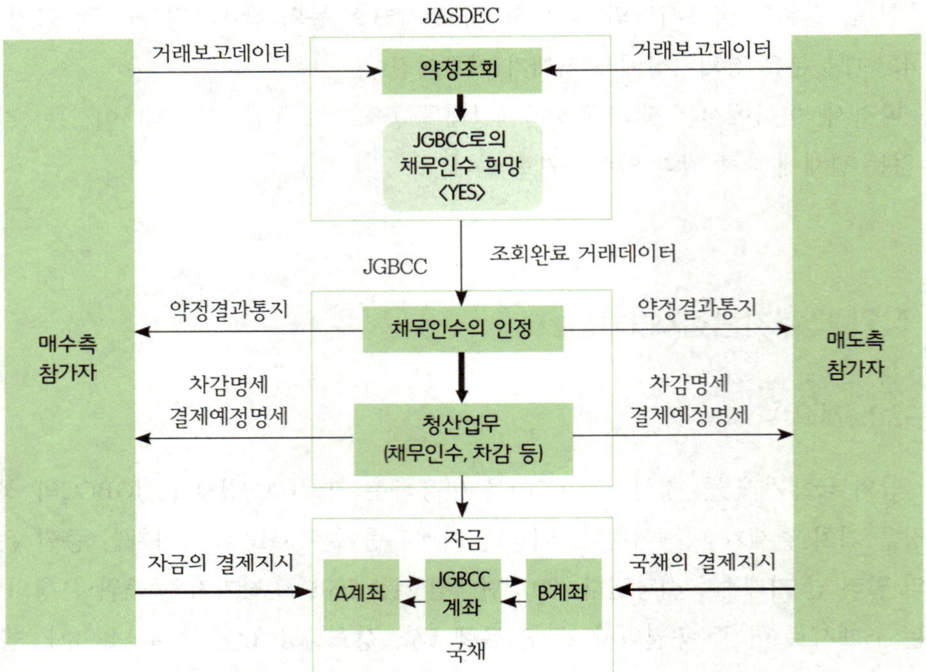


수행하고, JGBCC가 청산기관(CCP)으로서 채무인수, 차감, 이행보증의 기능을 수행하며, BOJ가 결제기관으로서 증권결제와 대금결제를 담당한다.

### 2.2. 업무처리절차

#### 2.2.1. 매매확인

JASDEC의 PSMS는 JGBCC 대상거래에 대해 매매확인을 실시한다. 매매거래와 현금담보부대차거래의 매매확인 T+0~1일(18:30)에, 현선거래의 매매확인은 T+0일(18:30)에 실시된다. PSMS는 증권·은행 등의 딜러로부터 매매보고데이터를 받아 이를 상호대조하여 약정조회(trade matching)를 실시한다.

PSMS에서 매매확인된 거래는 실시간으로 JGBCC에 보내진다(07:00~21:00). JGBCC로 보내지는 매매확인 완료데이터에는 ① 채무인수를 희망한다는 것을 나타내는 청산플래그, ② 청산을 하는 당사자, ③ 차감계좌 등의 정보가 포함된다.

### 2.2.2. 채무인수

JGBCC는 PSMS로부터 받은 매매확인 완료데이터에 관해서 종목 등 차감 적격이라는 것을 확인하고 '채무인수의 인정'을 한다. 그 다음 일정시각(18:30)에 참가자의 채무를 인수한다. 다만 18:30 이후에 JGBCC에 통보된 거래는 익일의 18:30에 채무인수[38]가 된다.

### 2.2.3. 차감

T+1일(현선거래는 T+0일) 야간에 JGBCC는 매매거래, 현금담보부대차거래 및 현선거래에 대해 다자간 차감을 실시한다. 다자간 차감은 참가자별·종목별로 이루어지며, 그 결과 참가자는 종목별로 하나의 증권결제채무와 증권결제채무시가평가액을 갖는다. 여기서 증권결제채무에 따른 국채의 수량이 1건당 50억 엔을 상회할 경우 일은네트 국채계의 상한에 따라 50억 엔 이하의 복수의 거래로 분할한다.

또한 증권결제채무시가평가액은 결제대상 국채의 전일 시가에 근거하여 계산된다. 이는 동일 종목이라도 복수의 가격으로 거래되고 있기 때문에 이것을 결제할 때 시가를 통일하기 위한 것이다. 결제금액을 시각평가액으로 함으로써 JGBCC는 국채결제에 있어서 동일 종목을 모두 무차별하게 취급할 수 있다.

한편, 실제의 약정가격과 시가평가액의 차액은 수도조정금액으로서 별도의 차액자금결제(FOS: Funds Only Settlement)에서 처리된다.

이와 같은 차감결과는 차감 후 신속하게 참가자에게 통지되며 이후 참가자 쪽에서의 취소는 일체 인정되지 않는다.

### 2.2.4. 결제

T+2일(현선거래는 T+0일)에 JGBCC에서 차감된 국채거래는 BOJ를 통해 국채DVP결제와 차액자금결제에 의해 결제가 처리된다.

#### 가. 국채DVP결제

국채DVP결제란 증권결제채무에 해당하는 국채와 증권결제채무시가평가액을 동시결제(DVP)하는 것을 말한다. JGBCC는 일본은행에 국채계좌와 대금계좌를 갖

38 현선거래의 경우 T+0일에 채무인수가 되면 개시거래와 환매거래의 채무를 모두 인수하는 반면, 익일(T+1)에 채무인수가 되면 환매거래의 채무만을 인수한다(JGBCC 업무방법서).

고 있으며, 일은네트(BOJ-NET)를 통해서 국채와 대금의 DVP결제를 한다.

JGBCC는 우선 09:00~15:00 사이에 국채의 인도참가자와 DVP결제를 통해 국채를 수령하고 대금을 지급한다(1단계 DVP결제). 그 후 09:00~15:30 사이에 국채의 인수참가자와 DVP결제를 통해 국채를 인도하고 대금을 수령한다(2단계 DVP결제).

이와 같이 JGBCC에서는 대금의 지급이 수령에 선행하기 때문에 국채 DVP동시담보수불(ITC: In-Transit Collateral) 기능을 이용해서 일본은행으로부터 일중 O/D(당좌대월)를 받아 결제를 위한 유동성을 조달하고 있다. 이때 JGBCC는 청산기금으로 받은 국채 등을 BOJ에 담보로 제공하고 유동성을 조달받는다.

구체적으로는 1단계 DVP결제에서 인도참가자로부터 국채를 수령하는 경우에는 ITC기능을 이용해 그 수령하는 국채를 담보로 일본은행으로부터 일중 O/D를 받는 동시에 그 자금을 인도참가자에게 지급함으로써 인도참가자와 결제를 완료시킨다.

또한 2단계 DVP결제에서 JGBCC가 인수참가자에게 국채를 인도하는 때에는 인수참가자로부터의 대금지급을 받아 그 대금으로 일본은행의 일중 O/D를 변제하고 담보로 되어 있던 국채를 반환받아 인수참가자에게 인도한다. 여기서 인수참가자에게 국채를 인도하는 순서는 결제의 우선순위(priority)에 따라 종목별 증권결제채무의 크기(1건 50억 엔을 최우선으로 하고 그 다음은 금액이 큰 순서)를 기본으로 과거의 결제지연실적 등에 따라서 정해진다.

▶▶ 그림 5-10 JGBCC가 있는 동시담보수불(ITC)기능 이용 프로세스

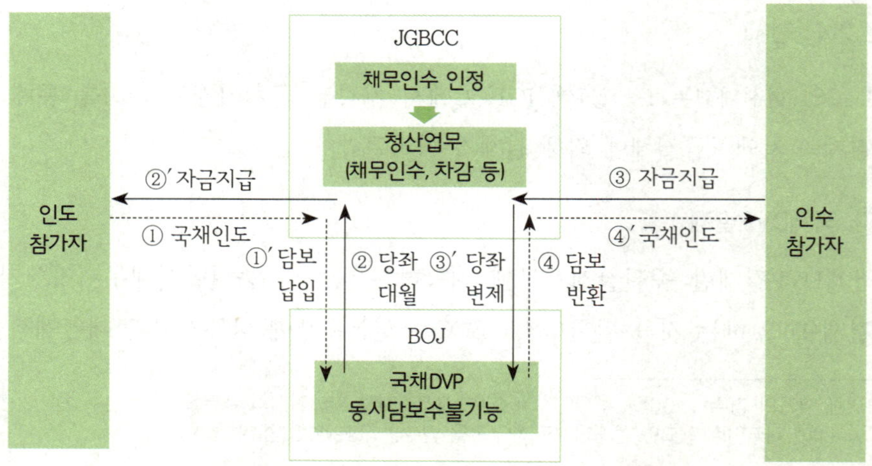

▶▶ 표 5-3 차액자금결제(FOS)금액 내역

| 구분 | 내용 |
|---|---|
| 수도조정금액 | 결제일 전일의 시가에 근거해서 산출되는 DVP 결제에서의 자금결제액과 원(原) 거래의 약정가격에 근거한 정산가격과의 차액을 산출해서 그 차액을 국채의 DVP 결제와는 별도로 자금결제를 하는 것이다.<br>* 구체적으로 **약정가격 〉 전일의 시가**의 경우, 매수자는 차액을 JGBCC에 지급하고, JGBCC는 이것을 매도자에게 지급한다. 또한 **약정가격 〈 전일의 시가**의 경우, 매도자는 매수자에게 JGBCC를 통해서 차액을 지급하게 된다. |
| 마진콜금액 | 매일 매일의 일일정산(시가평가)에 의해서 발생하는 차액을 자금만으로 결제하는 것이다. |
| 부리금 | 마진콜금액에 대한 부리를 결제하는 것. 영업일마다 1일분의 결제가 이루어진다. 금리는 전일의 무담보콜금리(O/N물, 평균값)가 적용된다. |
| 원리금 상당액의 조정 | Repo거래의 기간 중에 국채의 이자지급이 있었던 경우, 이것을 수취한 참가자로부터 징수해서, 본래 수취해야 할 참가자에게 지급하는 것이다. |

### 나. 차액자금결제(FOS)

차액자금결제(FOS: Funds Only Settlement)란 국채 DVP결제와는 별도로 참가자와 자금만을 결제하는 것을 말한다. FOS에는 수도조정금액, 마진콜금액, 부리금(附利金)의 수수 등을 위해서 이루어진다.

JGBCC는 결제일 전일 21:00경까지 참가자에게 FOS금액을 통지하고, 지급참가자는 10:00까지 자금을 JGBCC에 납부하여야 한다. JGBCC는 11:00 이후 신속하게 FOS의 수령참가자에게 자금을 지급한다.

## 2.2.5. 결제불이행 처리

JGBCC는 인도참가자가 납부시한(15:00)까지 국채 인도를 못한 경우라도 즉시 채무불이행으로 처리하지 않고 증권미납부(fail)[39]를 인정하고 있다. 이때 JGBCC에 포지션이 남지 않도록 처리된다. 즉, 인도참가자가 증권미납부를 한 경우에는 JGBCC도 인수참가자에게 증권인도를 하지 못하게 된다. 이와 같은 거래는 일반적인 차감명세와는 별도로 취급되며, 원칙적으로 다른 거래와 차감되지 않는다.

또한 증권미납부가 장기간에 걸쳐서 해소되지 않는 경우, 당초의 결제일로부터 기산해서 12일째의 날 이후에도 증권미납부가 계속되고 있는 경우 해당 인도참가자에게 통지를 한 후에 강제매수(buy-in)를 할 수 있다. 또한 인수참가자의 신청에 의

39 대금미납부(fail)는 인정되지 않는다.

한 '참가자 강제매수'도 인정되고 있다. 증권미납부의 발생은 1일 평균 2건 정도에 그치고 있다(2006년 말 기준). 강제매수는 지금까지 발생사례가 없다.

한편 참가자의 결제불이행이 발생하였을 때는 JGBCC는 채무인수를 정지하고, 국채의 인도 및 대금 지급의 전부 또는 일부를 정지한다. 또한 참가자의 결제불이행으로 손실이 발생한 경우에는 ① 불이행 참가자의 청산기금 처분, ② 불이행 참가자와 거래한 각 참가자에게 안분한 손실부담금, ③ JGBCC의 이익잉여금 25%, ④ 모든 참가자에게 안분한 추가손실부담금의 순서로 손실을 보전한다.

### 2.3. 위험관리방법

#### 2.3.1. 마진콜

마진콜(margin call)은 결제일마다 차감 후의 각 참가자 포지션을 각각 매일매일의 시가에 의해서 평가하고, 원(原) 약정과의 차액을 참가자로부터 징수 또는 반환하는 제도이다. 이것은 채무불이행이 발생한 경우에 시장가격의 변동에 의해서 JGBCC가 손실을 입는 것을 피하기 위한 제도이다.

마진콜 금액은 매매거래와 Repo거래로 나누어 계산된 후에, 최종적으로는 합산되어 계산된다. 마진콜은 전술한 차액자금결제(FOS)의 일부로서 결제된다. JGBCC에서는 한 쪽의 참가자로부터 마진콜을 징수한 후에 그 금액을 또 다른 한 쪽의 참가자에게 지급하기 때문에 JGBCC에 마진콜이 남는 경우는 없다.

#### 2.3.2. 청산기금

청산기금(Clearing Fund)은 참가자에 의한 결제불이행(default)이 발생해서, 마진콜로는 커버할 수 없는 손실이 발생한 경우에 대비해서 JGBCC가 미리 징수해서 관리하는 펀드이다.[40] 청산기금은 ① 불이행 참가자의 포지션을 시가평가를 한 후, 실제로 종료(close)될 때까지의 가격변동리스크(1일분의 가격변동리스크), ② 차액자금결제(FOS)가 이행되지 않는 리스크 등을 커버하기 위한 담보이다.

청산기금은 현금 또는 국채로 이루어지며 국채에 관해서는 잔존기간에 따라서 일정의 헤어컷(haircut)률을 곱해서 담보액이 산출된다. 청산기금의 소요액은 매일

---

40 금융상품거래법에서는 '청산예탁금'으로 규정하고 있으며, JGBCC는 동 예탁금에 관해서 다른 채권자에 우선해서 변제를 받을 권리(우선변제권)를 갖는다(동법 제156조의11).

선무가 되었는데, 이러한 업계 간의 이해 조정에 시간을 소비하는 것보다는, 각각 CCP를 설립하여 청산기관을 정비하는 것이 효과적이라고 판단했던 것이다.

## 2.3. 일본국채청산기관(JGBCC)

### 2.3.1. 개요

일본국채청산기관(JGBCC: Japan Government Bond Clearing Corporation)은 2003년에 설립되어 장외시장[19]의 국채거래[20]에 대해 청산업무를 제공하는 청산기관(CCP)이다.

2012년 말 기준으로 JGBCC의 채무인수 규모는 일평균 91.2조 엔, 결제금액은 일평균 19.5조 엔이다. 그리고 JGBCC의 참가자는 2013년 1월 말 현재 34사이며, 이중 증권회사 23사, 은행 6사, 상호금융 1사, 증권금융 1사, 기타 3사이다.

### 2.3.2. 발전과정

JGBCC는 2003년 10월에 시장참가자 19사의 출자에 의해 설립[21]되었으며, 유가증권채무인수업의 면허를 교부받아 2005년 5월부터 국채의 청산업무를 하고 있다.

일본에서 국채는 대부분이 장외거래이며, 과거에는 이에 대한 청산기관이 존재하지 않았다. 이는 종래에 일은네트 국채계에서의 결제 대부분이 시점차감결제방식으로 처리되어 왔다는 점이 크다. 즉, 시점차감결제에서는 차액분만 결제되고 DVP 결제도 가능했다. 그래서 결제 전단계에서 사전에 차감을 하고, 결제이행을 보증한다는 청산기관에 대한 니즈는 부족했다.

그러나 2001년 1월부터 일본은행의 국채결제 RTGS화가 이루어지면서 시장참가자의 결제용 국채나 자금조달 부담이 증가하였으며, 또한 국채의 증권미인도(fail)가 발생하게 되었다. 또한 외국의 경우 미국의 FICC, 프랑스의 Clearnet, 영국의 LCH 등이 국채를 대상으로 한 청산업무를 제공하고 있었다.

이러한 국내외 상황에 따라 일본은 미국의 FICC를 모델로 하여 JGBCC를 설립

19 도쿄증권거래소 등의 장내시장에서의 국채거래는 JSCC가 청산업무를 제공하고 있으나 그 비중은 극히 미미하다.

20 FB(정부단기증권), TB(할인단기국채), 할인국채(3년·5년채), 이자부(이표부)국채(2년채·30년채), 15년 변동이자부국채, 스트립국채(원본이자분리채) 등 시장에서 거래되는 다양한 국채를 취급하고 있다

21 2011년 12월 기준 출자비율은 JSCC 35.63%, 시장참가자(30사) 64.37%이다(Answer to the key questions of Recommendations for Central Counterparties, 2012. 3).

산출되며, 야간에 참가자에게 통지된다. 소요액이 부족한 참가자는 11:00까지 납부하는 것이 필요하다. 또한 JGBCC에서는 청산기금의 반환을 받을 참가자에 대해서는 11:00~11:30의 사이에 반환을 한다. 또한 국채의 가격이 대폭적으로 하락한 경우[41]에는 임시로 당일 중(15:30)까지 청산기금의 추가예탁을 요구할 수 있다.

청산기금은 각 참가자의 거래량에 따라서 산출되는 청산기금 기초소요액과 10억 엔 중 큰 금액이다. 이 중에서 5억 엔은 현금으로 납부해야 한다.

### 2.3.3. 유동성 조달

참가자가 결제불이행을 하거나, 운영상의 장애가 생긴 경우에도 JGBCC는 다른 참가자에 대해서 예정대로 적시에 대금 지급 및 국채 인도를 할 의무를 지고 있다. 이 때문에 JGBCC에서는 복수의 유동성 조달수단을 준비하고 있으며, 다음과 같은 순서로 이용하도록 되어 있다. 즉, ① 청산기금 중에서 현금 부분,[42] ② 시장참가자로부터의 자금조달, ③ 청산참가자 등을 상대방으로 한 대차거래의 요청,[43] ④ 2,000억 엔의 신용한도 범위, ⑤ 모든 참가자에 대한 의무화된 자금조달[44]의 순서이다.

## 3. 장외 국채기관결제(Non-CCP결제)

### 3.1. 개요

장외 국채거래 중 청산기관(CCP)을 이용하지 않는 거래(Non-CCP결제)[45]는 JGBCC의 개입 없이 결제가 이루어진다. 이러한 거래의 유형에는 JGBCC 비참가자인 증권회사·은행의 딜러 간 거래, 증권회사·은행의 딜러와 신탁은행·보험 등의 기관투자자 간의 거래가 해당된다. 거래종류는 매매거래(outright trading), 현선거래(repurchase agreement), 현금담보부대차거래(cash-collateral securities lending)를 포함한다. 또한, 대상증권으로 FB(정부단기증권), TB(할인단기국채), 할인국채(3년·5년),

41 도쿄증권거래소 국채선물거래의 가격이 오전 중에 일정액 이상으로 크게 변동한 경우에 발동된다.
42 2007년 3월 말 기준 970억 엔. 그러나 그 중에서 현금의 의무화분은 180억 엔이다(각 참가자마다 5억 엔).
43 당일 각 참가자의 국채수취금액의 5%를 요청액의 목표로 한다.
44 불이행처와의 거래금액 비율에 따라서 의무화를 한다.
45 장외 국채거래의 30%가 이에 해당된다.

이자부국채(2~30년), 15년 변동이자부국채, 스트립국채 등 시장에서 거래되는 다양한 국채를 취급하고 있다.

한편, Non-CCP 장외 국채거래의 결제는 증권과 대금을 건별로 즉시 결제하는 RTGS방식으로 이루어지며 DVP1방식에 해당된다. 결제주기의 경우 매매거래와 현금담보부대차거래는 T+2일이고, 현선거래는 T+1일이다.

또한, Non-CCP 장외 국채거래의 경우 JASDEC의 PSMS 등이 매매확인의 기능을 수행하고 있으며, BOJ가 결제기관으로서 증권결제와 대금결제를 담당한다.

### 3.2. 업무처리절차

#### 3.2.1. 매매확인

단순매매거래와 현금담보부대차거래는 T+0~1일(17:00), 현선거래는 T+0일(17:00)에 매매확인이 실시된다. 매매확인은 JASDEC의 PSMS 또는 거래당사자가 직접 실시한다. PSMS의 경우 딜러, 기관투자자 등으로부터 매매보고데이터를 수령하여 약정조회(trade matching)를 한 후 BOJ에 대해 대체청구(결제지시)를 실시한다.

#### 3.2.2. RTGS결제

단순매매거래·현금담보부대차거래는 T+2일(14:00), 현선거래는 T+1일(14:00)에 BOJ에 의해 RTGS방식에 따라 증권과 대금이 건별로 즉시 결제(DVP1)된다.

이를 구체적으로 살펴보면 다음과 같다. 먼저 매도자는 일은네트에 국채인도의뢰전문을 송신하고, 일은네트는 이를 매수자에게 통지한다(①, ②). 다음으로 매수자는 일은네트에 자금인도의뢰전문을 송신한다(③). 일은네트 국채계는 매도자의 국채잔량과 매수자의 자금잔량이 각각 충분한 것을 확인한 후에 증권과 대금을 동시에 결제한다(④).

매도자와 매수자는 일본은행에 당좌예금계좌가 있는 다른 금융기관에 대금결제의 대행을 의뢰할 수 있다. DVP결제의 선택은 임의적이며, 분리결제(FOP)를 할 수도 있다.

2011년 말 기준으로 일은네트에 있어서 DVP결제 비율은 금액기준으로는 50% 정도이다. 또한 직접참가자 간의 결제는 금액 기준으로 99%가 DVP결제방식으로

▶▶ 그림 5-11 일은네트에서의 국채 RTGS결제

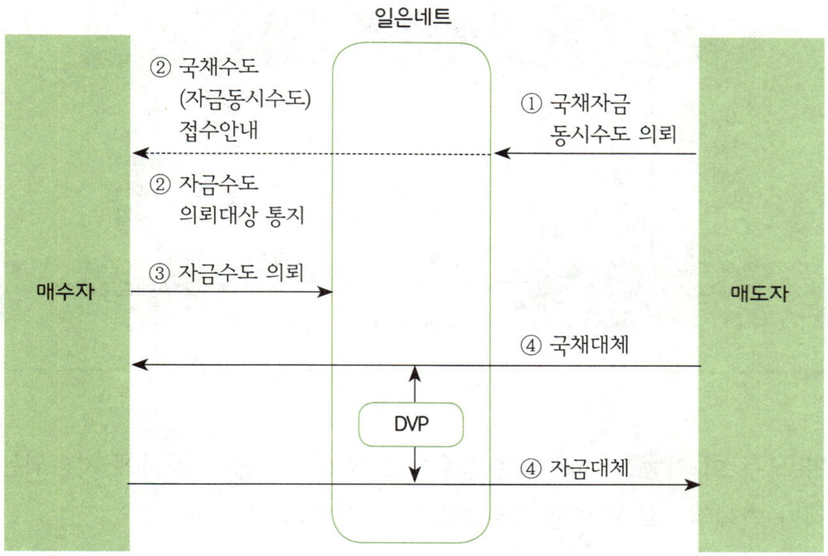


결제된다.

### 3.3. 동시담보수불기능

국채 DVP 동시담보수불기능(ITC: In-Transit Collateral)이란 국채 매수자가 수령하는 국채를 담보로 일본은행(BOJ)에서 당좌대월을 받고, 동시에 그 자금을 국채 매입대금에 충당하는 기능을 말한다. BOJ는 2001년 1월 국채결제의 RTGS화를 추진하면서 국채 매수자의 유동성을 지원하기 위하여 동 제도를 도입하였다.

국채 DVP 동시담보수불기능의 이용자는 금융기관, 금융상품거래업자, 증권금융회사, 그 외의 자는 당좌예금거래를 하는 자 중 BOJ가 적당하다고 인정하는 자로 국채, 정부단기증권의 거래를 대상거래로 하고 있다.

이를 구체적으로 살펴보면 국채 매수자는 수령하는 국채를 BOJ에 담보로 납입(①)하고, BOJ로부터 당좌대월을 받아 그 자금을 대금지급에 충당한다(②, ③). 국채 매도자가 BOJ에 납입된 담보국채를 반환받아 그 국채를 인도(④, ⑤)하고, 수령한 대금을 당좌대월 상환에 충당하게 된다(⑥). 1개의 거래에 관해 국채 매수자와

▶▶ 그림 5-12 국채 DVP동시담보수불기능(ITC) 프로세스

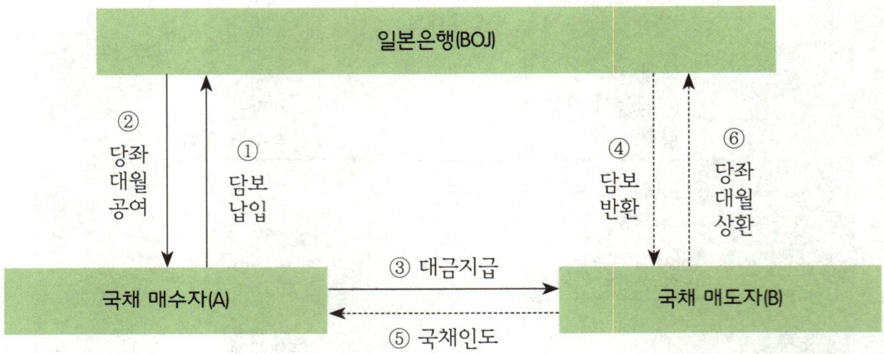




매도자가 모두 이 기능을 이용하는 경우에는 상기의 기능이 동시에 처리되는 반면, 동일거래가 연쇄적으로 발생한 경우 거래건별로 처리된다.

한편, 담보가격으로 국채는 잔존기간에 따라 시가의 87~99%수준으로 잔존기간 1년 이내의 것은 99%, 30년 초과의 것은 87%가 적용된다. 정부단기증권은 시가의 99%가 적용되는데, 참가자는 담보가 할인되는 금액만큼 별도의 자금을 준비할 필요가 있다. 일본은행은 동시담보수불기능이 일중 자금흐름을 지원하기 위한 것이고 충분한 담보를 받고 있기 때문에 대출이자는 무이자를 적용하고 있으며, 일본은행은 참가자로부터 받은 담보를 질권방식으로 관리하고 있다.

2012년 말 기준 국채 DVP결제의 95~97%는 동시담보수불기능을 이용하여 처리되고 있으므로 국채 DVP결제의 99%는 오전에 완료되는 것으로 나타났다.

### 3.4. 일본의 국채결제 관행

국채결제의 RTGS화에 의해 결제 환경이 대폭적으로 변화되었기 때문에, 국채거래의 시장관행(market practice)의 재검토가 필요해졌다. 그래서 일본증권업협회는 국채결제 RTGS화에 관한 연구회를 설치하고, RTGS 환경하에서 시장관행의 모습을 검토하였으며, 그 결과를 2000년 8월에 '국채의 즉시총량결제에 관한 가이드라인'을 공표하였다.

동 가이드라인(2012년 4월판)의 주요 내용과 최근 국채결제의 상황을 살펴보면,

다음과 같다.

### 3.4.1. 신속한 결제의 실시

동 가이드라인에서는 9:00 이후 가능한 한 신속하게 결제를 처리하는 동시에, 최대한 12:00까지는 모든 결제를 종료시키는 것이 바람직하다고 명시하고 있다.

2012년 말 기준 국채결제 상황을 살펴보면, 시간대별 국채결제의 비중(건수 기준, 누계)은 10:00까지 83.5%, 11:00까지 97%, 12:00까지 99%의 결제가 되고 있어 거의 가이드라인에 따르고 있다.

### 3.4.2. 결제금액의 소액화

동 가이드라인에서는 1건당의 결제에 필요한 국채 및 자금의 소요액을 절감함에 따라서 일중의 미결제잔량의 누적을 억제하기 위해 시장관행으로 시장참가자의 일은네트 국채계에서의 결제를 '1건당 50억 엔 이하'로 제한하고 있다(이른바 '50억 엔 룰').[46] 이 때문에, 시장참가자가 액면 50억 엔 초과의 거래를 한 경우에는 동 거래를 일은네트 국채계에서 결제하기 위해서 액면 50억 엔 이하로 분할해서 입력하는 것이 필요하다.

국채의 1건당 결제금액(DVP 결제분)의 추이를 보면, 2000년까지는 45억 엔 초과에서 RTGS화 후에는 30억 엔으로 일단 상당히 소액화되었다가 서서히 40억 엔 정도까지 상승하고 있다.

### 3.4.3. 표준적인 차감스킴

동 가이드라인에서는 결제 건수·금액을 절감하기 위한 대책으로서 표준적인 차감의 스킴을 제시하고 있다. 이것은 동일 결제일·동일 종목·동일 액면인 국채의 거래를 차감하는 것으로, '페어 오프(pair off)'라고 한다. 차액의 결제가 완료되지 않는 한 원인이 되었던 거래의 채권·채무관계가 존속하는 지급차감(payment netting)이다.

페어 오프는 국채대체결제의 DVP결제 거래를 대상으로 한다. 그러나 당사자간의 합의에 의해, 이 이외의 거래를 대상으로 표준적인 차감스킴에 준한 차감도 할 수 있다.

---

46 그러나, ① 일본은행과의 거래, ② 재정융자자금 및 국채정리기금과의 거래, ③ 담보의 차입·반환에 관한 거래는 그 성격으로 인해 소액화 제외 대상이다.

### 3.4.4. 페일(fail)에 관한 지침

#### 가. 페일(fail)의 용인

동 가이드라인에서는 페일을 허용하는 것으로 언급하고 있다. 페일은 당초에 예정하고 있었던 결제일이 경과했음에도 불구하고, 증권결제가 미완료된 상태인 것이다. 페일을 허용한다는 것은 페일 발생시 즉시 채무불이행(default)으로 취급하지 않는 것, 즉, 매수자가 거래의 해제권을 행사하지 않는 것을 의미한다. 결제는 통상 익일 이후로 연기된다.

페일이 발생한 경우에는 특별한 벌칙은 부과하지 않으며, 페일 해소시 당사자 간에 원래의 약정금액(원본금액과 경과이자)을 수수한다. 이는 페일을 한 매도자는 채권 보유를 위한 자금조달비용을 부담하며, 또한 예정된 결제일 이후의 경과이자를 상대방에게 지급해야 하는 경제적 단점을 갖기 때문이다. 한편, 페일을 당한 매수자는 예정된 결제일로부터 실제로 국채를 수령하기까지의 결제 미완료 때문에 경과이자를 받을 수 있는 경제적 장점이 생긴다.

또한 페일과 관련하여 컷오프 타임을 설정한다. 컷오프 타임(cutoff time)은 시장참가자 간에 책정한 '결제마감시각'으로, 일은네트의 마감시각을 염두에 두고 페일 등을 확인하기 위해서 마련된 것이다. 통상 영업일의 컷오프 타임은 15:30(일은네트 국채계의 가동종료시간의 1시간 전)으로, 이 시각까지 결제가 종료되지 않는 경우에는 페일이 된다.

#### 나. 페일(fail)의 해소 방법

지급불능의 해소방법에 관해서는 일본증권업협회가 채권의 페일 해소에 관한 규칙(통일관습규칙 제4호, 2009년 9월)을 정하고 있다. 동 규칙에 의하면, 페일을 당한 매수자는 ① 대상 채권을 대신해서 동종 채권을 수령받을 것, ② 대상 채권의 반대매매를 할 것, ③ 매수자가 대상 채권(또는 동종 채권)을 시장가격으로 매입하는 '강제매수(buy in)'를 실행할 것 등에 의해 페일을 해소할 수 있다.

#### 다. 페일(fail)의 발생 상황

2012년 말 기준 페일 발생상황을 살펴보면, 월평균 75건, 연간 20,580억 엔의 페일이 발생하고 있지만, 발생률은 건수·금액 모두 0.1% 미만으로, 유럽·미국시장

에 비해서 상당히 낮은 수준에 그치고 있다.[47]

페일 해소까지의 기간은 2012년 말 기준 평균 1.2일로, 하루를 조금 넘기고 있으며, 최장(最長)으로도 22영업일[48]이다. 페일의 장기화로 인수자가 '강제매수'를 실시한 예는 눈에 띄지 않는다.[49]



47 지급불능의 발생률은 미국시장에서 1~2% 정도, 유럽시장에서는 5% 정도이다.

48 그러나 2011년 2월에는 페일 해소까지 22일이 소요된 사례가 발생한 적도 있다.

49 2001년부터 2012년까지 강제매수 건수는 0이다.

# 제6장 유럽의 증권결제제도

## 01 증권시장의 개황

### 1. 증권시장의 통합

#### 1.1. 개요

유럽 증권시장의 현황을 보면 런던증권거래소가 가장 크며, 4개 증권거래소가 통합한 Euronext가 바짝 추격하고 있는 상황이다. 이 양대 시장에 이어 2진 그룹으로는 독일거래소, 스페인증권거래소, 스위스증권거래소, 노르딕(Nordic)거래소 등이 있다.

다음으로 ① 기존 증권거래소의 통합 움직임과, ② 새로운 전자증권거래소를 창설하려는 움직임을 살펴보기로 한다.

▶▶ 표 6-1 유럽 증권시장의 주식거래대금 (단위: 백 만 USD)

| 구분 | 2010년 | 2011년 | 2012년 |
|---|---|---|---|
| London SE Group | 3,955,608 | 4,256,288 | 3,599,018 |
| NYSE Euronext (Europe) | 3,658,857 | 3,920,173 | 3,030,849 |
| Deutsche Börse | 2,300,996 | 2,132,753 | 1,392,644 |
| BME Spanish Exchange | 1,649,857 | 1,511,801 | 1,060,175 |
| SIX Swiss Exchange | 870,050 | 941,432 | 632,655 |
| NASDAQ OMX Nordic Exchange | 826,513 | 917,755 | 645,452 |

출처: 세계거래소연맹(WFE)

## 1.2. 증권거래소의 움직임

### 1.2.1. Euronext

유럽의 증권거래소 통합을 선도하고 있었던 곳은 Euronext다. Euronext는 당초 파리증권거래소, 암스테르담증권거래소, 브뤼셀증권거래소의 3개 거래소가 합병해서 2000년에 탄생하였다. 2002년에는 런던국제금융선물거래소(LIFFE)[1]를 인수하여 유력한 파생상품시장을 산하에 두었으며, 리스본증권거래소도 그룹에 편입시켰다.

이와 같이, Euronext는 지주회사인 Euronext N.V의 산하에 4개의 증권거래소와 1개의 파생상품거래소를 두고 있으며, 유럽에서는 런던증권거래소에 이어 제2위의 시장으로 자리매김하게 되었다. 그 이후 2007년에는 뉴욕증권거래소(NYSE)와 통합해서 NYSE Euronext가 되어 세계 최대의 증권거래소가 되었다.

▶▶ 그림 6-1 NYSE Euronext의 조직구성

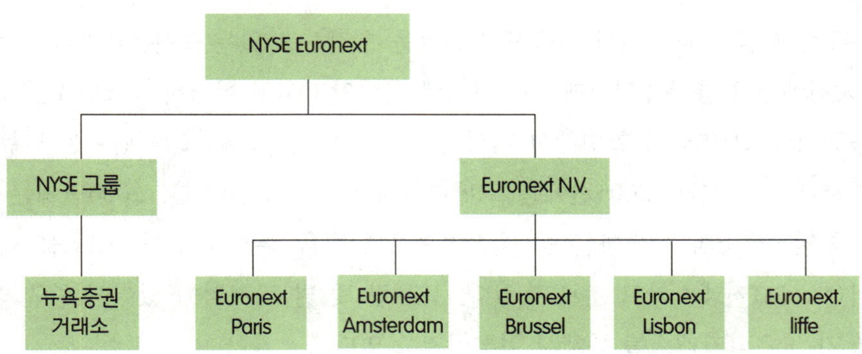


### 1.2.2. 런던증권거래소

유럽의 증권거래소 재편에 있어서 런던증권거래소(LSE)가 어떤 증권거래소를 통합 상대로 선택할 것인지는 최대의 관심이 되어 왔다. 런던증권거래소는 1998년 이후 Euronext, 독일거래소, OM 그룹 등으로부터 여러 번에 걸쳐 합병이나 경영통

1 매수에 의해 명칭을 'Euronext.liffe'로 변경했다. 또한 LIFFE의 매수에는 런던증권거래소와 독일거래소도 경합했다.

합에 관한 제의를 받았지만, 결국 어느 것도 실현되지 않았다. 또한 2006~2007년에 걸쳐서 미국의 NASDAQ에 의해 주식의 30% 이상 매점당했으며, 공개매수도 당했다.

한편 2007년 8월에 런던증권거래소는 이탈리아거래소의 매수를 결정했다. 이것은 당분간 다른 유력 거래소와의 통합을 지향하지 않고, 자주독립노선을 관철하려고 하는 의미로 볼 수 있다.

### 1.2.3. 독일거래소

독일거래소는 현물시장인 프랑크푸르트증권거래소, 선물시장인 Eurex의 2개 거래소를 산하에 두고 있다. 주식시장의 규모로는 유럽에서 세 번째이지만, 전술한 바와 같이 런던증권거래소, Euronext에 비해서는 상당히 뒤처져 있다. 이 때문에, 수차례에 걸쳐 런던증권거래소, 뉴욕증권거래소 등과의 합병·제휴를 추진하였으나 실패로 끝났다.

### 1.2.4. OMX

북유럽과 발트 각국에서 적극적인 통합을 추진하고 있는 곳은 OMX이다. OMX는 1998년에 스톡홀름증권거래소와 시스템 기업인 OM이 합병하고, 2003년에는 헬싱키증권거래소(HEX)와 합병해서 탄생한 거래소이다. 그 후, 2004년에는 빌뉴스증권거래소(리투아니아), 2005년에는 코펜하겐증권거래소(덴마크), 2006년에는 아이슬란드증권거래소와 합병하는 등 계속적으로 합병을 추진해 왔다. 이들을 합쳐서 노르딕(Nordic)거래소라고 부르고 있다. 북유럽 및 발트 지역에 있어서 증권거래의 약 80%가 노르딕거래소를 통해서 이루어지고 있다.

2007년에 들어와 미국의 NASDAQ과 독일거래소가 잇달아 OMX를 매수하는 제안을 했는데, 2007년 9월 독일거래소가 취득한 주식을 모두 NASDAQ에 양도하기로 양자가 최종 합의[2]함에 따라 OMX는 NASDAQ의 산하로 들어가게 되었다.

---

2 이와 동시에, ① 독일거래소가 NASDAQ의 주식 약 20%를 취득하는 것, ② NASDAQ이 보유하던 런던증권거래소의 주식 31% 중에서 28%를 독일거래소가 매입하는 것 등이 합의되었다.

## 1.3. 전자거래소의 움직임

이상과 같이 기존의 증권거래소가 통합화를 위해 움직이고 있는 한편, 범 유럽의 주식을 거래할 수 있는 전자거래소를 새롭게 신설하려고 하는 움직임도 있었다.

이러한 움직임의 효시가 된 것이 2001년 런던에 설립된 virt-x이다. virt-x는 당초 영국의 전자주식시장이었던 Tradepoint와 스위스증권거래소(SWX)에 의해 설립되었지만 현재는 스위스증권거래소의 100% 자회사로 되어 있다.

virt-x는 상장기능은 갖고 있지 않고, 다른 시장에 상장되어 있는 주식을 거래하는 플랫폼이다. 스위스의 우량종목 이외에, 범 유럽의 우량종목이나 ETF 등 약 12,000종목이 거래되고 있는데, virt-x를 최초의 Cross-border 거래플랫폼이라고 하고 있다.

virt-x에서는 청산기관으로 LCH.Clearnet(영)과 SIS x-clear의 2사를 채택하고 있으며, 결제기관으로는 Euroclear UK & Ireland, Euroclear Bank, SIS의 3사를 이용하고 있는데, 고객은 이들 기관들 중에서 청산·결제기관을 선택할 수 있다.

다음으로 눈에 띄는 것은 Chi-X, BATS, Turquoise 등 ATS[3]의 움직임이다. 2010년 4월 현재 ATS의 주식거래는 전체 유럽의 25% 정도를 점유하고 있다. 그 중에서 Chi-X가 가장 규모가 큰데, 동사는 미국의 Instinet[4]이 런던에 설립한 회사로 2007년 4월부터 가동을 시작했다. Chi-X에서는 영국, 독일, 네덜란드 등의 주식을 대상으로 거래를 하고 있다.

Chi-X에서 거래된 주식은 Fortis은행(네덜란드)의 자회사인 EMCF(European Multilateral Clearing Facility N.V.)가 담당하고 있으며, 최종적으로 독일 주식은 Clearstream Frankfurt에서, 네덜란드 주식은 Euroclear Nederland에서, 영국 주식은 Euroclear UK & Ireland에서 결제된다.

3 유럽에서는 이를 MiFID(The Markets in Financial Instrument Service Directive)에서 정의하고 있는 MTF(Multilateral Trading Facility)라고도 한다.

4 2006년 11월에 노무라홀딩스가 매수하여 동사의 100% 자회사로 되어 있다.

## 2. 결제기관의 통합

### 2.1. 개요

1991년 1월에 유럽의 통화가 통합되어 단일통화인 유로(euro)가 도입되었다. 그 이후 유로존 전역에 범 유럽 자본시장(pan-European capital market) 창설을 위한 논의와 함께 증권결제 인프라를 통합적으로 만들어 가려는 움직임이 광범위하게 전개되고 있다.

특히, Euroclear그룹과 Clearstream그룹이 국제적인 ICSD를 중심으로 한 통합을 진전시켜 왔다. 그럼에도 불구하고, 여러 국가에서 각국마다 독립적인 NCSD(National Central Securities Depository)가 존재하고 있는 상황이다.

▶▶ 표 6-2 EU 각국의 주요 결제기관(CSD)

| 국가명 | 기관명 | 대상증권 | | |
|---|---|---|---|---|
| | | 국채 | 주식 | 사채, MMI 등 |
| 영국 | Euroclear UK & Ireland | ○ | ○ | ○ |
| 프랑스 | Euroclear France | ○ | ○ | ○ |
| 독일 | Clearstream Frankfurt | ○ | ○ | ○ |
| 이탈리아 | Monte Titoli | ○ | ○ | ○ |
| 그리스 | BOGS | ○ | × | × |
| | CSD | × | ○ | ○ |
| 스페인 | IBCERCLEAR | ○ | ○ | ○ |
| 포르투갈 | SITEME | ○ | × | × |
| | INTERBOLSA | × | ○ | ○ |
| 덴마크 | VP | ○ | ○ | ○ |
| 벨기에 | 벨기에 중앙은행 | ○ | × | × |
| | Euroclear Belgium | × | ○ | ○ |
| 네덜란드 | Euroclear Nederland | ○ | ○ | ○ |
| 룩셈부르크 | Clearstream Luxembourg | ○ | ○ | ○ |
| 핀란드 | Euroclear Finland | ○ | ○ | ○ |
| 스웨덴 | Euroclear Sweden | ○ | ○ | ○ |

이하에서는 유럽의 양대 CSD 그룹인 ① Euroclear그룹과, ② Clearstream그룹을 중심으로 결제기관의 통합 현황을 살펴보기로 한다.

## 2.2. Euroclear Group

### 2.2.1. Euroclear bank의 출발

Euroclear Bank는 미국 모건은행(Morgan Guaranty Trust)의 브뤼셀 지점이 1968년에 유로채(Euro Bond)를 결제할 목적으로 설립한 Euroclear System에서 출발하였다. 그 이후 업무의 중립성을 제고하기 위해 1972년 이용자인 119개 금융기관이 출자하여 설립된 Euroclear Clearance System plc가 Euroclear System을 소유하게 되었다.

2000년에는 Sicovam과의 합병에 대비하고 모건은행으로부터 독립을 확보하기 위해 새로운 Euroclear Bank를 설립하였다. 그 결과 기존 모건은행에서 수행하던 Euroclear의 운영과 은행업무가 모두 Euroclear Bank로 이전되었다. 또한 Euroclear Bank는 벨기에 당국으로부터 은행면허도 받게 되었다.

이러한 Euroclear Bank는 현재 ICSD로서 100여 개국 이상에서 발행된 증권에 대하여 국제적인 결제네트워크를 통해 결제서비스를 제공하고 있다. 이 밖에도 증권보관, 증권대차, 담보관리 등의 다양한 서비스를 제공하고 있다.

### 2.2.2. Euroclear Group의 탄생

2001년 1월에 ICSD인 Euroclear Bank는 프랑스의 결제기관(NCSD)이었던 Sicovam과 합병하여 Euroclear Group을 탄생시켰다. 이로 인해 Euroclear Group은 유럽 결제기관 통합논의에서 주도권을 잡기 시작하였다.

그 이후 Euroclear는 2002년 5월에 네덜란드의 NECEGEF, 9월에 영국과 아일랜드의 CrestCo를 합병하였다. 다음으로 2006년에 벨기에의 CIK, 2008년에 핀란드와 스웨덴의 NCSD(Nordic Central Securities Depository)를 합병하여, 현재 총 7개의 CSD Group이 되었다.

Euroclear Group은 EU의 주요 시장 중 7개 시장의 증권결제를 담당하고 있어 유럽 최대의 CSD가 되었다.

### 2.2.3. Euroclear Group의 조직구성

Euroclear그룹은 2단계의 지주회사 하에 7개의 CSD가 속해 있는 형태로 되어 있다. 우선 최상층부에 Euroclear PLC(영국 법인)가 있는데, 이는 200사가 넘는 이용자(은행, 증권회사)가 86.9%, 프랑스 Sicovam의 주주였던 Sicovam Holding S.A가 13.1%를 보유하고 있는 이용자 소유(user-owned)의 조직이다. 이러한 Euroclear PLC의 100% 자회사가 Euroclear SA/NV(벨기에 법인)로 그룹의 시스템을 소유·운영하는 동시에, 7개 CSD의 지주회사이다. 각 CSD는 Euroclear SA/NV의 100% 자회사로 되어 있다.

Euroclear PLC는 주주 관련 사항, 그룹 전체의 지배구조, 자금조달 등에 책임을 지고 Euroclear SA/NV는 그룹 전체의 전략 수립·실행, 그룹의 내부관리 등을 담당하고 있어 기업의 운영 상으로는 후자가 중심적인 역할을 하고 있다. Euroclear PLC와 Euroclear SA/NV는 동일한 임원으로 이용자가 중심이며 이사회 회원(board member)이며, 수익은 Euroclear PLC가 연결결산을 하고 있다.

▶▶ 그림 6-2 Euroclear Group의 조직구성

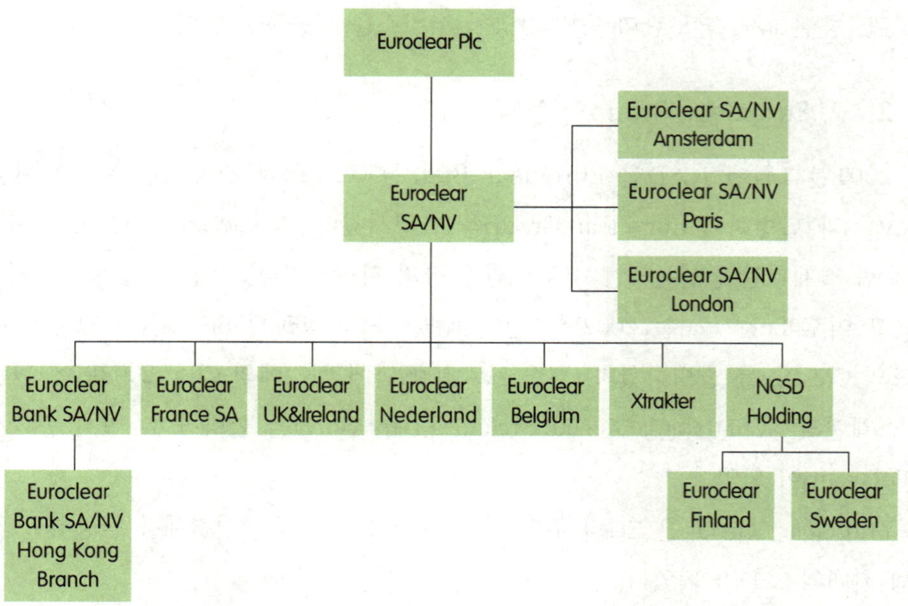

Euroclear PLC의 주식은 비상장이지만, 주주 전용의 게시판(bulletin board)을 통해서 매도·매수의 의사표시를 할 수 있으며 당사자 간의 합의에 의해 연 5회 거래가 성립되는 구조로 되어 있다.

프랑스와 벨기에의 은행감독당국(Commission Bancaire와 CBFA)이 Euroclear Bank, Euroclear PLC, Euroclear SA/NV의 주된 감독당국이다.

또한 Euroclear SA/NV는 CCP인 LCH.Clearnet의 대주주(지주비율 14.6%)이며, 업무 면에서도 제휴를 하고 있다.

## 2.3. Clearstream Group

### 2.3.1. Cedel의 출발

Cedel은 Euroclear와 비견되는 ICSD이다. 이러한 Cedel은 1970년에 11개 국가 66개 금융기관에 의해 룩셈부르크에 유한회사로 설립되었다. 그 이후 1995년에는 은행면허를 취득하여 Cedel Bank가 되었고, 1995년 새로운 지주회사 Cedel International이 설립되어 그 산하에 들어가게 되었다.

Euroclear와 Cedel은 양쪽 모두 유럽에 기반을 둔 대표적인 ICSD이며, Euroclear는 미국 자본인 모건은행이 그 실질적인 운영자였고, 이에 반해 Cedel은 유럽자본에 의한 ICSD를 목표로 설립되었다는 데 그 특징이 있다.

### 2.3.2. Clearstream Group의 탄생

2000년 1월 Cedel International은 독일의 결제기관(NCSD)이었던 DBC(Deutsche Börse Clearing AG)의 모회사인 독일거래소와 50 : 50으로 출자하여 Clearstream International을 탄생시켰다. 그 결과 舊 Cedel은 CBL(Clearstream Banking Luxembourg), 舊 DBC는 CBF(Clearstream Banking Frankfurt)로 불리게 되었으며, 모두 지주회사인 Clearstream International의 산하에 있게 되었다.

그 이후 2002년 7월에는 독일거래소가 Cedel International이 보유하고 있었던 50%의 주식을 매수함에 따라, 2개 CSD의 지주회사인 Clearstream International은 독일거래소의 100% 자회사가 되었다.

이러한 주식매수에 의해 Clearstream은 특정 증권거래소가 CSD를 보유하는 수직적 통합(vertical integration)의 형태가 되었다. 이는 Euroclear가 증권거래소와는 자본 관계를 갖지 않고, 이용자가 소유하는 조직 형태인 수평적 통합(horizontal integration)을 이룬 것과 서로 대조가 되고 있다.

### 2.3.3. Clearstream Group의 조직구성

Clearstream Group은 여러 단계의 지주회사 하에 두 개의 CSD와 기타 자회사가 속해 있는 형태로 되어 있다. 우선 최상층부에는 독일거래소가 있으며, 독일거래소는 지주회사인 Clearstream Holding AG를 100% 소유하고 있다. 다음으로 Clearstream Holding AG는 Clearstream International SA를 100% 소유하고 있으며, Clearstream International SA는 다시 두 개의 CSD와 기타 자회사를 소유하고 있다.

지주회사인 Clearstream International SA의 이사회(Board of Directors)는 23명으로 구성되어 있으며, 이 중에서 8명은 모회사인 독일거래소로부터, 나머지 15명은 주요 이용자 등의 사외이사(external directors)로 되어 있다. 그 밑에 CBL과 CBF에서는 각각 독자적인 경영진(executive team)을 두고 경영하고 있다.

▶▶ 그림 6–3 Clearstream Group의 조직구성

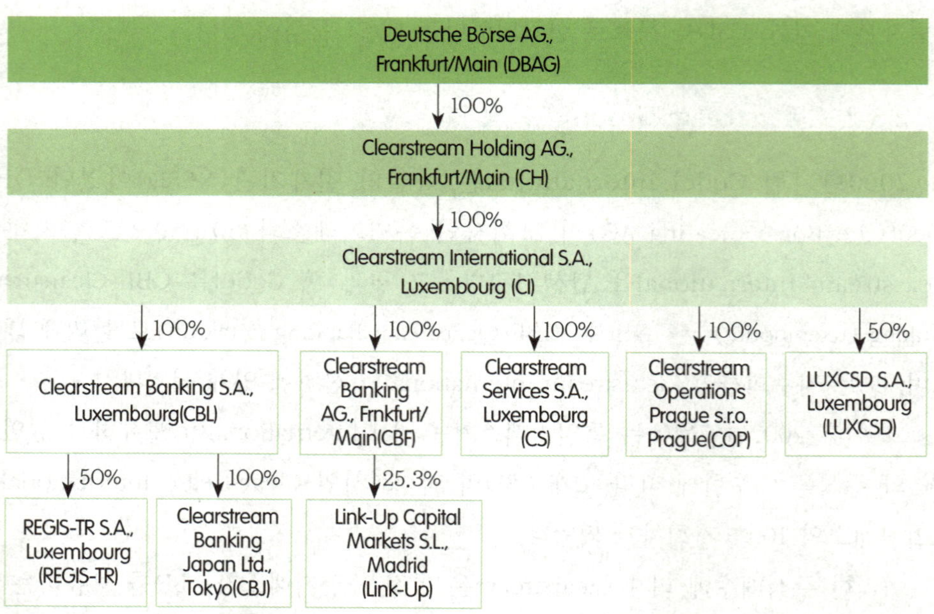

# 영국의 증권결제제도 02

## 1. 증권시장의 운영구조

영국의 증권시장은 유럽 내 1위의 시장이다. 주식시장의 경우 장내시장은 런던증권거래소(LSE: London Stock Exchange)와 virt-x를 중심으로 운영되고 있다. 먼저 LSE는 유럽 최대 증권거래소로 런던의 주 거래소 이외에 7개의 지방거래소를 운영하고 있다.[5] LSE는 1802년 설립된 세계 최고(最古)의 증권거래소로 1990년 말 이후 여러 차례의 합병을 시도했으나 실패하고 2007년 8월에 이탈리아거래소(Borsa Italiana)를 인수하였다. 이로서 LSE는 이탈리아거래소뿐만 아니라 유럽국채 전자거래시스템인 MTS, 청산기관인 CC & G, 결제기관인 Monte Titoli 등도 보유하게 되었다.

다음으로 virt-x는 다른 증권거래소와 달리 상장기능 없이 다른 시장에 상장되어 있는 주식을 거래하는 전자거래소로서 영국의 우량주를 대상으로 거래하고 있다. 한편, 주식 장외시장의 경우 Chi-X, BATS, Turquoise 등의 ATS 거래가 크게 증가하고 있다.

채권시장의 경우 장내시장인 런던증권거래소에서는 다른 거래소와 달리 국채, 유로채 등이 활발하게 거래되고 있다.[6] 채권 장외시장은 대부분 PD(GEMMs) 간 거래, 또는 Euro MTS, BrokerTec, e-Speed 등 ATS에서 이루어지고 있다.

한편, 영국 증권시장의 결제제도는 여러 개의 청산기관(CCP)과 단일의 결제기관(CSD)에 의하여 운영되고 있다. 먼저 청산기관의 경우 런던증권거래소와 virt-x의 거래는 LCH.Clearnet.Ltd가, Chi-X와 BATS의 거래는 EMCF가, Turquoise의 거래는 EuroCCP가 각각 청산기관의 역할을 수행하고 있다. 한편 결제기관의 경우 미국·일본과 달리 장내·외 모든 증권거래에 대해 Euroclear UK & Ireland(EUI)가 단일 결제기관의 역할을 수행하고 있다.

5 2010년 기준으로 영국 주식거래의 60%가 런던증권거래소에서 거래되고 있다(Observance by LCH Clearnet Limited of the CPSS-IOSCO Recommendations for Central Counterparties Detailed Assessment of Observance(2011.7), p. 6 참조).

6 런던증권거래소 그룹(이탈리아 포함)의 2011년의 채권거래대금은 10.8조 달러로 유럽 증권거래소의 17.8%에 해당한다.

▶▶ 그림 6-4 영국 증권시장의 운영구조

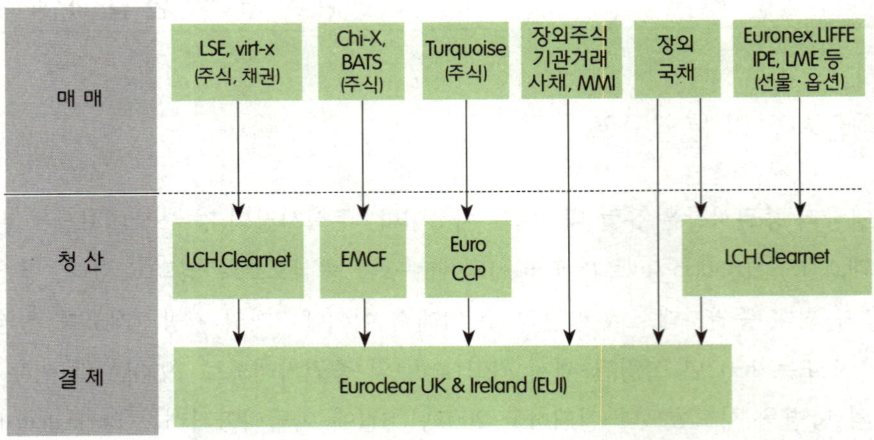


## 2. 증권결제제도의 구성

### 2.1. 결제기관: Euroclear UK & Ireland

Euroclear UK & Ireland(EUI)는 1994년에 CRESTCo. Ltd로 설립되어 운영되어 오다, 2002년 9월에 Euroclear Group에 편입되어 오늘에 이르게 되었다. EUI는 영국의 모든 증권과 아일랜드 주식의 결제기관(CSD)으로서 증권결제시스템인 CREST를 운영하며 주식, 국채, 사채, 단기금융상품 등을 결제하고 있다.

동사는 런던증권거래소(LSE)가 개발한 TAURUS라는 증권결제시스템이 실패[7]함에 따라, 영란은행(BOE)을 중심으로 1994년에 CRESTCo를 설립하였다. 증권결제시스템 CREST는 1996년부터 가동을 시작해서 영국 및 아일랜드의 주식과 사채를 결제하였다. 그 이후 2000년에 CGO(Central Gilts Office)의 국채 결제를, 2002년에는 CMO(Central Money Markets Office)의 단기금융상품 결제를 통합하여 영국에서 통일적인 증권결제기관(CSD)이 되었다.

2001년에는 DVP방식을 보증결제방식의 상업은행 자금에 의한 DVP에서 BOE와의 연계를 통한 중앙은행 자금에 의한 DVP로 변경하였다. 2002년 9월에

7 영국에서는 그 이전에는 LSE가 운영하는 'TALISMAN'이라는 시스템에 의해 주식을 결제하였다.

Euroclear 그룹으로 편입된 이후에도 계속 CRESTCo라는 명칭을 사용했지만, 그룹의 아이덴티티 강화 관점에서 2007년 7월에 Euroclear UK & Ireland(EUI)로 명칭을 변경했다.

한편 EUI는 Financial Services and Markets Act 2000에 의한 공인 청산기관(Clearing House)으로서 FSA(Financial Services Authority)의 규제를 받고 있다. 또한 EUI는 Uncertificated Securities Regulations 2003에 따라 무권화 증권의 결제시스템인 CREST의 소유자 및 운영기관이다.

## 2.2. 관계기관

### 2.2.1. LCH.Clearnet.Ltd

LCH.Clearnet. Ltd는 1888년에 런던농산물청산기관(London Produce Clearing House)으로 설립되었으며, 1991년에는 런던청산기관(LCH: London Clearing House)으로 명칭을 변경한 후, 2003년 프랑스의 Clearnet과 합병하여 오늘에 이르게 되었다.

LCH는 설립 후 약 100년 동안 상품거래의 청산을 해왔으며, 1980년대에 들어와 IPE(국제석유거래소), LIFFE(런던국제금융선물거래소), LME(런던금속거래소)의 청산기관이 되어 업무분야를 확대하였다.

2000년 전후로 RepoClear(1999년, 국채거래), EquityClear(2001년, 주식거래) 등을 시작함으로써 증권거래의 청산업무도 담당하게 되었다. 2003년 12월에는 프랑스의 Clearnet와 합병하여 LCH.Clearnet Group을 탄생시켰으며, LCH는 LCH.Clearnet Group 내 영국 담당 청산기관(CCP)으로서 LCH.Clearnet.Ltd로 명칭을 변경하였다.

한편, LCH.Clearnet. Ltd는 EUI와 함께 Financial Services and Markets Act 2000에 의한 공인 청산기관(Clearing House)으로서 FSA의 규제를 받고 있다.

### 2.2.2. EMCF

EMCF는 2007년에 설립되어 ATS 등을 대상으로 청산기관(CCP) 기능을 제공하고 있다. 즉, 유럽의 ATS인 Chi-X, BATS, Baikal 등 19개 유럽시장에서 거래된 주식이 EMCF에서 청산되고 있다.

EMCF는 네덜란드의 암스테르담에 소재하고 있으며 네덜란드의 AFM, 영국의 FSA의 규제를 받고 있다. 동사는 네덜란드의 Fortis Bank가 78%, NASDAQ OMX가 22%의 주식을 소유하고 있다.

#### 2.2.3. EuroCCP

EuroCCP는 미국의 DTCC에 의해 설립된 기관으로 유럽시장을 대상으로 청산기관(CCP) 기능을 제공하고 있다. Chi-X, BATS, Turquoise 등 19개 유럽시장에서 거래된 주식이 EuroCCP에서 청산되며, 이 중 Turquoise에서 거래된 주식의 비중이 가장 크다.

한편 EuroCCP는 영국의 런던에 소재하고 있으며 영국의 FSA에 의하여 규제되고 있는 공인 청산기관이다.



## 3. 증권시장의 결제제도

### 3.1. 개요

영국의 증권결제제도는 주식시장과 채권시장으로 구분된다. 주식시장의 결제제도는 장내 주식시장결제와 장외 주식기관결제로 구분된다. 장내 주식시장결제는 런던증권거래소, virt-x, ATS 등에서 체결된 증권회사 간의 거래를 대상으로 하며, EUI가 LCH.Clearnet.Ltd(EquityClear)를 대신하여 거래 유효성확인, 차감을 하는 동시에 결제기관으로서 최종 결제를 담당한다. 이는 또한 증권과 대금을 회원별·종목별로 차감하여 건별로 결제하는 DVP1방식을 채택하고 있으며, 결제주기는 T+3일이다. 장외 주식기관결제는 거래소 회원인 증권회사와 기관투자자 고객 간의 거래를 대상으로 하며, EUI가 결제지시를 조회(matching)한 후 최종 결제를 한다. 이는 증권과 대금을 차감 없이 거래건별로 결제하는 DVP1방식을 채택하고 있으며, 결제주기는 T+3일이다.

채권시장의 결제제도는 청산기관인 LCH.Clearnet.Ltd(RepoClear)를 이용하는 결제(CCP결제)와 이용하지 않은 결제(Non-CCP결제)로 구분된다. 전자는 런던거래소 또는, PD(GEMMs) 간 거래, BrokerTec, EuroMTS 전자거래시스템 등 장외에서의 국채·유럽채(Eurobond), 파운드·달러 표시 국제채권의 거래(매매거래, Repo거래)를 대상으로 하며, LCH.Clearnet. Ltd(RepoClear) 등의 청산을 거쳐 EUI에서 최종 결제된다. 이는 증권과 대금을 회원별·종목별로 차감하여 건별로 결제하는 DVP1방식을 채택하고 있으며, 결제주기는 T+1일이다. 청산기관(CCP)을 이용하지 않는 결제(Non-CCP결제)는 EUI가 결제지시를 조회(matching)하여 최종 결제를 한다. 이는 증권과 대금을 차감 없이 거래건별로 결제하는 DVP1방식을 채택하고 있으며, 결제주기는 T+1일이다.

한편, 영국 증권시장 결제제도의 가장 큰 특징은 청산단계에서 청산기관(CCP)의 이용여부에 따라 차이가 있을 뿐 결제단계에서는 모두가 DVP1방식에 따라 동일한 결제프로세스로 처리된다는 점이다. 이하에서는 이를 좀 더 구체적으로 살펴보기로 한다.

### 3.2. 결제前(Pre-settlement) 단계

#### 3.2.1. 장내 주식시장결제(CCP결제)

장내 주식시장결제는 LCH.Clearnet. Ltd, EMCF, EuroCCP 등에서 청산기관(CCP)의 기능을 수행하고 있으며, 이하에서는 LCH.Clearnet. Ltd의 EquityClear[8]를 중심으로 설명하기로 한다.

##### 가. 거래유효성 확인(trade validation)

T+0일에 런던증권거래소는 거래가 체결되는 즉시 LCH.Clearnet. Ltd와 EUI에 거래자료를 보낸다. EUI는 LCH.Clearnet. Ltd를 대신[9]하여 거래자료의 유효성을 확인하고 이를 등록함으로써 LCH.Clearnet. Ltd와 연관된 거래를 만들어낸다.

LCH.Clearnet. Ltd는 거래자료의 등록시점에 경개(novation)를 통해 집중거래상대방(CCP)이 된다. 즉, LCH.Clearnet. Ltd가 매도자에 대해 매수자, 매수자에 대해 매도자가 된다.

---

8 EquityClear는 주식, ETF, REITs 등을 대상증권으로 한다.

9 LCH.Clearnet. Ltd는 EquityClear와 관련하여 ① 거래 유효성 확인, ② 차감, ③ 포지션관리, ④ 리스크관리, ⑤ 자금담보관리 등의 기능을 수행하며, LSE거래에 대해서는 EUI가 ①~③의 기능을 수행한다.

#### 나. 결제지시(settlement instruction)

T+0일 야간 이후 거래당사자는 유효성이 확인된 거래에 대해 전자적인 방법으로 EUI에 결제지시(settlement instruction)를 한다. 그런데 런던증권거래소의 거래(SETS)에 대해서는 EUI가 Central Counterparty Service[10]를 통하여 LCH.Clearnet.Ltd와 회원을 대신하여 결제지시를 자동 생성한다.

#### 다. 차감(netting)

EUI는 청산회원의 사전 신청에 따라 거래건별(gross transactions) 또는 차감(netting)에 의해 결제포지션을 산정한다. 차감의 경우 증권과 대금을 회원별·종목별로 다자간 차감하여 결제포지션을 산정한다. 그 결과 회원은 종목별로 하나의 증권과 대금포지션을 갖게 되어 결제과정에서 다른 거래와 함께 DVP1으로 처리가 가능해진다.

또한, EUI는 청산회원의 채무(obligation)에 대한 기록인 미결제포지션(open position)을 실시간으로 계산하여 LCH.Clearnet.Ltd에 제공한다. 이때 LCH.Clearnet.Ltd는 차감된 거래뿐 아니라 건별거래에 대해서도 CCP서비스를 제공한다.

### 3.2.2. 장내·외 국채기관결제(CCP결제)

장내·외 국채거래 중 청산기관(CCP)을 이용하는 거래는 LCH.Clearnet.Ltd 등이 청산기관의 기능을 수행하고 있으며, 이하에서는 LCH.Clearnet.Ltd의 Repoclear[11]를 중심으로 설명하기로 한다.

#### 가. 매매확인

T+0일에 LCH.Clearnet.Ltd가 매매확인을 실시한다. 즉, 딜러나 전자적인 거래시스템인 Euro MTS, BrokerTec, e-Speed 등이 거래내역을 보내면, LCH.Clearnet.Ltd가 거래상대방, 액면금액, Repo금리, 채권가격, Repo기간 등에 대해 매매확인을 실시한다.

매매확인된 거래는 RepoClear의 위험관리시스템의 검증을 받은 후에 회원 간의 거래에서 LCH와 각 회원과의 거래로 경개된다(novation).

10 이는 EUI가 청산기관(CCP)을 대신하여 결제지시 입력, 차감, 미결제포지션·마진과 같은 데이터베이스를 유지·관리하는 서비스를 말한다.

11 RepoClear는 영국, 독일, 벨기에 등 유럽 각국의 국채, 및 독일의 Jumbo채를 대상증권으로 하고 있다.

### 나. 차감

T+0일 야간 이후 RepoClear는 익일 결제일에 해당하는 모든 거래를 회원별·종목별로 다자간 차감(netting)을 실시한다. 이 차감의 결과 각 회원마다 LCH. Clearnet. Ltd를 상대방으로 하는 차감포지션이 산출된다. 차감포지션의 경우 최대 50백만£로 분할한다.

EUI에 대한 결제지시는 2가지 방법이 있다. ① LCH.Clearnet. Ltd가 회원에게 통지하고, 회원이 EUI에 결제지시를 보내는 방법, ② 회원과 LCH.Clearnet. Ltd 간에 미리 대리계약(Power of Attorney Agreement)을 맺어 두고, LCH.Clearnet. Ltd가 직접 EUI에 결제지시를 보내는 방법이다.

### 3.2.3. 장외 주식 · 채권기관결제(Non-CCP결제)

장외 주식기관결제 또는 채권기관결제의 경우 거래당사자는 직접 매매확인을 한 후 EUI에 결제지시를 입력한다. EUI는 거래당사자가 입력한 결제지시를 조회(matching)하여 결제대상을 확정한다.

## 3.3. 결제단계

### 3.3.1. 개요

영국은 과거 보증결제방식에 의해 증권결제를 처리하고 있었다. 보증결제방식(assured payment mechanism)은 DVP2방식에 따라 일중에 증권을 건별로 결제하고 마감시점에 대금을 차감하여 결제하면서, 마감시점의 대금결제 불이행 위험을 제거하기 위해 회원의 결제대행은행이 대금결제이행을 보증하는 방식을 말한다. 그런데 이 방식은 결제대행은행 간의 대금결제가 영란은행(BOE: Bank of England)에서 최종적으로 일어나기까지 결제대행은행이 대금결제위험에 노출되는 문제가 있었다.

영국은 이와 같은 문제점을 해결하고, 유럽중앙은행(ECB)의 요청[12]에 따라 2001년 11월부터 중앙은행 자금에 의한 DVP1방식의 동시결제시스템을 운영하게 되었다. 동 시스템은 EUI의 증권결제시스템과 BOE의 RTGS시스템을 연계하여 운

12 ECB는 EU 각국의 증권결제시스템이 당일 결제완결성을 확보할 것을 요구하고, 2002년 1월까지 이 기준을 충족시키지 못하는 증권결제시스템은 ECB가 수행하는 운영에 참여할 수 없도록 하였다. 보증결제방식은 이 기준을 충족시키지 못하는 것으로 평가되었다.

영되고 있으며, DVP1 방식에 따른 결제 유동성을 지원하기 위하여 자기담보제도 (self-collateralization)도 도입되었다.

### 3.3.2. 동시결제(DVP1) 프로세스

가. 기본구조

EUI는 결제포지션에 대해 실시간으로 동시결제서비스를 제공하고 있다. 동시결제의 요건이 충족되는 경우 EUI에서 증권인도와 영란은행에서 결제대행은행 간 대금이체가 발생하며, 조건이 충족되지 않는 경우에 EUI는 지속적으로 조건을 확인하게 된다.

동시결제는 기본적으로 EUI의 결제 사이클마다 대금의 고정화 → 결제요건 체크와 DVP 결제 → 대금 고정화의 해제 → 유동성 이동의 절차로 이루어진다. 이와 같이 동시결제 요건이 충족되는지 체크하고 이를 처리하는 것을 하나의 결제 사이클이라 하며, 이는 결제일 06:00~16:30 사이에 약 1~3분 간격으로 반복하여 실시된다.

▶▶ 그림 6-5 EUI의 동시결제(DVP1) 운영구조

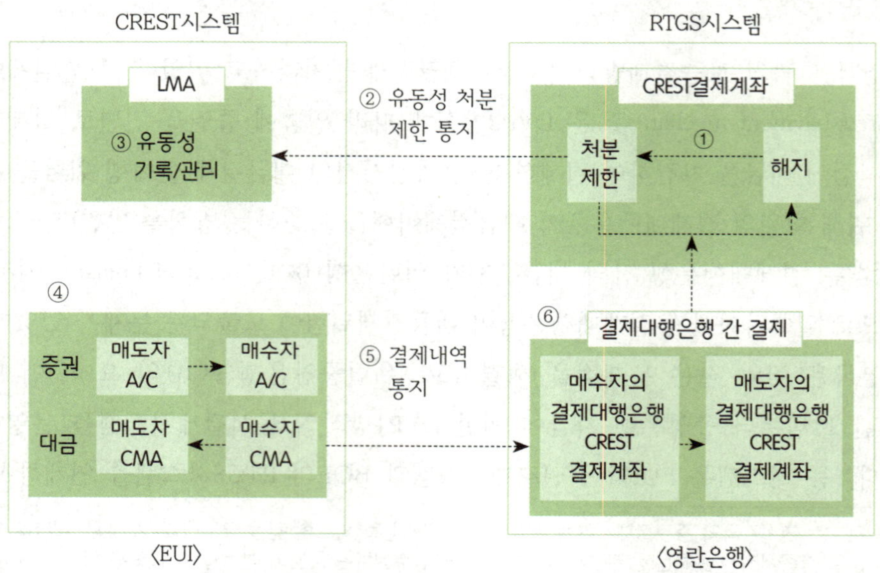

### 나. 세부프로세스

#### (1) CREST결제계좌에 대한 처분제한

영란은행은 결제 사이클의 시작 시점에 결제대행은행(settlement bank)의 CREST결제계좌 잔고에 처분제한(earmark)을 설정한다. 처분제한된 대금은 EUI의 증권결제 외에는 이용할 수 없다. 결제대행은행은 회원의 대금결제를 위하여 충분한 자금을 CREST결제계좌에 예치하고 있어야 한다. 또한 청산기관(CCP)과 회원은 각각 자신의 대금결제를 처리하기 위하여 결제대행은행을 지정[13]해야 한다.

#### (2) 유동성 처분제한 통지

영란은행은 EUI에 유동성 처분제한 통지(liquidity earmark notification)를 통하여 CREST결제계좌에 처분제한된 잔고내역을 통지한다.

#### (3) 유동성관리계좌(LMA) 기록 및 관리

EUI는 영란은행으로부터 통지받은 내역을 결제대행은행별 유동성관리계좌(LMA: Liquidity Management Account)에 기록·관리한다. LMA는 각 결제대행은행의 CREST결제계좌의 mirror image이다.

#### (4) 증권과 대금의 동시결제

EUI는 증권과 대금의 동시결제를 위하여 먼저 다음의 3가지 조건을 확인한다. 즉, ① 매도회원의 증권계좌 잔량, ② 매수회원의 신용범위(CAPs[14] 확인) ③ 매수회원 결제대행은행의 유동성(LMA 확인)을 확인한다. 이러한 조건이 충족되면 EUI는 매도·매수회원의 증권계좌와 현금관리계좌(CMA: Cash Memorandum Account)에 증감기재를 한다. CMA는 증권인도에 따라 발생하는 지급의무를 기록·관리하는 전자장부로, 이러한 CMA와 증권계좌에 증감기재가 되는 시점에 결제완결성이 부여된다.

위의 3가지 조건 중 하나라도 충족되지 않은 경우에는 다음 번 결제 사이클에서 다시 결제처리가 시도된다.

---

13 현재 결제대행은행은 13개의 상업은행이다. LCH.Clearnet. Ltd의 경우 HSBC은행을 결제대행은행으로 지정하고 있다.

14 CAPs는 결제대행은행이 회원에게 부여한 일중 신용에 대한 한도액을 의미한다. 이는 CMA debit(−)의 최대치와 동일하다.

(5) 결제내역 통지

EUI는 각 결제 사이클 종료시점에 결제내역 통지(settlement notification)를 생성하여 영란은행에 통지한다. 결제내역에는 유동성 처분제한 금액, 다른 결제대행은행과의 지급 또는 수령할 대금 등이 반영되어 있다.

(6) CREST결제계좌에의 대금결제

영란은행은 결제내역 통지에 따라 RTGS 내 결제대행은행의 CREST결제계좌에서 대금 인출 및 입금을 처리한다. 이때 미 사용된 유동성의 처분제한은 해제되며 결제대행은행은 이를 다른 계좌로 인출할 수가 있다.

다. 자기담보제도(Self-Collateralization)

영란은행은 DVP1방식에서 결제 유동성이 증가함에 따라 결제회원의 유동성 부담을 완화하기 위하여 결제회원이 수령할 증권을 담보로 유동성을 공급하는 자기담보제도(Self-Collateralization)를 운영하고 있다. 이러한 자기담보제도는 매수회원과 그 결제대행은행 사이의 Repo, 결제대행은행과 영란은행 사이의 Repo라는 2단계 Repo에 의하여 결제유동성이 공급된다. 즉, 영란은행은 증권 이전에 따라 결제대행은행계좌에 잔고를 시키고, 결제대행은행은 매수회원의 CAPs를 증가시킨다.



▶▶ 그림 6-6 자기담보제도(Self-Collateralization)에 의한 유동성 공급과정

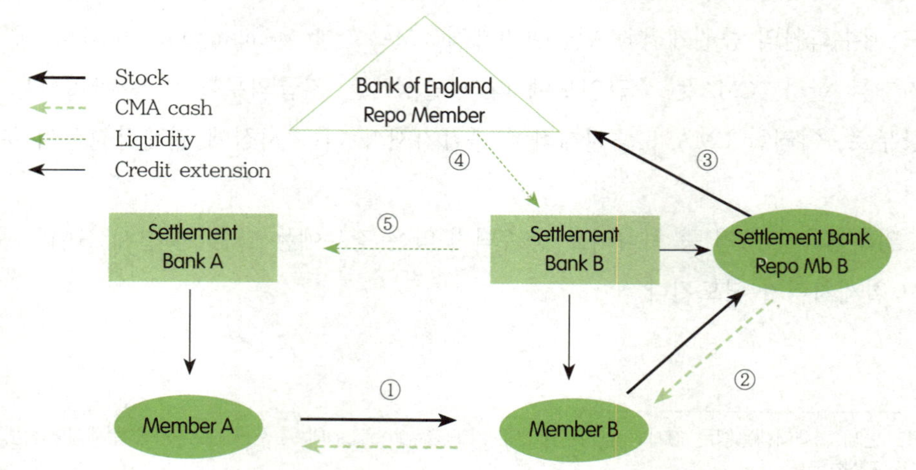

### 라. 결제원활화 제도

#### (1) 대기행렬(Queue)

대기행렬(Queue)이란 EUI가 결제를 처리하는 순서를 나타내는 명세를 말한다. 결제지시 대조(matching)가 완료되면 모든 거래는 각 결제예정일의 시작 시간에 각 당사자별로 대기행렬을 갖게 된다.

대기행렬은 현금, 증권, 유동성 세 가지가 있다. 현금대기행렬은 매수회원의 대금지급의무가 생겼을 때 작성하는 명세로 매도측의 증권인도로 대금지급의무가 발생하는 경우 매수회원의 현금대기행렬에 추가된다. 증권대기행렬은 회원이 매도 또는 증권대차 등과 같이 증권의 인도사유가 발생할 때 작성하는 명세이다. 마지막으로 유동성대기행렬은 결제대행은행의 LMA(유동성 확인)와 관련된 대기행렬로 결제대행은행과 관련이 있는 CMA(현금관리계좌)를 가진 회원의 거래상황을 반영한다.

#### (2) 분할(Splitting)제도

분할(Splitting)제도는 회원이 현금 또는 증권의 잔고부족으로 결제할 수 없는 거래들을 몇 개의 거래로 분할하여 결제함으로써 결제의 효율성을 증대시키기 위한 제도이다. 분할은 회원의 신청에 의한 분할과 자동분할로 구분된다.

회원은 상대방의 동의 없이 언제든지 자신의 거래에 대해 분할을 신청할 수 있으며 EUI는 분할된 거래를 별도의 거래로 취급한다. 그러나 분할된 거래(descendants)의 증권의 합은 분할되는 거래(parent transactions)의 증권 총량과 동일해야 하며 분할된 거래는 60개를 초과할 수 없다.

자동분할제도(Auto-Splitting)는 결제의 효율성을 높이기 위하여 EUI가 스스로 거래를 분할하여 처리하는 제도로 청산기관(CCP)이 있는 증권인도거래(DEL)는 모두 자동분할제도의 대상이 된다.

#### (3) 기술적 차감(Technical Netting)

기술적 차감(Technical Netting)이란 거래가 연쇄적으로 연결되어 있어 결제가 상호 종속되어 있는 경우의 교착상태(gridlock)를 해소하기 위하여 도입된 제도이다. 과거에도 Circle Processing이라는 결제교착 해소장치가 있었으나 가동시 다른 결제과정이 중단되는 문제가 있었다. 이와 같은 문제점을 개선하여 2006년 8월에 도입된 제도가 기술적 차감이다.

▶▶ 그림 6-7 법적 차감과 기술적 차감의 차이

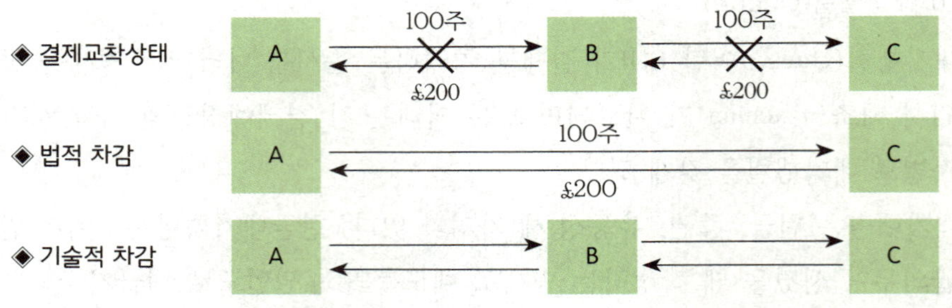


예를 들어 참가자 A가 B에게 증권을 매도하고 B는 다시 C에게 동일 증권을 매도하였다고 하자. 이와 같은 연쇄거래(〈그림 6-7〉)에서 참가자 B가 A로부터 증권을 수령하지 못하는 경우 C로부터 대금을 받지 못하는 결제교착상태가 발생한다. 이때 법적 차감을 하는 경우, 차감결과 B의 포지션은 소멸되며 A와 C의 결제포지션만이 남게 된다. 반면 기술적 차감에서는 A, B, C의 포지션을 총량기준으로 하여 동시에 처리한다. 그러나 기술적 차감이 회원의 신용한도를 위반하거나 음(-)의 증권포지션을 취하는 것까지 허용하는 것은 아니다. 따라서 기술적 차감의 결과 관련 회원의 증권, 유동성 및 신용잔고가 양(+) 또는 0의 포지션이 되어야 한다. 즉, 기술적 차감은 결제지연, 증권과 대금의 시기적 불일치에 따라 발생하는 시스템 상의 결제교착을 해소하기 위한 장치이다.

#### 마. 결제불이행 처리

매도회원이 결제시한까지 증권을 납부하지 못하면 즉시 결제 불이행(default)으로 처리하지 않고 결제실패(fail)를 허용하고 있다. 다만, EUI는 일정 수준 이하의 결제실패에 대해서는 EUI가 회원에게 벌금을 부과한다. 즉, 결제예정일 초과일수에 따라 일정 목표의 결제이행률(settlement rate)을 정하고 이 수준에 미달하는 부분에 대해서는 벌금을 부과하는 방식이다.[15] 또한, LCH.Clearnet.Ltd의 경우 위험 관리를 위해 최종 결제가 이루어질 때까지 회원에게 마진을 부과한다.

한편, 런던증권거래소에서 체결된 거래의 경우 매수회원은 결제일 익일부터 런

15 목표 결제이행률은 결제예정일 초과일수에 따라 달라진다. 초과일수가 0일, 1일, 2~9일, 10~15일, 16~20일에 대해 목표 결제이행률은 85%, 90%, 95%, 98%, 99%가 적용된다.

던증권거래소에 대해 증권의 강제매수(buy-in)를 신청할 수 있다. 런던증권거래소가 증권을 구입하지 못하여 최초 결제일로부터 30일을 초과한 경우에는 청산기관인 LCH.Clearnet. Ltd가 강제매수를 실시한다.

위와 같은 노력에도 불구하고 결제 불이행으로 인해 LCH.Clearnet. Ltd에게 손실이 발생하면, ① 불이행회원의 증거금 처분, ② 불이행회원의 청산기금, ③ LCH.Clearnet. Ltd의 당해 연도의 수익(pre-tax profits), ④ 다른 회원의 청산기금, ⑤ LCH.Clearnet. Ltd의 자기자본 순으로 보전한다.

## 3.4. 위험관리방법

여기서는 LCH.Clearnet. Ltd의 위험관리방법을 중심으로 설명하기로 한다.

### 3.4.1. 회원관리

LCH.Clearnet. Ltd의 청산회원(clearing member)이 되기 위해서는 LCH.Clearnet. Ltd로부터 승인을 받아야 한다. 신청자는 승인을 받기 위해서는 순자본금(net capital) 요건 등을 충족해야 된다. ICM(Individual Clearing Member)회원은 5백만£, GCM(General Clearing Member)회원은 1천만£ 이상의 순자본금을 갖추어야 한다. 또한 신청자는 청산기금도 사전에 납부하여야 한다.

LCH.Clearnet. Ltd는 청산회원의 신용도가 저하되지 않았는지에 대해 매일 모니터링 및 정기적인 재조사(credit review)를 실시한다.

### 3.4.2. 증거금

LCH.Clearnet. Ltd는 개시 증거금, 변동 증거금, 일중 증거금의 3가지 증거금을 징수한다.

첫째, LCH.Clearnet. Ltd는 결제 불이행에 대비하여 개시 증거금(initial margin)을 징수한다. 증거금으로는 현금 이외에, 국채, CD 등이 인정되고 있다. 개시 증거금은 SPAN[16]이나 가격변동에 근거한 VaR(Value at Risk) 등에 근거해서 산출되는데, 통상적인 시장 환경(normal market condition)에 있어서 잠재적인 손실을 커버하도록 설정된다. 구체적으로는 최저 수준으로서 365 영업일 중에서 1일밖에 부족이 발

16 시카고상업거래소(CME)가 개발한 리스크 베이스의 증거금 계산시스템이다.

생하지 않는 수준을 확보하고 있다. 개시 증거금의 수준에 관해서는 매일매일 back test를 실시하고, 또한 산출방법에 관해서도 정기적으로 재검토된다.

둘째, LCH.Clearnet.Ltd는 변동 증거금(variation margin)을 징수한다. LCH.Clearnet.Ltd는 회원의 미결제포지션에 관해서 순현재가치(NPV: Net Present Value)를 매일 산출하고, 시장가격의 변동에 따라 전일에 비해서 증거금 부족이 발생한 경우에는 추가적으로 변동증거금을 청구한다.

셋째, LCH.Clearnet.Ltd는 일중 증거금(intra-day margin)을 징수한다. 일중 시장의 가격변동이 커서 일중포지션의 변동에 의해 대폭적인 증거금 부족이 발생한 경우에는 일중 증거금이 청구된다.

#### 3.4.3. 청산기금

LCH.Clearnet.Ltd는 각 회원으로부터 청산기금(default fund)을 조성한다. 이는 회원의 불이행이 발생하여 증거금으로 손실을 커버할 수 없는 경우에 대비해서 회원으로부터 청산기금을 징수한다. 이 청산기금은 각 회원의 거래상황에 따라서 필요액이 결정되며, 분기마다 재조정된다. 각출된 기금에 대해서는 LCH.Clearnet.Ltd가 일정의 이자를 지급한다.[17] 청산기금은 청산기능에 따라 ① 거래소거래기금(Exchange Fund), ② EquityClear기금, ③ RepoClear기금, ④ SwapClear기금의 4가지로 나누어져 있다. LCH.Clearnet.Ltd는 2011년 12월 기준 7억£의 청산기금을 조성하고 있다.



## 03 프랑스의 증권결제제도

### 1. 증권시장의 운영구조

프랑스의 주식시장은 Euronext Paris의 장내시장과 ATS의 장외시장을 통해서 거래가 이루어지고 있다. Euronext Paris는 NYSE Euronext의 프랑스 내 자회사로서 주식 등 현물거래를 담당하고 있다. 한편, 최근에는 Chi-X, BATS, Turquoise 등

17 3개월물 LIBOR+100bp.

▶▶ 그림 6-8 프랑스 증권시장의 운영구조

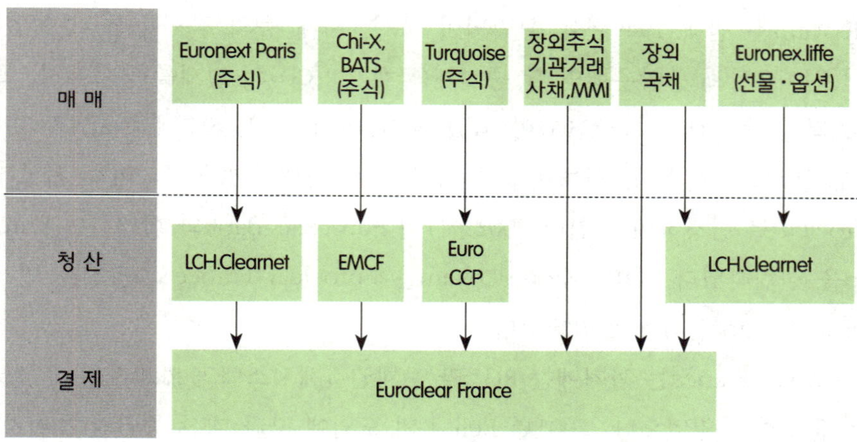


ATS의 주식거래가 크게 증가하고 있다.

채권시장의 경우 장내시장의 비중은 극히 낮고 대부분은 딜러 간 거래 또는 MTS France, BrokerTec의 ATS 등 장외시장에서 이루어지고 있다.

한편, 증권시장의 결제제도는 여러 개의 청산기관(CCP)과 단일의 결제기관(CSD)에 의하여 운영되고 있다. 먼저 청산기관의 경우 Euronext Paris, MTS France의 거래는 LCH.Clearnet SA가, Chi-X와 BATS의 거래는 EMCF가, Turquoise의 거래는 EuroCCP가 각각 청산기관의 역할을 수행하고 있다. 한편, 결제기관의 경우 장내·외 모든 증권거래에 대해 Euroclear France가 단일의 결제기관 역할을 수행하고 있다.

## 2. 증권결제제도의 구성

### 2.1. 결제기관: Euroclear France

Euroclear France는 원래 1949년에 Sicovam[18]으로 설립되어 운영되어 오다, 2001년에 Euroclear Group에 편입되어 오늘에 이르고 있다. Euroclear France는 프

18 Société Interprofessionelle pour la Compensation des Valuers Mobilières의 약어.

랑스 모든 증권의 결제기관(CSD)으로서 주식, 국채, 사채, 단기금융상품 등을 결제하고 있다.

Sicovam은 원래 1949년에 설립되어 주식, 사채 등의 결제를 하고 있었지만, 1998년에는 프랑스 중앙은행의 단·중기채(국채, CP·CD)의 결제를 통합해서, 프랑스의 통일적인 증권결제기관(CSD)이 되었다. Sicovam은 1999년에 Cedel과 먼저 합병을 추진했으나 시스템, 합병비율 등의 문제로 실패하였다. 그 이후 협상파트너를 Euroclear로 변경하여 마침내 2001년 1월 Euroclear Bank와 합병하여 Euroclear Group을 설립하였다. 이와 함께 Sicovam은 Euroclear France로 명칭을 변경하여 Euroclear Group 산하에 편입되었다.

Euroclear France는 과거에는 RGV라는 채권결제시스템과 Relit라는 주식결제시스템을 운영하고 있었으나, 2001년 Relit+의 도입에 따라 대상 증권의 차이가 없어졌다. 다만, RGV는 결제 즉시 결제완결성이 있는 반면, Relit+는 1일 2회의 차감결제에 따라 최종 마감시점에 결제완결성이 있다는 점에서 구분되었다. 그 이후 2007년 11월부터는 Euronext 시장의 결제시스템을 통합한 ESES(Euroclear Settlement for Euronext-zone Securities)를 구축·운영하고 있다. 이에 따라 기존의 Relit+는 폐지되고, 보다 업그레이드된 RGV로 일원화되었다. RGV는 중앙은행 자금결제시스템[19]과 직접 링크하여 중앙은행 자금에 의한 동시결제(DVP)를 실현하고 있다.

한편, Euroclear France는 금융법(Finance Law 81-1160)에 의한 전자증권의 계좌관리기관으로서 주요 규칙과 절차는 재경부장관(Minister of the Economy & Finance)의 승인이 필요하다. 또한 금융현대화법(Financial Modernization Act 96-597)에 따라 CMF(Conseil des Marches Financiers)의 감독을 받고 있다.

## 2.2. 관계기관

### 2.2.1. LCH.Clearnet SA

LCH.Clearnet SA는 1969년에 상품거래의 청산기관인 Clearnet으로 파리에 설립되었다. 이후 1980년대에는 MATIF(선물), MONEP(옵션)에서의 거래를 청산대상에 추가함으로써 파생상품시장의 청산기관이 되었다.

---

19 종래에는 프랑스 중앙은행이 운영하는 TBF, 2008년 2월부터는 ECB가 운영하는 TARGET2와 링크를 했다.

또한 1990년에는 파리증권거래소(주식, 국채 등), 1996년에는 Nouveau Marché(벤처주식), 1998년에는 장외시장에서의 국채거래(매매거래, Repo거래) 등을 청산대상에 추가함으로써 업무범위를 더욱 확대했다.

2000년에는 파리, 암스테르담, 브뤼셀의 3개 증권거래소를 합병하여 Euronext가 탄생하였으며, Clearnet은 모든 Euronext 시장에서 단일의 청산기관으로 자리매김하게 되었다. 2003년 12월에는 영국의 LCH와 합병하여 LCH.Clearnet Group을 탄생시켰으며, Clearnet은 LCH.Clearnet Group 내 프랑스, 네덜란드 및 벨기에 담당 청산기관(CCP)으로서 LCH.Clearnet SA로 명칭을 변경하였다.

그리고 2004년 4월에는 4개 거래소의 청산기능을 LCH.Clearnet SA의 청산시스템인 'Clearing21'[20]로 통합해서,[21] 명실공히 Euronext시장의 청산기관(CCP)이 되었다.

한편, LCH.Clearnet은 은행면허를 보유하고 있기 때문에 CMF(Conseil des Marches Financiers: 금융시장평의회)와 은행감독위원회(Commission Bancaire)의 감독을 받고 있다.

## 3. 증권시장의 결제제도

### 3.1. 개요

프랑스의 증권결제제도는 주식시장과 채권시장으로 구분된다. 먼저 주식시장 결제제도는 다시 장내 주식시장결제와 장외 주식기관결제로 구분된다. 전자는 Euronext Paris에서 체결된 회원(증권회사) 간의 주식거래를 대상으로 하며, LCH.Clearnet SA가 청산과정을 거쳐 Settlement Connect를 통해 결제지시를 보내고, Euroclear France가 최종 결제를 한다. 이는 증권과 대금을 회원별·종목별로 차감하여 결제하는 DVP1을 채택하고 있으며, 결제주기는 T+3일이다. 후자는 거래소 회원(증권회사)과 기관투자자 고객 간의 주식거래를 대상으로 하며 Euroclear France의 SBI에서 매매확인된 후 Euroclear France에서 최종 결제가 이루어진다. 이는 증

20 Clearing21은 시카고상업거래소(CME)와 뉴욕상품거래소(NYMEX)가 개발한 시스템이다.

21 LCH.Clearnet SA와 Euronext 산하의 4개 거래소는 'Settlement Connect'라고 하는 인터페이스로 연결되어 있다.

▶▶ 그림 6-9 ESES결제시스템의 구성도

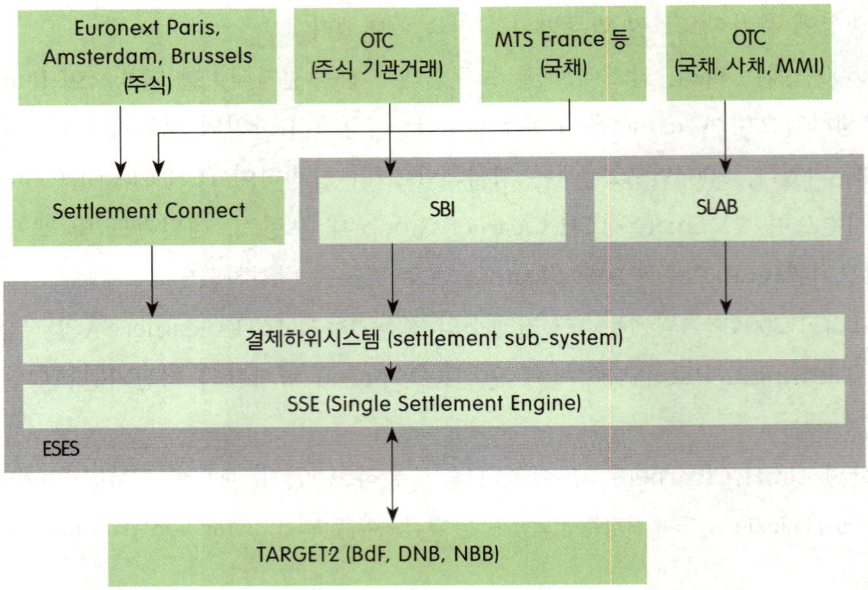




권과 대금을 건별로 결제하는 DVP1을 채택하고 있으며, 결제주기는 T+3일이다.

다음으로 프랑스의 채권시장은 대부분 장외시장에서 거래가 이루어지고 있다. 이들 장외 채권기관거래에 대한 결제는 다시 청산기관인 LCH.Clearnet SA를 이용하는 결제와 이용하지 않는 결제로 구분된다. 전자는 딜러 간 거래, MTS France, BrokerTec 등에서의 국채거래(매매·Repo거래)를 대상으로 하며, LCH.Clearnet SA가 청산과정을 거쳐 Settlement Connect를 통해 결제지시를 보내고, Euroclear France가 최종 결제를 한다. 이는 증권과 대금을 회원별·종목별로 차감하여 결제하는 DVP1을 채택하고 있으며, 결제주기는 T+1일이다. 후자는 장외시장에서 국채 등[22]의 거래를 대상으로 하며 Euroclear France의 SLAB에서 매매확인된 후 Euroclear France에서 최종 결제가 이루어진다. 이는 증권과 대금을 건별로 결제하는 DVP1을 채택하고 있으며, 결제주기는 T+1일이다.

한편, Euroclear France의 증권결제제도에서 가장 큰 특징은 ESES에 의해 Euroclear Belgium, Euroclear Nederland의 결제시스템과 통합·운영되고 있다는

22 여기에는 국채 외에 주식, 회사채, 투자신탁증권(UCITS), MMI 등을 포함하고 있으며, 유통시장뿐만 아니라 발행시장의 거래, Repo 거래, 대차 거래 등을 포함한다.

것이다. ESES는 중앙은행의 대금계좌(cash account)를 아웃소싱받아 Euroclear시스템에서 대금계좌를 실시간으로 관리하면서 증권과 대금을 DVP1방식으로 결제하고 있다.

## 3.2. 결제前(Pre-Settlement)단계

### 3.2.1. 장내 주식시장결제(CCP결제)

#### 가. 매매확인

T+0일에 Euronext Paris는 거래가 체결되는 시점에 매매확인이 된 상태로 LCH.Clearnet SA에 매매자료를 통지한다. LCH.Clearnet SA는 매매자료를 청산회원의 이름으로 등록하며, 이 시점에서 경개(novation)가 이루어진다. 즉, LCH.Clearnet SA는 매도자에 대해서는 매수자, 매수자에 대해서는 매도자가 된다.

#### 나. 차감

T+2일에 LCH.Clearnet SA는 주식청산시스템인 Clearing21을 통해 증권과 대금을 회원별·종목별로 차감한다. 당일에 결제실패가 발생한 미결제 포지션(net fail)은 차감포지션에 반영되어 계산된다(CNS). LCH.Clearnet SA는 Settlement Connect를 통하여 Euroclear France에 결제지시를 한다.

### 3.2.2. 장외 주식기관결제(Non-CCP결제)

T+0일에 Euroclear France는 SBI에 의해 매매확인을 실시한다. 구체적으로 살펴보면, SBI는 거래소 회원(증권회사)으로부터 매매통지서(transaction notice)를 받아 보관은행(custodian bank)에 통지하고, 보관은행으로부터 매매통지에 대한 확인서(confirmation)를 받아 매매확인을 실시한다.

T+0일에 SBI에서 매매확인이 이루어지면 자동적으로 결제지시가 생성되어 결제하위시스템(settlement sub-system)에 보내진다.

### 3.2.3. 장외 국채기관결제(CCP결제)

#### 가. 매매확인

T+0일에 LCH.Clearnet SA가 매매확인을 실시한다. 구체적으로 딜러, MTS

▶▶ 그림 6-10 SBI의 매매확인 프로세스

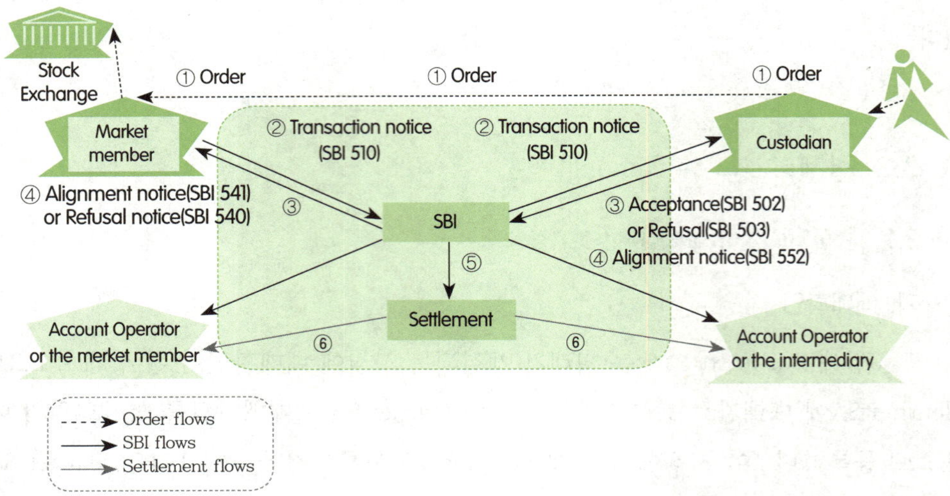


France, BrokerTec 등은 LCH.Clearnet SA의 Gateway를 통해 매매자료를 제출한다. LCH는 매매확인이 되면 해당 거래가 등록된 것으로 간주한다. 이 시점에 경개(novation)가 이루어지고 LCH.Clearnet SA의 이행보증이 시작된다.

### 나. 차감

T+0일 종료시점에 LCH.Clearnet SA가 국채청산시스템인 Kondor+를 통해 증권과 대금을 회원별·종목별로 차감한다. LCH.Clearnet SA는 Settlement Connect를 통하여 Euroclear France에 결제지시를 한다. 이때 LCH.Clearnet SA는 국채 수량이 클 경우 사전에 지정된 금액크기(shape size) 이하로 거래를 분할하여 결제지시를 한다.

## 3.2.4. 장외 채권기관결제(Non-CCP결제)

T+0일에 Euroclear France는 SLAB[23]를 통해 매매확인을 실시한다. 구체적으로 살펴보면, SLAB는 거래당사자로부터 매매자료를 입력받아 매매확인을 실시한다. 결제시한 이후에 접수한 매매자료는 거래상대방과 매매확인을 시도하여 성공시에는 익일 결제대상으로 하고 실패시에는 이를 거절한다.

---

23 SLAB는 실시간 매매보고, OTC(발행시장, 발행전 시장, 유통시장)의 매도·매수거래, 증권Repo 및 대차 등을 대상으로 하는 매매확인시스템이다.

T+0일에 SLAB에서 매매확인이 이루어지면 자동적으로 결제지시가 생성되어 결제하위시스템(settlement sub-system)에 보내진다.

### 3.3. 결제단계

#### 3.3.1. 증권결제시스템 개편 과정

Euroclear France의 전신인 Sicovam은 1990년에 DVP2방식의 Relit이라는 증권결제시스템을 도입하여 운영해 왔다. 그런데 1998년 Sicovam이 프랑스은행으로부터 국채결제를 이관받을 당시 RTGS방식의 국채결제시스템인 RGV(Relit Grande Vitesse)를 도입하여 두 개의 증권결제시스템을 운영하게 되었다. 이후 2001년 Sicovam이 Euroclear와의 합병으로 Euroclear France로 전환되면서 RGV/Relit을 통합하여 RGV2(Relit Grande Vitesse 2)를 도입하였다. 이러한 RGV2는 DVP2 방식의 취소 가능한 RGV2와 RTGS 방식의 취소 불가능한 RGV2로 구성된다.

한편 Euroclear Group은 증권결제시스템의 통합을 위해 단일결제플랫폼 구축 계획을 수립하고 2006년 SSE(Single Settlement Engine)을 도입하였다. 그 이후 이를 확장하여 Euroclear Group의 CSD 간 증권결제시스템을 통합한 ESES의 도입을 추진하였다. 이는 Euronext-zone에서의 거래비용 축소 등 후선업무를 합리화하기 위한 것으로 ESES를 통하여 Euronext 및 지역 내 장외시장의 거래를 STP로 처리하는 것을 가능하게 하였다. Euroclear Group의 ESES 추진계획에 따라 프랑스는 취소 가능한 RGV2 증권결제시스템을 폐지하고 취소 불가능한 RGV만을 운영하는 새로운 증권결제시스템인 ESES를 2007년 11월부터 운영하고 있다. 이후 2008년도에 Euroclear Belgium과 Euroclear Nederland도 이를 도입하였다.

#### 3.3.2. ESES의 개요

ESES(Euroclear Settlement of Euronext-zone Securities)는 Euronext(Paris, Amsterdam, Brussels) 및 OTC에서 증권거래를 STP로 처리하기 위한 결제시스템으로 Euroclear France, Euroclear Nederland 및 Euroclear Belgium에 대해 공통적인 결제플랫폼을 제공하고 있다.

ESES 시스템은 기본적으로 결제前하위시스템(Pre-settlement sub-system), 결제하위시스템(Settlement sub-system), SSE(Single Settlement Engine) 및 지역등록부(Local

▶▶ 그림 6-11 ESES 시스템의 기본구조

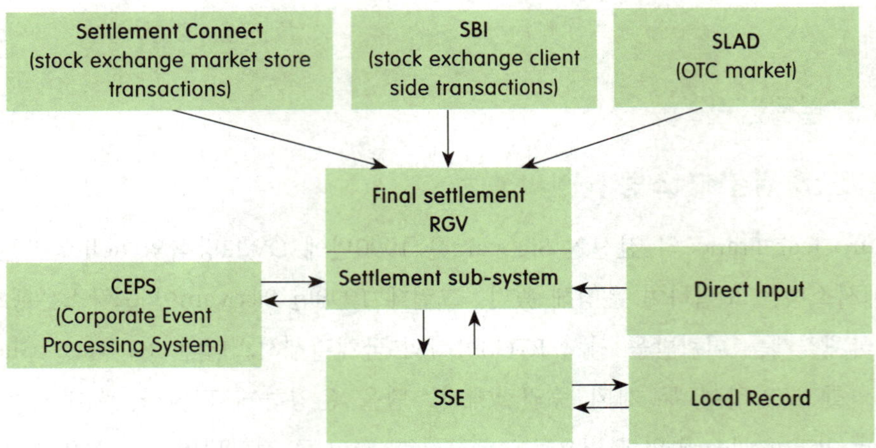




Record)로 구성되어 있다. 결제前하위시스템은 LCH.Clearnet SA의 Settlement Connect와 Euroclear의 SBI와 SLAB를 말한다.

ESES는 유로화 DVP결제를 위해 통합된 중앙은행자금(CeBM: Central Bank Money) 모델을 제공하고 있다. ESES의 CeBM모델의 특징은 ESES가 중앙은행으로부터 대금계좌(cash account)를 아웃소싱받아 이를 실시간으로 관리한다는 것이다. 예를 들면, 결제대행은행(settlement bank)이 TARGET2에 유동성 이체지시를 하면, TARGET2는 해당 은행의 PM(payment module)계좌에 감소기재하고 중앙은행 미러계좌에 증가기재를 한다(①). 이후 TARGET2에서 ESES에 이체사실을 통지(②)하면, ESES는 대금계좌에 결제대행은행의 유동성을 표시한다. 이후 증권거래에 따른 대금결제는 대금계좌에 기재된다. 일중에 TARGET2와 ESES간의 유동성 이전이 가능하며, 마감시점에는 ESES에 남아 있는 잔고는 TARGET2 PM계좌로 환입된다.

### 3.3.3. 동시결제(DVP1) 프로세스[24]

#### 가. 기본구조

ESES는 중앙은행자금(CeBM: Central Bank Money) 모델을 통하여 실시간으로 동

---

24 Euroclear France, ESES Blueprint–Edition 6(2008. 2. 13.), Settlement Subsystem(2008. 12. 23.), ESES interaction with TARGET2 and related tools(2011. 4. 6) 참조.

▶▶ 그림 6-12 ESES의 CeBM모델 운영구조

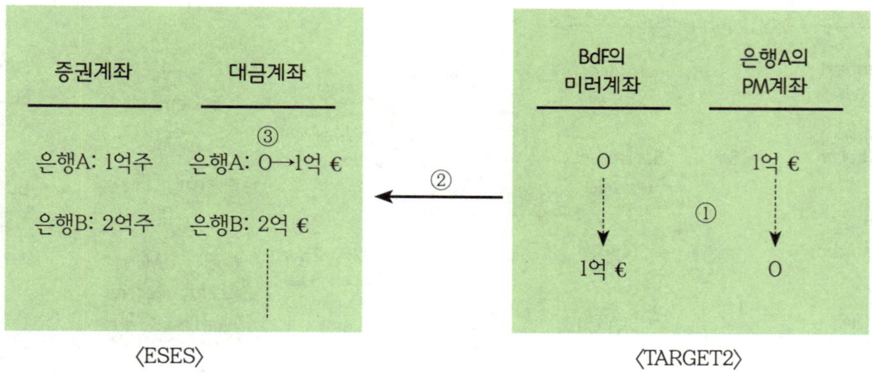


시결제(DVP)를 제공하고 있다. 동시결제 요건이 충족되는 시점에 ESES의 증권계좌와 대금계좌에서 증권인도와 대금지급이 이루어진다. 이와 같은 DVP모델은 통합(integrated)모델에 기반을 두고 있으며, ESES의 증권계좌와 대금계좌에 기재되는 시점에 결제완결성이 부여된다는 특징이 있다.

ESES의 동시결제는 기본적으로 결제前하위시스템에서의 결제지시는 결제하위시스템을 거쳐 SSE(Single Settlement Engine)와 지역등록부에서 결제가 이루어진다. 이러한 ESES의 결제 사이클은 결제일 전일(S-1) 23:00부터 결제일(S) 16:00 사이에 실시간으로 처리되고 있다.

나. 세부프로세스

(1) 결제前 하위시스템의 결제지시 통지

Settlement Connect, SBI, SLAB의 결제前하위시스템은 결제하위시스템에 결제지시를 보낸다. Settlement Connect는 장내 주식시장거래 및 장외 국채기관거래(CCP결제), SBI는 거래소 회원과 보관기관 간의 거래, SLAB는 장외 채권 등의 기관거래에 대해 각각 결제지시를 보낸다.

(2) 결제하위시스템의 결제지시 전송

결제하위시스템은 결제지시의 유효성(validation)을 확인하고, 결제요건을 확인한 후 SSE에 결제지시를 보낸다. 결제하위시스템은 결제요건으로 ① 매도회원의 보유증권 충족여부, ② 매수회원 결제대행은행의 구매력(purchasing power) 충족여부,

▶▶ 그림 6-13 ESES의 동시결제(DVP1) 프로세스

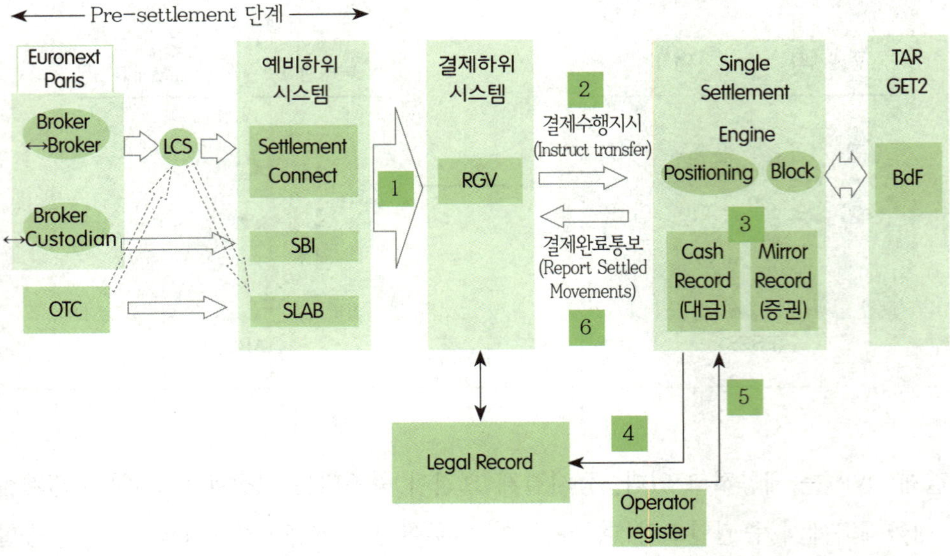


③ 매수회원의 유동성지표(settlement liquidity indicator) 충족여부 등을 평가한다. 여기서 구매력은 결제대행은행(settlement bank)이 증권결제에 필요한 충분한 유동성을 평가하기 위한 것으로 ESES의 대금계좌잔고(ordinary cash position)와 프랑스은행과의 자동담보(auto-collateralization) Repo거래 적격증권으로 구성된다. 다음으로 결제유동성지표는 증권거래와 관련된 결제회원의 대금포지션을 기록한 것을 말하며, 결제대행은행은 자신의 고객인 결제회원에 대하여 한도를 설정할 수 있다.

(3) SSE의 임시결제

SSE는 결제하위시스템으로부터 결제지시가 전송되면 증권계좌와 대금계좌에 임시로 증감기재를 하고, 지역등록부에 기재사실을 통지한다. 이를 위해 SSE는 증권등록부(securities record)와 대금등록부(cash record)를 기록·관리하는 기능을 수행한다.

(4) 지역등록부의 증감기재

지역등록부(Local Record)는 증권결제에 따른 증권의 증감기재를 한다. 이 지역등록부에 증권의 증감기재가 될 때 결제완결성이 부여된다. 또한, SSE의 증권등록

부와 지역등록부가 불일치할 경우에는 법적으로 지역등록부가 우선한다. 이러한 지역등록부는 각국 CSD에서 관리한다.

(5) SSE의 최종결제

SSE는 지역등록부로부터 완료메시지를 수신한 후 증권등록부와 대금등록부를 최종 갱신하고, 해당 사실을 결제하위시스템에 전송한다.

(6) 결제하위시스템의 결제사실 통지

결제하위시스템은 결제사실을 실시간으로 고객에게 통지한다.

### 다. 자동담보 Repo제도

프랑스은행(BdF)은 DVP1방식에 따라 결제 유동성이 증가함에 따라 결제대행은행(settlement bank)의 유동성 부담을 완화하기 위하여 자동담보(auto-collateralization) Repo제도를 도입하였다. 이는 결제대행은행의 대금계좌잔고(ordinary cash position)가 부족하여 미결제 증권거래가 있는 경우 프랑스은행이 자동으로 Repo거래를 일으켜 유동성을 공급한다. 이때 대상증권은 결제대행은행이 보유한 증권 또는 미결제 중인 매입증권이 된다.

결제대행은행은 자동담보 Repo에 의해 조달한 유동성을 영업일 종료시점까지 상환해야 하며 그렇지 못하면 penalty Repo거래를 하게 된다.

### 라. 결제원활화 제도

ESES는 결제일 중에 미결제 포지션은 기술적 차감(technical netting)과 재처리 알고리즘에 따라 실시간으로 결제를 재시도한다. 또한, Settlement Connect와 SBI의 결제지시에 대해서는 자동분할(auto splitting) 프로세스가 적용된다. 즉 자동분할을 통해 사전에 정해진 수량으로 결제지시가 분할되어 다시 결제대상이 된다.[25]

### 마. 결제불이행 처리

결제시한까지 결제가 처리되지 않은 것은 즉시 결제불이행(default)으로 처리하지 않고 익일에 결제할 수 있도록 결제실패(fail)를 허용하고 있다. 따라서 페일된 결제지시는 SLAB의 경우 10영업일, SBI의 경우 30영업일 동안 보관되고 매일 재처리를 시도한다. 다만, Settlement Connect의 결제지시는 결제일에 자동적으로 취소

25 Euroclear France, ESES Blueprint–Edition 6(2008. 2. 13.) p. 51 참조.

되고 LCH.Clearnet SA는 페일된 결제시시를 재차감(CNS)하여 익일에 다시 결제지시를 보낸다.

한편, LCH.Clearnet SA는 결제실패를 억제하기 위하여 강제매수(buy-in), 현금보상(cash compensation) 등을 운영하고 있다. 강제매수의 경우 LCH.Clearnet SA는 최초 결제일로부터 7일째 되는 날에 미결제 매도 청산회원과 매수 청산회원은 강제매수 개시 확인서를 발송한다. 최초 결제일로부터 8일째 되는 날 아침에 강제매수가 실행된다. 그 이후 9일째 되는 날부터는 현금보상(cash compensation)이 실시된다.

또한, 증권결제지연에 대한 벌금은 결제이월 1건당 €15와 EONIA[26]에 연동되는 net fail fee(EONIA/360×net fail amount)를 부과하며, 대금결제지연에 대해서는 대금지연납입액×(EONIA+2%)/360을 부과한다.

위와 같은 노력에도 불구하고 결제불이행으로 인해 LCH.Clearnet SA에게 손실이 발생하면, ① 불이행회원의 증거금 처분, ② 불이행회원의 청산기금, ③ 다른 회원의 청산기금, ④ 보험, ⑤ LCH.Clearnet SA의 자본금, ⑥ Euronext의 보증 순으로 보전한다.



### 3.4. 위험관리방법

여기서는 LCH.Clearnet SA의 위험관리방법을 중심으로 설명하기로 한다.

#### 3.4.1. 회원관리

LCH.Clearnet SA의 청산회원(clearing member)이 되기 위해서는 LCH.Clearnet SA로부터 승인을 받아야 한다. 승인을 받기 위해서는 최저자본금, 신용등급 등 LCH.Clearnet SA가 정한 요건을 충족하여야 한다. LCH.Clearnet SA는 매일 청산회원을 모니터링하고 다른 청산기관 및 감독당국과 정보를 공유한다.

#### 3.4.2. 증거금

LCH.Clearnet SA는 청산회원에 대해 개시증거금과 변동증거금을 요구한다. 개시증거금(initial margin)은 결제불이행의 발생에 대비한 담보로 회원의 거래에 상응하여 징수되고 이의 계산은 SPAN에 의한다. 또한 가격변동에 따른 증거금 부족분은

26 Euro Overnight Index Average: 유럽지역의 국내 overnight call과 유사한 금리이다.

변동증거금(variation margin)으로 징수된다. 가격변동이 큰 경우에는 당일 중에 증거금의 청구도 가능하다.

증거금으로는 현금(유로, 파운드, 달러), 채권(프랑스국채, 독일국채 등), CAC40지수종목의 주식 등이 인정된다.

#### 3.4.3. 청산기금

LCH.Clearnet SA는 각 회원으로부터 청산기금(default fund)을 조성한다. 이러한 청산기금은 정규거래소에서 거래와 관련된 기금(cash and derivatives default fund)과 MTS 등에서의 거래와 관련된 기금(fixed income default fund)으로 구분된다.[27] 청산기금의 필요액은 매월 수정된다.

## 독일의 증권결제제도 04

### 1. 증권시장의 운영구조

독일 증권시장은 영국, 프랑스에 이어 유럽 내 3위의 시장으로 자리 매김하고 있다. 먼저 주식시장의 경우 장내시장은 독일거래소(Deutche Börse AG)를 중심으로 운영되고 있다. 독일거래소는 프랑크푸르트거래소를 주축으로 7개의 지역거래소를 통합하여 운영하기 위하여 1993년에 설립된 지주회사이다. 이후 독일거래소는 1998년에 스위스거래소(SIS Swiss Exchange AG)와 50 : 50으로 공동 출자하여 파생상품거래소인 Eurex를 설립하고, 2004년에는 Eurex US를 설립하여 유럽 최대의 현·선물통합거래소가 되었다. 또한 2002년에는 2개 CSD의 지주회사인 Clearstream International의 지분을 인수하여 100% 자회사로 보유하게 되었다. 이로써 독일거래소는 CSD를 보유하는 수직적 통합(vertical integration)의 대표가 되었다. 한편, 주식장외시장의 경우 유럽의 다른 국가들처럼 Chi-X, BATS, Turquoise 등 ATS의 주식거래량이 큰 폭으로 증가하고 있다.

27 LCH.Clearnet SA, Clearing Rule Book Article 4.3.0.1 참조.

▶▶ 그림 6-14 독일거래소의 조직구조

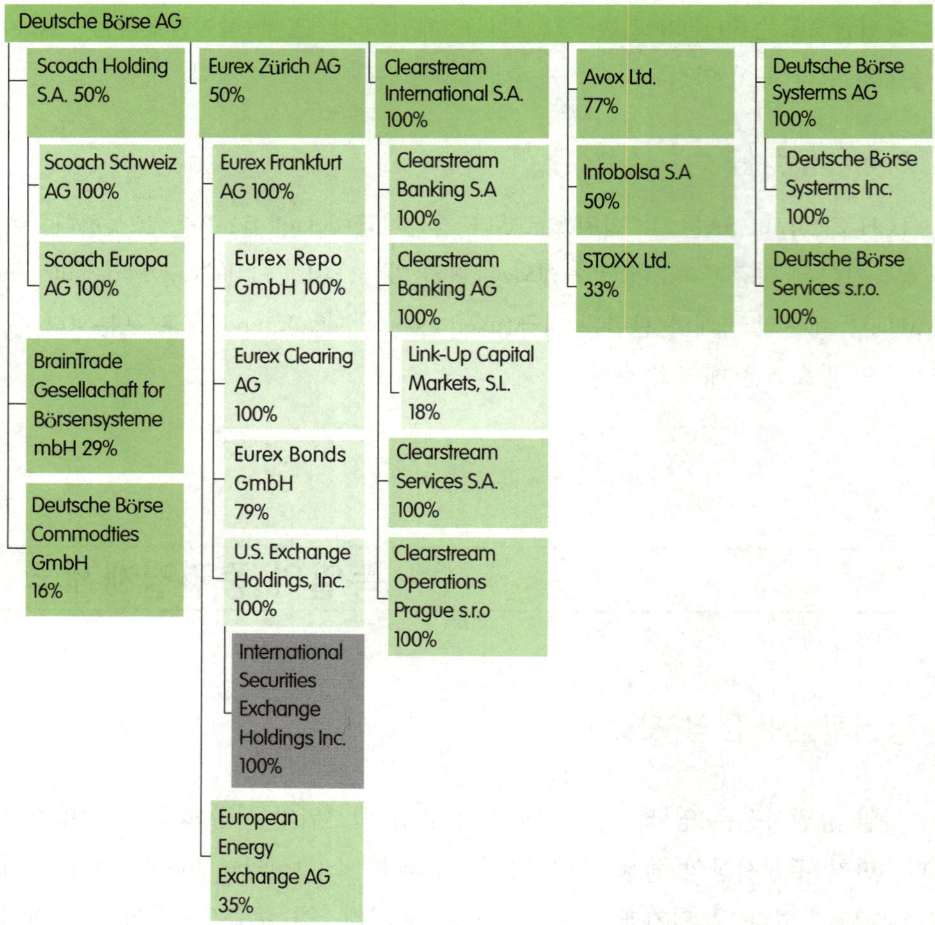


다음으로 채권시장의 경우 일부 채권이 독일거래소에 상장되어 거래되기도 하나, 대부분의 거래는 장외시장에서 거래되고 있다. 채권 장외시장은 딜러 간 시장(inter-dealer market)으로 딜러들의 개별적인 교섭을 통해 거래가 이루어지고 있다. 최근에는 전자거래시스템의 이용이 크게 증가하고 있는 추세이다. 이러한 전자거래시스템으로는 Eurex Bonds, Eurex Repo, MTS, BrokerTec 등이 이용되고 있다. Eurex Bonds와 Eurex Repo는 독일국채뿐만 아니라 스위스국채를 대상으로 하고 있다.

한편, 독일 증권시장의 결제제도는 여러 개의 청산기관(CCP)과 단일의 결제기

▶▶ 그림 6-15 독일 증권시장의 운영구조

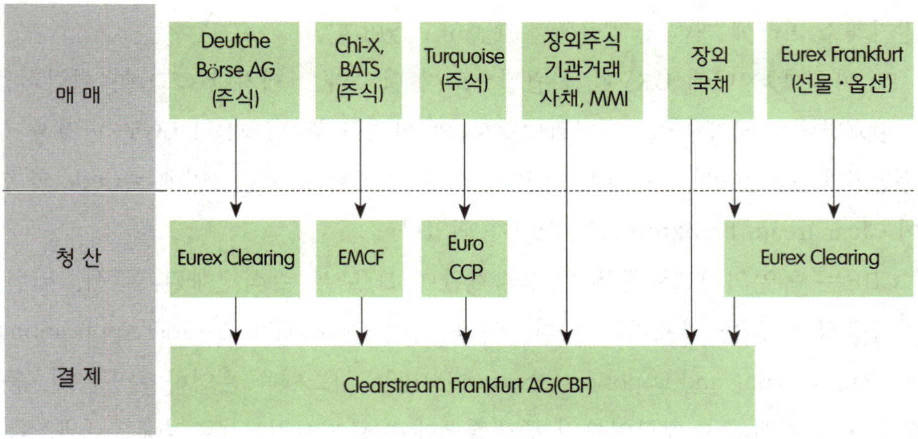


관(CSD)에 의하여 운영되고 있다. 먼저 청산기관을 살펴보면, Eurex Clearing AG가 독일거래소의 거래 및 Eurex Bonds·Repo의 거래 등 현물시장을 대상으로 청산기능을 수행하고 있을 뿐만 아니라 Eurex Frankfurt의 선물·옵션 등 파생상품시장을 대상으로도 청산기능을 수행하고 있다. 그 밖에도 EMCF, EuroCCP가 ATS에서의 주식거래를 대상으로 청산기능을 수행하고 있다. 위와 같이 청산기관은 여러 기관이 있음에도 불구하고 결제기관의 경우 장내·외의 모든 증권거래에 대해 Clearstream Frankfurt가 단일의 결제기관의 기능을 수행하고 있다.

## 2. 증권결제제도의 구성

### 2.1. 결제기관: Clearstream Frankfurt AG

Clearstream Frankfurt AG(CBF)는 1989년 DKV(Deutscher Kassenverein AG)로 설립되었으나 수차례의 합병과정을 거쳐 독일거래소 그룹 산하에 편입되어 오늘에 이르고 있다.

독일은 원래 가장 먼저 예탁결제제도가 발달한 국가이다. 독일은 1882년부터

베를린 유가증권혼장은행이 계좌소유은행을 위해 예탁결제업무를 운영해 오다가, 1949년부터 1954년에 걸쳐 전국에 7개의 유가증권혼장은행이 설립되어 각 지역의 증권거래소 거래에 대해 결제업무를 제공하고 있었다.

그 이후 1989년에 DKV가 설립됨으로써 단일의 결제기관(CSD)이 설립되었으며, 1996년에는 국제증권결제기관인 AKV와 합병한 후 명칭을 DBC로 변경하고 독일증권거래소의 100% 자회사가 되었다. 이후 DBC는 2001년 1월에는 Cedel과 합병하여 Clearstream Frankfurt AG(CBF)가 되었다.

CBF는 독일의 모든 증권의 결제기관(CSD)로서 주식, 채권, 주식, 워런트, 단기금융상품 등을 결제하고 있다. 이를 위해 CASCADE(Central Application for Settlement, Clearing and Depository Expansion)라는 시스템을 운영하고 있는데, 동 시스템은 증권거래의 매매확인부터 증권결제에 이르기까지 모든 결제프로세스를 처리한다.

한편, CBF는 유가증권예탁법(Depository Law)에 의하여 설립된 유가증권혼장은행이며, 은행법(Banking Act)에 의한 은행으로서 연방은행감독국(Federal Financial Supervisory Authority)의 업무 감독과 검사를 받고 있다.



## 2.2. 관계기관

### 2.2.1. Eurex Clearing AG

Eurex Clearing AG는 독일의 청산기관(CCP)으로 1998년 6월에 선물·옵션거래소인 Eurex의 자회사로 설립되었다. Eurex Clearing의 자본관계를 살펴보면 스위스증권거래소와 독일거래소가 50 : 50으로 출자해서 지주회사인 Eurex Zürich AG를 설립하고, 그 산하에 선물·옵션거래소의 운영회사인 Eurex Frankfurt AG를 설립하였다. Eurex Clearing AG는 바로 Eurex Frankfurt AG의 100% 자회사로 설립되었다.

Eurex Clearing AG는 설립 초기에는 Eurex에서의 파생상품거래의 청산기관(CCP)으로서 업무를 시작했었지만, 2000년에는 Eurex Bonds와 Eurex Repo의 채권거래를 대상에 추가했다. 또한 2003년 3월에는 프랑크푸르트거래소(FWB: Frankfurter Wertpapierbörse), 2005년 11월에는 아일랜드증권거래소(ISE: Irish Stock Exchange)의 주식거래를 청산 대상에 포함시킴으로써 업무 영역을 확대해 오고 있다.

Eurex Clearing AG는 다양한 시장에 1개의 청산기관(Many Markets-One Clearing House)이라는 슬로건으로 대상 시장을 확대하고 있다. 그러나 아일랜드증권거래소를 제외하고 기본적으로는 프랑크푸르트를 거점으로 하는 거래소와 ATS에 대해 청산서비스를 제공하고 있다. LCH.Clearnet 그룹과 비교하면, 대상 시장의 지리적인 확대는 제한적이며 독일의 청산기관(CCP)으로서의 색채가 농후하다. 이는 전술한 바와 같이, Eurex Clearing AG가 독일거래소의 수직 통합의 일부를 구성하고 있기 때문에 다른 증권거래소가 연대를 추진하기 어렵다는 점이 가장 큰 이유라고 볼 수 있다.[28]

## 3. 증권시장의 결제제도

### 3.1. 개요

독일의 증권결제제도는 주식시장과 채권시장으로 구분된다. 주식시장 결제제도는 다시 장내 주식시장결제와 장외 주식기관결제로 구분된다. 장내 주식시장결제는 프랑크푸르트 증권거래소에서 체결된 회원(증권회사) 간의 주식거래를 대상으로 결제를 한다. 이 가운데 완전 전산화된 Xetra를 통해 체결된 거래는 Eurex Clearing AG의 청산과정을 거쳐 CBF에서 결제되는 반면, XONTRO를 통해 체결된 플로어거래는 CBF의 매매확인을 통해 결제처리된다. 장외 주식기관결제는 거래소 회원(증권회사)과 기관투자자 고객 간의 주식거래를 대상으로 하며, CBF가 매매확인을 하여 결제를 한다. 이들 주식시장의 결제주기는 모두 T+2일이다.

다음으로 독일의 채권시장은 대부분 장외시장에서 거래가 이루어지고 있다. 이들 장외 채권기관거래에 대한 결제는 다시 청산기관인 Eurex Clearing AG을 이용하는 결제(CCP결제)와 이용하지 않는 결제로 구분된다. 전자는 딜러 간 거래, Eurex Bonds, Eurex Repo 등에서의 국채거래(매매·Repo거래)를 대상으로 하며, Eurex Clearing AG의 청산과정을 거쳐 CBF에서 최종 결제된다. 후자는 장외시장에서 국채 등의 거래를 대상으로 하며 CBF가 매매확인하여 결제를 한다. 이들 채권시장의

28 아일랜드증권거래소가 프랑크푸르트증권거래소와 동일한 주식거래시스템(Xetra)을 도입했다는 점이 커다란 요인이다.

▶▶ 그림 6–16 장내 주식거래의 결제프로세스[29]

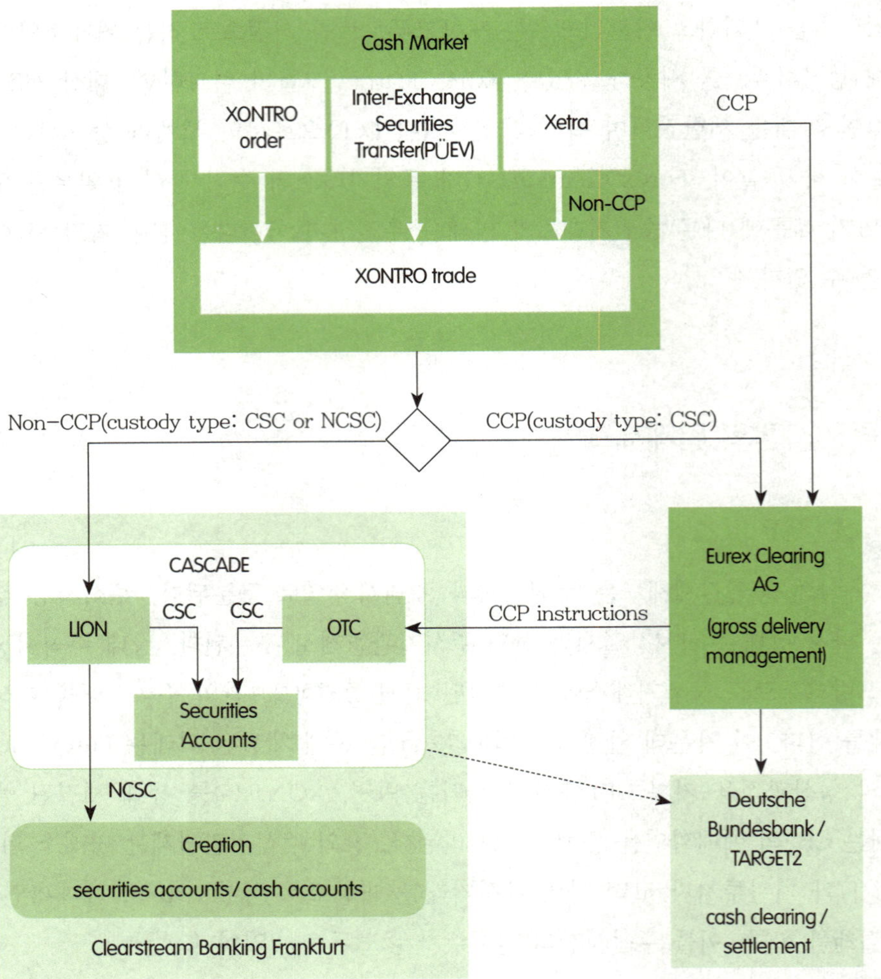


결제주기는 T+0~40일이다.

한편, 독일 증권결제제도의 가장 큰 특징은 청산단계에서 청산기관(CCP)의 이용여부에 따라 프로세스의 차이가 있지만, 결제단계에서는 CASCADE에 의해 통일된 프로세스로 처리된다는 것이다. 또한, DVP2방식이 폭넓게 채택되고 있다는 것

29 그림에서 Eurex Clearing AG의 결제지시가 CASCADE에서 'OTC'로 인식되는 것은 Eurex Clearing AG에서 다른 OTC의 결제지시와 같이 CACADE의 조회(matching)과정을 거치기 때문이다.

도 특징이다. Eurex Clearing AG의 청산 대상거래[30]도 청산단계에서는 증권과 대금이 회원별·종목별로 차감되지만, 결제단계에서 회원과 Eurex Clearing AG 간에 증권은 건별로 일중에 결제되고 대금은 마감시점에 차감하여 결제하는 DVP2방식으로 결제되고 있다.

## 3.2. 결제前(Pre-Settlement)단계[31]

### 3.2.1. 장내 주식시장결제(CCP결제)

가. 매매확인

T+0일에 독일거래소는 Xetra에서 거래가 체결되면 매매확인이 된 상태(locked-in)로 Eurex Clearing AG에 매매자료를 통지한다. Eurex Clearing AG는 FWB에서 매매확인이 이루어지는 시점에 집중거래상대방(CCP)이 된다.[32]

나. 차감

T+1일(18:00 경)에 Eurex Clearing AG는 증권과 대금을 회원별·종목별로 차감한다. Eurex Clearing AG는 차감 후 T+1일 야간에 CBF의 CASCADE-OTC에 결제지시를 보낸다. CBF에서 DVP결제를 위해서는 결제지시가 전송되어야 한다. Eurex Clearing AG의 결제지시는 CASCADE에 지시 입력(instruction entered) 상태로 입력된 후 즉시 매칭이 된다.

### 3.2.2. 장내 주식시장결제(Non-CCP결제)

T+0일에 CBF에서 결제지시 매칭이 이루어진다. 즉, XONTRO를 통해 체결된 플로어 거래는 CBF의 CASCADE-LION에 결제지시를 보낸다. 이러한 결제지시는 CASCADE-LION에 매칭된 상태로 입력된다.

### 3.2.3. 장외 주식기관결제(Non-CCP결제)

T+0일에 CBF에서 결제지시 매칭이 이루어진다. 증권회사와 기관투자자 고객

30 Xetra를 통해 체결된 장내 주식거래 및 장외에서 체결된 국채거래 중 Eurex Clearing AG가 청산기능을 수행하는 거래를 말한다.

31 CBF, Clearstream Banking Frankfurt Customer Handbook 참조.

32 Eurex Clearing AG, Clearing Conditions for Eurex Clearing AG Chapter Ⅰ 1.2.1

이 CASCADE-OTC에 결제지시를 입력한다. CASCADE는 이에 대해 결제지시 매칭을 실시한다.

#### 3.2.4. 장외 국채기관결제(CCP결제)

가. 매매확인

T+0일에 Eurex Bonds, Eurex Repo 등은 거래가 체결되면 매매확인이 된 상태(locked-in)로 Eurex Clearing AG에 매매자료를 통지한다. Eurex Clearing AG는 전자거래플랫폼에서 거래가 체결되는 시점에 집중거래상대방(CCP)이 된다.

나. 차감

T+0일에 Eurex Clearing AG는 증권과 대금을 회원별·종목별로 차감한다. Eurex Clearing AG는 차감 후 야간에 CBF의 CASCADE-OTC에 결제지시를 보낸다. 다만, 거래일과 결제일이 동일한 거래(T+0)에 대해서는 차감 없이 CBF의 CASCADE-OTC에 결제지시를 보낸다.

#### 3.2.5. 장외 채권기관결제(Non-CCP결제)

T+0일에 CBF에서 결제지시의 매칭(matching)이 이루어진다. 즉, 거래당사자는 거래가 체결된 후 CASCADE-OTC에 결제지시를 입력한다. CASCADE는 이에 대해 결제지시매칭을 실시한다.

### 3.3. 결제단계[33]

#### 3.3.1. 개요

CBF는 CASCADE(Central Application for Settlement, Clearing and Depository Expansion)라는 시스템을 통해 증권결제를 처리하고 있다. 과거 CBF는 독일 국내증권에 대해서는 CASCADE로, 국제증권에 대해서는 OLGA로 결제를 처리하고 있었다. 그러나 2001년 2월에 OLGA는 Clearstream Banking Luxembourg(CBL)의 Creation Platform에 통합되고, CBF에서는 CASCADE만을 운영하게 되었다.

또한 2003년에 CBF는 분데스방크와의 협력을 통해 CASCADE를 개선하였는데

33 CBF, Clearstream Banking Frankfurt Customer Handbook (2011. 4) 참조.

이를 신 독일결제모델(NGSM: New German Settlement Model)이라고 한다. 이를 통해 CASCADE는 야간배치처리에서 조기의 결제완결성을 확보할 수 있게 되었다.

이러한 CASCADE는 현재 증권거래의 매매확인부터 증권결제에 이르기까지 모든 결제프로세스를 처리하고 있다.

### 3.3.2. 결제프로세스

#### 가. 개요

CASCADE의 결제 사이클은 크게 야간처리와 일중처리로 구분된다. 먼저 야간처리(Night-time Processing)는 결제일 전일(S−1일) 저녁에 시작된다. 결제일 전일(S−1일)에 시작되는 결제 사이클은 표준결제(STD: Standard Settlement)로서 배치 표준결제(STD Batch)와 실시간 표준결제(RT-STD)로 구성된다. 이러한 STD에서 전체 결제의 90% 이상이 이루어지고 있다.

다음으로 일중처리(Daytime Processing)는 결제일(S일)에는 연속 당일결제(SDS Cont: Same-day Settlement Continuous)와 배치 당일결제(SDS Batch)로 구분된다. 이러한 SDS는 2회 반복하여 실행된다. 이 밖에도 실시간 결제(RTS: Real-Time Settlement)가 결제일(S일)에 이루어진다.

#### 나. 야간처리

STD Batch는 S−1일 19:00에 시작하여 S−1일 21:00 경에 종료된다. STD Batch

▶▶ 그림 6-17 CASCADE의 결제 사이클

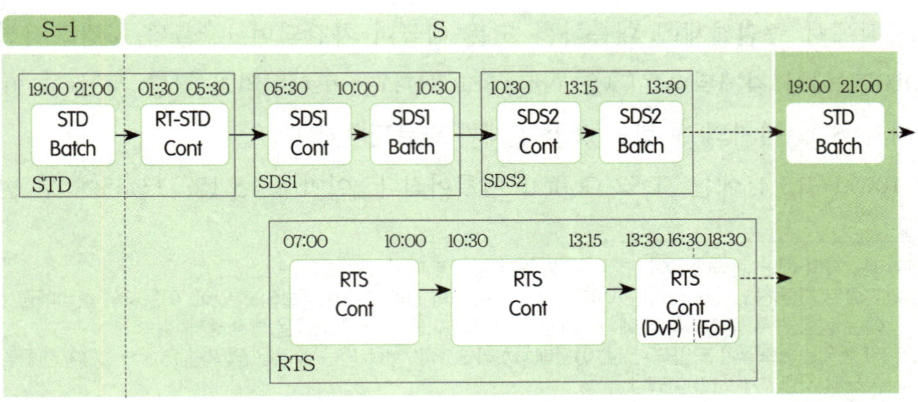

를 위한 지급 및 인도 지시의 마감은 SWIFT나 파일전송을 통하는 경우 18:45이며 온라인 상으로는 19:00이다. 이후 회원은 입력된 지시를 수정할 수 없게 된다. 이는 입력된 결제지시가 취소불가능하며 최종적(irreversible and final)이라는 것을 의미한다. 다음으로 S일 01:30~05:30에는 RT-STD가 실행된다.

야간처리에서 동시결제는 회원이 필요한 증권과 대금 포지션을 충분히 보유한 경우에만 실행된다. 이를 위해 회원은 사전에 중앙은행에 충분한 유동성을 준비하고 있어야 한다. 구체적으로 살펴보면, 먼저 CBF는 회원에게 야간처리에 필요한 유동성 예상액(estimated liquidity)을 통지한다. 이것을 토대로 회원은 TARGET2(RTGS 계좌)에 필요한 자금을 CBF의 야간 처리용으로 유보(reserve)하도록 지시한다.[34] TARGET2는 CBF에서의 야간처리가 시작되기 전(18:30)에 각 회원의 계좌마다 유동성을 유보(block)한다.[35] 각 이용자의 유보액은 CBF에 통지되고, 그것을 토대로 야간처리에서 DVP 결제가 이루어진다. 즉, 중앙은행의 협력에 의해 증권결제용 자금의 선지급(prefunding)이 실현되고, 그것에 의해 결제가 조기에 결제완결성을 갖도록[36] 되어 있다.

CBF는 야간처리(STD Batch, RT-STD)에서 증권결제에 대응하는 모든 대금의 내역을 차감해서 차감포지션을 산출하여 TARGET2에 통지한다. TARGET2에 유보되어 있었던 유동성을 결제용으로 해제하여 수령포지션(credit position)인 곳으로 입금한다. 이러한 대금결제의 처리는 06:15 경에 종료된다.[37]

### 다. 일중처리

일중처리는 우선 5:30~10:00에 증권을 연속적으로 결제하는 SDS1 Cont에 의해서 시작된다. 10:00~10:30 사이에는 배치처리인 SDS1 Batch가 이루어진다. 이 시점에서 증권결제에 대응하는 모든 대금이 차감되며, 산출된 차감포지션이 TARGET2에서 결제된다(이것을 'offset'라고 한다). offset처리가 끝난 시점(11:30 무렵)에서 SDS1까지의 첫 번째 당일 결제가 완료된다.

10:30~13:15에는 SDS2 Cont가 이루어진다. 이어서 13:15~13:45에 두 번째

34 매수자의 해당 계좌에 결제자금이 충분하지 않으면 페널티가 부과된다.

35 유보된 자금(blocked fund)은 어디까지나 이용자의 당좌예금에 유보되고 있어, 이용자의 준비예금 산출에는 영향을 주지 않기 때문에, 이 자금을 야간에 이용할 때에 비용은 발생하지 않는다.

36 신 독일결제모델이 도입되기 전, 야간배치처리(STD)가 완료되는 시각은 익일의 10:30~11:30 경(차감 베이스의 자금결제 시각)이었다.

37 단, 전술한 바와 같이 그 전에 DVP 결제는 완료되어 있다.

의 배치처리인 SDS2 Batch가 이루어진다. SDS2가 종료되면 다시 산출된 차감포지션이 TARGET2에서 결제된다(14:15경).

이와 같이 일중처리는 증권은 총량기준으로, 대금은 차감기준으로 결제되는 DVP2방식에 의하여 동시결제가 이루어지고 있다.

라. 실시간처리

실시간처리(RTS)는 야간처리, 일중처리와 별도의 사이클로 결제일(S일)에 이루어진다. 이러한 RTS는 DVP결제가 07:00~16:30 사이에, FOP결제가 16:30~18:00 사이에 이루어진다. RTS에서는 증권·자금 모두 1건마다 총량기준으로 결제가 이루어진다. 대금결제는 직접 TARGET2에서 실시간으로 이루어진다.

### 3.3.3. 자기담보제도

CBF는 2007년 10월에 분데스방크와의 협력에 의해 자기담보(self-collateralization)제도를 도입하였다. 이것은 CBF의 야간처리에서 매수자인 금융기관이 매도자로부터 수취할 증권을 담보로 분데스방크로부터 일중 신용공여를 받아 야간처리용 자금으로 이용할 수 있는 구조이다. 동 서비스를 이용하는 금융기관은 수취한 증권을 담보로 해서 야간에 추가적인 유동성을 조달할 수 있어 DVP결제를 원활하게 진행할 수 있다.

이는 기능적으로 일본은행의 국채 DVP 동시담보수불기능(ITC)과 거의 동일하지만 대금계좌와 증권계좌의 운영주체가 나누어져 있기 때문에 다소 차이가 있다.[38]

증권의 매수자는 결제지시에 자기담보를 이용하기 위한 RVP(Receipt versus Payment)의 플래그를 표시한다. 동 플래그가 있는 거래가 매도자와 매수자 간의 DVP결제로 이루어지면, 분데스방크에서는 매수자가 수령한 증권을 담보로서 SC담보계좌(SC safe custody account)에 편입시키면서, 일중 신용공여(SC Loan)로서 그 대가가 매수자의 대금계좌로 입금된다. 동 대금은 CBF에서 결제용 자금포지션으로 즉시 이용될 수 있고, 매수자는 그 대금을 이용해서 계속 증권결제를 할 수 있다.

SC Loan은 유담보·무료이지만 어디까지나 일중 신용공여이며, 신용공여가 이

38 일은(日銀)네트의 ITC 기능에서는 매수자가 수취할 국채를 담보로 일본은행으로부터 일중 당좌대월을 받고, 동시에 그 자금을 그 국채의 매도자로의 지급에 충당할 수 있는 데 비해서, CBF의 동시담보서비스에서는 매도자와 매수자의 DVP 결제가 일단 완료된 뒤에, 매수자가 수령한 증권을 분데스방크에 담보로 넣어 자금을 조달하고, 그 이후에 증권결제에 충당하게 된다.

▶▶ 그림 6-18 자기담보제도의 구조

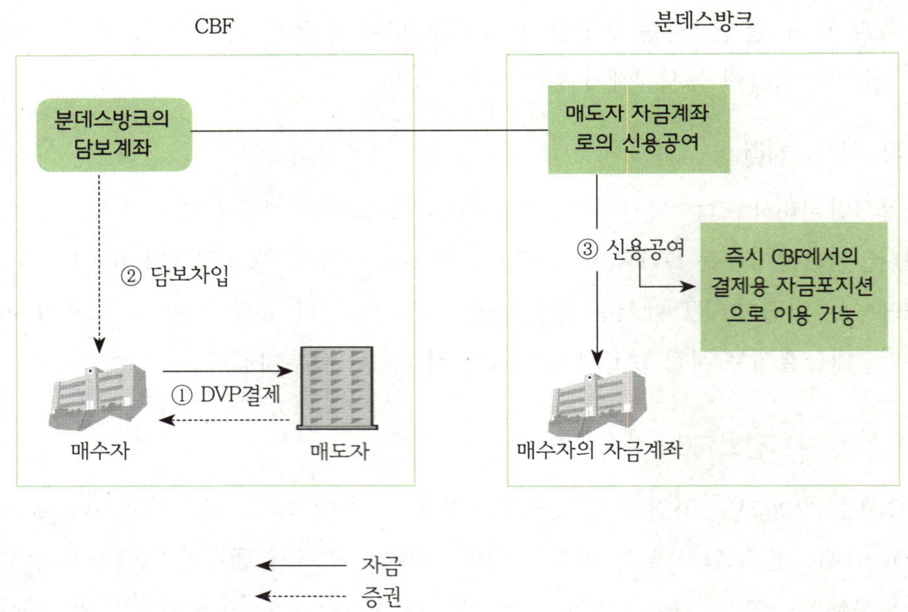




루어진 당일의 RTS 시간대인 15:30까지 상환할 필요가 있다. 당일 중에 변제할 수 없는 경우에는 이자가 부과되는 분데스방크의 오버나이트 대출로 전환된다.

자기담보서비스의 대상이 되는 적격증권은 독일 국채 이외에, 모기지증권, 세계은행과 같은 국제기관이 발행하는 채권이다.

### 3.3.4. 결제불이행 처리

CBF는 결제불이행 방지를 위해 자동대차제도인 FAB(Frankfurt Automated Borrowing)를 운영하고 있다. 이는 독일 시장에서 거래되는 국내 또는 해외 증권에 대한 자동대차를 제공해 주는 결제관리서비스이다. FAB를 이용하기 위해서는 사전에 참가를 신청해야 한다. 대여자는 CBF에 개설된 자신의 특별계좌에 증권을 이체해야 하며 CBF는 해당 증권을 대여자와 협의 없이 대여를 중개할 수 있다. 차입자는 증권 또는 현금 등의 담보를 제공해야 한다. 자동 차입자(automatic borrower)는 CBF에 차입 수량 결정권한을 위임한 참가자인 반면 일시 차입자(occasional borrower)는 자신이 직접 차입 수량을 결정하는 참가자이다. CBF는 SDS1 Batch 종료 후 자동대차 여부를 결정하여 SDS2 Cont에서 자동대차를 실시하여 증권결제를 실행한다. 이에 대한 상환은 다음 결제처리 사이클인 STD Batch에서 반복적으로 시도되는데 차입자 계좌에 증권이 있는 경우 상환이 이루어지며 담보는 차입자에게 이전된다.

Eurex Clearing AG의 경우 회원이 SDS2까지 증권을 납부하지 못한 경우 거래는 취소되어 별도 관리된다. 즉, 독일에서는 CNS를 채택하지 않고 있다. 또한, Eurex Clearing AG는 매도자가 S+5일까지 증권인도를 하지 못하는 경우 대체매수(replacement purchase)를 실시하며 S+30일까지 대체매수가 되지 않는 경우 대금결제를 실시한다. 대체매수가 실시되는 경우 원거래의 가격과 대체매수 가격의 차이로 인한 비용은 매도자에게 부과된다. 이 밖에도 Eurex Clearing AG는 결제지연에 대해 해당 금액의 0.025%의 벌금을 부과한다.

위와 같은 불이행 방지 노력에도 불구하고, 결제 불이행으로 인해 Eurex Clearing AG에 손실이 발생하면, ① 불이행회원의 증거금 처분, ② 불이행회원의 청산기금, ③ Eurex Clearing AG의 유보금(reserve), ④ 다른 청산회원의 안분 순으로 보전한다.

## 3.4. 위험관리방법

여기서는 Eurex Clearing AG는 위험관리방법을 중심으로 설명하기로 한다.

### 3.4.1. 회원관리

Eurex Clearing AG의 청산회원(clearing member)이 되기 위해서는 Eurex Clearing AG로부터 승인을 받아야 한다. 승인을 받기 위해서는 Eurex Clearing AG가 정하는 금액의 책임자본(liable equity capital)[39]을 갖추어야 한다. 필요한 책임자본 규모는 분기마다 산출되어 회원에게 통지된다. 이 밖에도 CBF에의 증권계좌 개설, 분데스방크에의 계좌개설, 청산기금의 출연 등의 요건을 갖추어야 한다.

Eurex Clearing AG는 매일 청산회원을 모니터링하고 있으며, 필요시 청산회원의 요건준수여부를 조사할 수 있다.

39 책임자본은 일종의 자기자본을 말한다(Clearing Conditions for Eurex Clearing AG, Chapter I 2.2).

### 3.4.2. 증거금

Eurex Clearing AG는 리스크관리 측면에서 다른 청산기관(CCP)과 마찬가지로 증거금을 징수하고 있다. 증거금은 원칙적으로 1일에 1회 산출되어, 거래포지션에 따라 현금 또는 증권으로 납부할 수 있다.

증거금은 현재의 시장가격에 의한 손실액뿐만 아니라, 과거의 가격변동을 기초로 한 장래의 가격변동위험도 고려되어, 익일의 증거금 산출시까지 증거금 부족이 발생하지 않는 수준으로 설정된다.

Eurex Clearing AG에서는 다양한 상품을 취급하고 있기 때문에, 주식·채권에 관한 증거금을 현재 청산증거금(current liquidating margin), 옵션에 관한 것을 프리미엄 증거금(premium margin), 선물에 관한 것을 선물스프레드증거금(futures spread margin)이라 한다. 또한 Eurex Clearing AG에서는 회원의 일중 리스크의 크기나 증거금을 실시간으로 제공하는 일중 리스크 정보서비스(IRIS: Intraday Risk Information Service)를 제공하고 있다.

### 3.4.3. 청산기금

Eurex Clearing AG는 회원의 결제불이행에 따른 손실액을 증거금으로 커버할 수 없는 경우에 대비하여 청산기금(clearing fund)을 조성한다. 청산회원은 다음의 3가지 조건 중에서 가장 큰 금액을 납부하여야 한다. 이들 3가지 조건은 ① 종합청산회원(GCM)은 5백만 유로, 직접청산회원(DCM)은 1백만 유로, ② 과거 30영업일의 증거금 평균의 2%에 상당하는 금액, ③ 과거 250영업일의 증거금 평균의 2%에 상당하는 금액이다.

회원은 은행보증(bank guarantee), 현금, 증권으로 청산기금을 납부할 수 있다. 여기서 은행보증은 Eurex Clearing AG의 요청시 피보증금액을 제공해야 하는 은행의 절대적인 의무를 포함하고 있어야 한다.[40]

40 Clearing Conditions for Eurex Clearing AG, Chapter I 6.1.2 참조.

# 유럽의 증권결제제도 개혁 05

## 1. 개　　요

유럽에서는 1999년에 유로화를 도입한 이후 Euronext, 독일거래소 등 증권거래소의 통합이 진행되어 왔으며, Euroclear, Clearstream 등을 중심으로 한 증권결제기관(CSD)의 통합도 일정한 진전을 보여 왔다. 그러나 아직까지 유럽 단일 증권시장의 실현에는 이르지 못하고 있는 상황이다.

이와 관련하여 유럽위원회 등 관계 당국은 증권시장의 통합을 촉진하기 위하여 다양한 정책을 추진하고 있으며, 증권업계도 이에 적극 대응하고 있다. 특히, 증권결제제도와 관련하여 미국 등에 비해 유럽의 결제비용이 크게 높다는 점이 지적되면서 이를 개선하기 위한 노력이 활발히 추진되고 있다.

이하에서는 증권결제제도 개혁을 위한 관계 당국의 노력, 관련 업계의 대응, 통합을 위한 움직임 등을 중심으로 살펴보기로 한다.

## 2. 증권결제제도 개혁 노력

### 2.1. 관계 당국의 노력

#### 2.1.1. Giovannini Report

EU에서 증권결제 개혁의 커다란 방향성을 제시하고 있는 것으로는 Giovannini Report를 들 수 있다. Giovannini 그룹은 1996년에 유럽위원회 산하에 설치된 자문기관으로 EU의 금융통합과 금융시장 효율성을 주제로 유럽위원회에 자문을 하고 있다.

동 그룹은 Albert Giovannini를 의장으로 하여 시장의 전문가 약 70명으로 조직된 그룹으로 2001년 12월에 EU에 Cross-border의 청산·결제시스템이라는 제목의 보고서(제1차 보고서)를, 2003년 4월에는 EU의 청산·결제시스템에 관한 제2차 보고

▶▶ 표 6-3 Giovannini Barrier 제거를 위한 액션 플랜(제2차 보고서)

| 장벽 | 필요한 액션 | 책임을 지는 기관 | 달성목표 |
|---|---|---|---|
| 장벽 7 | 청산·결제시스템의 가동시간이나 결제의 체결시간을 통일한다. | ECSDA[1]가 리더십을 발휘한다. (ESCB-CESR[2]과 긴밀하게 협력한다) | 2년 이내 |
| 장벽 1 | EU의 통일 프로토콜 채택에 의해, 청산·결제시스템의 IT 및 인터페이스의 국가별 차이를 제거한다. | SWIFT가 프로토콜의 정의를 내린다. 그 후, 각 청산·결제기관이 신속하게 프로토콜을 채택한다. | 2년 이내 |
| 장벽 4 | EU 내의 모든 링크에 관해서 일중 결제완결성을 확보한다. | ECSDA가 조정자가 된다. (ESCB-CESR과 긴밀하게 협력한다) | 2년 3개월 이내 |
| 장벽 6 | EU 내의 증권결제기간을 통일한다. | 결제기간 통일비용에 관해서 더욱 심도 있는 조사가 필요하다. | 2년 3개월 이내 |
| 장벽 3 | 코퍼레이트 액션, 커스터디에 관한 각국의 룰을 통일한다. | 민간 부문은 ECSA[3]와 ECSDA가 조정자가 된다. 각국 정부는 EU의 장(場)을 통해서 조정을 한다. | 2년 3개월 이내 |
| 장벽 8 | 증권의 신규발행 실무에 있어서 각국의 차이를 없앤다. | IPMA[4]와 ANNA[5]가 제안해야 한다. | 2년 3개월 이내 |
| 장벽 11 | EU 역내에 있어서 원천징수 에이전트로서의 역할은 국내 기관인지 외국 기관인지 여부를 불문하고, 모든 EU의 금융기관에 평등하게 적용한다. | 각국 정부가 협력해서 대응한다. (EU를 통해서 조정한다) | 2년 3개월 이내 |
| 장벽 12 | 각국의 결제시스템을 통한 증권거래세의 징수를 폐지한다. | 각국 정부가 협력해서 철폐한다. (EU를 통해서 조정한다) | 2년 3개월 이내 |
| 장벽 13, 14, 15 | 'EU Collateral Directive'가 차감이나 법의 저촉에 관한 불투명성을 없앤다. 각국은 2003년 12월까지 이것을 국내법으로 해야 한다. 중개기관의 증권에 대한 소유권에 관해서는 더욱더 대응이 필요하다. | 'EU Securities Account Certainty Project'에 관해서 각국 정부가 합의해야 한다. | 3년 이내 |
| 장벽 2, 9 | 각국마다의 청산·결제시스템을 이용하지 않으면 안 되는 규제나 증권의 예탁·등록기관에 관한 규제를 폐지해야 한다. | 각국마다의 청산·결제시스템의 규제에 관해서는 MiFID에 의해 해결한다. 증권의 예탁·등록기관의 규제에 관해서는 각국 정부가 협력해서 철폐한다. | 3년 이내 |
| 장벽 5 | 해외로부터의 원격 접속에 관한 실무적인 장애를 없앤다. | 각국 정부는 원격 접속이 인정되는 조건리스트를 작성한다. | 3년 이내 |
| 장벽 10 | 국채전문딜러나 시장조성자로서의 활동에 관한 각국의 규제를 철폐한다. | 각국 정부가 협력해서 철폐한다. (EU를 통해서 조정한다) | 3년 이내 |

1) European Central Securities Depositories Association
2) European System of Central Banks와 Committee of European Securities Regulators
3) European Credit Sector Association
4) International Primary Market Association
5) Association of National Numbering Agencies

서를 발표하였다. 이 보고서에서는 EU 내에서 Cross-border 증권거래의 청산·결제가 다양한 장벽(Giovannini barrier)에 의해 효율성이 떨어지고 있다고 지적하고, 시장관계자에게 이러한 장벽을 제거하도록 요구하고 있다.

### 2.1.2. 금융상품시장지침(MiFID)

금융상품시장지침(MiFID: The Markets in Financial Instruments Directive)은 EU의 증권시장과 증권업자를 규제하는 기본적인 법제이다. 유럽의회(European Parliament)는 2004년 4월에 MiFID를 채택하였으며, 2007년 11월까지 EU 각국 국내법에 반영되었다.[41]

MiFID는 EU 전역에 걸친 투자자의 적절한 보호 이외에, ① 투자자에 의한 EU 내의 Cross-border 증권투자의 촉진, ② 증권회사의 역내 단일면허(single passport) 기능 강화, ③ EU에 있어서 거래소 간의 경쟁 촉진 등이 기본 개념으로 되어 있다.

이와 같이 MiFID는 EU 단일시장을 전제로 규제를 하고 있기 때문에, 거래소 간의 경쟁 심화를 초래하는 동시에, 증권결제 인프라에도 많은 영향을 초래하고 있다. 예를 들면 시장집중의무가 폐지되었기 때문에, 기존 거래소(MiFID에서는 regulated market)와 전자거래소(MiFID에서는 MTF: Multilateral Trading Facility) 등의 사이에서 경쟁이 심화되고 있다. 이와 같이 증권시장에 변화가 생기면, 이와 밀접하게 연계되어 있는 증권결제제도에 영향이 미치게 된다.

또한, MiFID에서는 증권거래소나 증권회사가 EU의 타국에 소재하는 청산기관(CCP)이나 결제기관(CSD)에 접속해서 그 서비스를 이용하는 권리를 규정하고 있다. 이 접속권리에는 ① 시장참가자가 해외의 청산기관이나 결제기관에 원격 접속(remote access)을 하는 권리, ② 시장참가자가 자신의 거래를 결제할 장소(settlement location)를 선택하는 권리 등이 포함되어 있다. 이에 따라 증권거래소나 증권회사가 청산이나 결제를 하는 국가나 기관을 스스로 선택하는 움직임이 가속되고 있다.

41 유럽위원회는 2010년 12월부터 MiFID를 개정(MiFID II)하기 위한 논의가 진행 중에 있으며 주식시장의 투명성 확대, 청산기관과 파생상품거래소 간의 수직적 통합, 장외거래에 대한 엄격한 규제 등을 포함하고 있다.

## 2.2. 증권결제업계의 대응

### 2.2.1. Code of Conduct

2006년 11월에 ECSDA(European Central Securities Depositories Association)는 FESE,[42] EACH[43]와 함께 Code of Conduct(European Code of Conduct for Clearing and Settlement)에 합의하였다.

Code of Conduct는 유럽에서 증권결제에 관련된 기관이 준수해야 할 행동규범을 정한 것으로, 상기 3개 단체에 가입한 거래소, 청산기관 및 결제기관에서는 자율목표로서 정해진 목표를 달성하도록 하고 있다. 대상은 주식거래에 관한 거래 후(post-trading) 프로세스이다. Code of Conduct는 다음과 같은 3가지의 내용으로 구성되어 있다.

첫째, 수수료의 투명성 확보다. 관계 기관은 2006년 12월까지 모든 수수료 체계, 할인(discount)이나 환급(rebate)의 구조, 수수료의 예(price example) 등을 웹사이트 상에 공표하도록 하고 있다.

둘째, 광범위한 접속과 상호운용성의 확보다. 청산기관과 청산기관, 청산기관과 결제기관, 결제기관과 결제기관 등의 사이에서 접속과 상호운용성을 확보해야 한다. 접속은 한쪽 기관(CCP 또는 CSD)이 다른 쪽의 참가자로 참가하는 것(standard access)과 다른 한쪽의 기관으로부터 거래정보를 제공받는 것(transaction feed access)도 포함한다. 상호운용성은 시장참가자가 서비스 제공기관을 선택할 수 있도록 하는 것이다. 관계기관은 2007년 6월까지 이러한 환경을 달성하도록 하고 있다.

셋째, 서비스의 세분화와 세분화된 서비스의 수입·비용의 명시이다. 청산기관과 결제기관은 서비스의 대상 기관별(거래소, CCP, CSD)이나 서비스별(계좌관리, 청산, 결제, 신용공여, 증권대차, 담보관리 등)로 구별하고, 각각의 서비스에 대한 적정한 수수료 체계를 설정해야 한다. 또한 동 서비스별 수지를 관리하고 그 수지는 감독당국에 보고한다.

Code of Conduct는 자율규제로, 법적인 강제력은 갖고 있지 않다. 그러나 유럽위원회(European Commission) 등이 관여하고 있어 사실상 상당한 강제력이 있는 규

42 Federation of European Securities Exchanges
43 European Association of Central Counterparty Clearing Houses

범이다.

### 2.2.2. 최근의 움직임[44]

2008년 금융위기 이후 유럽의 청산·결제기관은 기존에 경쟁을 통해 효율성 증진을 추구하던 방향에서 안전성을 중시하는 방향으로 선회하고 있다. 2009년 12월에는 영국, 독일, 스위스 등 EU 금융 감독당국은 현재와 같은 상태로 청산·결제기관의 국가별 장벽을 제거할 경우 시장참가자들이 더욱 큰 결제위험을 부담할 수 있다는 점을 지적하였다. 이는 2008년 리먼 브라더스 파산 이후 국가별 결제리스크의 잠재적 파급효과에 대해 테스트를 한 결과이다.

또한, 청산·결제기관들도 국가별 영업적인 장벽을 제거해야한다는 데 일차적으로 동의하지만 시스템 안정을 위한 개별 기관 간의 수용능력의 차이가 존재하므로 이를 보완하는 조치가 선행되어야 한다는 입장이다.

## 2.3. 통합을 위한 움직임

### 2.3.1. 2개의 통합모델

증권결제 인프라인 청산·결제기관의 통합은 크게 수직적 통합과 수평적 통합으로 진행되고 있다. 먼저, 수직적 통합(vertical integration)은 증권거래소가 청산기관(CCP)이나 결제기관(CSD)을 소유하는 형태로, 거래에서 결제까지의 프로세스를 종으로 통합하는 것을 가리킨다. 독일거래소가 청산기관(CCP)인 Eurex Clearing AG나 결제기관(CSD)인 Clearstream을 소유하고 있는 것이 전형적인 예이다. 이 이외에, 이탈리아, 스페인, 스위스 등에서도 수직적인 통합이 이루어지고 있다. 이러한 접근방법은 상하 관계형 접근방법(silo approach)이라고도 한다.

한편, 거래소는 거래소끼리, 청산기관은 청산기관끼리, 결제기관은 결제기관끼리의 형태로 같은 기능을 수행하는 기관이 통합을 추진하는 접근방법을 수평적 통합(horizontal integration)이라고 한다. 거래소 수준에서는 Euronext 그룹이, 청산기관 수준에서는 LCH.Clearnet이, 결제기관 수준에서는 Euroclear가 각각의 기능 단계에서 국경을 초월한 통합을 추진하고 있는데, 이것이 수평적 통합의 전형적인 예

44 자본시장연구원, 금융위기 이후 유럽 주식 청산·결제 서비스 환경의 변화(자본시장 Weekly 2010-05호) 참조.

▶▶ 그림 6-19 수직적 통합과 수평적 통합

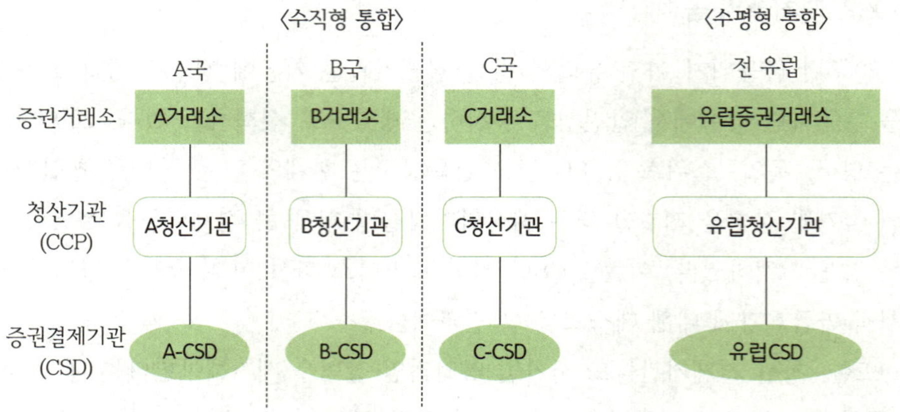




이다.

수직적 통합은 ① 청산기관과 결제기관이 특정 거래소의 지배하에 있기 때문에, 다른 청산기관과 결제기관과의 통합이 어렵다는 점, ② 거래소와 청산기관이나 결제기관 사이에서의 내부 상호보조(cross-subsidization)가 이루어지기 쉽다는 점[45] 등의 단점이 있다. 따라서 시장참가자들은 합병·제휴를 추진하기 쉽고, 비용의 투명성이 높은 수평적 통합을 지지하고 있다.

### 2.3.2. 청산기관의 통합

청산기관(CCP) 수준에서의 큰 통합은 2003년 12월의 LCH와 Clearnet의 합병이었다. 이 LCH.Clearnet의 설립에 의해 유럽의 유력 청산기관은 LCH.Clearnet과 Eurex Clearing의 양대 체제가 되었다.

LCH.Clearnet은 주식의 경우 Euronext의 4개 시장(파리, 암스테르담, 브뤼셀, 리스본) 이외에, 런던증권거래소, virt-x에서의 거래를 대상으로 하고 있다. 또한 Euronext.liffe에서의 파생상품거래와 상품·에너지와 관련된 시장(LME, ICE Futures 등)의 청산도 처리하고 있어 폭넓은 시장·다양한 상품의 청산기관(CCP)이 되었다.

한편 Eurex Clearing AG는 Eurex 파생상품거래의 CCP로서 성격이 강한데, 주

45 거래소에서 저렴한 거래수수료를 설정하는 대신에, 청산이나 결제의 비용을 적당한 수준보다도 비싸게 설정할 가능성이 있다고 지적되고 있다.

▶▶ 그림 6-20 LCH.Clearnet의 청산업무 범위[46]

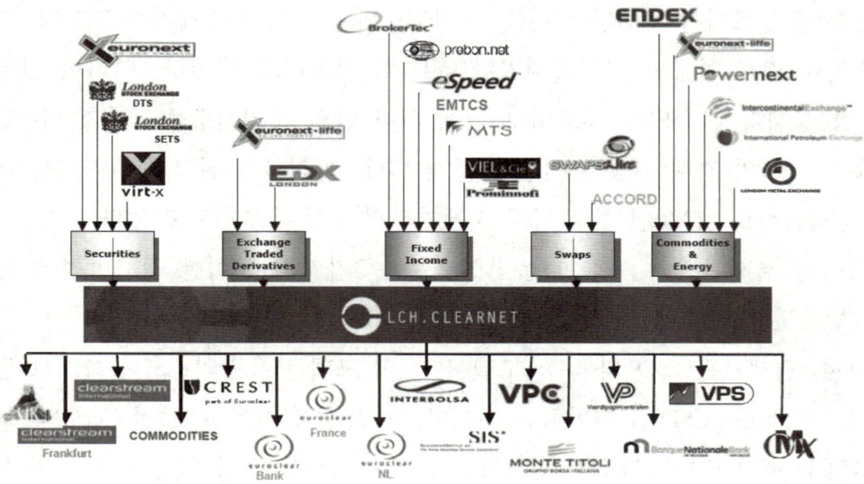


식은 프랑크푸르트증권거래소와 아일랜드증권거래소의 2개 시장의 청산업무를 수행하며, 채권 관련 상품(Eurex Bonds와 Eurex Repo)의 청산업무도 수행하고 있다. 특히 실물 부문은 LCH.Clearnet에 비해서 대상 시장의 범위가 한정적이다.

▶▶ 그림 6-21 Eurex Clearing의 청산업무 범위

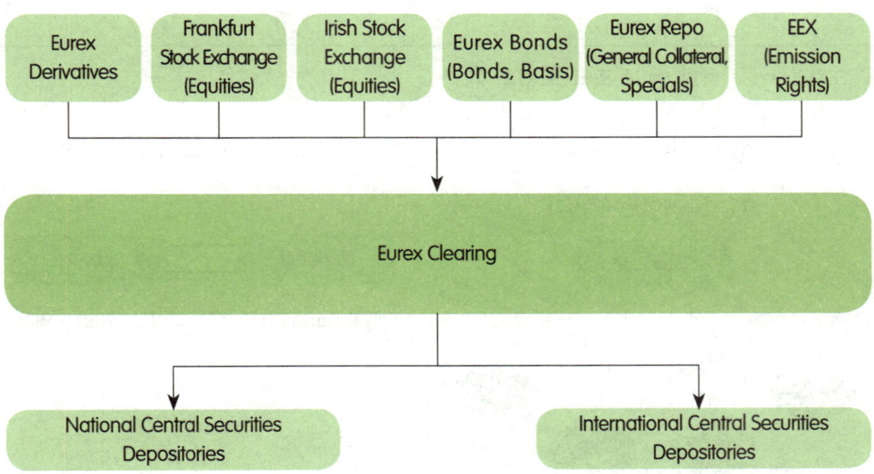


46 LCH.Clearnet. The Settlement Connect Service offer. p. 10.

### 2.3.3. 결제기관의 통합

1999년 유로화가 도입된 시점에 EU가입국에는 각국의 결제기관(NCSD)과 ICSD를 합쳐서 20개 이상의 증권결제기관(CSD)이 존재하고 있었다. 이러한 결제기관의 분립 상태가 지속되면 유로의 도입에 의한 단일 증권시장을 구축할 수 없으며 Cross-border의 결제에 많은 비용이 들게 된다. 이러한 증권결제의 비효율성에 대한 문제의식으로, 2000년 이후 각국 결제기관의 통합이 추진되고 있다.

이러한 결제기관의 통합화 움직임으로는 3가지의 상이한 접근방법이 존재하였다.

첫째, 결제기관(CSD)의 통합 모델이다. 이 모델은 유럽의 CSD를 1개로 집약한다고 하는 'Single CSD'를 지향하는 것이다. 이 모델에 따라 ICSD인 Cedel과 독일의 NCSD인 DBC가 합병하여 2001년 1월에 Clearstream을 결성했다. 이 모델의 장점은 가장 완전한 형태로 CSD의 통합을 실현할 수 있다는 것이다. 그러나 이 모델은 강력한 CSD로 각국의 CSD가 흡수되는 것에 대한 저항감이 최대의 단점이다.

둘째, 허브 앤 스포크(Hub and Spoke) 모델이다. 이 모델은 Euroclear가 제창한 것으로 유럽 CSD의 네트워크를 차바퀴에 비유해서 Euroclear가 허브(차축)가 되고, 스포크(바퀴살)인 각국의 CSD와의 사이에 링크를 구축하여 증권결제를 한다는 구상이다. 이 모델의 장점은 Euroclear와의 링크만을 구축하면 되기 때문에 시스템적

▶▶ 그림 6-22 허브 앤 스포크 모델의 개념

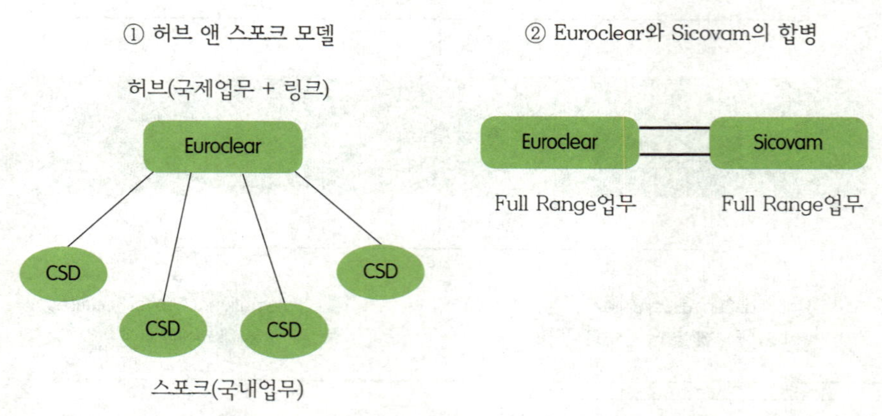

인 대응이 최소화된다는 것이다. 단점으로는 각국 CSD가 Euroclear에게 종속적인 관계가 되는 것이다. 그러나 Euroclear가 2001년에 프랑스의 Sicovam과 합병하면서 이 구상은 철회되었다.

셋째, Cross-border 링크 모델이다. 이 모델은 CSD 간의 합병이나 경영통합을 하지 않고 CSD 간의 시스템적인 링크에 의해서 증권결제를 처리하는 것이 특징이다. 그러나 이 모델은 CSD가 상호 링크를 구축하기 위해서는 막대한 수의 상대(bilateral) 링크가 필요하기 때문에 스파게티 모델이라는 비난을 받았다. 또한 CrestCo가 이 모델의 중심적인 역할을 하였으나 2002년에 Euroclear 그룹에 참가하면서 힘을 잃게 되었다.

## 3. T2S 프로젝트

### 3.1. 개요

#### 3.1.1. T2S 프로젝트의 개념

유럽중앙은행(ECB)은 2006년 7월에 TARGET2-Securities(T2S 프로젝트) 구상을 발표하고, 실현을 향한 준비를 추진하고 있다. T2S 프로젝트는 유럽 각국 결제기관(CSD)의 증권계좌를 ECB의 자금결제시스템인 TARGET2[47]로 집약하여 TARGET2의 플랫폼 상에서 증권과 대금(중앙은행 자금)의 DVP결제를 하려고 하는 계획이다.

즉, 현재는 각 CSD에 분산되어 있는 유로표시의 증권 결제를 TARGET2로 집중시키려고 하는 것으로, 범 유럽 중앙증권결제플랫폼(pan-European central settlement platform)을 만들려고 하는 프로젝트이다.

이것은 중앙은행이 지금까지 각국 CSD가 수행해 왔던 증권결제기능과 증권보관기능 중 증권결제기능의 일부를 수행하는 것으로 상당히 혁신적이고 장기적인 계획이다. 향후 T2S 프로젝트의 실현은 유럽 증권결제인프라의 모습을 크게 변화시킬 가능성이 있다.

---

47 TARGET은 ECB가 운영하는 유로의 거액자금결제시스템으로, EU 각국의 중앙은행이 운영하는 RTGS 시스템을 연결한 '분산형 구조'로 되어 있다. 차기 시스템인 'TARGET2'에서는 결제처리를 '공통플랫폼'으로 집약화한 중앙집권형 시스템이 된다. TARGET2는 2007년 11월부터 2008년 5월에 걸쳐 순차적으로 EU 각국에 도입되었다.

### 3.1.2. T2S 프로젝트의 경위

ECB에서는 2006년 7월에 T2S의 대략적인 구상을 발표하는 동시에, ECB의 PSSC(Payment and Settlement Systems Committee)에 T2S의 기본설계와 타당성 조사를 의뢰했다. PSSC는 시장관계자로부터 의견을 청취하는 동시에, 프로젝트를 상세하게 검토하고, 2007년 3월에 기본설계서(The Blueprint) 및 타당성 조사결과(feasibility study)를 발표하였다. 이러한 검토결과의 영향으로 2007년 3월에 본 프로젝트의 결정권한을 가진 ECB의 이사회에서 T2S 프로젝트를 다음 단계(프로젝트 단계)로 추진하기로 결정했다.

2008년 7월에는 ECB 이사회가 T2S 시스템 구축을 최종 결정하고, 시스템 개발을 시작했다. T2S 프로젝트는 당초 2013년 가동시작을 목표로 하였으나 2차례 연기되어 2015년 6월부터 가동하기로 하였다.

T2S 프로젝트에 대해 증권결제기관(CSD)은 당초 상당한 반발을 보였으며,[48] 유럽의 CSD 단체인 ECSDA 등이 공식적으로 반대 입장을 표명했다. 그러나 CSD의 이용자인 유럽의 은행 업계는 T2S 프로젝트가 비용절감, 편의성 향상에 크게 기여할 것으로 예상했기 때문에 동 프로젝트를 적극 지지하였다. 당초에는 중앙은행에 의한 민간사업의 압박이라고 반발하던 CSD도 주요 주주인 이용자의 의견을 고려해서 T2S 프로젝트를 수용하지 않을 수 없게 되었다.

### 3.1.3. T2S 프로젝트의 배경

ECB가 T2S 프로젝트를 추진하는 배경에는 ① 유럽에서 각국 CSD의 통합이 좀처럼 진전되지 않는다는 점, ② EU에서 증권결제의 비용(특히 Cross-border)이 높아지고 있다는 점, ③ 유로존의 중앙은행으로서 대금계좌의 관리 권한을 100% 확보한다는 점[49]에 있다. EU에 있어서 Cross-border의 증권결제비용은 미국의 2.5~5배가 되고 있으며, 또한 EU의 국내 결제비용의 10~15배에 달하고 있다.

ECB의 의도는 이러한 상황을 개선하는 데 있다. 즉, 통합된 증권결제인프라

48 특히 산하에 많은 CSD를 두고 있고, CSD의 통합을 선도하는 입장이었던 Euroclear가 강력한 반대 입장을 보였다. 한편 T2S의 대상에서 제외되는 ICSD 업무가 주체인 Clearstream은 중도에 유연한 자세로 바뀌었다.

49 이는 Euroclear가 CSD를 인수·합병하면서 프랑스에서 채용했던 중앙은행으로부터 대금계좌를 아웃소싱받아 관리하는 모델을 다른 CSD에 적용하고자 하는 것에 대해 대금계좌의 관리권을 지키고자 하는 ECB가 증권결제기능의 일부를 담당하는 모델을 제시한 것이 T2S의 발단이었다.

증권결제제도의 이론과 실무

(integrated securities infrastructure)를 실현함으로써, EU 내의 Cross-border 증권결제를 국내의 증권결제와 같은 조건으로 할 수 있도록 해서, EU 전역에 걸친 증권결제의 효율성을 높이는 것에 있다.

### 3.1.4. T2S 프로젝트의 기본 개념

그동안 유로의 자금결제를 담당해 왔던 TARGET은 분산시스템이었기 때문에, 각국의 CSD는 중앙은행 자금에 의한 DVP 결제를 하려면, 각국 중앙은행의 계좌에서 이용자와 결제를 할 필요가 있었다. 그러나 TARGET2는 통일 플랫폼이기 때문에, TARGET2 상의 단일계좌에서 유럽 역내의 자금결제를 일괄해서 처리할 수 있게 되었다.

증권결제와 대금결제를 일괄적으로 처리하기 위해서는 2가지의 옵션이 있을 수 있다. 하나는 중앙은행계좌를 CSD에 아웃소싱하는 것이다. Euroclear가 운영하고 있는 ESES에서는 이러한 방법에 의해 Euroclear 측의 시스템에서 DVP 결제가 이루어진다. 또 하나의 옵션은 CSD의 증권계좌를 중앙은행에 아웃소싱하는 방법이다. 전자는 글로벌한 시장참가자로서의 측면에서 유로의 유동성이 각국 CSD별로 분산되어 버리는 단점이 있다. 반면 후자의 방법이라면, 증권과 대금을 모두 하나의 장소로 집중시켜서 결제할 수 있다. 이것은 전술한 바와 같이, 자금 측면에서 중앙은

▶▶ 그림 6-23 T2S에 있어서 DVP 결제 (개념도)

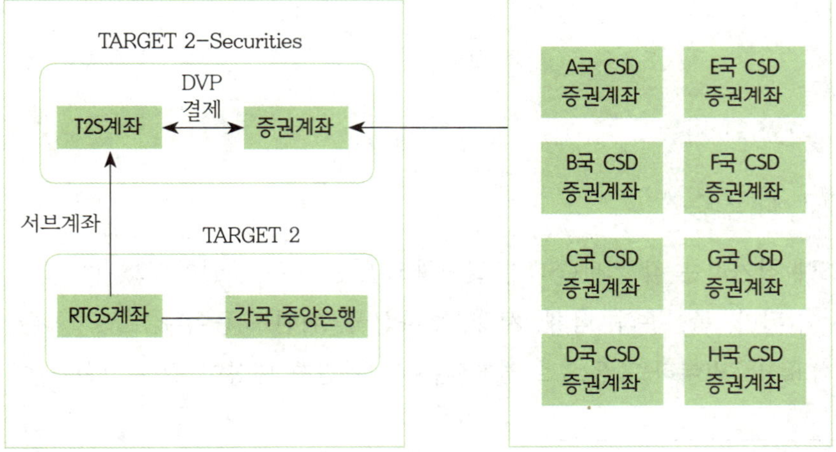

행계좌가 TARGET2 상에 집약되어 있기 때문이다. 이 후자의 방법이 T2S 프로젝트가 진정으로 목표로 하고 있는 환경이다.

CSD와의 관계에 관해서 ECB에서는 T2S는 CSD가 아니라, “결제플랫폼(settlement platform)에 불과하다”, “중앙은행 자금과 DVP 결제를 하기 위한 IT 플랫폼에 불과하다”고 설명하고 있으며, T2S에서는 증권결제서비스만이 제공된다. 이 때문에, 고객과의 관계는 지금처럼 각국 CSD가 관리하게 되며, 결제 이외의 업무(non-settlement activities)인 증권등록업무(notary function), 커스터디업무(custody function), 증권대차서비스, 자산관리업무(asset servicing function), 고객 대응 등은 각국 CSD가 하게 된다.

#### 3.1.5. T2S 시스템의 개발 · 운영주체

T2S 시스템의 개발 및 운영에 관해서는 독일, 프랑스, 이탈리아, 스페인의 4개국 중앙은행이 공동으로 한다. 자금결제시스템인 TARGET2는 독일, 프랑스, 이탈리아의 3개국 중앙은행이 개발·운영을 하고 있으며, T2S는 스페인의 중앙은행이 추가되었다.

ECB와 유로 참가국의 중앙은행이 T2S 시스템을 소유하고, 이의 개발·운영을 4개국 중앙은행에 아웃소싱한다.[50]

T2S 시스템은 TARGET2의 시스템(Single Shared Platform) 상에 구축하는데, 이것을 T2S on T2 approach라고 한다. 이것에 의해 TARGET2의 시스템적인 리소스(지원 인력, 백업 사이드 등을 포함)를 그대로 이용할 수 있기 때문에 비용을 절감할 수 있다.

### 3.2. T2S의 기능

#### 3.2.1. 대상 증권

T2S에 참가하는 각국의 CSD가 결제하고 있는 모든 증권이 T2S에서 결제서비스의 대상이 된다. 즉, 주식, 국채, 사채, 투자신탁, 워런트 등이다.

외화표시증권이라도 유로로 결제되는 것은 결제 대상이 될 수 있다. 이는 T2S

50 이것은 TARGET2에 관해서 유로시스템이 3개국 중앙은행에 아웃소싱하고 있는 것과 마찬가지 형태이다.

에 참가하는 CSD가 T2S 대상 외의 CSD와 링크를 가진 경우, T2S 외에서 발행된 증권도 T2S에서의 결제 대상이 된다는 것을 의미한다.

### 3.2.2. 참가 CSD의 범위

유로의 중앙은행 자금으로 결제를 하는 모든 CSD가 T2S에 참가할 수 있다. 즉, 유로존 외의 CSD라도 유로의 중앙은행 자금으로 결제를 하는 경우에는 T2S에 참가할 수 있다.

각 CSD의 T2S 참가는 '강제가 아니다(not mandatory)'라고 되어 있어, 각 CSD가 비즈니스 니즈에 따라서 판단하도록 되어 있다. 그러나 이는 표면상의 방침일 뿐이고, ECB에서는 유로존의 모든 CSD가 참가하는 것에 대한 강력한 기대감을 표명하였다.

이와 관련 각국 CSD는 2012년 6월을 시한으로 참가 계약을 체결한 결과, 24개 CSD가 T2S에 참가하기로 하였다. 다만, Euroclear Sweden과 EUI(Euroclear UK & Ireland)는 T2S에 참가하지 않기로 하였다.

한편 Euroclear Bank, Clearstream Luxembourg 등의 ICSD(국제적인 CSD)는 T2S의 대상에는 포함되지 않는다.

### 3.2.3. 계좌구조

#### 가. 증권계좌

증권계좌는 법적으로 각국 CSD가 보유하고, 계좌의 개설·유지관리·폐쇄 등은

▶▶ 표 6-4 T2S에 참가 결제기관(CSD) 현황

| 구 분 | 결제기관(CSD) | 계약시기 |
|---|---|---|
| 참가 CSD | CBF(독일), BOGS(그리스), Depozitarul Centra(루마니아), IBERCLEAR(스페인), LuxCSD(룩셈부르크), Monte Titoli(이탈리아), NBB-SSS(벨기에), VP LUX(룩셈부르크), VP(덴마크) | 2012월 5월 |
| | AS EV(에스토니아), Central Depository AD(불가리아), CDCP SR(슬로바키아), Cyprus Stock Exchange(사이프러스), Euroclear Belgium, Euroclear Finland, Euroclear France, Euroclear Nederland, INTERBOLSA(포르투갈), KDD(슬로베니아), KELLER(헝가리), LCVPD(리투아니아), Malta Stock Exchange(몰타), OKEB(오스트리아), SIX SIS(스위스) | 2012년 6월 |
| 미참가 CSD | Euroclear Sweden, Euroclear UK & Ireland | – |

CSD의 책임 하에 이루어진다. 한편, 증권계좌의 잔량은 T2S 시스템에 있어서 증권계좌 데이터베이스(Securities Account Database)에서 집중적으로 관리된다. 즉, 증권계좌는 법적으로 CSD에 개설되고 기술적으로는 T2S 내에서 관리된다.[51]

증권계좌에 있어서 잔량의 변동은 모두 T2S 내에서 이루어진다. 즉, T2S 내의 증권계좌 데이터베이스가 마스터 데이터베이스가 되며, CSD의 증권계좌 데이터의 복사본은 아니다. 이 때문에, 결제 이외의 요인으로 증권잔량이 증감하는 경우에는 각 CSD가 T2S에 그 지시를 한다.

### 나. 대금계좌

대금계좌는 TARGET2의 메인계좌인 RTGS계좌(T2RTGS account)의 서브계좌인 T2S대금계좌(T2S cash account)를 이용할 수 있다. RTGS계좌와 T2S대금계좌 간의 유동성 이동은 이용자의 지시에 의해 실시간으로 할 수 있다. 또한 미리 금액을 지정해 두는 자동 유동성 이동기능(automated transfer facility)도 있다. 영업일의 종료 시점이 되면 T2S계좌의 잔량은 지급준비금의 산정 등을 위해 메인계좌(RTGS계좌)로 되돌려진다.

T2S대금계좌는 증권계좌 보유자의 것이 아니더라도 무방하다. 즉, 대금결제를 지급대리인(paying agent)인 다른 은행에 위탁할 수 있다. 직접참가자는 대금계좌를 자기의 유동성과 간접참가자의 유동성으로 나누어 관리할 수 있다.

T2S에 있어서 DVP는 모두 중앙은행 자금에 의한 DVP이다. 상업은행



▶▶ 그림 6-24 T2S대금계좌와 RTGS계좌

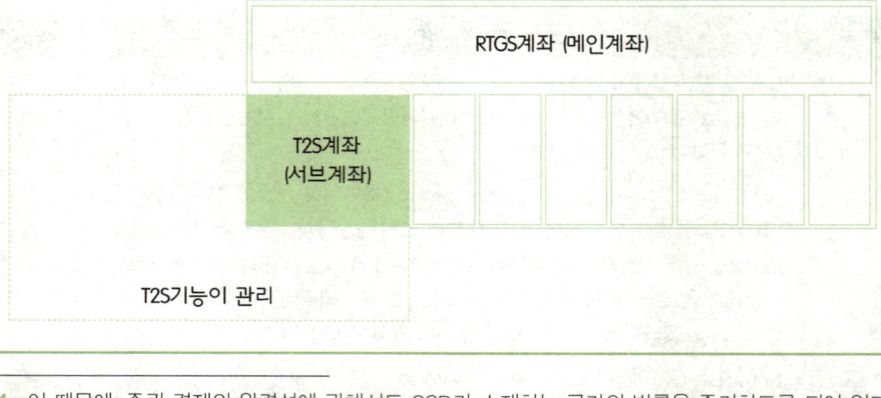


51 이 때문에, 증권 결제의 완결성에 관해서도 CSD가 소재하는 국가의 법률을 준거하도록 되어 있다.

(commercial bank) 자금에 의한(민간은행의 계좌에 있어서) 결제는 T2S의 대상에서 제외된다.

### 3.2.4. 결제조회

이용자로부터의 결제지시는 CSD의 수준 혹은 T2S 수준에서 매칭(matching)하는 것이 필요하다. T2S에서는 복수의 CSD에 걸친 크로스 CSD거래에 대해서는 결제조회를 제공한다. 다만, 단독 CSD거래에 관해서는 각국 CSD에서 결제조회를 제공한다.

### 3.2.5. 결제처리의 기능

T2S의 결제방법은 최적화 DVP결제(optimized DVP settlement)라고 한다. 즉, 결제지시는 기본적으로 실시간으로 DVP 처리되지만,[52] 이것은 자기담보와 결제의 최적화를 조합해서 실시된다. 자기담보(self-collateralization)는 취득한 증권을 담보로 중앙은행으로부터 자금을 차입하고, 차입한 자금으로 증권을 수취하기 위한 지급을 하는 것이다. 또한 결제의 최적화(optimization)는 몇몇의 결제지시(back-to-back거래)를 조합해서 결제처리를 하는 것으로, 이것은 연속적으로 실시된다.

또한 보류(pending)되어 있는 결제지시를 대상으로 한 다자간 기술적 차감(multilateral technical netting)도 이루어진다. 차감처리는 결제효율을 높이기 위해 1일에 적어도 3회에 걸쳐서 실시된다. 차감처리만이 배치처리이며, 이 이외에는 모두 실시간처리이다.

그 밖에도 ① 대기행렬의 관리(sequencing), ② 결제지시의 우선순위(prioritization), ③ 결제 미완료의 결제지시에 관해서 반복 결제를 시도하는 리사이클링(recycling), ④ 부분결제(partial settlement) 등의 기능이 포함되어 있다. 이러한 기능들은 이미 유럽의 CSD들에 의해서 제공되고 있는 기능이다.

### 3.2.6. T2S의 결제엔진

T2S에서는 결제엔진(T2S Settlement Engine)에 의해 결제처리를 진행한다. 결제엔진은 결제지시를 수취하면, 매수자의 T2S 대금계좌와 매도자의 증권계좌 데이터베이스에서 증권과 대금의 잔량을 확인하고, 충분한 잔량이 있으면 DVP결제의 처

52 따라서 증권과 대금을 모두 총량 기준으로 결제하는 DVP1방식이다.

▶▶ 그림 6-25 결제엔진의 역할

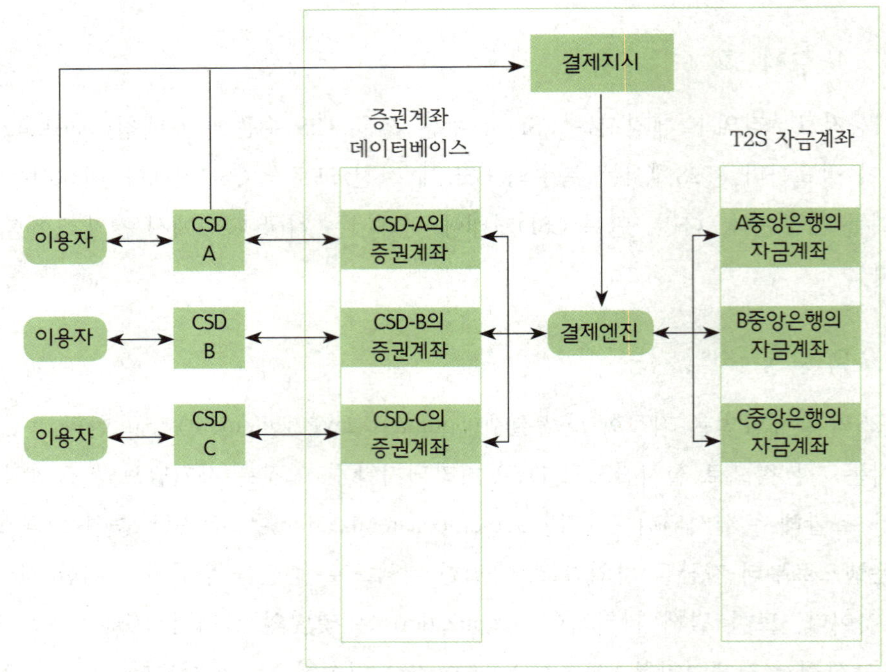




리를 진행한다.

### 3.2.7.

T2S에 참가하는 2개의 상이한 CSD 간의 결제를 크로스 CSD결제(cross-CSD settlement)라고 한다. 크로스 CSD에는 (a) 발행자 CSD와 투자자 CSD 간에 결제가 이루어지는 경우와, (b) 2개의 투자자 CSD 간에 결제가 이루어지는 경우의 2가지를 생각할 수 있다. 여기에서 발행자 CSD는 증권이 발행되어 등록·보관되고 있는 CSD를 말하며, 투자자 CSD는 발행자 CSD 이외의 CSD를 말한다.

이러한 크로스 CSD결제가 가능하게 됨으로써, 이용자 측면에서 1개의 CSD에 계좌를 개설해 두면, 그 CSD를 통해서 모든 유로표시의 증권(T2S의 대상 증권)을 다른 모든 시장참가자와 결제하는 것이 가능해진다. 이것은 CSD의 이용자에게 있어서는 국내에서의 결제(domestic settlement)와 마찬가지로, EU 역내에서의 Cross-

▶▶ 그림 6-26 발행자 CSD와 투자자 CSD 간의 크로스 CSD결제

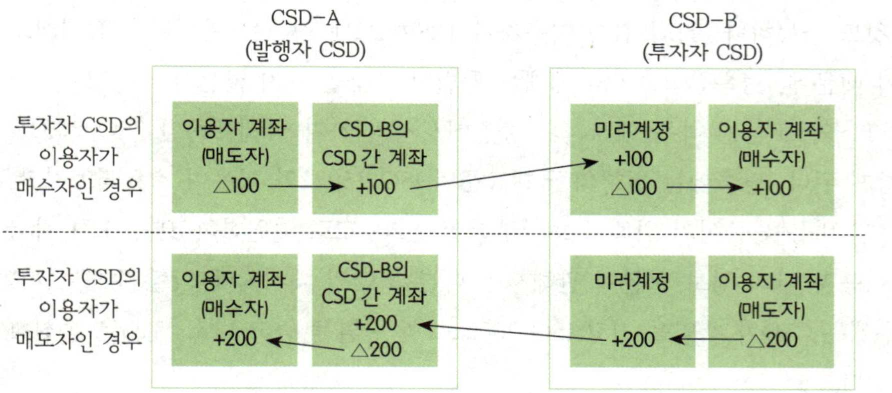


border결제(cross-border settlement)를 할 수 있게 되는 것을 의미한다. 즉, T2S의 주안점은 크로스 CSD결제를 단일 CSD 내의 국내결제와 동일하게 효율적으로 하는데 있다.

발행자 CSD와 투자자 CSD 간의 크로스 CSD결제를 구체적으로 살펴보면 다음과 같다. 투자자 CSD는 발행자 CSD에 'inter-CSD account'를 개설할 필요가 있다. 이것은 투자자 CSD가 보유하는 증권을 정리해서 관리하기 위한 '옴니버스 계좌(omnibus account)'이다. 투자자 CSD는 내부에 CSD 간 계좌의 잔량을 관리하기 위한 '미러 계좌(mirror account)'를 가진다.

이러한 관계에서, 투자자 CSD(CSD-B)의 이용자가 매수자인 경우, 증권은 발행자 CSD(CSD-A)의 매수측 계좌로부터 CSD 간 계좌로 이관된다. 투자자 CSD(CSD-B)에 있어서는 CSD 간 계좌의 잔량을 반영하는 미러 계정을 인출해서 매수측의 계좌에 증권을 넣는다. 투자자 CSD(CSD-B)의 이용자가 매도측인 경우, 반대로 증권은 매도측의 계좌로부터 CSD 간 계좌를 통해서 매수측의 계좌로 이관된다. 이러한 프로세스는 상호 링크되어있으며 동시·병행적으로 이루어진다.

### 3.2.8. 인터페이스

이용자는 일반적으로 각국 CSD에 접속하고 나서, 그 CSD를 경유하여 T2S에 결제지시를 보내는 '간접 접속(indirect connect)'을 할 것으로 예상하고 있다. 이 경우,

각국 CSD는 T2S 서비스의 입구(gateway)로서 기능을 하게 된다. 단, 필요한 경우에는 T2S 시스템에 직접 접속해서 결제지시를 보내는 '직접 접속(direct connect)'을 하는 것도 가능하다. 직접 접속 이용자가 T2S에 보낸 정보는 관계된 CSD에게도 보내지기 때문에, 접속방법은 CSD에게는 특별히 영향을 주지 않는다.

T2S와 교환을 하는 메시지는 증권메시지의 차기 국제표준인 'ISO 20022'에 준거하게 된다. 당초에는 현행의 국제표준인 ISO 15022와 병용이 검토되었지만, 중복대응의 비용을 줄이기 위해서 초기부터 ISO 20022로 일원화하였다. 또한 각국 CSD와 이용자 간의 정보 교환에 관해서는 다른 포맷의 메시지에 의할 수도 있지만, 그 경우에는 CSD가 책임을 지고 ISO 20022로의 변환을 하고 나서, T2S로 송신하게 되어 있다.

### 3.2.9 T2S의 가동시간

T2S의 가동일과 가동시간은 DVP결제를 확보하기 위해서 자금결제시스템인 TARGET2와 동일하나, T2S의 가동시간은 ① 야간결제시간(night-time settlement period)과, ② 일중결제시간(daytime settlement period)으로 나누어져 있다.

야간결제시간은 시스템 상의 일자변경(date change)과 시작처리(SOD: start of day processing)[53]가 이루어진 후, 결제일의 전일의 야간(20:00)에 시작되고, 사이에 유지보수(maintenance) 시간(00:00~01:00)이 있으며, 이른 아침(06:45)에 종료된다. 일중결제시간은 이른 아침(07:00)에 시작해서, DVP결제는 17:00에, FOP결제는 18:00에 마감된다.

야간결제시간에는 주로 결제일보다 전에 입력된 거래(T+N 결제거래)의 처리가 이루어진다.[54] 즉, 야간결제시간의 시작과 동시에, 그때까지 입력되어 있었던 결제지시가 정리되어 배치처리의 형태로 처리된다. 모든 프로세스는 결제일에 처리된다. 야간결제가 종료되는 시점에서 미결제 상태인 결제지시는 일중결제시간으로 이월(carry over)된다.

일중결제시간에는 주로 결제일 당일에 입력된 거래(T+0 결제거래)의 처리가 이루어진다. 일중결제시간대에는 RTGS 베이스로 결제가 이루어진다.

---

53 시작처리에서는 새로운 계좌의 개설이나 새로운 증권종목의 등록 등 결제를 위한 준비 작업이 이루어진다.
54 이 이외에, Corporate Action 대응이나 신규발행(New Issue) 대응 등이 포함된다.

▶▶ 그림 6-27 T2S의 가동시간

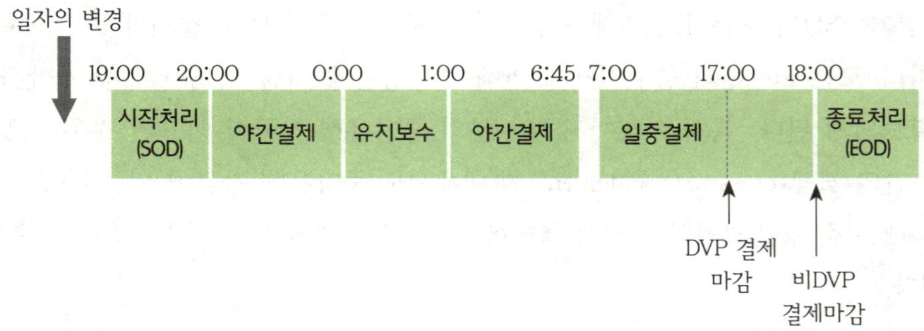


### 3.2.10. 운용비용과 이용수수료

ECB는 공적 부문이기 때문에 T2S는 모든 비용을 이용자 부담, 비영리(not-for-profit) 방침에 근거해서 운영된다.

결제 수수료에 관해서는 국내 결제와 Cross-border 결제에서 동일한 수준의 수수료가 설정될 전망이다. 또한 수수료에 관해서는 Code of Conduct에 준거하여 개별의 서비스별로 나누어 설정된다.

## 3.3. T2S의 영향

### 3.3.1. EU 역내 증권결제의 집중화

각국별 CSD에서 분산처리 되고 있는 증권결제가 T2S로 인해 중앙으로 집중화된다. 이에 따라 유로 도입 이후, EU의 오랜 숙원이었던 증권결제의 분립상태가 해결되게 된다.

유럽의 증권 인프라 통합은 기본적으로 행정에 의한 상의하달(top-down)의 형태를 취하지 않고, 공통 룰을 정비하고 나서 시장의 선택에 맡기는, 시장 자율성을 존중하는 접근방식(market solution approach)을 취해 왔기 때문에, 필연적으로 오랜 시간이 소요된다. 그러나 유로화 도입 이후 약 10년의 시간이 경과했지만 당초 목표로 했던 유럽 단일 증권시장의 모습이 보이지 않자, 시장의 자율성에만 맡길 수는 없다고 판단, 관계당국이 주도적으로 나설 수밖에 없었다고 말할 수 있다.

### 3.3.2. 중앙은행 자금에 의한 DVP 결제

참가 CSD의 모든 증권결제가 중앙은행 자금에 의한 DVP 결제가 될 것이다. 이에 따라 모든 EU 내의 증권결제에 관해서 중앙은행 자금에 의한 일중 결제완결성이 확보되게 된다. 특히 지금까지 대부분의 중앙은행 자금이 이용된 경우가 없었던 CSD 간의 결제(cross-CSD settlement)에 대해서도 중앙은행 자금에 의한 DVP가 확보되기 때문에, 증권결제의 안전성 측면에서는 EU 전체적으로 크게 진전될 것으로 예상된다.

### 3.3.3. Cross-border 증권결제비용의 저하

EU 내의 Cross-border 증권결제비용이 대폭적으로 절감된다. 이것에 의해 CSD의 이용자(증권회사, 투자은행 등)는 커다란 메리트를 향유하게 된다. 전술한 바와 같이, ECB에서는 Cross-border 결제에 관해서도 국내 결제와 동일한 수수료 체계를 적용한다고 계획하고 있어, 이것에 의해 국내 결제의 10~15배에 달하고 있었던 EU 내 Cross-border의 증권결제는 국내 거래와 동일한 비용으로 결제할 수 있게 된다. ECB의 예상에 따르면 이러한 비용 절감효과는 연간 30~50억 유로를 상회할 것으로 보고 있다.

이것은 유럽 단일 증권시장의 실현을 향한 커다란 진전이며, 또한 유로를 도입한 메리트를 발휘하게 되는 것이다. 이러한 비용 측면에서의 개선에 의해 EU 내에서의 Cross-border 증권투자가 활발해질 것으로 기대할 수 있다.

T2S에 의해서 EU 역내의 증권시장이 실질적으로 통합되기 때문에, ① 증권의 발행자로서는 보다 폭넓은 시장을 대상으로 발행할 수 있다는 점, ② 투자자로서는 EU 역내에서의 분산투자가 보다 저렴한 비용으로 가능해진다는 점, ③ 금융기관으로서는 EU 내의 증권결제를 모두 T2S로 집중해서 할 수 있기 때문에 유로표시의 증권이나 유로의 자금을 'single pool'로서 집중적으로 관리할 수 있게 된다는 점 등의 메리트를 지적할 수 있다.

### 3.3.4. 결제기관(CSD)의 기능약화

EU의 각국 CSD로서는 T2S의 가동에 의해서 증권결제업무의 일부를 빼앗기게 되지만, 한편으로는 결제업무에 필요한 IT 투자나 인력 등의 비용도 절감할 수 있다. CSD 측면에서 수입의 감소분과 비용의 절감분을 차감한 총 차감효과를 현시점에서 판단하는 것은 어려울 뿐만 아니라 CSD의 규모나 업무 내용 등에 따라서도 상이하다고 볼 수 있다. 예컨대, T2S 프로젝트에 반대 입장이었던 Euroclear 등은 그동안 CSD에서 일괄적으로 이루어져 왔던 결제업무와 커스터디업무가 별도의 다른 기관에서 이루어짐으로써 시너지 효과가 상실되기 때문에 결제업무가 없어지는 것에 의한 CSD의 비용 절감효과가 그다지 크지 않다는 점을 반대 이유 중 하나로 들고 있었다.

그러나 결제비즈니스가 T2S의 공통인프라로 집중된 후에는 각 CSD가 결제 이외의 커스터디업무나 자산관리업무 등의 비즈니스로 특화해서 생존을 도모하는 것이 필요해진다.

일반적으로 중소형 CSD에서는 결제업무를 주요 업무로 수행하고 있는 곳이 많아, 커스터디나 자산관리 등 비교적 고도의 서비스에 의한 수입의 비율은 낮다고 할 수 있다. 이러한 결제업무의 비중이 높은 중소형 CSD로서는 T2S의 가동에 의해 주요 업무를 상실하게 됨으로써, 존립기반이 흔들릴 가능성이 있다. 이 때문에, T2S의 도입을 계기로 중소형 CSD의 도태가 급격하게 진전될 가능성도 배제할 수 없다. 이러한 측면에서 T2S는 EU의 증권결제 환경을 크게 변화시킬 것으로 예상된다.

제3편

# 우리나라의 증권결제제도

# 제7장 증권시장의 발전 및 현황

## 01 증권시장의 발전

### 1. 2000년 이전

우리나라 증권시장의 시작은 과거 일제시대로 거슬러 올라가기도 하지만, 우리 자본에 의해 본격적으로 증권시장이 출발하게 된 시기는 1956년이다. 1956년 2월 증권단, 금융단, 보험단이 각각 1억환을 출자하여 영단제(營團制)인 대한증권거래소를 설립하고, 동년 3월부터 운영을 시작하였다. 그러나 이 당시 상장기업이 12개에 불과하고 주식분산도 제대로 이루어지지 않아 증권시장의 기반이 매우 취약하였다.

1960년대에 들어와서 4.19와 5.16의 정치적 격변기 속에서 증권시장도 크고 작은 증권파동을 거치면서 제도 정비가 본격화되었다. 즉 1962년 1월 증권거래법이 제정되면서 거래소 조직이 영단제(營團制)에서 주식회사로 변경되었다. 하지만 주식회사로 전환한 거래소는 거래량 증가에 주력한 나머지 시장관리는 미흡하였다. 그 결과 1962년 5월에는 과당투기현상으로 인해 증권파동을 비롯한 수차례의 혼란을 초래하였다. 이에 정부는 직접 출자를 통해 1963년 5월에 거래소를 공영제[1] 한국증권거래소로 전환하였다. 이후 1977년 6월에는 회원제 요소를 가미한 공영제로 개편하였다.

1980년대 후반 이후 증권시장은 지속적인 활황을 바탕으로 그 규모가 확대되어 국민경제적 역할이 크게 증대되었다. 이와 같은 시대변화에 맞춰 거래소 조직도 변화하게 되었다. 즉, 1988년 3월부터는 정부소유 출자지분을 25개 증권회사가 매입함에 따라 한국증권거래소의 조직은 공영제에서 회원제로 전환하게 되었다.

---

1 국가의 정책에 따른 공익사업을 수행하기 위하여 정부와 민간인이 각각 절반씩 자본을 출자하여 설치하는 특수 재단을 일컫는다.

그 이후 증권시장의 발달과 함께 비상장 중소기업의 자본 수요가 크게 증가함에 따라 기존 거래소시장을 보완하는 새로운 시장의 정비가 진행되었다. 그 결과 1991년 10월에는 증권업협회 내에 주식장외거래중개실을 설치하여 주식장외거래의 호가 및 거래상황을 집중하였다. 그 이후 1996년 7월에는 (주)코스닥증권을 설립하여 협회중개시장에서 경쟁매매시스템을 도입하였다. 1999년 5월에는 증권거래법을 개정하면서 협회중개시장에 대해 차등 적용되던 제도가 대부분 폐지되면서, 협회중개시장은 명실상부하게 한국증권거래소에 이어 제2의 시장 역할을 수행하게 되었다.

## 2. 2000년 이후

### 2.1. 증권 · 선물시장 선진화 방안

2000년대에 들어 우리나라의 증권시장은 한 차례의 큰 변화를 겪게 되었다. 이는 바로 증권·선물시장의 운영체계 개편이다. 이러한 개편논의는 세계 증권시장의 구조적 환경변화에 따른 경쟁의 심화에 대응하여 우리 증권·선물시장도 효율성을 제고할 필요가 절실하다는 인식이 확산되면서 대두되었다. 즉 세계 증권시장은 증권거래의 국제화가 급속히 진행되고, 대체거래시스템(ATS) 등의 등장으로 전통적인 증권시장이 잠식되는 등 시장 간·국가 간 경쟁이 날로 치열해지는 양상을 보이고 있었다.

이와 같은 상황에서 2003년 3월 재경부 산하의 금융발전심의회는 "증권·선물시장 운영체제 개편방향"을 발표하였다. 그 주요내용은 ① 거래소 운영에 시장원리의 도입, ② 시장별로 유사·중복되거나 분산된 기능의 통합, ③ 3개 거래소 운영에 있어 연계 강화 등이었다. 그 이후 정부, 거래소 등 증권관계기관, 시장 참가자 간에 개편방향에 대하여  많은 논란이 벌어졌다.

2003년 8월 정부는 마침내 "증권·선물시장 선진화 추진계획"을 확정하여 발표하게 되었다. 이를 구체적으로 살펴보면, 우선 제1단계에서 ① 통합거래소의 설립 등 증권시장의 4대 기능인 매매, 청산, 결제 및 예탁, 전산을 기능별로 통합, ② 청산기능은 우선적으로 통합거래소에 두되, 수행주체 등 선진화방안은 추후 T/F를 구성하여 논의, ③ 결제기능은 증권예탁원에 부여하고, 증권예탁원은 코스닥 청산기능을 통합거래소로 이관하는 대신 장내·외 시장에 대한 예탁결제기관으로 발전시킨다는 것이다. 제2단계에서는 장내거래 청산기관과 관련하여 거래소 자회사 또는 증권예탁원이 담당하는 방안을 검토하기로 하였다. 끝으로 제3단계에서는 장내·외 시장에 대한 통합 청산·결제시스템을 구축하기로 하였다.

### 2.2. 통합거래소의 출범

정부는 2004년 1월 증권·선물시장 선진화의 제1단계를 달성하기 위하여 한국증권선물거래소법 제정 및 증권거래법·선물거래법을 개정하였다. 한국증권선물거래소법은 기존 증권거래소, 선물거래소, (주)코스닥증권을 합병 및 주식회사화를 실현하기 위해 별도로 입법되었던 것이다. 이와 동시에 거래소 통합에 맞춰 증권거래법 및 선물거래법 관련 부분의 개정도 이루어지게 되었다.

위와 같은 입법을 바탕으로 기존 한국증권거래소, 한국선물거래소, (주)코스닥증권은 합병을 추진하여, 2005년 1월 27일 마침내 한국증권선물거래소가 출범하게 되었다. 한국증권선물거래소 출범에 따른 주요 변화는 ① 기존 3개 거래소가 한국증권선물거래소로 통합, ② 한국증권선물거래소 산하에 유가증권시장, 코스닥시장, 선물시장의 3개 시장을 운영, ③ 조직형태를 회원제에서 주식회사로 변경, ④ 본점은 부산시에 소재 등이다.

한편, 이 당시 증권예탁원 관련 사항도 증권거래법에 반영되어 시행되었다. 구체적으로 ① 증권예탁원의 상호를 증권예탁결제원으로 변경, ② 증권예탁결제원의 정관에 주식 취득자격 및 주식보유한도를 정하도록 하였다.

### 2.3. 자본시장법 제정

최근 우리나라 증권시장에 또 다른 큰 변화를 가져온 것은 자본시장과 금융투자업에 관한 법률(이하 '자본시장법'이라 한다)이다. 동법은 2007년 8월 3일에 제정되어 2009년 2월 4일부터 시행되었다. 자본시장법의 주요내용은 ① 금융투자상품의 포괄적 정의, ② 금융투자회사의 업무범위 확대, ③ 투자자 보호 장치 강화, ④ 불공정거래에 대한 규제 강화 등을 주요 내용으로 하고 있다. 정부는 이와 같은 자본시장에 대한 법체계를 개선함으로써, 금융투자회사가 대형화·전문화를 통하여 경쟁력을 갖출 수 있도록 하고, 투자자 보호를 통한 자본시장의 신뢰를 제고하며, 자본시장의 혁신형 기업에 대한 자금공급 기능을 강화하는 등 자본시장의 활성화와 우리나라 금융산업의 발전을 도모하고자 하였다.

한편, 이러한 자본시장법 제정으로 증권시장 운영체계에도 변화가 있었다. 먼저 한국증권선물거래소가 '한국거래소'로, 증권예탁결제원이 '한국예탁결제원'으로 명칭을 변경하였다. 또한 증권시장의 청산·결제에 관한 사항도 입법적으로 정비하였다. 즉, 한국거래소가 장내시장의 청산기관으로서 기능을, 한국예탁결제원이 장내·외시장의 결제기관으로서 기능을 수행하도록 하였다.

## 증권시장 현황 02

### 1. 주식시장

#### 1.1. 개요

우리나라의 주식시장은 2000년대에 들어 외국인투자의 급증, 자산운용산업의 폭발적 성장 등에 힘입어 비약적인 성장을 거듭하여 중국, 일본에 이어 아시아 3위의 시장으로 성장·발전하였다. 이러한 주식시장은 한국거래소가 운영하는 장내시장[2]을 중심으로 운영되고 있다. 장내 주식시장은 다시 유가증권시장과 코스닥시장으로 구분된다. 한편, 주식시장에는 금융투자업협회가 운영하는 프리보드시장과 장외시장이 있으나 이들 시장에서의 주식거래는 극히 미미하다.

#### 1.2. 장내시장

한국거래소는 유가증권시장과 코스닥시장을 운영한다. 양자는 주식 등[3]을 대상

2 자본시장법 제9조제13항에서는 증권시장을 한국거래소가 개설하는 시장으로 정의하고, 이를 유가증권시장과 코스닥시장으로 구분하고 있다. 본서에는 보통명사인 증권시장과의 혼선을 피하기 위해 한국거래소가 개설하는 시장은 장내시장이라고 표현하기로 한다.
3 유가증권시장은 주식, 상장지수펀드(ETF), 주식워런트(ELW), 신주인수권, 신주인수권증서, 수익증권, 채

▶▶ 표 7-1 세계 주요 거래소의 주식 거래대금 (단위: 백 만 USD)

| 구분 | 2009년 | 2010년 | 2011년 |
|---|---|---|---|
| NYSE Euronext (US) | 17,784,586 | 18,923,171 | 19,328,715 |
| NASDAQ OMX (US) | 28,951,348 | 29,030,207 | 28,913,510 |
| Tokyo SE Group | 3,707,550 | 4,121,029 | 4,370,498 |
| London SE Group | 4,279,292 | 3,955,608 | 4,256,288 |
| NYSE Euronext (Europe) | 1,981,800 | 3,658,857 | 3,920,173 |
| Shanghai SE | 5,061,643 | 4,493,542 | 3,680,619 |
| Shenzhen SE | 2,774,064 | 3,570,096 | 2,854,625 |
| Deutsche Börse | 2,677,277 | 2,300,996 | 2,132,753 |
| **Korea Exchange** | **1,572,735** | **1,631,564** | **2,044,094** |
| Hong Kong Exchange | 1,501,638 | 1,597,491 | 1,551,174 |
| BME Spanish Exchange | 1,528,407 | 1,649,857 | 1,511,801 |
| Australian Securities Exchange | 931,554 | 1,279,565 | 1,396,601 |

출처: 세계거래소연맹(WFE), Electronic order book trade +Negotiated trade+reported trade

으로 하는 시장이라는 점에서 근본적으로 동일하지만, 전자는 우량기업의 주식 등을 대상으로 하고, 후자는 중소·벤처기업의 주식 등을 대상으로 한다는 점, 호가단위·거래단위 등에서 일부 차이가 있다.

장내시장은 회원으로부터 자기 또는 고객의 위탁 주문을 받아 경쟁매매방식에 의하여 매매를 체결한다. 이와 같은 매매거래는 회원 간의 거래(street-side transaction)와 회원과 고객 간의 거래(customer-side transaction)로 구분하기도 한다. 그리고 매매거래시간은 정규시장이 09:00~15:00이고, 두 개의 시간외시장이 각각 07:30~09:00, 15:10~18:00이다.

장내시장의 회원이 될 수 있는 자는 증권회사이며, 회원은 결제이행책임을 부담하는 결제회원과 부담하지 않는 매매전문회원으로 구분된다. 2012년 12월 말 기준 결제회원은 58개사로 이 중 국내증권회사가 38개사, 외국계증권회사가 20개사이다. 매매전문회원은 2개사로 이는 모두 국내 증권회사이다.

한편, 2012년 12월 말 기준으로 상장기업은 유가증권시장이 779개사, 코스닥시

권을, 코스닥시장은 주식, 상장지수펀드(ETF), 신주인수권, 신주인수권증서를 대상증권으로 한다. 이하에서 '주식 등'이라고 할 때는 채권을 제외한 주식, ETF, ELW, 신주인수권, 신주인수권증서를 말한다.

장이 1,006개사이다. 상장종목은 주식 1,981종목, ETF 135종목, ELW 3,817종목, 기타 63종목이다. 2012년도 기준으로 거래대금은 유가증권시장이 1,431조 원, 코스닥시장이 530조 원으로 유가증권시장이 2.7배가 크다. 종류별로는 주식 1,726조 원, ETF 135조 원, ELW 61조 원이다.

▶▶ 표 7-2 유가증권시장과 코스닥시장의 차이

| 구분 | 유가증권시장 | 코스닥시장 |
| --- | --- | --- |
| 상장요건 | 자기자본 100억 원 이상 | 자기자본 15억 원 이상<br>(일반기업은 30억 원 이상) |
| 호가종류 | 지정가, 시장가, 조건부지정가,<br>최유리지정가, 최우선지정가 | 지정가, 시장가, 조건부지정가,<br>최유리지정가, 최우선지정가 |
| 호가단위 | 7단계 | 5단계 |
| 가격제한폭 | 상하 15% | 상하 15% |
| 거래단위 | 주가 5만 원 이상 1주, 기타 10주 | 1주 |
| 증권거래세 | 양도가액의 0.15%(+농특세 0.15%) | 양도가액의 0.3% |
| 사이드카 | 선물가격 5% 상승 & 하락 1분 지속시<br>5분간 중단 후 자동해제 | 선물가격 6%이상 및 선물가격대상지수 3% 변동하여 1분 지속 시 5분간 중단 후 자동해제 |
| 우리사주 배정 | 20% 우선 배정 의무 | 자율 |

출처: 한국거래소

▶▶ 표 7-3 유가증권시장과 코스닥시장의 거래규모 (단위: 조 원)

| 구분 | 2010년 | 2011년 | 2012년 |
| --- | --- | --- | --- |
| 유가증권시장 | 1,848 | 2,147 | 1,431 |
| 코스닥시장 | 484 | 556 | 530 |
| 계 | 2,332 | 2,703 | 1,961 |

출처: 한국예탁결제원

▶▶ 표 7-4 2012년도 증권 종류별 거래규모 (단위: 조 원)

| 주식 | ETF | ELW | 기타 | 계 |
| --- | --- | --- | --- | --- |
| 1,726 | 135 | 61 | 1 | 1,923 |

출처: 한국예탁결제원

### 1.3. 프리보드

금융투자협회는 2005년 7월부터 종래의 제3시장을 확대 개편한 프리보드[4]를 운영하고 있다. 프리보드는 유가증권시장 및 코스닥시장에 상장되지 아니한 비상장주권의 매매거래를 위하여 금융투자협회가 개설·운영하는 제도화된 장외시장이다. 이는 벤처기업 등 비상장 혁신형 기업에 대해 자본시장을 통한 장기·안정적 자금조달을 지원하기 위하여 개설된 시장이다.

프리보드는 증권회사로부터 자기 또는 고객의 위탁 주문을 받아 상대매매방식으로 매매를 체결한다. 매매거래시간은 09:00~15:00이다. 2012년 9월 기준 40개사의 증권회사가 프리보드에 참여하고 있다.

한편, 2012년 12월 말 기준으로 프리보드 대상으로 지정된 기업은 52개사이고, 2012년도 기준으로 거래대금은 260억 원이다.

▶▶ 표 7-5 프리보드의 거래규모 (단위: 억 원)

| 구분 | 2010년 | 2011년 | 2012년 |
|---|---|---|---|
| 거래대금 | 579 | 498 | 260 |

출처: 한국예탁결제원

### 1.4. 장외시장

장외시장은 일정한 장소와 시설을 갖추지 않은 비조직적 시장을 말한다. 장외주식시장은 상장주권의 단주 또는 비상장주권이 거래된다. 이는 다시 점두거래와 직접거래로 나눌 수 있는데, 전자는 증권회사의 창구에서 증권회사와 고객 간에 이루어지며, 후자는 증권회사의 개입 없이 매매당사자간에 개별적으로 이루어진다.

현재 주식시장은 대부분 장내시장을 중심으로 운영되고 있어 장외 주식시장의 거래는 미미하다.

4 프리보드는 자본시장법 제286조제1항제4호에 의하여 개설된 장외시장으로 세부사항은 '장외주식호가중개에 관한 규정'에 의하여 운영되고 있다.

## 2. 채권시장

### 2.1. 개요

우리나라의 채권시장은 1990년대 말 이후 정부가 국채시장 활성화를 추진하면서 비약적으로 성장해 오고 있다. 이와 같은 채권시장은 한국거래소가 운영하는 장내시장과 장외시장으로 구분된다. 장내 채권시장은 다시 국채전문유통시장, 일반채권시장, Repo시장으로 구분된다. 장외 채권시장은 다시 증권회사 등 딜러 간 시장과 IDB시장으로 구분된다.

한편, 채권시장의 거래현황을 살펴보면 2012년도 기준으로 거래대금은 장내시장 1,396조 원, 장외시장은 5,408조 원으로 장외시장의 비중이 크다. 채권종류별로 국채 4,391조 원, 통화안정증권 1,368조 원, 금융채 479조 원, 특수채 338조 원 등으로 국채와 통안채의 거래 비중이 크다.

▶▶ 표 7-6 2012년도 채권종류별 거래대금 (단위: 조 원)

| 구분 | 국채 | 지방채 | 특수채 | 통안채 | 금융채 | 회사채 등 | 계 |
|---|---|---|---|---|---|---|---|
| 장내시장 | 1,331 | 6 | 1 | 15 | 1 | 42 | 1,396 |
| 장외시장 | 3,060 | 11 | 337 | 1,353 | 478 | 169 | 5,408 |
| 계 | 4,391 | 17 | 338 | 1,368 | 479 | 211 | 6,804 |

출처: 한국예탁결제원

### 2.2. 장내시장

#### 2.2.1. 국채전문유통시장

한국거래소는 1999년 3월부터 국채전문유통시장을 개설·운영하고 있다. 국채전문유통시장이란 국채딜러 간 매매거래 및 증권회사를 통한 위탁매매를 위하여 한국거래소가 개설한 시장을 말한다.[5] 동 시장은 국채 발행과 유통의 활성화와 효율성 제고를 통한 전체 채권시장의 선진화를 위해 도입된 시장이다.

국채전문유통시장에 참여하는 국채딜러는 국채에 대하여 투자매매업의 인가를

5 국고채권의 발행 및 국고채전문딜러 운영에 관한 규정 제2조제6호.

받은 자로 증권회사, 은행이 이에 해당된다. 2012년 12월 말 기준 국채딜러는 67개사이며, 이 중 증권회사가 40개사, 은행이 26개사, 기타 1개사이다. 이러한 국채딜러에는 시장조성자인 국고채전문딜러(PD: Primary Dealer)와 일반딜러로 구분하기도 하는데 전자는 20개사, 후자는 47개사이다.

국채전문유통시장에서 거래되는 증권은 국고채권 외에 통화안정증권, 예금보험기금채권도 포함된다. 국채전문유통시장은 국채딜러로부터 자기 또는 고객의 위탁 주문을 받아 경쟁매매방식으로 매매를 체결한다. 매매거래시간은 09:00~15:00이다.

▶▶ 표 7-7 장내 국채전문유통시장의 거래대금 (단위: 조 원)

| 구분 | 2010년 | 2011년 | 2012년 |
|---|---|---|---|
| 거래대금 | 435 | 778 | 1,331 |

출처: 한국예탁결제원

### 2.2.2. 일반채권시장

한국거래소는 일반채권시장을 운영한다. 일반채권시장은 소매채권, 소액국공채, 주식관련사채(CB, BW), 기타채권 등을 모두 거래하는 시장으로 현재 소매채권, 첨가소화국공채[6] 등이 주로 거래되고 있다.

일반채권시장은 회원으로부터 자기 또는 고객의 위탁 주문을 받아 경쟁매매방식으로 매매를 체결한다. 매매거래시간은 09:00~15:00이다.

▶▶ 표 7-8 장내 일반채권시장의 거래대금 (단위: 조 원)

| 구분 | 2010년 | 2011년 | 2012년 |
|---|---|---|---|
| 거래대금 | 144 | 44 | 44 |

출처: 한국예탁결제원

### 2.2.3. Repo시장

한국거래소는 2003년 6월부터 환매조건부채권매매(Repo: Repurchase Agreement)시장을 운영하고 있다. Repo시장은 국고채권, 외국환평형기금채권, 통화안정증권, 예금보험기금채권, 회사채, 특수채를 대상으로 한다.

Repo시장의 참여자는 국채전문유통시장과 동일하며 2012년 12월 말 기준 국채

6 일반 국민들이 법령에 의해 의무적으로 매입해야 하는 채권으로 제1종 국민주택채권, 지역개발채권, 도시철도채권 등이 여기에 해당된다.

딜러는 67개사이며, 이 중 증권회사가 40개사, 은행이 26개사, 기타 1개사이다.

Repo시장은 회원으로부터 자기 또는 고객의 위탁 주문을 받아 경쟁매매방식으로 매매를 체결한다. 매매거래시간은 09:00~15:00이다.

▶▶ 표 7-9 장내 Repo시장의 거래대금 (단위: 조 원)

| 구분 | 2010년 | 2011년 | 2012년 |
|---|---|---|---|
| 거래대금 | 45 | 49 | 21 |

출처: 한국예탁결제원

## 2.3. 장외시장

### 2.3.1. 채권 매매거래

우리나라의 채권 장외시장에서 매매거래는 대부분은 증권회사를 통하여 이루어진다. 증권회사는 투자신탁, 은행신탁, 보험 등 기관투자자 고객으로부터 매도·매수주문을 받아 이에 부합하는 거래상대방을 탐색하여 매매거래를 성립시켜 준다. 이때 증권회사는 자신의 상품계정으로 고객의 매도·매수주문에 대한 거래상대방이 되는 형태로 거래를 성립시킨다. 이러한 매매형식을 매매중개라고도 한다. 또한 증권회사는 메신저, 전화 등을 이용하여 고객과의 정보를 교환함으로써 거래를 성립시키고 있다.

채권 장외시장에서 매매거래의 또 다른 형태가 IDB를 통한 거래다. 우리나라의 IDB(Inter-Dealer Broker)제도는 2000년 초반에 증권회사 중심의 채권시장구조를 탈피하고 거래비용 절감 등 채권시장의 효율성을 향상시키기 위하여 도입되었다. IDB 도입초기에는 증권회사, 은행 등 채권 자기매매업자를 대상으로 중개업무를 수행하도록 하였다. 그러나, 딜러시장의 발달 부진으로 인해 IDB 본래의 기능 수행에 한계가 발생함에 따라 IDB의 거래상대기관을 비딜러 금융기관으로 확대하였다. 현재 IDB로는 KIDB채권중개, 한국자금중개, 서울외국환중개가 있다.

▶▶ 표 표 7-10 장외 채권 매매거래의 거래대금 (단위: 조 원)

| 구분 | 2010년 | 2011년 | 2012년 |
|---|---|---|---|
| 증권회사 간 거래 | 3,051 | 3,273 | 3,518 |
| 증권회사와 기관고객 간 거래 | 1,805 | 1,646 | 1,599 |
| 증권회사와 IDB 간 거래 | 257 | 270 | 299 |
| IDB와 기관고객 간 거래 | 50 | 76 | 62 |
| 계 | 5,163 | 5,265 | 5,478 |

출처: 한국예탁결제원

### 2.3.2. 채권 Repo거래

우리나라의 Repo거래는 채권, CP, 주식(equity RP), MBS 등 다양한 증권이 Repo의 대상이 되나, 채권 Repo가 일반적이다. 현재 금융회사가 개인이나 일반 법인을 대상으로 하는 대고객 Repo거래는 매도증권은 금융회사가 보관하고 고객에게는 통장을 교부하고, 기관 간 Repo거래는 자금의 대여자가 보관한다. 특히, 기관 간 Repo거래는 다시 금융회사 간에 직접거래하는 방식(bilateral Repo)과 매도자와 매수자가 RP거래를 체결한 후 동 거래에 수반하는 결제, 담보증권의 평가, 일일정산, 세금처리 등 제반 관리업무는 환매서비스기관에 위탁하여 처리하는 방식(Tri-party Repo)이 있다.

Repo를 취급하는 기관으로 은행, 금융투자회사, 보험회사, 종합금융회사, 증권금융, 우체국 및 채권을 대량 보유한 각종 기금과 공사 등이 지정되어 있다. 또한, 한국은행도 공개시장조작의 일환으로 정부가 발행 또는 지급보증을 한 채권과 통화안정증권을 대상으로 은행과 일부 금융투자회사 등과 Repo거래를 하고 있다.

▶▶ 표 7-11 장외 채권 Repo거래의 거래대금 (단위: 조 원)

| 구분 | 2010년 | 2011년 | 2012년 |
|---|---|---|---|
| 증권회사 간 거래 | 8 | 420 | 906 |
| 증권회사와 기관고객 간 거래 | 353 | 1,156 | 2,259 |
| 계 | 361 | 1,576 | 3,165 |

출처: 한국예탁결제원

제8장

# 증권결제제도 개황

## 증권결제제도의 발전 01

### 1. 도입기

#### 1.1. 거래소 개설 초기

장내시장에서의 증권결제제도는 매매거래와 밀접한 관련을 가지고 있기 때문에 그동안 거래방식의 변경에 따라 증권결제제도 또한 변경되어 왔다. 이를 살펴보면, 1956년 2월에 개설된 영단제(營團制)인 대한증권거래소 시대의 매매거래는 실물거래와 청산거래의 두 종류가 있었다.

먼저 실물거래는 당일결제 또는 15일 이내의 특약일결제로 이루어졌으며, 결제일에 실제로 증권과 대금을 수수하는 실물결제만 인정되었다. 또한, 실물거래는 개별적인 상대매매에 의해 거래가 이루어졌기 때문에 거래당사자 간에 개별결제를 하였으며, 매도증권과 매수대금의 전부를 수수하는 총량결제에 의하여 결제가 이루어졌다.

다음으로 청산거래는 일종의 선물거래형태로 거래 체결시에는 매도증권 또는 매수대금의 일부인 매매증거금만 납부하고, 결제는 1개월 또는 2개월이 경과한 결제일에 실제로 증권과 대금을 수수하는 실물결제를 하거나, 결제일 이전에 전매 또는 환매하는 차금결제의 두 가지 방식으로 이루어졌다. 이 당시 증권매매거래의 80% 이상이 청산거래에 의하여 이루어졌다. 또한, 청산거래는 집단경쟁매매방식에 의해 거래가 이루어졌기 때문에 거래소에 의한 집중결제를 하였으며, 증권과 대금을 차감하여 잔량만을 결제하는 차감결제를 채택하고 있었다.

### 1.2. 보통거래로의 전환

1969년 말부터 1971년 8월에 걸친 증권금융주식 책동전(策動戰)[1]을 계기로 증권시장의 투기를 일소하고 실물거래를 정착시키기 위하여 정부는 1971년 6월 3일 증권거래법 제101조의 규정에 의한 행정명령으로 증권거래소의 업무규정, 수탁계약준칙을 전면 개정하도록 하였다. 즉, 보통거래의 결제주기를 T+4일로 하는 실물거래로 하고, 무기한 이연이 가능했던 대차거래를 폐지하는 등 '6.3조치'를 단행하였다.

이러한 1971년 6.3조치에 의하여 청산거래제도가 폐지되고, 실물거래에 의한 보통거래[2]제도가 시행됨에 따라 증권결제제도에도 많은 변화가 있었다. 즉, 차금결제가 폐지되고 실물결제만 허용되었고, 개별결제방식을 증권거래소의 결제기관을 통해 결제하도록 하는 집중결제로 변경되었다.

그 후 1972년 2월에는 증권거래법시행령 개정으로 보통거래의 결제주기를 T+4일에서 T+2일로 단축하였으며, 이는 현재까지 시행되고 있다. 또한 1973년 7월부터는 총량결제방식으로 실시해 오던 증권 및 대금의 수수방식도 증권거래소가 지정한 종목에 한해 차감결제를 실시하였다. 이어 1974년 5월부터는 거래량의 증가에 따른 결제량의 증가에 대비해 전 종목에 대해 차감결제방식을 적용하고 필요한 경우만 전량결제하도록 했다.

### 1.3. 한국증권대체결제(주)의 설립

1970년대에 들어 경제규모가 확대되고 기업의 대량자금조달방식이 직접 금융화되면서 증권거래량이 큰 폭으로 증가했다. 이로 인해 증권결제사무가 크게 증가하게 되면서 이의 효율적 처리가 중요한 과제로 등장하게 되었다.

이러한 상황변화에 따라 1973년 2월 증권거래법 개정 과정에서 대체결제업무에 관한 조항을 신설하여 법적 근거를 마련하였다. 1973년 11월 2일, 증권거래소 업무규정에 새로운 결제방식인 '대체결제에 관한 규정'이 신설되어 주권의 예탁결제제도가 도입되었다.

1 이익을 얻기 위해 시장에서 대량으로 매매하여 가격이 크게 변동하도록 부추기는 행위를 일컫는다.
2 보통거래란 증권거래소를 통한 거래 가운데 가장 일반적인 것으로 매매거래를 말한다.

그 후 1974년 12월 6일에는 한국예탁결제원의 전신인 한국증권대체결제(주)가 설립되어 1975년 1월 4일부터 증권결제업무를 시작하였다. 그러나 한국증권대체결제(주)가 설립된 후에도 여건의 미비로 실질적인 업무가 수행되지 못하고 있던 중 1975년 4월 18일 재무부장관으로부터 '대체결제업무 정상화 방안[3]'이 시달되었다. 이에 따라 한국증권대체결제(주)는 동년 4월 23일 증권거래소와 '수도결제업무대행위임계약'을 체결하고, 4월 26일 재무부장관으로부터 '수도결제업무대행인가'를 받음으로써 업무수용태세를 갖췄다.

이어 1975년 7월 7일에는 재무부장관이 유통시장에서 이루어지는 모든 증권매매거래의 결제는 실물증권 이동의 불편과 사고위험을 방지하기 위해 전면적으로 계좌 간 대체에 의해 결제를 행하도록 하는 '수도결제의 전면 대체화' 조치를 취했다. 이에 따라 1975년 7월 18일부터 한국증권대체결제(주)는 한국증권거래소가 개설한 장내시장에서 이루어지는 매매거래의 결제업무를 실물증권의 이동 없이 계좌대체에 의해 처리하게 되었다. 이로써 제도화된 운영체계를 갖춘 현대적인 증권결제제도가 시행되었다.

## 2. 발전기

### 2.1. 장내시장결제 대상증권의 확대

1975년 7월 18일에 시작된 한국증권대체결제(주)의 장내시장 결제업무는 주식에 한정된 것이었다. 그러나 1970년대 후반에는 주식시장에 비해 활성화되지 못했던 채권시장이 점차 활기를 띠었다. 이러한 채권거래량의 증가에도 불구하고 결제업무는 여전히 실물을 수수하는 방식으로 처리되고 있어 실무상 번잡함과 불편함이 가중되고 있었다.

이에 한국증권대체결제(주)는 1982년 5월 1일부터 총 상장채권 1,386종목 중 회사채의 일부 종목인 121종목에 대해 실물수수 없는 계좌대체 방법으로 결제업무를 시작하였다. 이어서 동년 9월 1일부터 국공채를 제외한 상장채권에 대하여, 그 다음해인 1983년 1월 5일부터는 국공채를 포함한 1,644종목에 이르는 상장채권 전

3 동 방안은 한국증권대체결제(주)가 유가증권시장의 매매거래에 수반하는 결제업무를 관장하며, 이를 위해 한국증권대체결제(주)와 증권거래소가 매매결제대행계약을 체결하도록 하는 내용을 포함하고 있다.

종목에 대해 증권결제업무를 시작하였다. 그리고 1983년 10월 21일에는 상장수익증권에 대해서도 증권결제업무를 제공하여 대상 증권을 확대하였다. 이로써 매매거래의 결제를 위한 예탁채권의 반환이 불필요하게 되어 증권 실물이동이 크게 감소되었다.

### 2.2. 장외 주식기관결제제도 도입

한국증권대체결제(주)는 1990년 12월부터 장외 주식기관결제제도를 도입하였다. 장외 주식기관결제제도란 장내시장의 거래소 회원인 증권회사와 투자신탁, 은행, 보험 등 기관투자자 고객 간의 거래(customer-side transaction)를 결제하는 것을 말한다. 동 제도는 미국, 프랑스, 캐나다 등에서는 증권시장의 기관화 현상의 진전과 함께 이미 도입되어 그 이용범위가 확대되고 있다.

이와 같은 주식기관결제제도는 1990년 5월 증권시장의 안정을 위하여 설립된 증권시장안정기금[4]과 증권회사 간의 결제업무 처리에 문제점이 대두되면서 도입 필요성이 제기되었다. 증권시장안정기금은 25개 증권회사를 통해 증권을 매입·매도하였는데 이를 결제하는 절차가 복잡하고 비효율적이었다. 즉 증권시장안정기금과 각 증권회사의 매매보고, 매매확인, 매매승인, 계좌대체청구 등 업무처리절차가 번잡해 관련사무의 폭주가 예견되었다. 이에 따라 효율적이고 안정적인 결제업무 처리를 위하여 증권시장안정기금, 증권회사 및 한국증권대체결제(주) 3자 간의 약정에 의해 주식기관결제업무를 시작하게 되었다.

그 이후 1991년 12월에는 회원증권회사와 비회원증권회사 간의 주식기관거래를, 1995년 7월에는 회원증권회사와 수탁은행 간의 주식기관거래를, 2000년 8월에는 회원증권회사와 외국계보관은행 간의 주식기관거래로 그 대상 범위를 확대하였다.

### 2.3. 주식장외거래중개실 결제업무 개시

한국증권대체결제(주)는 1992년 3월부터 주식장외거래중개실 결제업무를 시작하였다. 증권업협회는 1991년 10월에 주식 장외거래를 보다 원활하게 하기 위하여

4 증권시장안정기금은 1990년 5월 14일 주식시장의 침체가 심화되자 증권회사, 은행, 보험회사, 상장법인 등이 공동출자한 민법상의 조합으로 상장증권에 투자·운용함으로써 증권시장을 안정적으로 도모하고자 설립되었다.

주식장외거래중개실을 설치하고, 결제업무는 한국증권대체결제(주)가 처리하도록 하였다. 이에 따라 한국증권대체결제(주)는 주식장외거래중개실 매매거래의 결제업무를 수용함으로써 실물결제의 번잡성을 해소하였다.

## 3. 확장기

### 3.1. 증권예탁원 개원

1990년대 이후 증권시장은 외형적인 규모 확대와 이에 따른 질적 고도화가 추진되었다. 또 세계화가 가속화되고 있던 상황에서 증권시장은 외국 증권시장과 국제적인 연계성을 확대할 필요가 있었다. 이에 따라 시장 구조의 효율성 증대 및 경쟁력 강화를 위해 증권시장 하부구조 시스템의 재구축이 절실히 요청되는 실정이었다.

이러한 상황에서 1993년 12월 17일에 이루어진 증권거래법 개정(1994년 4월 1일 시행)에서는 종래의 한국증권대체결제(주)를 해산하고 법률상 특수 법인으로서 증권예탁원의 설립에 관한 내용이 명시됨으로써 증권시장에서 유일한 증권결제기관의 법적 지위를 확보하게 되었다.

이에 따라 1994년 4월 25일에 특수법인으로서 증권예탁원이 설립되었으며, 출자자의 범위도 대폭 확대하여 증권거래소뿐만 아니라 증권회사, 은행, 보험 등 109개 기관이 주주로 참여하여 증권예탁원의 대외 공신력과 공공성을 크게 강화하였다. 또한, 증권예탁원의 업무범위를 증권거래법에 포괄적으로 명문화하는 동시에 증권예탁원이 국내 유일의 증권결제기관임을 명시하였다. 즉, 증권거래법 제173조의3에 '예탁원이 아닌 자는 유가증권을 예탁받아 그 유가증권의 수수에 갈음하여 계좌 간의 대체로 결제하는 업무를 영위할 수 없다'라고 규정하여 증권예탁원만이 계좌 간 대체에 의한 결제업무를 영위하도록 독점적 지위를 부여하였다.

### 3.2. 코스닥시장 결제업무 개시

1996년 3월 25일 재정경제원이 발표한 '장외거래 발전방안'에 따라 같은 해 5월 18일에는 주식장외거래중개업무를 전담하는 (주)코스닥증권이 설립되어 코스닥등록주식의 자동매매체결시스템이 도입되었다. 이에 따라 증권예탁원은 코스닥시장의 결제업무를 계약방식에 의해 수용하게 되었다.

그 이후 1997년 11월 25일에는 재정경제원의 '코스닥시장 개편 및 육성방안'에 따라 증권예탁원이 코스닥시장의 청산 및 결제기관으로 지정되어 코스닥시장의 청산 및 결제업무를 담당하게 되었다. 이와 함께 증권예탁원은 청산기관으로서 코스닥시장에서의 매매거래에 대한 결제이행보증을 함으로써 코스닥시장의 안정성을 크게 향상시키게 되었다.

코스닥시장결제는 DVP3방식에 의하여 증권은 회원별·종목별로, 대금은 회원별로 다자간 차감하여 결제하였고, 결제주기는 T+2일이었다. 그리고 대금결제은행은 신한은행과 우리은행을 이용하였다.

### 3.3. 채권장외결제업무 개시

1990년대까지 채권 매매거래는 일반적으로 장외시장에서 상대매매방식으로 거래되었으며, 장외시장의 거래비중이 전체 거래량의 99% 이상을 차지하고 있었다. 이러한 채권 장외시장의 규모에도 불구하고 이를 지원하는 결제시스템의 미비로 실물증권의 수수나 거래건별로 개별적인 계좌대체청구에 의하여 결제가 이루어지고 있었다. 이로 인해 채권 장외시장은 증권과 대금의 분리결제에 따른 결제위험의 심화, 대금결제수단의 낙후로 인한 대금결제의 완결성 미흡, 매매확인 및 결제시스템의 부재로 인한 채권시장 효율성 저하 등의 문제를 안고 있었다.

이러한 문제점을 해소하기 위하여 1999년 11월부터 증권예탁원의 증권결제시스템과 한국은행의 대금결제시스템(BOK-Wire)을 연계하여 증권과 대금이 동시결제되도록 하였다. 이를 위해 한국은행에 개설된 기관투자자 및 증권예탁원의 당좌예금계좌를 이용하여 대금을 결제함으로써 당일자금화가 이뤄지도록 구축하였다. 또한 채권 장외결제는 결제의 신속화, 원본위험의 제거 등을 위해 거래 당사자 간에 건별 총량으로 실시간 결제하는 실시간총량결제(RTGS)방식을 채택하였다.

이와 같은 채권장외결제시스템의 구축으로 채권 장외시장의 안전성과 효율성이 크게 향상되었으며 우리나라 채권시장의 인프라를 한 단계 향상시키는 데 큰 기여를 하였다. 이후 채권장외결제시스템의 명칭은 채권기관결제시스템으로 바뀌어 현재에 이르고 있다.

### 3.4. 3자 간 Repo업무 개시

1990년대 우리나라의 Repo시장은 한국은행의 공개시장조작에 따른 Repo, 한국자금중개가 중개하는 기관간 Repo, 금융기관과 개인 간에 거래되는 대고객 Repo로 구성되었다. 그런데, 이 당시 Repo시장도 채권시장과 마찬가지로 체계적인 결제시스템의 부재로 인해 유동성이 부족하고 일일정산제도가 확립되어 있지 않았기 때문에 거래당사자의 보호가 용이하지 않은 실정이었다.

이와 같은 상황에서 1997년 외환위기 이후 IBRD는 우리나라에 차관제공의 조건으로 Repo시장의 결제시스템을 도입할 것을 권고하였으며, 정부에서도 채권시장 활성화를 위한 중장기 과제로 3자 간 Repo거래제도 도입을 권고하였다.

이러한 각계의 권고에 따라 증권예탁원은 증권시장 및 금융시장의 지원기능을 강화하고 채권유통시장의 선진화 달성에 기여하기 위한 목적으로 3자 간(Tri-party) Repo시스템을 구축하여 1999년 11월부터 업무를 개시하였다. 증권예탁원은 Repo거래에 따른 개시결제와 환매결제의 경우 한국은행의 대금결제시스템(BOK-Wire)과 연계하여 실시간총량결제(RTGS)방식에 따라 증권과 대금을 동시결제하고 있다.

### 3.5. 제3시장결제업무 개시

증권업협회는 2000년 3월 유가증권시장이나 코스닥시장에 상장되지 않은 기업의 주권 매매거래를 위하여 제3시장을 개설하였다. 이에 따라 증권예탁원은 제3시장의 결제업무를 수용하였다. 제3시장결제는 DVP3방식에 의하여 증권은 회원별·종목별로, 대금은 회원별로 양자 간 차감하여 결제하였고, 결제주기는 T+2일이었다. 그리고 대금결제은행은 신한은행과 우리은행을 이용하였다. 그러나, 제3시장은 양도소득세 과세와 상대매매방식으로 인하여 활성화되지 못하고 침체되어 있었다. 이에 정부는 2004년 12월 벤처 활성화 방안의 일환으로 벤처기업의 소액주주가 제3시장을 통하여 주권을 양도하는 경우 양도소득세를 비과세하도록 결정하였다. 또한 시장의 개설 취지가 적절히 반영되도록 제3시장 대신 새로운 명칭을 공모하여 2005년 7월 13일 제3시장이 '프리보드(Free Board)'로 새롭게 출범하게 되었으며 현재까지 이어지고 있다.

### 3.6. ECN시장결제업무 개시

장외전자거래시장(ECN: Electronic Communication Network)은 2001년 4월 증권거래법을 개정하면서 한국ECN증권(주)가 설립되어 그해 11월부터 문을 열게 되었다. 이는 증권거래소와 코스닥시장에서 거래되는 주식을 장이 끝난 뒤에도 계속 거래할 수 있도록 한 시장으로 주목적은 야간에도 주식거래를 할 수 있도록 함으로써 증시 활성화와 효율화를 도모하는 데 있었다. 증권예탁원은 증권거래법 시행령에 근거하여 ECN시장의 청산 및 결제기관 역할을 수행하였다. ECN시장결제는 DVP3 방식에 의하여 증권은 회원별·종목별로, 대금은 회원별로 차감하여 결제하였고, 결제주기는 T+2일이었다. 그리고 대금결제은행은 신한은행과 우리은행을 이용하였다. 그러나, 기존 거래소들과 경쟁을 하겠다던 ECN의 야심찬 계획은 매매시간 및 가격변동성의 제한으로 기존 증권거래소 및 코스닥시장보다 상대적인 비교열위에 놓이게 됨으로써 투자자들로부터 외면을 받게 되었다. 결국 거래량의 급감에 따른 경영압박을 이기지 못한 한국ECN증권(주)는 2005년 5월 27일을 마지막으로 문을 닫게 되었다.

### 3.7. 펀드넷(FundNet) 개통

우리나라의 자산운용시장은 2000년대 초 펀드투자 전성기가 시작되면서 양적으로 크게 성장하였으나 자산운용산업의 근간이 되는 통일적인 인프라가 없어 펀드투자의 투명성이 저하되고 운용회사, 증권회사, 수탁은행 간의 투자관련 정보흐름 및 후선업무는 고비용, 비효율적으로 처리되고 있었다. 이와 같은 문제점을 개선하기 위하여 증권예탁원은 정책당국, 자산운용업계와의 협의를 통해 자산운용산업의 허브로서 펀드넷(FundNet)을 구축하여 2004년 4월 6일부터 정식으로 개통하였다. 이러한 펀드넷은 집합투자증권의 설정·환매, 운용지시, 예탁결제, 수익자명부관리 등 펀드의 생성, 성장, 소멸에 이르기까지의 전 과정을 참가자 간 표준화된 데이터와 메시지를 이용하여 집중 처리하는 펀드업무지원 시스템이다. 펀드넷은 집합투자증권 설정환매시스템과 집합투자재산 운용지원시스템으로 구분된다. 전자는 투자자에 의한 펀드의 가입과 해지 및 권리행사, 수익자명부관리 등을 처리한다. 후자는 집합투자재산의 운용 즉, 증권, 파생상품 등의 매매와 관련된 업무를 처리하기 위한 시스템으로 매매확인, 운용지시전달, 펀드별 동시결제, 펀드별 예탁 등을 처리한다. 특히, 집합투자재산 운용지원시스템의 구축으로 그동안 참여가 저조했던 수탁은행의 장외 주식기관결제 참여가 큰 폭으로 증가하여 자산운용산업뿐만 아니라 증권시장 전체의 효율성이 크게 향상되었다.

## 4. 성숙기

### 4.1. 증권시장 구조개편 추진

우리나라의 증권시장 청산·결제제도는 1970년대 중반 증권결제제도가 도입된 이후 2000년대 초반까지 큰 변화 없이 운영되고 있었다. 그러나 2003년 8월 정부가 '증권·선물시장 선진화를 위한 향후 추진계획'을 발표하면서 증권시장의 청산·결제제도는 큰 변화를 겪기 시작하였다. 동 계획에 따르면 정부는 국제경쟁력이 있는 증권시장의 구축을 위하여 시장관련 4대 기능인 매매·청산·결제 및 예탁·전산을 기능별로 통합하여, 매매는 통합거래소, 청산은 별도 청산기구, 결제 및 예탁은 증권예탁원, 전산은 증권전산(현재의 '코스콤')이 담당하도록 하고, 4대 기능을 담당하는 기관의 소유구조는 이용자 중심으로 개편하기로 하였다. 위와 같은 계획에 따라 시장부문은 2005년 1월에 한국증권거래소·(주)코스닥증권 및 한국선물거래소가 합병하여 '한국증권선물거래소(현재의 '한국거래소')'로 출범하게 되었다. 한편, 후선부문의 경우 2005년 1월에 증권예탁원이 '증권예탁결제원(현재의 '한국예탁결제원')'으로 명칭을 변경하였고, 증권예탁원이 수행 중이던 코스닥시장의 청산기능을 한국증권선물거래소로 이관하였다. 그러나 이와 같은 외형적인 변화에도 불구하고 증권시장의 청산·결제기능과 증권예탁결제원의 소유구조 개편 등 후선부문의 정비는 큰 진전이 없었다.

2005년 1월 한국증권선물거래소의 출범으로 시장부문의 정비가 어느 정도 마무리되면서 새로운 변화가 있었다. 즉, 증권예탁결제원과 한국증권선물거래소가 2005년 3월부터 공동 TF를 구성하여 증권시장의 청산·결제기능과 증권예탁결제원의 소유구조 개편에 관하여 논의를 시작하였다. 그 이후 증권예탁결제원과 한국증권선물거래소의 기관장이 직접 참여하여 합의 도출을 시도하였으며, 마침내 양 기관장이 2006년 8월 31일 합의문에 서명함으로써 청산·결제기능 및 소유구조 개편에 대한 초석을 마련할 수 있었다. 한편, 2007년 8월부터 한국예탁결제원과 한국거래소는 양 기관의 합의사항인 장내시장의 결제계좌 개설 및 관리에 관한 계약을 체결하기 위한 논의를 시작하였으며, 마침내 2008년 10월 8일 양 기관장이 '증권시장의 결제에 있어서 결제계좌의 개설과 관리 등에 관한 계약서(이하 '결제계좌 계약')'에 서명하였다. 동 계약의 주요내용은 다음과 같다. 첫째, 한국예탁결제원은 자신의 명의로 증권결제계좌와 대금결제계좌를 개설하며, 대금결제계좌의 개설시 한국거래소와 사전 협의한다. 둘째, 결제계좌는 증권시장의 결제 목적에만 사용하며, 결제계좌를 통한 증권과 대금의 수수는 한국거래소계좌를 통한 것과 동일한 효력이 있다. 셋째, 양 기관은 증권시장의 청산 및 결제에 관한 업무규정을 제·개정하고자 하는 때에는 사전 협의한다.

### 4.2. 자본시장법 제정

2006년 9월부터 증권예탁결제원과 한국증권선물거래소는 양 기관의 합의에 따라 청산·결제의 업무주체와 범위를 반영하기 위하여 증권거래법의 개정을 추진하였다. 그러나 당시 '자본시장과 금융투자업에 관한 법률(이하 '자본시장법')'의 제정이 추진되면서 증권거래법 개정보다는 새로이 제정되는 법률에 반영하기로 하고, 동년 12월 자본시장법에 반영할 세부사항에 합의를 하였다. 그 이후 자본시장법은 증권회사의 소액지급결제시스템 참여 문제로 제정이 지연되어 오다 마침내 2007년 8월 3일에 제정되었다. 동 법은 2009년 2월 4일부터 시행되어 자본시장에 획기적인 변화를 촉진하는 계기가 되었으며 증권결제제도에 있어서도 큰 전환점이 되었다. 자본시장법에 반영된 증권결제제도에 관한 주요사항을 살펴보면 다음과 같다. 첫째, 국내 유일의 증권결제기관(CSD)인 증권예탁결제원의 명칭을 '한국예탁결제원'으로 변경하였다. 이와 함께 한국증권선물거래소의 명칭을 '한국거래소'로 변경하였다. 둘째, 장내시장의 청산기관과 그 업무를 명확히 하였다. 자본시장법 제378조[5]는 한국거래소가 장내시장의 청산기관임을 명시하고, 청산기관의 업무로 매매확인, 채

5 자본시장법 제378조(청산기관 및 결제기관) ① 증권시장 및 파생상품시장에서의 매매거래에 따른 매매확인, 채무인수, 차감, 결제증권·결제품목·결제금액의 확정, 결제이행보증, 결제불이행에 따른 처리 및 결제지시업무는 청산기관으로 거래소가 수행한다.

무인수, 결제증권·결제금액의 확정, 결제이행보증 처리 및 결제지시를 열거하고 있다. 셋째, 장내·외시장의 결제기관과 그 업무를 명확히 하였다. 자본시장법 제297조[6]는 한국예탁결제원이 장내시장의 결제기관임을 명시하고, 결제기관의 업무로 증권인도 및 대금지급 업무를 열거하고 있다. 또한 자본시장법 제296조[7]는 한국예탁결제원의 고유업무로 장내시장의 결제업무뿐만 아니라 장외시장의 결제업무도 명시하고 있다. 넷째, 증권등의 매매거래에 따른 결제업무의 수행을 위해 결제업무규정을 정하도록 하고, 그 구체적인 사항을 열거하고 있다.[8] 이상과 같이 자본시장법 제정과 결제계좌 계약이 체결됨에 따라 한국예탁결제원과 한국거래소는 2006년 8월의 합의사항 중 한국예탁결제원의 소유구조를 제외한 모든 사항의 이행을 완료하고 상호 신뢰의 관계를 구축하게 되었으며, 증권시장 청산·결제제도의 선진화를 본격적으로 추진할 수 있게 되었다.

### 4.3. 증권등결제업무규정 제정

증권결제제도가 안정적으로 운영되기 위해서는 확실한 법적 구조를 갖추는 것이 필수적이다. 이와 같은 취지로 BIS(CPSS)-IOSCO 등 국제기구도 증권결제시스템은 해당 재판관할권 내에 잘 수립된 분명하고 투명한 법적 근거를 가지고 있어야 한다고 권고하고 있다. 이와 관련하여 자본시장법에서 한국예탁결제원이 증권등의 매매거래에 따른 결제업무의 수행을 위하여 결제업무규정을 정하도록 하고(동법 제303조), 결제업무규정의 제정·변경 또는 폐지의 경우 금융위원회의 승인을 받도록 하였다. 한국예탁결제원은 이러한 상황변화에 맞춰 새로운 결제업무규정을 제정할 필요가 있게 되었다. 그리하여 한국예탁결제원은 국제기구의 권고사항, 해

6 자본시장법 제297조(증권시장 결제기관) 증권시장에서의 매매거래에 따른 증권인도 및 대금지급 업무는 결제기관으로서 예탁결제원이 수행한다.

7 자본시장법 제296조(업무) 예탁결제원은 그 목적을 달성하기 위하여 다음 각 호의 업무를 행한다. 3. 증권시장에서의 증권의 매매거래에 따른 증권인도와 대금지급 및 결제이행·불이행결과의 거래소에 대한 통지에 관한 업무 4. 증권시장 밖에서의 증권등의 매매거래에 따른 증권 등의 인도와 대금의 지급에 관한 업무

8 자본시장법 제303조(결제업무규정) ① 한국예탁결제원은 증권 등의 매매거래에 따른 결제업무의 수행을 위하여 결제업무규정을 정하여야 한다. 이 경우 결제업무규정은 제387조의 회원관리규정 및 제393조의 업무규정과 상충되어서는 안 된다. ② 제1항의 결제업무규정에는 다음 각 호의 사항이 포함되어야 한다. 1. 한국예탁결제원 결제회원의 가입·탈퇴 및 권리·의무에 관한 사항 2. 결제계좌의 개설 및 관리에 관한 사항 3. 결제시한에 관한 사항 4. 증권등의 인도 및 대금지급에 관한 사항 5. 증권시장에서의 증권의 매매거래에 따른 결제이행·불이행 결과 6. 그 밖에 결제업무 수행을 위하여 필요한 사항

외 결제기관의 규정 등의 사례를 분석하고, 한국거래소, 금융투자협회, 참가자 등과의 논의를 거쳐, 마침내 증권등결제업무규정을 제정하여 2009년 2월 4일부터 시행하게 되었다. 동 규정의 주요 내용을 살펴보면 다음과 같다. 첫째, 여러 규정으로 분산된 결제업무관련 규정을 통합하였다. 새로운 결제업무규정은 기존의 '유가증권시장 및 코스닥시장 결제업무규정' 및 '전자장외시장결제업무규정'의 전부와 '유가증권 예탁 및 결제등에 관한 규정' 및 '단기금융상품 예탁 및 결제등에 관한 규정'의 결제관련 부분을 통합하여 '증권등 결제업무규정'(이하 '결제업무규정')을 제정하였다. 이러한 결제업무규정은 총 7장, 75조 및 부칙으로 이루어져 있으며, 각 장은 제1장 총칙, 제2장 결제회원 및 참가자, 제3장 증권시장결제,[9] 제4장 기관투자자결제, 제5장 전자증권중개시장결제, 제6장 프리보드결제, 제7장 보칙 및 부칙으로 구성되어 있다. 둘째, 새로운 법규체계에 맞게 용어를 정비하였다. 자본시장법이 포괄주의·기능별 규율체계의 도입으로 새로운 용어를 사용함에 따라 이의 반영이 필요하였고, 자본시장법이 정하도록 한 결제회원·결제계좌 등의 용어 정의가 필요하였다. 셋째, 결제회원에 관한 사항을 명확히 반영하였다. BIS(CPSS)-IOSCO[10](2001년), CESR-ESCB[11](2003년) 등은 결제회원의 참가기준 등이 공정하고 객관적일 것을 권고하고 있다. 이를 반영하여 결제회원의 가입요건, 탈퇴 절차 및 요건을 명확히 하고, 결제회원의 권리·의무를 명확히 하였다. 넷째, 증권시장결제의 제도변경 사항을 반영하였다. 자본시장법에 따라 가장 크게 바뀐 부분은 증권시장결제 부분이다. 한국거래소는 청산기관, 예탁결제원은 결제기관으로서의 지위를 갖게 됨에 따라 이를 반영할 필요가 있었기 때문이다. 또한, 증권시장결제의 위험을 축소하기 위하여 예탁결제원과 한국거래소가 수차례의 협의를 통해 증권 청산·결제시스템의 개선사항을 각자의 업무규정에 반영할 필요가 있었다. 이를 구체적으로 살펴보면, ① 결제증권·대금의 납부절차를 명확히 하여 결제증권과 결제대금을 모두 예탁결제원 결제계좌에 납부하도록 하였다(결제업무규정 제16조 및 제17조). ② 결제청구 및 결제방법을 명확히 하여 한국거래소의 결제청구를 결제시한(16:00) 이후에 하도록 하고, 일정 조건이 충족된 때에는 결제청구가 있는 것으로 간주하였다(결제업무규정 제

9 증권등 결제업무규정은 자본시장법의 규정에 따라 장내시장결제를 '증권시장결제'로 규정하고 있다.

10 권고안12. CSD와 CCP는 참가자에게 공정하고 공개적인 참가를 허용하는 기준을 가지고 있어야 하며, 그 기준은 객관적으로 구성되고 공개되어야만 한다.

11 표준안 14. CSD와 CCP는 공정하고 공개적인 참가를 허용하는 객관적이고 공표된 참가기준을 마련하여야 한다. 참가를 제한하는 규칙 및 요건들은 위험관리를 위한 것으로 제한되어야 한다.

18조). 또한 이와 같은 결제청구가 간주되는 시점에 예탁결제원결제계좌에서 회원결제계좌로 결제증권을 인도하고 결제대금을 지급하도록 하였다(결제업무규정 제19조). ③ 거래소의 결제부족분 대납제도를 반영하여 결제회원이 결제시한까지 결제대금을 납부하지 않은 경우 한국거래소가 결제회원을 대신하여 결제대금을 대납하도록 규정하였다(결제업무규정 제21조). ④ 결제대용증의 발행절차를 개선하여 한국거래소가 매도결제회원을 대신하여 매수결제회원의 동의를 받아 결제대용증을 발행하도록 하였다(결제업무규정시행세칙 제13조). ⑤ 예탁결제원결제계좌의 효력을 명확히 하여 예탁결제원결제계좌를 통한 결제회원 간의 증권인도와 대금지급은 한국거래소계좌를 통해 이루어진 것과 동일한 효력을 부여하였다(결제업무규정 제68조). 다섯째, 결제완결성 조항을 신설하였다. 우리나라의 경우 2005년 3월에 제정된 '채무자회생 및 파산에 관한 법률(이하 '파산법')' 제120조[12]에서 법령에 따라 증권결제업무를 수행하는 자가 운영하는 결제제도에 대해 결제완결성을 보장하고 있어 이와 같은 사항을 명확히 반영하였다. 구체적으로는 ① 결제완결성의 부여시점을 명확히 하여 증권결제계좌에 기재된 때 또는 대금결제계좌에 기재된 때 결제완결성을 부여하고 있다. ② 결제완결성이 부여되는 결제를 구체화하여 한국예탁결제원은 결제업무규정에 따라 운영하는 증권시장결제·기관투자자결제·전자증권중개시장결제 및 프리보드결제 모두에 대하여 결제완결성에 관한 규정을 명시하였다.

### 4.4. 장내시장의 결제계좌 단일화시스템 구축

한국예탁결제원과 한국거래소는 자본시장법 제정, 결제계좌 계약 등을 바탕으로 장내시장의 청산·결제시스템의 선진화를 위해 공동으로 노력하여 왔다. 이러한 공동 노력의 첫 번째 결실로 결제계좌 단일화시스템을 구축하여 2009년 2월 4일부터 시행되게 되었다. 이는 결제계좌 단일화를 바탕으로 증권수령가능한도에 의한 종목결제·증권선인도, 결제부족분의 대납 등을 반영하여 장내시장 증권결제시스템의 위험관리방식을 대폭 개선하였다. 이를 구체적으로 살펴보면 다음과 같다. 첫째,

12 파산법 제120조 ② 「증권거래법」, 「선물거래법」 그 밖의 법령에 따라 증권·파생금융거래의 청산결제업무를 수행하는 자 그 밖에 대통령령에서 정하는 자가 운영하는 청산결제제도의 참가자에 대하여 회생절차가 개시된 경우 그 참가자와 관련된 채무의 인수, 정산, 차감, 증거금 그 밖의 담보의 제공·처분·충당 그 밖의 청산결제에 관하여는 이 법의 규정에 불구하고 그 청산결제제도를 운영하는 자가 정한 바에 따라 효력이 발생하며 해제, 해지, 취소 및 부인의 대상이 되지 아니한다.

한국예탁결제원은 결제계좌 계약에 한국예탁결제원 명의의 결제계좌를 개설하였다. 즉, 증권결제계좌는 한국예탁결제원내에 한국예탁결제원 명의의 결제계좌를 개설하였고, 대금결제계좌는 대금결제은행에 한국예탁결제원 명의의 결제계좌를 개설하였다. 대금결제은행의 경우 주식시장결제는 신한은행과 우리은행으로, 국채전문유통시장결제는 한국은행으로 하였다. 둘째, 증권의 종목별 결제방식을 선진화하였다. 기존 종목결제의 위험[13]을 제거하기 위하여 증권수령가능한도(net debit cap) 방식을 도입하여 매수회원이 자신의 의무를 이행한 범위에서 증권수령이 가능하도록 하였다. 즉, 결제시한(16:00) 이후에 특정종목의 모든 매도회원이 결제증권을 납부한 경우 ① 해당종목을 수령할 매수회원이 자신이 납부할 결제대금과 다른 종목의 결제증권을 모두 납부하였거나, ② 매수회원의 증권수령가능한도가 수령할 결제증권의 평가액보다 클 경우 해당 종목을 우선 인도한다. 이때 회원별 증권수령가능한도는 다음과 같이 계산된다.

「증권수령가능한도」 = 납부한 결제대금 + 한국거래소에 납부한 결제이행재원* + ∑납부한 결제증권의 평가액** - ∑수령한 결제증권의 평가액

* 회원이 거래소에 납부한 위약손해배상공동기금 등
** 결제증권의 수량 × 직전 매매거래일의 종가

셋째, 증권선인도방식을 선진화하였다. 기존에 국채선인도의 위험을 제거하기 위해 종목결제와 같이 증권수령가능한도방식을 도입하여 신청회원이 자신의 의무를 이행한 범위에서 증권수령이 가능하도록 하였다. 즉, 16:30 이후 결제증권이 모두 납부되지 않았지만 매수회원이 결제교착 등을 해소하기 위해 증권선인도를 신청한 경우 ① 신청회원이 자신이 납부할 결제대금과 다른 종목의 결제증권을 모두 납부하였거나, ② 신청회원의 증권수령가능한도가 수령할 결제증권의 평가액보다 클 경우 해당 종목을 우선 인도한다. 넷째, 대금선지급 방식을 도입하였다. 대금지급의 경우도 모든 회원이 결제요건을 충족할 때까지 기다리지 않고 일정 요건을 충족한 회원에 대해 대금선지급을 인정함으로써 부분적인 대금결제를 허용하였다. 즉, 결

13 과거의 종목결제는 특정종목의 납부가 완료되면 결제대금을 납부한 수령회원에게 해당 종목의 증권을 인도하였다. 그러나 이러한 방식은 회원이 수령한 증권의 가치가 인도한 증권의 가치보다 클 때 결제기관이 위험에 노출되는 문제가 있었다. '결제시스템의 신용리스크 분석 및 측정'(한국예탁결제원 김정민, 2007. 8)에 따르면 2006년 6월부터 1년간 종목결제에 따른 위험노출액이 일평균 772억 원인 것으로 분석되었다.

제시한(16:00) 이후 결제대금이 모두 납부된 경우 결제대금을 수령할 회원이 자신이 납부할 모든 종목의 결제증권을 납부한 경우 해당 회원에게 결제대금을 우선 지급한다. 다섯째, 결제부족분 대납제도를 도입하였다. 결제시한(16:00) 이후 결제회원이 결제대금을 납부하지 않은 경우 한국거래소가 결제회원을 대신하여 결제대금을 대납하는 프로세스를 반영하였다. 이를 위해 한국예탁결제원은 한국거래소가 결제회원의 결제대금 부족내역을 확인할 수 있도록 시스템을 통해 관련사항을 통보한다.

## 증권결제제도의 구성 02

### 1. 결제기관

#### 1.1. 개요

##### 1.1.1. 의의

우리나라의 증권결제기관(CSD)은 한국예탁결제원이다. 한국예탁결제원은 1974년 12월 6일에 전신인 한국증권대체결제(주)로 설립되어, 초기에는 증권거래소의 장내시장결제를 중심으로 발전하였다. 이후 1994년 4월 25일에는 증권거래법에 근거를 둔 증권예탁원으로 전환하여 코스닥시장결제, 채권장외결제, 제3시장결제 등 장외시장결제로 그 영역을 확대하였다. 그리고 2000년대 초반의 증권시장 구조개편 과정을 거치면서 2005년 1월 28일에는 증권예탁결제원으로, 2009년 2월 4일에는 한국예탁결제원으로 사명을 변경하여 오늘날에 이르고 있다.

한국예탁결제원은 자본시장법[14]에 따라 매매거래에 따른 결제업무 등을 위하여 설립된 국내 유일의 증권결제기관이다. 우리나라는 미국, 일본 등 일부 국가처럼 국채와 기타 증권으로 증권결제기관이 나누어져 있는 경우와 달리, 영국, 프랑스, 독일 등 대부분의 국가와 같이 국채를 포함한 모든 증권의 증권결제기관을 한국예탁결제원으로 일원화하여 증권결제의 효율성과 편의성을 제고하고 있다.

14 자본시장법 제294조 ① 증권등(증권, 그 밖에 대통령령으로 정하는 것을 말한다. 이하 이 장에서 같다)의 집중예탁과 계좌 간 대체, 매매거래에 따른 결제업무 및 유통의 원활을 위하여 한국예탁결제원을 설립한다.

### 1.1.2. 결제기관의 유형

한국예탁결제원의 자본금은 500억 원, 주주는 총 59개사로 이 중 한국거래소가 70.41%의 지분을 갖고 있다. 즉 한국예탁결제원의 소유구조 유형은 증권거래소 소유형에 가깝다. 이러한 한국예탁결제원의 소유구조는 미국, 유럽 등 대부분의 국가에서 채택하고 있는 이용자 중심(user-owned)의 소유구조와는 거리가 멀다. 이와 같이 한국거래소라는 특정기관이 자연독점이 발생하는 증권결제기관을 과다하게 소유할 경우 증권결제기관의 공공성·중립성 및 효율성 제고에 심각한 문제를 발생시킬 수 있다. 한편, 한국예탁결제원은 과거 코스닥시장과 ECN시장[15]의 청산기관(CCP)이었으나 2000년대 초반 증권시장 구조개편 과정에서 장내시장의 청산기능은 한국거래소에서 수행하게 되었다. 이로써 우리나라 장내시장의 경우 결제기관이 청산기능을 수행하지 않고 결제기능만을 수행하는 분리형을 따르게 되었다. 그러나 규모 및 범위의 경제 효과가 발생하는 증권결제제도의 특성과 금융시스템간의 상호의존성 심화에 따른 결제위험의 전파가능성을 고려할 때 이를 총괄하여 제어할 수 있도록 결제기관이 청산기능까지 수행하는 통합형이 바람직해 보인다.

### 1.1.3. 한국예탁결제원의 역할

#### 가. 국내 유일의 증권결제기관

최근 금융의 국제화와 복합화, 증권화 현상이 가속화되면서 증권시장의 기능은 양적으로 크게 확대되고 질적으로 고도화되고 있다. 따라서 대량의 증권거래와 이에 따른 결제를 뒷받침하기 위해서는 무엇보다도 증권결제제도라는 인프라가 필수적이다.

한국예탁결제원은 이와 같은 증권시장의 인프라로서 증권의 발행 및 유통과 금융거래의 효율성을 높이고, 국민경제적 측면에서는 사회적 물류비용을 절감시키는 역할을 하는 국내 유일의 증권결제기관(CSD)이다.

#### 나. 국민재산 관리기관

증권시장의 규모 확대와 함께 투자자의 수와 투자재산의 양도 자연스럽게 증가하고 있으며, 대부분 이들 투자재산은 일반투자자, 기관투자자, 일반법인 등이 증

15 현행 증권등결제업무규정에는 전자증권중개시장(ECN)의 청산기능에 대해 규정하고 있으나, 한국ECN증권(주)가 2005년 5월 27일에 문을 닫음으로써, 현재 업무는 발생하고 있지 않다.

권 등의 형태로 보유하고 있는 국민재산이라 할 수 있다. 한국예탁결제원은 이러한 국민재산인 증권의 대부분을 예탁받아 관리하는 최대의 국민재산관리기관으로서의 역할을 수행하고 있다.

### 다. 금융시장의 인프라 기관

한국예탁결제원은 증권결제기관으로서 증권거래에 대해 결제완결성 있는 결제수단을 제공하고 있기 때문에, 운영에 문제가 발생하게 되면 증권시장에 미치는 영향이 광범위하다. 따라서 한국예탁결제원의 안정성 여부는 증권시장의 안정성과 그 맥을 같이 한다. 또한 한국예탁결제원은 금융시장과 증권시장의 유기적인 결합을 가능하게 하는 역할을 수행한다. 즉, 증권시장에서 발생하는 결제대금, 배당금, 원리금 등 각종 자금이 한국예탁결제원을 통해 금융시장에 공급되고, 금융시장에서의 자금도 다시 한국예탁결제원을 통해 증권시장으로 유입되어 경제 전반의 자금순환 과정에서 중요한 역할을 수행하고 있다.이처럼 한국예탁결제원은 증권시장에서 발생하는 증권관리사무와 금융·증권시장의 가교역할을 담당함으로써 증권결제의 안정성을 확보하고 금융산업의 효율성을 높여 국민경제발전에 기여하는 사회간접자본(SOC), 즉 인프라 기관의 역할을 하고 있다.

## 1.2. 법적지위[16]

한국예탁결제원은 자본시장법 제294조에 의하여 설립된 특수법인이다.[17] 우리나라의 경우 증권결제기관의 공공성과 단일성을 보장하기 위하여 한국예탁결제원을 특수법인으로 하였다. 대부분의 국가에서 결제기관을 보통의 회사 형태로 운영하고 있고 특수법인 형태로 설립·운영하는 경우는 매우 이례적인데, 자본시장법에서는 증권결제업무가 가지는 공공재로서의 특성상 공공성과 단일성을 법적으로 확보할 필요가 있다고 판단하여 특수법인 형태로 하였다. 또한 자본시장법 제298조[18]에서 한국예탁결제원이 아닌 자는 예탁결제업무를 영위할 수 없도록 함으로써 단일

16 한국증권법학회, 자본시장법(주석서 II), 2009. 10. pp. 596~597 참조.

17 자본시장법 제294조 ① 증권등(증권, 그 밖에 대통령령으로 정하는 것을 말한다. 이하 이 장에서 같다)의 집중예탁과 계좌 간 대체, 매매거래에 따른 결제업무 및 유통의 원활화를 위하여 한국예탁결제원을 설립한다. ② 예탁결제원은 법인으로 한다.

18 자본시장법 제298조 ① 예탁결제원이 아닌 자는 증권등을 예탁받아 그 증권등의 수수를 갈음하여 계좌 간의 대체로 결제하는 업무를 영위하여서는 아니된다.

성을 명확히 하였다. 이에 따라 한국예탁결제원은 우리나라 유일의 결제기관으로서의 지위를 갖게 되었다.

또한, 자본시장법은 한국예탁결제원의 영위 업무에 증권시장(장내시장) 및 증권시장 밖(장외시장)의 결제업무를 모두 수행하는 것으로 명시[19]하고, 증권시장(장내시장)의 결제기관이 한국예탁결제원임을 명확히 하였다.[20] 이밖에도 자본시장법은 한국예탁결제원이 증권등의 매매거래에 따른 결제업무의 수행을 위해 결제업무규정을 정하도록 하고 그 구체적인 사항을 열거하고 있다.[21]

### 1.3. 주요업무

한국예탁결제원은 증권결제기관(CSD)으로서 증권결제업무와 함께 다양한 업무를 수행하고 있다. 먼저 자본시장법에 의한 고유업무로는 ① 증권등의 집중예탁업무, ② 증권등의 계좌 간 대체업무, ③ 장내·외시장의 증권결제업무, ④ 외화증권예탁 및 결제업무, ⑤ 증권의 명의개서대행업무, ⑥ 증권등의 보호예수업무를 수행한다.

그리고 기타 법률의 규정에 의한 업무로는 ① 채권등록업무(공사채등록법), ② 증권거래세 징수업무(증권거래세법), ③ 증권예탁증권(DR)의 발행업무(자본시장법), ④ 통일규격증권관리업무(자본시장법) 등이 있다.

이 밖에 정관의 규정에 의한 업무로는 ① 증권대차거래의 중개업무, ② 선물거래에 따른 대용증권관리업무, ③ 증권관련 정보제공업무, ④ 담보콜거래의 담보관리업무 등이 있다.

---

19 자본시장법 제296조(업무) 예탁결제원은 그 목적을 달성하기 위하여 다음 각 호의 업무를 행한다. 3. 증권시장에서의 증권의 매매거래에 따른 증권인도와 대금지급 및 결제이행·불이행결과의 거래소에 대한 통지에 관한 업무 4. 증권시장 밖에서의 증권등의 매매거래에 따른 증권등의 인도와 대금의 지급에 관한 업무

20 자본시장법 제297조(증권시장 결제기관) 증권시장에서의 매매거래에 따른 증권인도 및 대금지급 업무는 결제기관으로서 예탁결제원이 수행한다.

21 자본시장법 제303조(결제업무규정) ① 예탁결제원은 증권등의 매매거래에 따른 결제업무의 수행을 위하여 결제업무규정을 정하여야 한다. 이 경우 결제업무규정은 제387조의 회원관리규정 및 제393조의 업무규정과 상충되어서는 아니된다. ② 제1항의 결제업무규정에는 다음 각 호의 사항이 포함되어야 한다. 1. 예탁결제원 결제회원의 가입·탈퇴 및 권리·의무에 관한 사항 2. 결제계좌의 개설 및 관리에 관한 사항 3. 결제시한에 관한 사항 4. 증권등의 인도 및 대금지급에 관한 사항 5. 증권시장에서의 증권의 매매거래에 따른 결제이행·불이행 결과 6. 그 밖에 결제업무 수행을 위하여 필요한 사항

### 1.4. 전산시스템[22]

한국예탁결제원의 증권결제시스템은 2011년 2월 7일에 오픈한 SAFE Plus에 의하여 운영되고 있다. SAFE(Speedy, Accurate, Faithful, Efficient) Plus는 한국예탁결제원의 차세대시스템의 명칭이다.

SAFE Plus 이전의 한국예탁결제원의 전산시스템은 1999년 11월에 오픈되어 예탁, 장내 시장결제, 대행, 권리행사, 등록, 국제, 경영지원 등의 업무를 처리하던 Client/Server 기반의 SAFE시스템과 2004년 4월에 오픈되어 장외 기관결제, 대차, Repo, 펀드 설정·환매 등을 처리하던 Web 기반의 e-SAFE시스템으로 이원화되어 있었다. 2008년 2월에 양 시스템을 통합해 인터넷 기반의 단일시스템으로 오픈하였으나 이는 부분 개편에 그쳐 고객의 불편은 여전하였다.

이와 같은 문제점을 개선하기 위하여 한국예탁결제원은 차세대시스템 구축을 추진하여 SAFE Plus를 성공적으로 오픈하였다. 이러한 SAFE Plus는 舊 시스템인 SAFE시스템과 비교해 볼 때, 첫째, 고객의 니즈를 반영한 비즈니스 체계, 둘째, 사용자의 편의성을 고려한 UI(User Interface), 셋째, 2배 이상 빠른 처리속도를 구현한 시스템 부문 등에서 대표적인 특징을 지니고 있다. 이와 같은 SAFE Plus에 결제회원 등이 접속할 수 있는 방법은 ① 전산시스템 연계(CCF: Computer to Computer Facility), ② 웹(Web) 접속 등이 있다. CCF의 경우 대량의 정보를 전송하는 데 적합하며, 70여 개의 금융기관과 증권유관기관이 이를 이용하고 있다. 또한, 200여 개 금융기관의 4,000여 명의 종사자가 웹 접속을 통하여 SAFE Plus를 이용하고 있다.

## 2. 결제회원

한국예탁결제원의 증권결제제도를 이용하고자 하는 자는 결제회원이 되어야 한다. 결제회원의 가입 요건·절차 및 결제회원의 권리·의무 등에 관한 사항은 증권등결제업무규정에 상세히 정의되어 있다. 이를 구체적으로 살펴보면 다음과 같다.

한국예탁결제원은 결제회원의 범위를 지나치게 확대하지 않고 증권결제제도의

22 한국예탁결제원, 「차세대시스템 구축사업 백서-SAFE PLUS」, 2011. 6. pp. 31~35, pp. 165~167.

▶▶ 표 8-1 결제회원 가입현황(2012. 12월 기준)

| 구분 | | 증권 | 은행 | 보험 | 기타 | 계 |
|---|---|---|---|---|---|---|
| 장내시장 | 주식시장결제 | 58 | – | – | 1 | 59 |
| | 채권시장결제 | 60 | 26 | | 1 | 87 |
| 장외시장 | 주식기관결제 | 59 | 21 | 9 | 2 | 91 |
| | 채권기관결제 | 60 | 50 | 19 | 24 | 153 |
| | 프리보드결제 | 40 | – | – | – | 40 |

출처: 한국예탁결제원

안정적 운영을 위하여 일정한 자격 요건을 갖춘 자로 한정하고 있다. 먼저 결제회원이 되고자 하는 자는 가입승인을 받아야 한다. 가입승인을 받기 위해서는 ① 증권회사, 은행, 보험회사 등으로서 예탁자일 것, ② 재무건전성 기준을 충족할 것, ③ 충분한 인력과 전산설비와 물적 설비를 갖출 것, ④ 사회적 신용을 갖출 것 등의 요건을 충족하여야 한다. 재무건전성의 경우 증권회사는 영업용순자본비율이 150% 이상, 은행은 위험가중자산에 대한 자기자본비율이 8% 이상, 보험회사는 지급여력비율이 100% 이상이어야 한다.

한국예탁결제원으로부터 가입 승인을 받은 결제회원은 증권결제업무에 참가할 수 있는 권한이 부여되며, 동시에 일정한 의무를 부담하여야 한다. 구체적으로 결제회원은 증권 및 대금의 납부의무를 성실히 이행하고 가입요건을 유지하여야 한다. 또한 결제회원은 일정한 보고의무를 부담한다. 즉, 부도, 은행과의 거래 정지, 회생정리절차 개시, 파산선고, 영업 정지 등의 사유가 발생한 경우 즉시 한국예탁결제원에 보고하여야 한다. 이는 결제기관인 한국예탁결제원이 결제회원의 상황을 파악하여 결제위험에 신속히 대응하기 위함이다.

현재 우리나라의 경우 증권회사, 은행, 보험 등 주요 금융기관이 한국예탁결제원의 결제회원으로 가입되어 있으며, 이는 다시 장내시장결제회원, 기관투자자결제회원, 프리보드결제회원으로 구분된다.

# 3. 관계기관

## 3.1. 청산기관

### 3.1.1. 한국거래소

우리나라의 장내시장 청산기관(CCP)은 한국거래소이다. 한국거래소는 1956년 2월 대한증권거래소로 설립되었으며, 1963년 5월에는 공영제인 한국증권거래소로 명칭을 변경하였다. 그 이후 한국증권거래소는 증권시장 구조개편 과정을 거치면서 2005년 1월에 (주)코스닥증권, 한국선물거래소와 합병하여 한국증권선물거래소로 사명을 변경하였다. 이어서 2009년 2월 4일에는 다시 한국거래소로 사명을 변경하여 오늘날에 이르고 있다.

한편, 한국거래소가 처음부터 오늘날과 같은 청산기관(CCP)의 역할을 수행했던 것은 아니며, 이는 매매거래 및 결제 방식의 변경과 밀접한 관련이 있다. 구체적으로 살펴보면, 1960년대 초반까지 개별결제 및 총량결제방식에 따라 거래당사자가 직접 결제하였으므로 대한증권거래소의 역할은 매매체결과 함께 차감 없는 채권·채무의 계산에 그쳤다.

그 이후 결제이행을 위한 규제를 강화하고 결제불이행에 따른 손실에 대해 배상제도를 마련함으로써 장내시장의 안정을 꾀하였다. 그 결과 1962년 4월에는 증권거래법 개정에 따라 대한증권거래소는 회원의 결제불이행으로 인하여 발생하는 손실에 대해 배상책임을 지도록 하였다. 1963년 4월에는 증권거래법 개정에 따라 회원으로 하여금 매매거래로 인해 발생하는 손해를 배상할 수 있도록 위약손해배상공동기금을 적립할 수 있도록 하였다.

1973년 7월부터는 총량결제방식에서 차감결제방식으로 변경되면서 한국증권거래소는 다자간 차감에 의하여 채권·채무를 계산하게 되었다. 그러나 이때의 차감은 한국증권거래소가 집중거래상대방(CCP)이 되지 않은 상태에서 다자간 차감을 하였기 때문에 차감의 효력과 관련 법률적 문제가 발생할 소지가 있었다. 위와 같은 문제점을 개선하기 위하여 2005년 1월 한국증권선물거래소가 출범한 이후 유가증권시장업무규정 및 코스닥시장업무규정에서 한국증권선물거래소가 채무인수를 통해 집중거래상대방(CCP)이 되도록 하였다. 그 이후 2009년 2월 4일에는 자본시장법 제정에 따라 한국거래소는 장내시장의 청산기관(CCP)으로서의 지위와 업무범위를 명확히 하였다.[23] 또한 동법에서는 한국거래소가 장내 증권시장뿐만 아니라 장내 파생상품시장에서도 청산기관(CCP)으로서의 지위와 업무범위를 명확히 하고 있다.

한편, 위에서 살펴본 바와 같이 우리나라의 경우 매매체결기관인 한국거래소가 장내시장의 청산기관(CCP)의 역할도 수행하고 있다. 그러나 이와 같이 거래소가 청산기관(CCP) 역할을 수행할 경우 매매체결기능과 청산기능 간 이해상충(conflict of interests)문제[24] 및 다수의 거래소가 존재하는 경우 거래소 간 공정경쟁의 문제[25] 등으로 바람직하지 않다는 지적이 있다. 이와 함께 미국, 일본, 영국 등 주요 선진국 증권시장의 청산기관(CCP)이 증권거래소와 독립적으로 운영되고 있는 사례를 참고할 필요가 있다.

### 3.1.2. 한국예탁결제원

한국예탁결제원은 2012년 1월 16일부터 장외 주식기관결제의 청산기관(CCP)이 되었다. 이는 증권결제제도의 선진화를 위하여 장외 주식기관결제의 결제방식을 DVP2로 변경함에 따라 마감시점에 대금결제의 불이행 위험을 제거하기 위하여 한국예탁결제원이 채무인수를 통하여 집중거래상대방(CCP)이 되도록 한 것이다. 다만, 한국예탁결제원의 채무인수를 통한 CCP 근거는 장내시장과 달리 금융위원회의 승인을 받은 증권등결제업무규정에 있다. 향후 장외 주식기관결제의 법률적 안정성 향상을 위해서는 자본시장법에 근거를 두는 것이 보다 바람직하다고 하겠다.

한편, 과거에 한국예탁결제원은 코스닥시장과 ECN시장의 청산기관(CCP)으로서

---

23 자본시장법 제378조 ① 증권시장 및 파생상품시장에서의 매매거래에 따른 매매확인, 채무인수, 차감, 결제증권·결제품목·결제금액의 확정, 결제이행보증, 결제불이행에 다른 처리 및 결제지시업무는 청산기관으로서 거래소가 수행한다.

24 기업의 원활한 자금조달을 위한 유동성 창출기능을 향상시키고자 하는 거래소의 매매체결기능과 위험관리를 통한 시장의 안정적인 운영을 추구하는 청산기능 간에는 필연적으로 이해상충의 문제를 유발한다. 즉 가격 제한폭 확대, 완화된 회원 자격요건 설정으로 매매회원 확대, 상장요건의 완화 등 거래소의 시장 활성화 정책은 필연적으로 매매관련 위험을 증대시키고, 이는 필연적으로 청산·결제위험을 증대시키는 결과를 초래한다.

25 청산기관을 소유한 거래소의 경우 자신의 시장에서 매매하는 증권회사들에게 자신이 소유한 청산기관을 이용하도록 강제할 것이다. 그리고 자신의 거래소시장 매매에 따른 수수료를 인하하여 다른 시장보다 경쟁우위를 점하게 된다. 하지만 이러한 손실은 자신이 소유한 청산기관의 수수료를 인상하여 보상받을 수 있는 정책을 사용한다. 이용자들은 이러한 거래소의 가격정책을 쉽게 파악하는 것이 쉽지 않으므로 지속적으로 저렴한 거래소를 이용하게 되고 이는 거래소간 공정한 경쟁을 저해하는 원인이 되고 있다. 이는 독일거래소그룹(Deutsche Börse AG)이 청산기관(Eurex Clearing AG)과 결제기관(CBF)을 수직적으로 지배하고 있는 이유이기도 하며, 이러한 이유에서 독일거래소그룹과 같은 수직적 통합이 비난을 받기도 한다.

의 역할을 수행하였다. 그러나 한국예탁결제원은 증권시장 구조개편에 따라 2005년 1월에 코스닥시장의 청산기능을 한국거래소로 이관하였으며, ECN시장의 경우 한국 ECN증권(주)가 2005년 5월에 문을 닫으면서 한국예탁결제원의 청산기관(CCP)으로서의 역할은 사라지게 되었다.

### 3.2. 대금결제은행

한국예탁결제원은 자본시장법 제296조 및 제297조에 따라 증권의 매매거래에 따른 증권인도와 대금지급에 관한 업무를 수행한다. 그러나 한국예탁결제원은 은행이 아니기 때문에 직접 대금지급업무를 처리할 수 없다. 따라서 한국예탁결제원은 대금결제은행을 지정하고 이를 통하여 대금지급업무를 처리하고 있다.

#### 3.2.1. 한국은행

한국은행은 우리나라의 중앙은행으로서 증권의 매매거래에 따른 대금결제에 있어 핵심적 기관이다. 즉, 한국은행은 한국예탁결제원의 지정에 따라 장내 주식시장결제, 장내 국채전문유통시장결제, 장내 Repo시장결제, 장외 주식기관결제, 장외 채권기관결제 및 장외 Repo결제에 있어서 대금결제은행으로서 역할을 수행한다.

한국은행은 중앙은행 자금에 의한 대금결제를 가능케 함으로써 완결성(finality) 있는 결제수단을 제공하고 있다. 이와 같이 중앙은행 자금을 통한 대금결제는 안전성, 유동성 등에서 우수하기 때문에 BIS(CPSS)-IOSCO(2012) 등의 국제기구에서도 권장하고 있다.

#### 3.2.2. 상업은행

한국예탁결제원은 국제기준에 따라 한국은행을 대금결제은행으로 지정하고 있으나, 예외적으로 증권결제의 특성에 따라 일부 상업은행을 이용하는 경우가 있다. 구체적으로 살펴보면 장내 일반채권시장결제와 장외 프리보드결제에 있어서 신한은행과 우리은행을 대금결제은행으로 지정하고 있다. 이는 양 결제의 결제규모가 적고, 결제회원이 증권회사로 한정되어 있어 상업은행을 이용하는 것이 실무상 편리하기 때문이다.

## 4. 규제기관

한국예탁결제원은 자본시장법에 의하여 설립된 국내 유일의 증권결제기관으로서 주식, 국채, 사채, 단기금융상품 등 모든 증권에 대하여 결제업무를 제공하고 있다. 또한 한국예탁결제원은 국민재산 관리기관으로서 막대한 증권을 예탁받아 관리하고 있으며, 금융시장과 증권시장의 유기적인 결합을 가능하게 하는 금융시장의 핵심 인프라 기관이다. 따라서, 정부당국은 한국예탁결제원이 효율적이고 안정적으로 운영되도록 하기 위하여 다양한 규제·감독체계를 구축하고 있다. 이를 구체적으로 살펴보면 다음과 같다.

먼저 한국예탁결제원은 자본시장법에 따라 정관변경(제299조), 사장선임(제301조) 및 결제업무규정의 제정·변경 또는 폐지(제305조)에 관하여 금융위원회로부터 승인을 받아야 한다. 금융위원회는 임원의 직무정지 및 해임요구 등의 조치와 긴급사태 발생시 한국예탁결제원에 필요한 조치(제307조)를 할 수 있다. 한편 한국예탁결제원은 금융감독원장으로부터 업무 및 재산상황에 관하여 검사(제306조)를 받아야 한다.

이와 함께 한국예탁결제원은 공공기관의 운영에 관한 법률에 따라 준정부기관으로서 사장 및 비상임이사는 금융위원장으로부터 임명(제26조)을 받아야 한다. 또한 예산의 확정·변경 시 기획재정부장관, 금융위원장 및 감사원장에게 그 내용을 보고(제40조)하여야 하고, 금융위원장으로부터 결산서를 승인(제43조)받아야 한다.

이 밖에도 한국예탁결제원은 감사원법에 따라 필요시 감사원으로부터 검사를 받아야 한다(제23조).

# 03 증권결제제도 현황

## 1. 증권결제제도의 구조

우리나라의 증권결제제도는 대상시장에 따라 한국거래소가 운영하는 장내시장을 대상으로 하는 장내시장결제와 장외(OTC)시장을 대상으로 하는 장외시장결제로 구분된다. 장내시장결제는 다시 대상증권에 따라 주식시장결제, 국채전문유통시장결제, RP시장결제 및 일반채권시장결제로 구분된다. 장외시장결제의 경우 대상증권에 따라 증권회사와 그 기관투자자 고객 간의 주식거래에 따른 주식기관결제, 기관투자자 상호 간의 채권거래에 따른 채권기관결제 및 기관투자자 상호 간의 RP거래에 따른 기관 간 RP결제 및 프리보드결제로 구분된다.

2012년 기준으로 일평균 결제금액은 장내시장결제 1.85조 원, 장외시장결제 48.4조 원으로 장외시장결제가 장내시장결제의 25.9배에 해당된다. 이는 주로 장내시장결제는 다자간 차감에 의하여 결제금액을 산정하는 반면, 장외시장결제는 건별로 결제금액을 산정하여 결제하기 때문이다. 또한 장외시장결제에서 채권기관결제, 기관간 RP결제 등 채권관련 결제금액이 큰 이유는 채권의 거래금액이 평균 100억 원 이상으로 주식에 비해 거래단위가 크기 때문이다.

**▶▶ 표 8-2 우리나라 증권결제제도의 현황(2012년 기준)** (단위: 조 원)

| 구분 | | 대상증권 | 참가기관 | 일평균 결제금액 |
|---|---|---|---|---|
| 장내 시장 결제 | 주식시장결제 | 주식, ETF, ELW | 증권58, 기타1 | 0.5 |
| | 국채전문유통시장결제 | 국고채, 통안채 등 | 증권40, 은행26, 기타1 | 1.2 |
| | RP시장결제 | 국고채, 통안채 등 | 증권40, 은행26, 기타1 | 0.1 |
| | 일반채권시장결제 | 사채, 소액국공채 등 | 증권58 | 0.05 |
| | 계 | – | – | 1.85 |
| 장외 시장 결제 | 주식기관결제 | 주식, ETF, ELW 등 | 증권59, 은행21, 보험9, 기타2 | 0.8 |
| | 채권기관결제 | 국채, 통안채, 사채 등 | 증권60, 은행50, 보험19, 기타24 | 17.3 |
| | 기관간RP결제 | 국채, 통안채, 사채 등 | 증권56, 은행54, 보험13, 기타21 | 30.3 |
| | 프리보드결제 | 주식 | 증권40 | 0.0008 |
| | 계 | | | 48.4 |
| 합계 | | – | – | 50.25 |

출처: 한국예탁결제원

## 2. 지급결제제도와 비교

우리나라의 증권결제제도는 1975년 1월 4일 한국예탁결제원의 전신인 한국증권대체결제(주)가 설립되어 본격적으로 정착되기 시작하였다. 그 이후 37년의 짧은 역사에도 불구하고 오늘날에는 증권시장뿐만 아니라 금융시장 전체에 있어서 핵심적인 인프라로 성장·발전하여 왔다.

그 결과 증권결제제도는 현재 한국은행에서 운영하는 거액결제제도, 금융결제원에서 운영하는 소액결제제도, CLS은행에서 운영하는 외환동시결제제도 등 지급결제제도와 함께 금융시장의 한 축을 담당하고 있다. 증권결제제도의 결제금액은 2012년도 기준으로 일평균 50.3조 원에 달하며, 주요 지급결제제도의 결제금액 합계의 1/5 수준으로까지 크게 성장하였다. 이로 인해 오늘날 전체 금융시장에서 증권결제제도의 안전성과 효율성 향상이 전체 금융시장의 안정성에 중요한 문제로 대두되게 되었다.

▶▶ 표 8-3 지급결제제도와 증권결제제도의 결제금액(2012년 기준) (단위: 조 원)

| 구분 | | 운영기관 | | 참가기관 | 일평균 결제금액 |
|---|---|---|---|---|---|
| | | 청산* | 결제 | | |
| 지급결제제도 | 거액결제제도 | 한국은행 | 한국은행 | 은행54, 증권50, 보험10, 기타17 | 179.0 |
| | 외환동시결제제도 | CLS은행 | CLS은행 | 은행33 | 67.5 |
| | 소액결제제도 | 금융결제원 | 한국은행 | 은행27, 증권25, 기타12 | 35.9 |
| | 계 | – | – | – | 282.4 |
| 증권결제제도 | 장내시장 | 한국거래소 | 한국예탁결제원 | 증권58, 은행26, 기타1 | 1.85 |
| | 장외시장 | 한국예탁결제원 | 한국예탁결제원 | 증권60, 은행50, 보험16, 기타24 | 48.4 |
| | 계 | – | – | – | 50.25 |

출처: 한국예탁결제원

* 여기서의 청산은 CCP기능에 한정하지 않고 매매확인, 채권·채무의 계산 등 넓은 의미로 사용

제9장

# 증권결제제도 선진화

## 추진개요 01

### 1. 추진배경

2008년 리먼 브라더스의 파산으로 시작된 금융위기는 전 세계 금융시장을 혼란에 빠뜨리고 나아가 실물경제의 위기로까지 확대되었다. 이러한 금융위기는 이전과 달리 금융시스템을 붕괴시킨 시스템적 실패로 인해 발생하였다. 통상 시스템리스크(systemic risk)는 상업은행 등과 관련이 있으며 증권회사와 같은 투자은행과는 거리가 멀다고 인식되어 왔었다. 그러나 글로벌 금융위기에서는 투자은행이 위기의 중심에 있었으며 증권시장의 투자상품이 시스템리스크 촉발의 기폭제 역할을 하였다. 이는 증권시장에서도 과거 어느 때보다 리스크 관리의 중요성이 커졌다는 것을 의미한다.

이와 같은 리스크 관리는 증권결제시스템과 같은 금융하부구조에서 더욱 강조될 필요가 있다. 이는 금융하부구조에서의 문제가 시스템리스크로 쉽게 전이될 수 있기 때문이다. 이러한 이유로 세계 각국의 증권결제시스템은 리스크 노출을 제거하는 방향으로 발전해 왔다. 미국의 결제기관인 DTC는 오래전부터 순채무한도(net debit cap) 및 담보관리(collateralization control)를 통해 증권결제의 위험관리를 해오고 있었으며, 2003년에 통합대금결제시스템(Consolidated Settlement System)을 구축하였다. 유럽에서는 역내 최대 예탁결제기관인 Euroclear가 프랑스(2001년), 영국(2002년), 핀란드·스웨덴(2009년)의 예탁결제기관을 통합한 바 있다. 이어 2009년에는 단일의 결제 플랫폼인 ESES(Euroclear Settlement of Euronext-zone Securities)를 구축하였다. 일본은 장내주식 청산기관(JSCC, 2003년), 장외주식 청산기관(JDCC, 2004년)을 설립한 이후 예탁결제기관인 JASDEC은 2009년부터 실물주권을 폐지하고 주권전자화를 시행하고 있다.

한편, 우리나라의 경우 증권시장의 경쟁력 강화를 위해 2005년에 기존의 한국증권거래소, (주)코스닥증권, 한국선물거래소를 통합하여 한국증권선물거래소(현재의 '한국거래소')를 설립하였다. 그러나 이러한 움직임에도 불구하고 청산·결제업무에 대한 기관 간 이해대립 등으로 인해 증권결제시스템에 대한 정비는 더디게 진행되어 왔다. 이와 같은 상황에서 청산·결제기관에 관한 사항이 반영된 자본시장법이 2009년 2월부터 시행되면서 증권결제제도 선진화를 위한 기반이 마련되었다. 이를 계기로 2009년 3월부터 한국거래소, 한국은행과 함께 낙후된 증권결제제도의 선진화를 위한 논의를 시작하였다. 그 이후 3년여의 준비와 개발과정을 거쳐 새로운 증권결제시스템의 주식부문은 2012년 1월 16일에, 채권부문은 2012년 2월 20일에 성공적으로 개설되었다.

## 2. 추진경과

### 2.1. 워킹그룹 구성 및 운영

한국예탁결제원은 2006년 8월 31일 한국거래소와 증권시장의 청산·결제기능 및 소유구조 개편을 합의한 이후 2007년부터 우리나라의 증권결제제도 선진화를 위한 연구를 시작하였다. 먼저 시장참가자와의 심층 면접을 통한 국내 증권결제제도의 문제점을 파악하고, 해외출장 등을 통해 해외 증권결제제도의 사례를 분석하였다. 이후 2008년에는 한국증권학회의 연구용역을 통하여 '한국 증권시장에서의 최적 증권결제시스템 구축방안(2008년 12월)'을 마련하였다. 이 방안에서는 장내·외 결제방식을 DVP1방식으로 변경, 결제은행제도 도입, 통합모델(integrated model)에 의한 중앙은행 연계 등을 제안하였다. 한국거래소도 비슷한 시기에 증권결제제도의 선진화를 위한 연구를 하고 있었다. 2007년 11월에는 CCP기능 발전방안 설명회를 통하여 CNS제도 도입, 결제지연손해금제도 도입, 결제은행 단일화 등을 발표하였다. 그리고 2008년에는 한국증권법학회에 용역을 의뢰하여 '바람직한 청산·결제 인프라 구축을 위한 연구(2008년 5월)'를 발표하였다. 한편, 한국은행은 한은금융망(BOK-Wire)의 마감시간대(16:00~17:30) 결제집중현상[1]이 심화되는 것의 주요 원인 중의 하나가 증권결제제도에서의 결제지연과 결제교착인 것으로 분석하였다. 이러한 분석을 바탕으로 한국은행은 한국예탁결제원과 한국거래소에 2009년 2월 증권결제제도 개선을 위한 추진조직 구성을 제안하였다. 이에 따라 한국예탁결제원과 한국거래소는 한국은행의 제안을 적극 수용하여 2009년 3월에 '증권결제제도 개선을 위한 관계기관 워킹그룹(관계기관 워킹그룹)'을 구성하였다. 관계기관 워킹그룹은 한국예탁결제원, 한국거래소 및 한국은행의 각 기관별 결제담당 실무자 6인으로 구성되었다. 그리고 동 워킹그룹은 2009년 3월 13일 1차 회의를 시작으로 2011년까지 운영되었다.

## 2.2. 증권결제제도 선진화 방안에 대한 합의

관계기관 워킹그룹은 2009년 3월 13일 논의를 시작한 후 우리나라의 증권결제제도의 현황 및 문제점에 대한 인식을 공유하고 각 기관별로 해결방안을 제시하였다. 3개 기관은 2009년 5월까지 5차례의 회의를 통해 ① 장내 주식시장결제를 CNS 방식으로 변경, ② 장내 주식시장의 대금결제은행을 한국은행으로 변경, ③ 장내 국채전문유통시장결제를 DVP1으로 변경, ④ 일중RP를 통한 한국은행의 결제유동성 공급 등에는 쉽게 의견 접근을 보였다. 그러나 장내 주식시장결제와 장외 주식기관결제의 결제방식 변경에는 이견이 많았다. 한국예탁결제원은 장내·외 결제의 통일적 운영, 대금결제규모 축소 등을 이유로 장내 주식시장결제와 장외 주식기관결제를 DVP1방식으로 변경할 것을 주장하였다. 이에 반해 한국거래소는 장내 주식시장결제에 대해서는 대금의 차감효과가 높은 DVP3방식[2]을 유지할 것을 주장하였다. 이러한 상황에서 한국예탁결제원은 시장 참가자로부터 영국, 프랑스 등 유럽과 같이 장내·외시장의 모든 증권에 대해 DVP1을 적용하는 것은 제도측면에서는 바람직하나, 제도 변화가 너무 커 이를 수용하는 데 부담이 된다는 의견을 수렴하였다. 이

1 마감시간대 결제비중은 2007년도 55.8%, 2008년도 60.1%인 것으로 나타났다(한국은행, 2009년도 지급결제제도 운영관리보고서, p. 33).

2 DVP3방식은 대금을 회원별로 다자간 차감하기 때문에, 회원별·종목별로 대금을 다자간 차감하여 결제하는 DVP1방식에 비해 대금의 차감효과가 크다. 그러나 영국, 프랑스 등 유럽의 경우에서 보듯 장내 주식시장뿐만 아니라 장내·외 시장의 모든 증권에 대해 DVP1을 적용하여 결제은행을 통해 결제할 경우 장내 주식시장에 대해서만 DVP3을 적용하는 경우보다 대금차감효과가 더 크게 나타난다.

▶▶ 표 9-1 증권시장 결제제도 선진화 추진방안 주요내용

| 구분 | 개편 前 | 개편 後 | 담당기관 |
|---|---|---|---|
| 장내 주식시장결제방식 | DVP3(DNS) | DVP3(CNS) | KRX, KSD |
| 장내 주식시장 대금결제은행 | 신한·우리은행 | 한국은행 | KSD, BOK |
| 장외 주식기관결제 | DVP3 | DVP2 | KSD |
| 장내 국채전문유통시장결제 | DVP3 | DVP1 | KRX, KSD |
| 장내·외 국채결제 유동성공급 | – | 일중RP제도 | KSD, BOK |

출처: 한국예탁결제원

를 바탕으로 한국예탁결제원은 시장 참가자의 수용가능성을 고려하여 장내 주식시장결제에 대해서는 DVP3방식을 유지하면서, 장내·외 결제의 원활화를 위해 장외 주식기관결제를 DVP2방식으로 변경할 것을 수정 제의하였다. 그 결과 2009년 6월 말 관계기관 워킹그룹은 증권결제제도 선진화 추진방향에 대해 합의에 이르게 되었다. 그 이후 3개 기관은 내부보고 등 행정적인 절차를 진행하였다. 특히, 한국예탁결제원과 한국거래소는 증권시장의 최고 정책기관인 금융위원회에 합의사항을 보고하여 정책적 공감대를 형성하였다. 그리하여 2009년 11월 30일에 3개 기관은 '증권시장 결제제도 개선을 위한 관계기관 합의서'에 서명하고, 금융위원회와 공동으로 '증권시장 결제제도 선진화 추진방안'[3]을 발표하였다.

### 2.3. 각 부문별 세부방안의 확정

2010년 1월부터 관계기관 워킹그룹은 증권결제제도 선진화방안에 따라 각 부문별 세부방안을 협의하기 시작하였다. 그 이후 관계기관 워킹그룹은 전체회의, 실무자회의 등을 통해 쟁점사항을 조정하였는데, 이 과정에서 주요 쟁점사항은 다음과 같다. 첫째, 장내 주식시장결제의 결제조건 완화 여부였다. 기존에는 모든 회원의 증권과 대금이 완납된 후 수령회원에게 증권인도와 대금지급이 이루어졌다. 이에 대해 증권과 대금의 완납조건은 증권인도와 대급지급이 늦게 시작(통상 15시 이후)되는 원인이므로 이를 폐지하여야 한다는 주장과 엄격한 위험관리를 위해 유지하여

3 금융위원회, 한국예탁결제원, 한국거래소, 한국은행의 공동보도자료, 「증권시장 결제제도 선진화 추진」(2011. 11. 30)

야 한다는 주장이 대립하였다. 이는 결국 완납조건을 폐지하는 대신, 증권 수령회원의 경우 증권수령한도 등의 충족여부를, 대금 수령회원의 경우 증권납부 완료를 확인하도록 함으로써 위험관리를 하도록 하였다.

둘째, 주식기관결제의 집중거래상대방(CCP) 제도 도입 여부였다. 이는 주식기관결제를 DVP2로 변경함에 따라 대금결제 불이행 위험 제거를 위해 한국예탁결제원이 CCP제도를 도입할 것인가의 문제였다. 이에 대해 한국예탁결제원은 법상 청산기관이 아니므로 CCP가 될 수 없다는 주장과 규정에 따라 CCP가 될 수 있다는 주장이 대립되었다. 이는 자본시장법 이전에 한국거래소가 유가증권시장업무규정과 코스닥시장업무규정에 따라 CCP가 되었던 사례, 한국예탁결제원이 증권등결제업무규정에 따라 ECN시장의 CCP가 되었던 사례에 따라 한국예탁결제원이 증권등결제업무규정에 의해 CCP가 되기로 하였다.

셋째, 장내 국채전문유통시장결제의 결제준비금 조달 문제였다. 이는 한국거래소가 한국은행으로부터 일중RP공급을 받을 때 결제준비금이 필요한데 이를 어느 자금으로 조달할 것인가의 문제였다. 이에 대해 결제원활화를 위해 한국거래소가 자체자금 또는 위약손해배상공동기금을 활용하여 결제준비금을 조달해야 한다는 주장[4]과 한국거래소가 매수회원으로부터 받은 자금을 활용하여 결제준비금을 조달해야 한다는 주장이 대립되었다. 이는 결국 한국거래소의 자금 부담 등을 고려하여 한국거래소가 매수회원으로부터 받은 자금을 활용하여 결제준비금을 조달하기로 하였다.

이와 함께 한국예탁결제원은 증권결제협의회, 주식전문가그룹회의, 채권전문가그룹회의 등을 통하여 시장 참가자의 의견을 수렴하였다. 이 과정에서 시장 참가자들은, ① 장내 주식시장결제에서 CNS 도입에 따라 발생하는 기준일종목의 페일 문제[5]를 해결해 줄 것, ② 장외 주식기관결제에서 결제기금의 납부부담을 완화해 줄 것, ③ 주식기관결제수수료의 신설 반대 등의 의견을 개진하였다. 한국예탁결제원은 위와 같은 관계기관 워킹그룹, 참가자의 의견 수렴 등의 과정을 거쳐 2010년 8월 말에 각 부문별 세부방안을 확정하였다. 그 이후 참가자 설명회를 통하여 참가자에

4 일본의 경우 JGBCC는 회원으로부터 받은 청산기금을 BOJ에 담보로 제공하여 결제준비금을 조달한다. 이에 따라 매수회원의 대금납부와 관계없이 매도회원은 증권 납부를 하는 즉시 1단계 DVP결제를 통해 JGBCC로부터 대금을 수령할 수 있어 원활한 결제가 가능해진다.

5 기준일종목이 페일되면 이 종목을 받지 못한 미수령회원은 권리행사를 하지 못함에 따라 문제가 발생할 수 있다. 따라서 이러한 문제를 해결하기 위해 기준일 종목의 경우는 페일을 허용하지 않고, 필요한 경우에는 결제시한을 19시로 연장하도록 하였다.

대해 증권결제제도 개편방안을 설명하고 제도 개편에 대한 이해와 공감대를 확산하였다. 이와 함께 한국거래소와 한국은행은 각 기관별 담당부문에 대한 세부방안을 확정하고 참가자 설명회를 개최하였다.

### 2.4. 시스템 개발 및 오픈

한국예탁결제원은 각 부문별 세부방안이 확정됨에 따라 2010년 9월부터 신증권결제시스템 개발에 착수하였다. 이후 2011년 2월까지는 시스템 분석과 설계를, 2011년 3월부터 2011년 7월까지 시스템 구현을 하였다. 2011년 8월부터 10월까지는 한국거래소, 한국은행과의 연계테스트 및 통합테스를 실시하였다. 그 이후 2011년 11월부터 2012년 1월까지 관계기관, 참가자 등 90여 개 기관이 참여하는 종합테스트를 실시하여 시스템의 완성도를 높였다.

한편, 한국예탁결제원은 2011년 3월부터 규정 개정 작업을 진행하여, 2011년 12월 말 금융위원회의 규정 개정승인을 받음으로써 시스템 오픈을 준비하였다. 이와 함께 한국거래소와 한국은행도 2011년 12월까지 규정 개정을 마무리하였다. 위와 같은 과정을 거쳐 한국예탁결제원은 한국거래소, 한국은행과 공동으로 새로운 증권결제시스템의 주식부문은 2012년 1월 16일, 채권부문은 2012년 2월 20일에 오픈하였다.

# 02 장내시장의 결제제도 개편

## 1. 현　황

### 1.1. 제도현황

장내시장결제의 청산업무는 한국거래소가, 결제업무는 한국예탁결제원이 수행하고 있었다. 또한 2009년 2월 4일부터 장내시장의 결제계좌 단일화시스템을 시행한 이후 주식시장결제, 국채전문유통시장결제, RP시장결제 및 일반채권시장결제는

▶▶ 표 9-2 기존 장내시장 결제제도 운영현황

| 구분 | | 주식시장결제 | 국채전문유통시장 결제 | RP시장결제 | 일반채권시장결제 |
|---|---|---|---|---|---|
| 청산업무 | | 한국거래소 | 한국거래소 | 한국거래소 | 한국거래소 |
| 결제업무 | | 한국예탁결제원 | 한국예탁결제원 | 한국예탁결제원 | 한국예탁결제원 |
| 동시결제(DVP) | | 다자간 DVP3 | 다자간 DVP3 | 다자간 DVP3 | 다자간 DVP3 |
| 차감 방식 | 증권 | 회원·종목별 | 회원·종목별 | 회원·종목별 | 회원·종목별 |
| | 대금 | 회원별 | 회원별 | 회원별 | 회원별 |
| 차감연속성 | | DNS | DNS | DNS | DNS |
| 결제개시시점 | | 15시 | 15시 | 15시 | 15시 |
| 결제주기 | | T+2일 | T+1일 | T일 | T일 |
| 대금결제은행 | | 신한·우리은행 | 한국은행 | 한국은행 | 신한·우리은행 |

출처: 한국예탁결제원

모두 DVP유형, 차감결제방식, 결제개시시점 등에서 기본적으로 동일하게 되었다. 다만, 결제주기, 대금결제은행 등에서 일부 차이가 있었다. 이와 같은 내용을 상술하면 다음과 같다.

첫째, 다자간 DVP3방식에 따라 차감된 결제증권을 인도하고, 차감된 결제대금을 지급하여 결제한다. 결제증권은 회원별·종목별 다자간 차감하여 산정하고, 결제대금은 회원별로 다자간 차감하여 산정된다. 이러한 다자간 차감을 통하여 결제대금은 대폭 축소(약 97%)되게 된다.

둘째, 일일차감결제(DNS: Daily Net Settlement)에 따라 매일 차감하여 결제하고 증권이 부족하면 한국거래소가 수령회원의 동의를 받아서 납부회원이 발생한 결제대용증으로 결제증권의 납부에 갈음한다. 한국거래소가 수령회원의 동의를 받도록 한 것은 납부회원의 신용불안 등을 이유로 수령회원이 결제대용증의 발행에 동의하지 않는 문제를 해소하기 위한 것이었다.

셋째, 결제개시시점은 15시[6]이다. 즉, 결제기관은 15시부터 결제요건을 충족한 수령회원에 대해 결제증권을 인도하고 결제대금을 지급한다. 다만, 증권인도의 경

6 2011년 7월부터 결제개시시점 조기화의 단계적 실시에 따라 15시에서 9시로 앞당겨졌다.

우 납부회원이 결제증권을 모두 납부한 종목에 대해서만 인도가 이루어지고, 대금 지급의 경우 납부회원이 결제대금을 모두 납부한 때에만 지급이 이루어진다.

넷째, 결제주기가 시장별로 다르다. 주식시장결제는 T+2일, 국채전문유통시장 결제는 T+1일인 반면, RP시장결제와 일반채권시장결제는 T+0일이다.

다섯째, 주식시장결제와 일반채권시장결제의 대금결제은행은 신한은행과 우리 은행인 반면, 국채전문유통시장결제와 RP시장결제의 대금결제은행은 한국은행이다. 국채전문유통시장결제와 RP시장결제의 대금결제은행이 한국은행인 배경은 결제 회원인 은행들이 한국은행의 이용을 선호하였기 때문이다.

### 1.2. 업무처리절차

장내시장결제의 주요 업무처리절차를 주식시장결제를 중심으로 살펴보면 다음과 같다. 우선 ① T+0일에 한국거래소에서 매매거래가 체결되면 즉시 매매확인(locked-in)이 이루어진다. ② 그 이후 한국거래소는 T+1일에 청산기관으로서 차감을 통해 결제증권과 결제대금을 확정한 후 해당 결제대상명세를 한국예탁결제원과 회원에게 통지한다. 다음으로 T+2일에는 한국예탁결제원이 증권인도와 대금지급을 처리한다. 증권의 경우 매도회원이 결제시한인 16시까지 자신의 결제계좌에 결제증권을 예탁하면 한국예탁결제원은 해당 결제증권을 KSD결제계좌로 계좌대체한다. 한국예탁결제원은 15시부터 KSD결제계좌에 모두 납부된 결제증권의 종목이 있으면 해당 종목의 수령회원 중 수령요건을 충족하는 회원의 결제계좌로 결제증권을 계좌대체 함으로써 증권결제를 완료한다. 이를 위해 한국예탁결제원은 약 4,000종목에 달하는 결제증권별로 납부여부와 수령회원의 수령요건을 실시간으로 파악하여 처리하고 있다.

대금의 경우 매수회원은 결제시한인 16시까지 신한·우리은행에 개설된 KSD결제계좌로 해당 결제대금을 계좌이체한다. 한국예탁결제원은 15시부터 KSD결제계좌에 결제대금이 모두 납부되면 수령회원 중 수령요건을 충족하는 회원의 결제계좌로 결제대금을 계좌이체 함으로써 대금결제를 완료한다.

## 2. 문제점

### 2.1. 주식시장결제의 문제점

한국예탁결제원은 1975년 7월 18일부터 장내 주식시장결제업무를 수행하고 있

▶▶ 그림 9-1 장내 주식시장결제의 프로세스

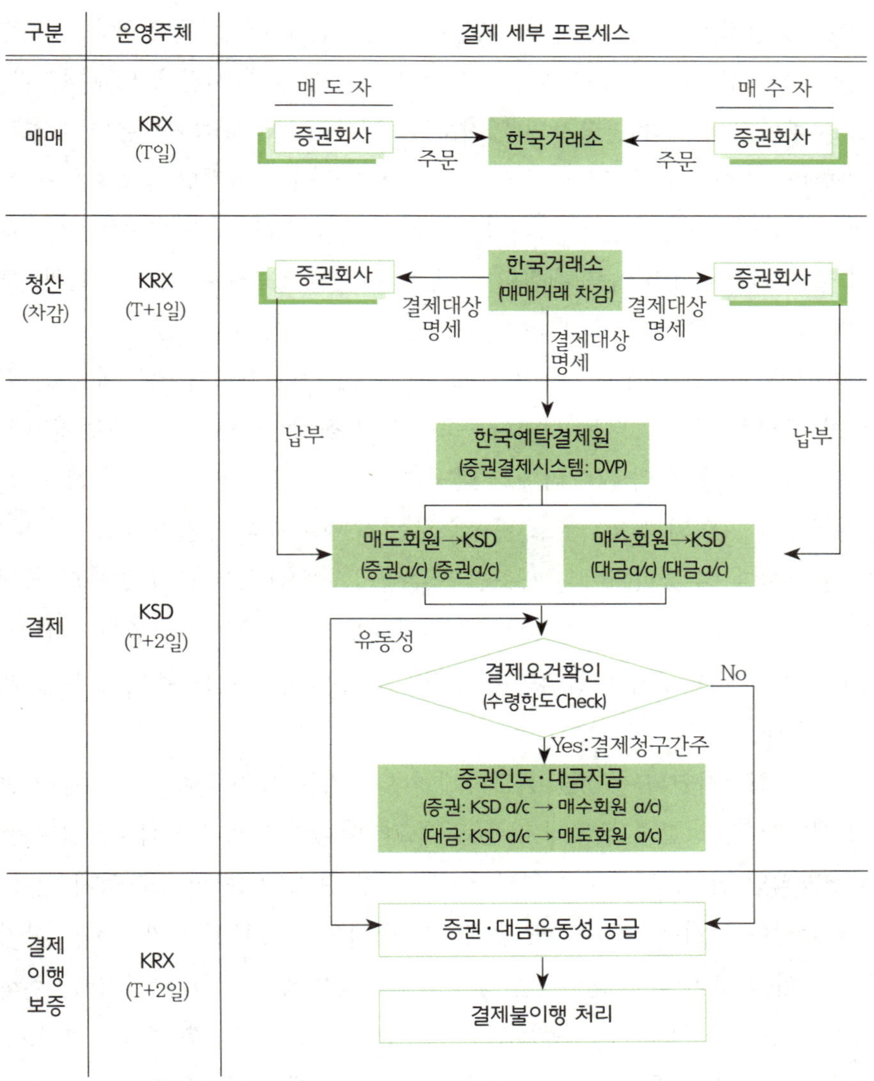

었으나, 주식시장의 성장에 맞춰 충분한 제도 개편이 이루어지지 못함에 따라 많은 문제점을 나타나고 있었다. 이를 구체적으로 살펴보면 다음과 같다.

### 2.1.1. 만성적인 결제지연의 발생

우리나라의 장내 주식시장결제에서 가장 심각한 문제점은 만성적인 결제지연이 발생하고 있었다는 것이다. 2011년도의 결제완료시각을 살펴보면 평균 17시 28분이었으며 가장 늦은 경우에는 21시 57분에 결제가 완료된 때도 있었다. 특히, 결제시한이 16시임에도 불구하고 16시 이전에 결제가 완료된 경우는 한 번도 없었다. 이와 같은 만성적인 결제지연과 그로 인한 마감시간대 결제집중현상은 증권결제제도의 안전성에 심각한 문제를 야기시킬 수 있다. 즉, 마감시간에 업무처리가 집중적으로 이루어짐에 따라 담당자의 입력오류, 전산시스템 오류 등 운영리스크가 크게 증가한다. 또한, 마감시간대 증권과 대금의 수령이 늦어지면 수령회원은 유동성위험에 노출되게 된다. 그뿐만 아니라, 결제교착(grid lock)이 발생하는 경우에는 한 회원이 불이행하게 되면 이를 해결할 수 있는 시간이 부족하여 다른 회원의  불이행으로 연쇄적으로 이어져 시스템 리스크가 발생할 수도 있다.

이러한 만성적인 결제지연이 발생하는 이유는 여러 가지가 있는데 우선 결제개시시점이 15시로 너무 늦다는 것이다. 즉, 9시 시점에 매도회원의 결제계좌에 예탁된 결제증권의 비율은 약 80%임에도 불구하고 15시 이후에나 결제가 개시됨에 따라 증권결제가 지연되고 있다. 그 다음으로는 수령회원의 증권결제요건이 너무 엄격하다는 것이다. 수령회원이 결제증권을 수령하기 위해서는 해당 종목의 결제증권이 모두 납부 완료될 때까지 기다려야 한다. 예를 들면 삼성전자 종목의 전체 결제수량 100만주 중 1만주가 미납되면 삼성전자의 수령회원은 1만주가 납부될 때까지 기다려야 한다.

그 밖에 결제지연의 문제를 심각하게 악화시키는 요인으로 장외 주식기관결제와의 결제방식 간 정합성 부족에 따른 결제교착이 있다. 장내 주식시장결제는 다자간 DVP3방식인 반면, 장외 주식기관결제는 양자 간 DVP3방식으로 양자 간에 증권과 대금 요건이 동시에 충족될 때 결제하는 방식이기 때문에 결제교착을 야기시키는 주 원인이 되고 있다. 예를 들면 장내 주식시장결제의 회원(A)이 장외 주식기관결제에서 기관투자자(甲)에게 종목①, ②를 인도하고 종목③을 수령하였다고 가정하자. 이 경우 양자 모두 증권을 충족하고 있더라도 대금 납부회원(甲)이 대금을 납

▶▶ 그림 9-2 장내 주식시장과 장외 주식기관시장과의 연계미비로 인한 결제지연

◈ 장외 주식기관결제(양자간 DVP3)에서 기관 甲의 대금납부 지연→ 장외 주식기관결제에서 회원A의 종목③ 수령 불능→ 회원A의 종목③ 납부 불능으로 장내 주식시장결제(다자간 DVP3)에서 결제지연 발생[7]

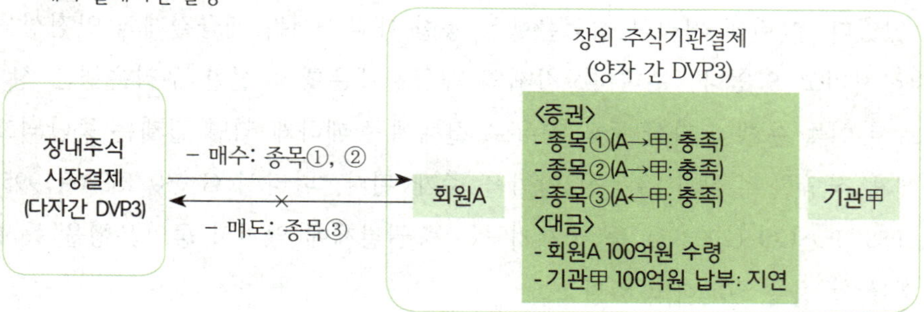


부하지 않으면 회원(A)가 종목③을 수령하지 못하게 되는 결제교착이 발생하여 결제지연을 초래하게 된다. 이와 같이 장내 주식시장결제와 장외 주식기관결제가 서로 연계되지 못해 결제교착을 야기할 수 있다. 이와 같은 결제교착을 사전에 방지하기 위해서는 장내 주식시장결제와 장외 주식기관결제가 통합되어 청산되어야 한다.

### 2.1.2. 일일차감결제에 따른 안전성 저하

우리나라 장내 주식시장결제는 오랫동안 일일차감결제(DNS: Daily Net Settlement)방식을 채택하고 있었다. 그러나 이러한 일일차감결제방식은 증권결제의 안전성을 저하시키고 있었다. 즉, 우리나라의 일일차감결제방식에서는 증권이 부족하면 납부회원이 수령회원의 동의를 받아 발행한 결제대용증으로 결제증권에 갈음하는 형식으로 진행된다. 여기서의 문제는 수령회원이 동의를 회피하기 때문에 납부회원이 동의를 받기가 쉽지 않고 결제대용증이 발행되지 않으면 결제불이행으로 이어진다는 것이다. 이로 인해 증권부족이 발생한 납부회원의 담당자들은 오전부터

7 DVP3결제는 증권은 종목별로 결제하고 대금은 총량 차감 결제하는 방식을 말한다. 기관甲은 종목①과 ②를 회원 A로부터 매입하고 종목③을 매도했을 때, 종목①과 ②의 매입금액이 종목③의 매도금액보다 클 경우 기관甲은 종목 ③과 현금을 납부해야 장내주식 시장결제가 진행된다. 예를 들면 종목①은 50억원, 종목②는 70억원, 종목③은 20억원인 경우 차액 100억원이 발생한다. 따라서 기관甲이 증권과 대금을 동시에 결제하기 위해서는 추가적인 100억원의 납부가 이루어져야 장내시장과 장외시장의 결제가 원활하게 진행된다.

수령회원의 동의를 받기 위해 동분서주하게 된다.

#### 2.1.3. 대금결제의 안전성 저하

우리나라 장내 주식시장결제는 대금결제은행으로 신한은행과 우리은행을 이용하고 있었다. 그런데 이러한 상업은행을 통한 대금결제는 대금결제의 안전성을 크게 저하시키고 있었다. 주식시장결제의 대금결제은행인 신한·우리은행은 상업은행으로서 이들 은행이 파산 등의 사유로 결제에 실패하게 되면 결제는 중단되고 회원들에게 상당한 손실과 유동성 압박을 주게 된다. 따라서 G-30/ISSA[8](1995년), BIS(CPSS)-IOSCO[9](2003년) 등 국제기구는 증권결제에 있어서 중앙은행을 통해 대금결제를 할 것을 권고하고 있다.

### 2.2. 국채전문유통시장결제의 문제점

한국예탁결제원은 1999년 3월부터 장내 국채전문유통시장결제업무를 수행하고 있었으나, 국채전문유통시장의 성장에 맞춰 충분한 제도 개편이 이루어지지 못함에 따라 많은 문제점이 나타나고 있었다. 이를 구체적으로 살펴보면 다음과 같다.

#### 2.2.1. 만성적인 결제지연의 발생

우리나라 국채전문유통시장결제의 가장 심각한 문제점은 만성적인 결제지연이 발생하고 있었다는 것이다. 2011년도의 결제완료시각을 살펴보면 평균 17:05이었으며 결제시한이 16시임에도 불구하고 16시 이전에 결제가 완료된 경우는 한 번도 없으며 19:03에 결제가 완료된 경우도 있었다. 이와 같은 만성적인 결제지연은 주식시장결제에서 살펴본 바와 같이 운영리스크, 유동성리스크뿐만 아니라 시스템리스크를 발생시켜 증권결제제도의 안전성에 심각한 문제를 야기시킬 수 있다.

이러한 만성적인 결제지연이 발생하는 이유는 여러 가지가 있는데 주식시장결제와 같이 결제개시시점이 15시라는 점, 수령회원의 증권결제요건이 너무 엄격하다

8 G-30/ISSA 권고안6. 증권거래의 결제 및 증권포트폴리오의 서비스제공과 관련된 대금은 당일자금관행을 채택하여 모든 증권 및 시장에 일관되게 적용되어야 한다.

9 BIS(CPSS)-IOSCO 권고안10. CSD회원간 증권거래를 결제하기 위해 사용하는 자산은 신용위험 또는 유동성위험이 없어야 한다. 중앙은행자금을 결제에 이용하지 않은 경우에는 결제은행의 결제불이행에 기인하는 잠재적손실과 유동성압박으로부터 CSD회원들을 보호하기 위한 조치가 취해져야 한다.

**▶▶ 그림 9-3 장내 국채전문유통시장과 장외 채권기관결제시장과의 연계미비로 인한 결제지연**

◈ 장내 국채전문유통시장결제(다자간 DVP3)에서 회원A의 종목① 수령 불능 → 장외 채권기관결제(DVP1)에서 회원C의 종목① 수령 불능 → 회원C의 종목① 납부 불능으로 장내 국채전문유통시장결제에서 결제지연 발생

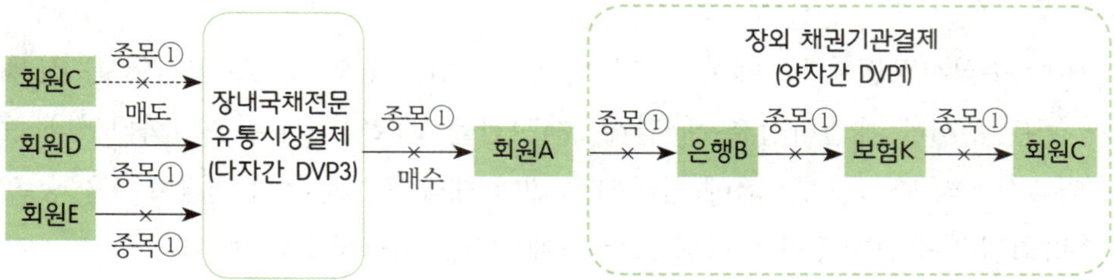


는 점이 그 주된 이유이다. 다음으로 결제지연의 문제를 악화시키는 요인으로 장외 채권기관결제와의 결제방식 간 정합성 부족에 따른 결제교착을 들 수 있다. 장내 국채전문유통시장결제는 다자간 DVP3방식이다. 반면, 장외 채권기관결제는 양자간 DVP1방식으로 양자간에 건별로 증권과 대금 요건이 동시에 충족될 때 결제하는 방식이기 때문에 결제교착을 야기시키는 주원인이 되고 있다. 예를 들면 장내 국채전문유통시장결제의 회원(A)이 다른 회원(E)의 미납으로 종목①을 수령하지 못하면 장외시장에서 연쇄적으로 거래한 회원(C)도 종목①을 수령하지 못하게 되고 이는 다시 장내 국채전문유통시장결제의 결제지연을 초래하게 된다. 이와 같이 장내 국채전문유통시장과 장외 채권기관결제가 통합되어 차감되지 않기 때문에 결제교착을 야기한다.

### 2.2.2. 결제회원의 대금유동성 부족

우리나라 국채전문유통시장의 결제회원은 대금유동성 부족으로 결제대금 납부가 마감시간대(15:00~17:30)에 집중되는 문제점이 있었다. 2011년도의 경우 마감시간대 결제대금 납부비율이 48.7%일 정도로 전반적으로 결제대금 납부가 지연되고 있었다. 대체로 은행인 회원의 경우 대금납부가 빠른 반면, 증권회사인 회원은 자금부족으로 인해 결제대금 납부가 만성적으로 늦었다. 이는 장내 국채전문유통시장결제의 대금결제 안전성을 저해하는 요인으로 작용하고 있었다.

## 3. 주식시장결제 개편

### 3.1. 주요 개편사항

#### 3.1.1. 결제개시시점 조기화

이번 주식시장결제제도에서는 그동안 결제지연의 원인으로 지적되어 온 결제개시가 늦은 문제를 해결하기 위해 결제개시시점을 T+2일 9시로 조기화하였다. 즉, T+2일 9시부터 KSD결제계좌에 납부된 증권과 대금의 범위에서 결제요건을 충족하는 수령회원에게 결제증권을 인도 또는 결제대금을 지급하도록 하였다.

이와 함께 수령회원의 증권과 대금의 결제요건을 완화하여 결제가능상태를 높여주어 결제개시시점 조기화의 실효성을 제고하였다. 증권의 경우 기존에는 증권이 모두 납부된 종목에 대해서만 수령회원에 대한 결제가 개시되었다. 그러나 이 요건을 폐지하여 일부 증권이 납부된 종목에 대해서도 결제가 개시되도록 하여 증권결제가 원활하게 처리되도록 하였다. 다만, 이 경우에도 수령회원이 자신이 납부할 모든 종목의 결제증권과 결제대금을 납부하거나, 또는 수령회원의 증권수령가능한도가 수령할 결제증권의 평가액보다 클 경우에만 수령회원은 해당종목을 수령할 수 있기 때문에 리스크를 관리할 수 있다.

또한, 대금의 경우 기존에는 결제대금이 모두 납부된 경우에만 수령회원에 대한 결제가 개시되었으나 이 요건을 폐지하여 일부 대금이 납부된 경우에도 결제가 개시되도록 하였다. 다만, 이 경우에도 수령회원이 자신이 납부할 모든 종목의 결제증권을 납부한 경우에만 결제대금을 수령할 수 있도록 하여 리스크를 관리하도록 하였다.

▶▶ 표 9-3 수령회원의 결제요건 변경 전·후 비교

| 구분 | 변경 前 | 변경 後 |
|---|---|---|
| 증권결제요건 | ① 특정종목의 모든 납부회원이 결제증권 완납<br>② 특정종목의 수령회원이 납부할 모든 종목의 결제증권·결제대금 완납 or 증권수령가능한도 충족 | 〈삭제〉<br>〈유지〉 |
| 대금결제요건 | ① 모든 납부회원이 결제대금 완납<br>② 수령회원이 납부할 모든 종목의 결제증권 완납 | 〈삭제〉<br>〈유지〉 |

### 3.1.2. 이연결제제도(CNS) 도입

이번 주식시장결제제도 개편의 가장 큰 특징은 일일차감결제제도(DNS: Daily Net Settlement)를 폐지하고 이연결제제도를 도입하였다는 것이다. 이연결제제도(CNS: Continuous Net Settlement)란 결제시한(16시)까지 결제증권이 납부되지 않으면 해당 미납부수량을 익일로 이연한 후 익일의 결제수량과 재차감하여 결제하는 제도를 말한다. 이는 증권부족에 따른 결제지연의 문제를 해결하기 위한 제도로서 미국, 일본, 프랑스, 홍콩 등 주요 선진국에서 도입하여 운영하고 있는 제도이다.

일일차감결제제도(DNS)에서는 납부회원이 부족한 증권을 조달할 때까지 기다리거나 수령회원의 동의를 받아 결제대용증이 발행될 때까지 증권결제를 기다리게 된다. 반면, 이연결제제도에서는 결제시한(16시)까지 납부된 결제증권의 범위에서 증권결제를 완료하고 미납부수량은 익일로 이연함으로써 당일 결제를 조기에 완료한다. 한편 이연결제제도에서는 증권을 수령하지 못한 미수령회원을 보호하기 위한 장치를 마련하고 있다. 미수령회원에 대해 미수령증권에 상응하여 지급하는 이연결제대금, 미납부회원의 증권납부를 강제하는 매입인도(buy-in)제도 등이 그 예이다.

### 3.1.3. 대금결제은행 변경

그동안 장내 주식시장결제의 대금결제은행은 상업은행(신한은행, 우리은행)이었다. 그렇지만 이는 BIS(CPSS)-IOSCO 등의 국제기준에 맞지 않을 뿐만 아니라 안전성 측면에서 문제가 있어 한국은행으로 대금결제은행을 변경할 필요성이 오랫동안 제기되어 왔다. 그럼에도 불구하고 그동안 개선이 어려웠던 이유는 지급준비일에 증권회사가 거래은행에 예치된 자금을 한국은행에 개설된 자신의 계좌로 이체하기 위해서는 거래은행의 협조가 필요하나, 거래은행이 지급준비금 관리의 어려움 등을

▶▶ 표 9-4 일일차감결제제도(DNS)와 이연결제제도(CNS)의 비교

| 구분 | 일일차감결제제도(DNS) | 이연결제제도(CNS) |
|---|---|---|
| 증권미납 허용 | – 불허. 결제불이행 처리 | – 허용. 익일로 이월 |
| 대금미납 허용 | – 불허. 결제불이행 처리 | – 불허. 결제불이행 처리 |
| 증권부족 해소 | – 결제대용증으로 대납 | – 익일 결제수량과 재차감/매입인도 |
| 일일정산 | – 없음 | – 있음. 미납부증권 당일종가로 정산 |
| 매입인도(buy–in) | – 없음 | – 있음 |

이유로 협조에 소극적이었기 때문이다. 그러나 이번 증권결제제도 개편과정에서는 상기의 문제점을 극복하여 대금결제은행을 한국은행으로 변경할 수 있게 되었다. 즉, 결제일 전일(T+1일)에 거래은행에 대금결제자료를 제공하도록 하였다. 이를 통해 거래은행은 결제일(T+2일)의 증권회사 자금이동 규모를 예측할 수 있게 되었고, 그에 따라 필요한 지급준비금을 조정할 수 있어 지급준비일과 관련된 문제가 해결되었기 때문이다.

## 4. 국채전문유통시장결제 개편

### 4.1. 주요 개편사항

#### 4.1.1. 결제개시시점 조기화

이번 국채전문유통시장결제제도에서는 그동안 결제지연의 원인으로 지적되어 온 결제개시가 늦은 문제를 해결하기 위해 장내 주식시장결제처럼 결제개시시점을 9시로 조기화 하였다. 즉, 9시부터 KSD결제계좌에 납부된 증권과 대금의 범위에서 결제요건을 충족하는 결제 건별로 결제증권과 결제대금을 동시에 결제하도록 하였다.

이와 함께 수령회원의 증권과 대금의 결제요건을 완화하여 결제가능상태를 높여주어 결제개시시점 조기화의 실효성을 제고하였다. 즉 9시부터 종목별로 결제대금을 완납한 회원에 대해 결제증권을 인도하고, 결제증권을 완납한 회원에 대해 결제대금을 지급함으로써 결제원활화를 도모하였다.

#### 4.1.2. 차감 후 DVP1방식 도입

이번 국채전문유통시장결제제도에서 가장 큰 변화는 차감 후 DVP1방식을 도입한 것이다. 차감 후 DVP1방식이란 매매거래에 따른 증권과 대금을 회원별·종목별로 차감한 후 DVP1방식처럼 차감된 건별로 결제하는 방식을 말한다. 예를 들어 증권을 회원별·종목별로 차감하면 회원 A는 종목 ①을 100주 받고 회원 B는 종목 ②를 200주 받는다고 하자. 대금은 회원 A가 회원 B로부터 200원을 받지만 회원 B에게 줄 100원을 차감하여 100원이 되었다고 하자. 이 경우 차감 후 DVP1 방식이란 회원 A가 회원 B에게 100원을 지급하면 종목 ①의 100주 받고 회원 B는 회원 A

▶▶ 표 9-5 수령회원의 결제요건 변경 전·후 비교

| 구분 | 변경 前 | 변경 後 |
|---|---|---|
| 증권 결제요건 | ① 특정종목의 납부회원이 결제증권 완납<br>② 특정종목 수령회원이 모든 종목의 결제증권·결제대금 완납 or 수령회원의 증권수령 가능한도 충족 | 〈삭제〉<br>② 수령회원이 특정종목의 결제대금 완납<br>〈삭제〉 |
| 대금 결제요건 | ① 납부회원의 결제대금 완납<br>② 수령회원의 모든 종목의 결제증권 완납 | 〈삭제〉<br>② 수령회원이 특정종목의 결제증권 완납 |

에게 200원을 지급하면 종목 ②의 200주를 받는 결제 방식이다. 만일 DVP3 방식이라면 회원 A는 회원 B로부터 대금의 차감분인 100원만을 받는다. 이처럼 차감후 DVP1방식으로 결제하게 되면 거래건별로 결제하는 채권기관결제(DVP1)와 정합성을 확보하게 되어 장내·외 국채결제를 원활하게 처리할 수 있다. 참고로 미국, 일본, 영국, 프랑스 등도 국채전문유통시장결제와 같이 CCP제도가 도입된 국채결제의 경우 차감후 DVP1방식을 채택하고 있다.

### 4.1.3. 일중RP제도 도입

이번 국채전문유통시장결제제도의 또 다른 특징은 증권회사 및 한국거래소의 결제대금 처리를 지원하기 위해 한국은행이 일중의 일시 결제부족자금 지원제도(이하 일중RP제도)를 도입하였다는 점이다. 일중RP제도는 한국은행의 자금결제시스템과 한국예탁결제원의 증권결제시스템을 연계하여 한국은행이 증권회사나 CCP인 한국거래소가 결제중인 매수증권을 환매조건부로 매수함으로써 일중 대금유동성을 지원하는 제도를 말한다.

개편된 국채전문유통시장결제는 대금납부순서에 따라 증권수령에 우선순위를 부여하여 신속한 대금납부를 요구하고 있다. 이에 따라 일중RP제도는 국채전문유통시장의 은행 참가기관에 비해 상대적으로 보유자금이 부족한 증권회사에게 한국은행이 직접 대금유동성을 지원함으로써 증권의 확보를 용이하게 하였다. 또한, 국채전문유통시장결제의 CCP인 한국거래소를 일중RP대상기관으로 포함하여 증권을 조달한 결제회원에게 신속한 대금지급을 가능하게 하여 원활한 결제처리를 도모하였다.

## 5. 일중RP 도입

### 5.1. 개요

#### 5.1.1. 의의

일중RP(Repurchase Agreement)제도란 한국은행의 자금결제시스템과 한국예탁결제원의 증권결제시스템을 연계하여 한국은행이 결제 중인 매수국채를 담보로 일중 유동성을 지원하는 제도를 말한다. 이는 증권회사 등에 일중 유동성을 지원함으로써 장내·외 국채결제의 원활화를 도모하기 위하여 도입되었다.

#### 5.1.2. 제도 운영 구조

이번에 도입된 일중RP제도는 2011년 9월에 개정된 한국은행법 제81조의2[10]에 근거를 두고 있으며 그 주요내용을 살펴보면 다음과 같다.

첫째, 일중RP의 대상기관은 금융통화위원회가 선정한 기관으로, 2012년 말 기준 한국거래소, 증권회사 등 26개 기관이 선정되었다.

둘째, 일중RP의 대상거래는 장내 국채전문유통시장결제 및 장외 채권기관결제를 대상으로 하는 거래로 매수거래에 한한다.

셋째, 일중RP의 대상증권은 국채, 통화안정증권, 정부보증채이다. 다만, 장내 국채전문유통시장결제의 경우에는 국고채권, 통화안정증권, 예금보험기금채권에 한한다.

넷째, 일중RP의 지원한도는 직전 분기말 기준으로 자기자본의 25%이다. 다만, 한국거래소의 경우 장내 국채전문유통시장결제의 원활화를 위해 지원한도를 두고 있지 않다.

### 5.2. 일중RP 공급

앞에서 장내 국채전문유통시장결제의 경우 앞에서 설명이 일부 이루어졌으므로

10 한국은행법 제81조의2(일시 결제부족자금의 지원) 한국은행은 금융통화위원회가 정하는 바에 따라 한국은행이 직접 운영하는 지급결제제도의 참가기관에 대하여 일중(日中)의 일시적인 결제부족자금을 지원할 수 있다.

▶▶ 그림 9-4 일중RP 공급 프로세스

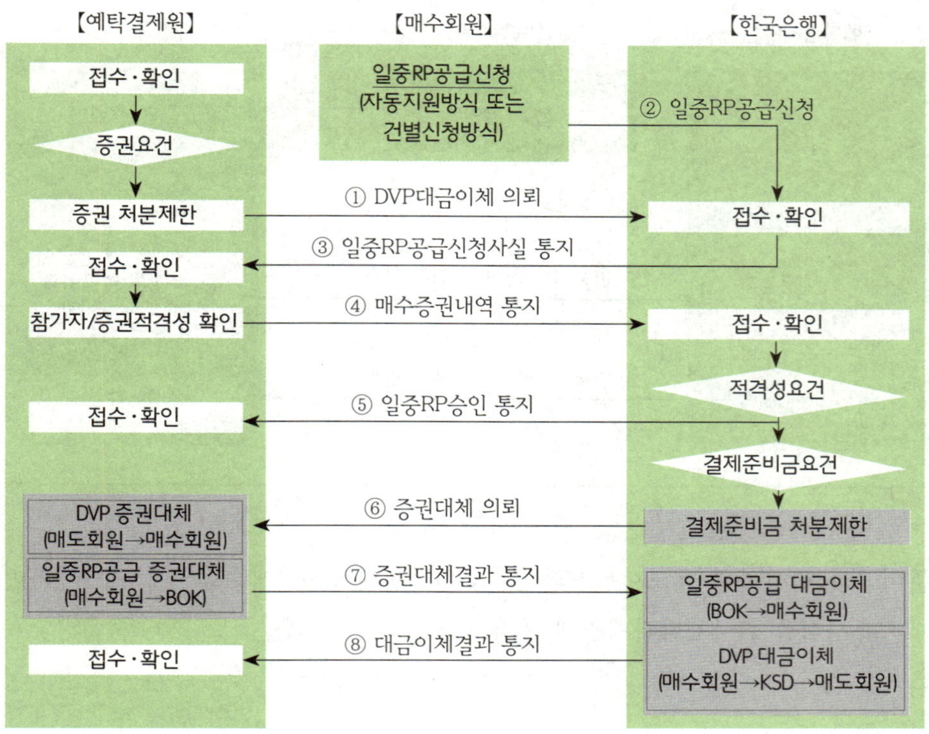


이하에서는 채권기관결제를 중심으로 살펴보기로 한다. 장외 채권기관결제에 대한 일중RP 공급은 매수회원의 신청에 의하여 이루어지며 이의 신청은 09:00~16:00에 이루어져야 한다. 일중RP공급 절차를 보다 자세히 살펴보면 다음과 같다.

먼저 ① 한국예탁결제원은 채권기관결제를 위해 매도회원의 결제수량에 대해 처분제한을 한 후 회원 및 한국은행에 통지한다. ② 매수회원은 일중RP 공급을 신청하고, 한국은행은 이 사실을 한국예탁결제원에 통지한다. 한국예탁결제원은 매수회원의 매수증권내역을 한국은행에 통지한다. ③ 한국은행은 매수회원의 결제준비금이 충족되어 있으면 이를 처분제한 한 후 한국예탁결제원에 증권대체의뢰를 한다. ④ 한국예탁결제원은 매도회원계좌에 처분제한되어 있는 증권을 매수회원계좌로 계좌대체하고 이를 다시 BOK계좌로 계좌대체한 후 이 사실을 한국은행에 통지한다. ⑤ 한국은행은 유동성 공급금액을 매수회원계좌에 계좌이체 하고 동시에 결

▶▶ 그림 9-5 신청상환에 의한 일중RP 상환 프로세스

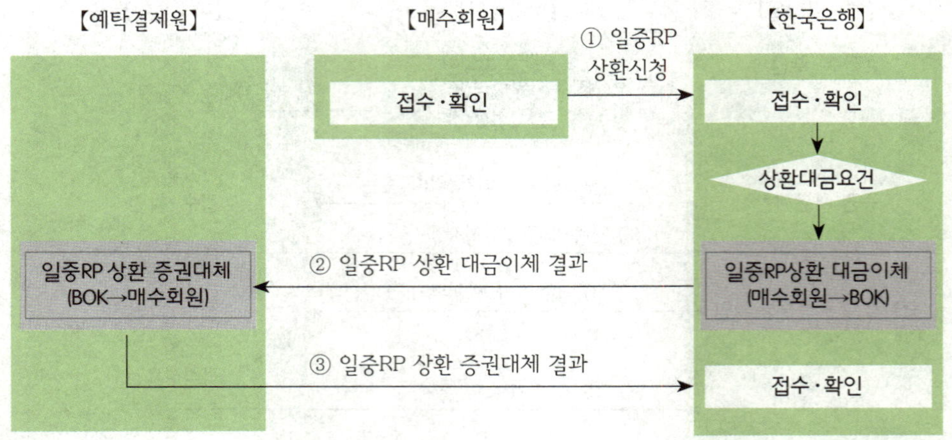


제준비금과 합산하여 매도회원계좌 → KSD결제계좌 → 매수회원계좌로 계좌이체한 후 그 사실을 한국예탁결제원에 통지한다.

### 5.3. 일중RP 상환

장외 채권기관결제에 있어 일중RP 상환은 매수회원의 신청에 의한 신청상환(16:00~17:15), 지정시각 자동상환(16:55, 17:05), 상환마감시각 자동상환(17:15)으로 구분된다. 여기서 자동상환이란 한국은행에 개설된 매수회원계좌에 상환대금이 있으면 회원의 신청 없이 자동으로 상환되는 것을 말한다. 신청상환에 의한 일중RP 상환절차를 보다 자세히 살펴보면 다음과 같다. 먼저 ① 매수회원은 한국은행에 일중RP 상환을 신청한다. ② 한국은행은 매수회원계좌에 상환대금이 충분한지 확인하고 해당 대금을 BOK계좌로 계좌이체한 후 그 사실을 한국예탁결제원에 통지한다. ③ 한국예탁결제원은 BOK계좌에 있는 일중RP 담보증권을 매수회원계좌로 계좌대체한 후 그 사실을 한국은행에 통지한다.

# 장외시장의 결제제도 개편 03

## 1. 현　　황

### 1.1. 제도 현황

장외시장결제의 청산과 결제업무는 장내시장결제와 달리 한국예탁결제원이 모두 수행하고 있었다. 주식기관결제의 경우 채권기관결제 및 기관 간 RP결제와 결제개시 시점, 대금결제은행 등에서 공통점이 있으나 DVP유형에서는 근본적인 차이가 있었다. 즉, 주식기관결제는 양자간 DVP3방식에 따라 증권과 대금을 차감한 후 양자의 요건이 동시에 충족될 때 결제한다. 반면, 채권기관결제와 기관 간 RP결제는 양자간 DVP1방식에 따라 증권과 대금을 차감하지 않고 건별로 양자의 요건이 동시에 충족될 때 결제하는 방식을 채택하고 있었다. 그 특징을 살펴보면 [표 9-6]과 같다.

### 1.2. 업무처리절차

장외시장결제의 주요 업무처리절차를 주식기관결제를 중심으로 살펴보면 다음과 같다. 우선 ① T+0일에 거래가 체결되면 증권회사는 한국예탁결제원에 매매자

▶▶ 표 9-6 기존 장외시장 결제제도의 운영현황

| 구분 | | 주식기관결제 | 채권기관결제 | 기관간RP결제 |
|---|---|---|---|---|
| 청산업무 | | 한국예탁결제원 | 한국예탁결제원 | 한국예탁결제원 |
| 결제업무 | | 한국예탁결제원 | 한국예탁결제원 | 한국예탁결제원 |
| 동시결제(DVP) | | 양자간 DVP3 | 양자간 DVP1 | 양자간 DVP1 |
| 차감방식 | 증권 | 회원·종목별 | – | – |
| | 대금 | 회원별 | – | – |
| 결제개시시점 | | 11시 | 9시 | 9시 |
| 결제주기 | | T+2일 | T+1~30일 | T~30일 |
| 대금결제은행 | | 한국은행 | 한국은행 | 한국은행 |

출처: 한국예탁결제원

▶▶ 그림 9-6 장외 주식기관결제의 결제프로세스

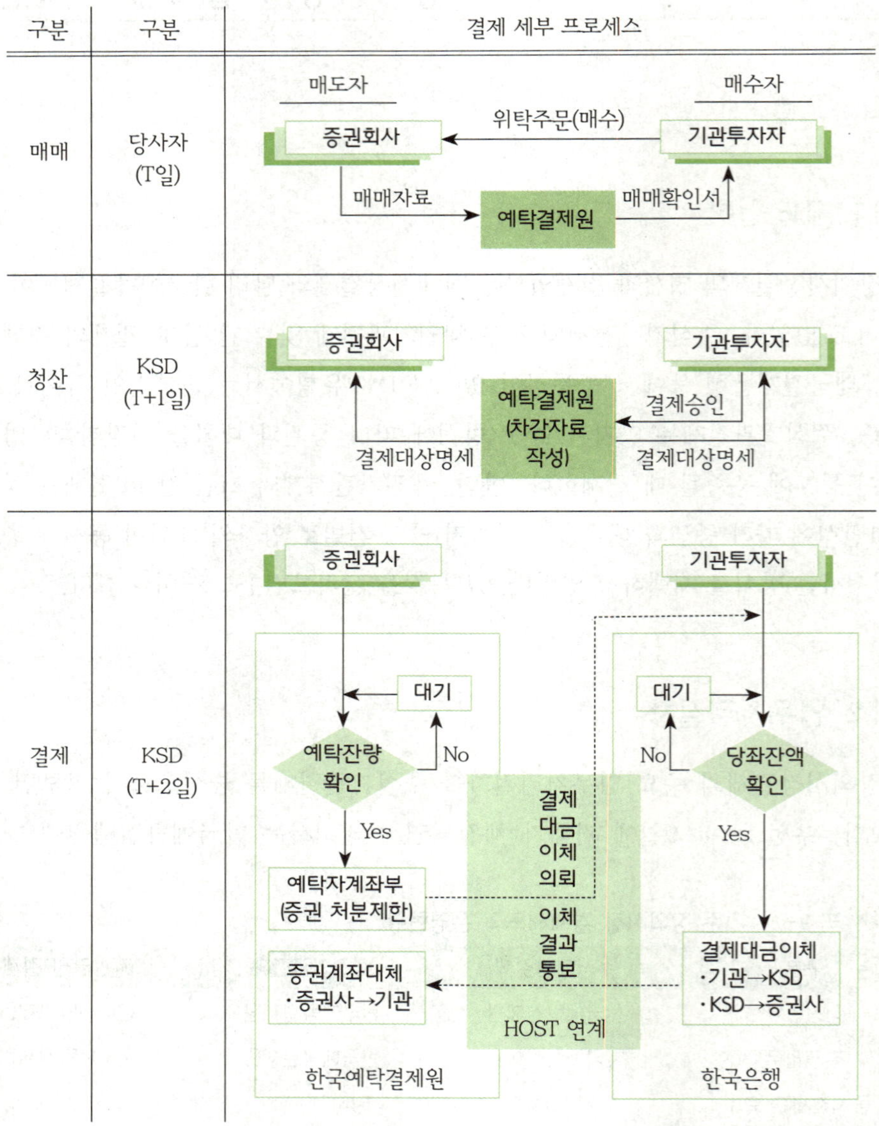

료를 통지하고 한국예탁결제원은 이를 기관투자자에게 전송한다. ② T+1일에는 기관투자자가 매매자료에 대해 결제승인을 하면 한국예탁결제원이 이를 근거로 증권은 양회원별·종목별로, 대금은 양회원별로 차감하여 결제증권과 결제대금을 확정한다. 참고로 채권기관결제는 양회원간에 차감 없이 거래건별로 결제증권과 결제대금을 확정한다는 점에서 차이가 있다.

그 다음으로 T+2일에는 한국예탁결제원이 증권인도와 대금지급을 처리한다. 먼저 ① 한국예탁결제원은 매도회원의 결제계좌에 예탁된 결제증권에 대해 처분을 제한한 후 한국은행에 대금이체의뢰를 한다. ② 매수회원은 한은금융망을 통해 대금이체의뢰 사실을 확인한 후 한국은행에 개설된 KSD결제계좌로 결제대금을 입금한다. ③ 한국은행은 즉시 KSD결제계좌에서 매도회원결제계좌로 결제대금을 이체하고 그 사실을 한국예탁결제원에 통지한다. ④ 한국예탁결제원은 매도회원결제계좌에 처분제한되어 있던 결제증권을 매수회원결제계좌로 계좌대체 함으로써 결제를 완료한다.

## 2. 문제점

### 2.1. 주식기관결제의 문제점

한국예탁결제원은 1990년 12월부터 장외 주식기관결제업무를 수행하고 있었다. 그러나 주식시장의 성장에 따라 주식기관결제의 결제규모가 크게 증가하였음에도 불구하고 충분한 제도 개편이 이루어지지 못함에 따라 많은 문제점을 나타내고 있었다. 이를 구체적으로 살펴보면 다음과 같다.

#### 2.1.1. 만성적인 결제지연의 발생

우리나라의 장외 주식기관결제의 가장 심각한 문제점은 만성적인 결제지연이 발생한다는 것이었다. 2011년도 결제완료시각을 살펴보면 평균 17:37이었고 결제시한이 17시임에도 불구하고 17시 이전에 결제가 완료된 경우는 한 번도 없었으며 심지어 22:54에 결제가 완료된 경우도 발생하였다. 이러한 만성적인 결제지연으로 마감시간대에 결제가 집중되면 장내시장결제에서 살펴본 바와 같이 증권결제제도의 안전성에 심각한 문제를 야기시킬 수 있다.

이와 같은 만성적인 결제지연이 발생하는 가장 큰 이유는 주식기관결제가 양자간 DVP3방식을 채택하고 있었기 때문이다. 즉, 기관투자자로부터 위탁주문을 받은 증권회사가 장내 주식시장결제에서 증권을 수령하여 기관투자자에게 인도하거나 또는 그 반대로 기관투자자로부터 증권을 수령하여 장내 주식시장결제에 인도하여야 하는 거래의 특성을 제대로 반영하지 못하고 있었다. 다시 말해서, 양자간 DVP3 방식에서는 증권회사와 기관투자자 양자가 증권과 대금을 모두 충족하는 경우에만 결제하므로 결제증권 중 일부가 먼저 충족되더라도 결제가 되지 않는 문제가 있었다. 그 다음으로 결제개시시점이 11시로 너무 늦다는 것도 결제지연을 초래하는 원인으로 지적될 수 있다.

### 2.1.2. 실무상 관행으로 인한 결제리스크 노출

주식기관결제에서 또 다른 심각한 문제는 결제교착 해소를 위한 실무상 관행으

**▶▶ 그림 9-7 장내 주식시장결제와 장외 주식기관결제 간 결제교착 및 해소**

◈ **규정상 처리: 결제교착**

- (장내 주식시장결제) 매도회원 일부가 종목① 납부 불능→ 회원A는 종목① 수령 불능→ (장내 주식기관결제) 회원A는 종목① 납부 불능*→ 회원A는 종목② 수령 불능→ (장내 주식시장결제) 회원A는 종목② 납부 불능 ☞ 장내 · 외 결제지연

* 예탁잔량(0) < 결제수량(1만주): 증권요건 미 충족

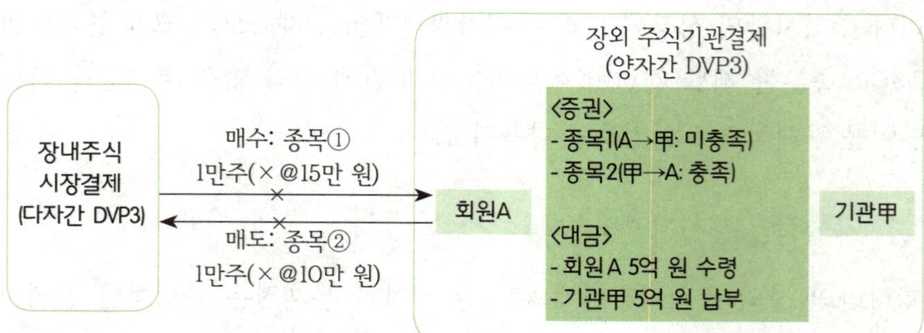


◈ **실무상 처리: 결제교착 해소**

- (장외 주식기관결제) 회원A는 종목① 납부로 간주* → 회원A는 종목② 수령 가능 → (장내주식시장결제) 회원A는 종목② 납부 가능 ☞ 장내 · 외 결제교착 해소

* 예탁잔량(0)+장내인수예정수량(1만주) = 결제수량(1만주) : 증권요건 충족

로 인하여 결제리스크가 노출되고 있었다는 점이다. 주식기관결제의 경우 규정상 증권회사와 기관투자자 양자가 증권과 대금을 모두 충족하는 경우에 결제하도록 되어 있었다. 그러나 장내 주식시장결제와 장외 주식기관결제 간의 결제교착을 해소하는 실무 과정에서 원본리스크에 노출되고 있었다. 예를 들면 증권회사(A)가 기관투자자 고객(甲)으로부터 1만주 매수주문을 받았다고 가정해 보자. 이 경우 증권회사(A)가 장내 주식시장결제에서 종목①을 수령하지 못하면 예탁잔량이 부족하여 장외 주식기관결제에서 기관투자자 고객(甲)에게 종목①을 인도하지 못하고, 그로 인해 종목②를 수령하지 못하는 결제교착이 발생하게 된다. 이 경우 실무에서는 증권회사가 장내 주식시장결제에서 수령할 인수예정수량이 있으면 이를 증권잔량이 있는 것으로 간주하고 결제를 처리한다. 그런데 문제는 증권회사가 장내 주식시장결제에서 인수예정수량을 수령하지 못할 경우 기관투자자 고객은 대금을 먼저 주고 증권을 수령하지 못하게 된다는 점이다. 그 결과 대금선결제에 따른 원본리스크에 노출되는 심각한 문제가 있었다. 이와 같은 대금선결제에 따른 원본리스크의 크기는 일평균 최대 1조원이 넘는 경우도 발생한 바 있다.

#### 2.1.3. 결제회원의 자금조달 부담 가중

장외 주식기관결제에서는 대금 차감효과가 적은 양자간 DVP3방식을 채택하고 있어 결제회원의 자금조달 부담을 발생시키고 있었다. 즉 양자간 DVP3방식에서는 양자가 동일한 상대방일 경우에만 증권과 대금을 차감하기 때문에 차감효과가 적다. 특히 대금의 경우 양자간 차감은 차감률이 56.4%로 84.1%인 다자간 차감에 비해 현저히 낮다. 이는 결국 결제회원의 자금조달 부담이 크다는 것을 의미하는 것이다.

### 2.2. 채권기관결제의 문제점

채권기관결제는 주식기관결제에 비해 상대적으로 잘 운영되고 있었다. 그럼에도 불구하고 결제회원의 대금유동성 부족으로 결제대금 납부가 마감시간대(15:00~17:30)에 집중되고 있는 것이 문제점으로 지적되고 있었다. 2011년도의 경우 마감시간대 결제대금 납부비율이 68.7%로 결제대금 납부가 지연되고 있었다. 특히, 채권기관결제의 결제개시시점이 9시임에도 불구하고 증권회사인 회원은 자금부족으로 인해 결제지연을 초래하고 있었다.

▶▶ 표 9-7 주식기관결제의 시간대별 처리현황

| 시간대 | 14시 이전 | 14~15시 | 15~16시 | 16~17시 | 17시 이후 | 계 |
|---|---|---|---|---|---|---|
| 결제비율 | 14.4% | 10.3% | 23.1% | 45.1% | 7.1% | 100% |

출처: 한국예탁결제원

## 3. 주식기관결제 개편

### 3.1. 주요 개편사항

#### 3.1.1. DVP2 방식으로 변경

주식기관결제제도 개편에서 가장 크게 바뀐 부분이 DVP2 방식의 도입이다. 즉, 장내 주식시장결제제도와의 정합성을 확보하기 위하여 주식기관결제제도의 결제방식을 종전의 양자간 DVP3 방식에서 다자간 DVP2 방식으로 변경하였다. DVP2 방식은 증권을 일중에 건별로 먼저 결제하고 마감시간에 대금을 다자간 차감하여 결제하는 방식이다. 이 방식을 도입한 이유는 증권회사가 일중에 주식기관결제에서 기관투자자 고객으로부터 증권을 신속히 수령하여 장내 주식시장결제에 납부할 수 있도록 하여 장내·외 주식결제의 원활화를 도모하기 위한 것이다. 또한 대금결제의 경우 증권결제가 완료된 후 다자간 차감을 통해 회원별로 산정된 단일 포지션의 결제대금을 납부·수령하도록 하여 대금결제의 효율성도 제고하였다.

#### 3.1.2. CCP제도의 도입

DVP2 방식의 도입과 함께 집중거래상대방(CCP)제도를 새롭게 도입하였다. 이는 주식기관결제의 결제대금이 DVP2 방식에 따라 다자간 차감하여 산정되기 때문에 한 회원이 결제대금을 납부하지 않을 경우 큰 혼란이 발생할 수 있어 이를 방지하기 위한 것이다.

주식기관결제에서 CCP기능은 한국예탁결제원이 수행하도록 하였다. 즉, 한국예탁결제원은 주식기관결제의 대상거래가 대체실행조건(증권인도조건)을 충족하는 시점에 채무인수를 통하여 CCP가 된다. 이처럼 한국예탁결제원이 CCP가 되기 때문에 장외 주식기관결제의 회원들은 거래 상대방의 불이행 위험을 고려하지 않고 보다 안전하게 결제를 할 수 있게 되었다.

▶▶ 표 9-8 장내 주식시장결제와 장외 주식기관결제의 CCP제도 비교

| 구분 | 장내 주식시장결제 | 장외 주식기관결제 |
| --- | --- | --- |
| CCP기관 | 한국거래소 | 한국예탁결제원 |
| 법적근거 | 자본시장법 | 증권등결제업무규정 |
| 참가자 | 증권회사(58) | 증권회사, 은행, 보험(91) |
| 이용여부 | 의무사항 | 선택사항 |
| 채무인수대상 | 증권회사 간 매매거래 | 증권회사와 기관고객 간 매매거래 |
| 채무인수시점 | 매매거래가 체결된 시점 | 대체실행조건이 충족된 시점 |
| 이행보증범위 | 증권결제와 대금결제 모두를 이행보증 | 대금결제만 이행보증<br>*인도회원의 증권잔고가 충족된 경우만 채무인수를 하므로 사실상 대금결제만 이행보증 |
| 결제기금 | 2,000억 원 | 500억 원 |

출처: 한국예탁결제원

한편 주식기관결제의 CCP제도는 장내 주식시장결제의 CCP제도와 담당기관, 법적근거, 차감대상 등에서 차이가 있다. 이를 정리하면 [표 9-8]과 같다.

### 3.1.3. 위험관리장치의 강화

주식기관결제제도 개편에서 또 다른 특징은 미국, 일본 등 주요 선진국의 사례를 벤치마킹하여 위험관리장치를 대폭 강화하였다는 것이다. 그 중 대표적인 것이 결제기금의 적립이다. 회원이 유동성 부족으로 결제를 불이행하면 주식기관결제제도의 안전성을 심각하게 해칠 우려가 있다. 이러한 결제불이행의 위험을 방지하기 위해 총 500억 원의 결제기금을 적립하도록 하였다.

그 다음으로 담보관리시스템을 강화하였다. 순채무한도(net debit cap) 관리를 도입하여 회원의 대금결제 불이행으로 초래될 수 있는 리스크를 일정 한도로 억제하였다. 또한, 실시간 담보관리시스템의 운영을 통해 회원이 적정 담보가치를 보유하고 있는 경우에만 증권결제가 이루어지도록 하여 CCP가 부담하는 리스크를 일정 수준으로 억제하였다.

그 외에도 한국예탁결제원은 결제유동성 재원을 확충하였다. 즉, 신용한도를 2,000억 원으로 확대하여 회원의 대금결제 지연 또는 불이행이 발생하는 경우에도 당일 중에 결제를 완료할 수 있는 결제이행재원을 구비하였다. 또한 예탁결제적립

금을 1,000억 원에서 2,000억 원으로 확대하여 결제불이행이 발생한 경우에 대비하여 손실보전재원을 확충하였다.

## 04 기대효과

### 1. 안전성 측면

이번 증권결제제도 선진화의 가장 큰 기대효과는 증권결제의 안전성이 획기적으로 개선될 것이라는 것이다. 이를 구체적으로 살펴보면 다음과 같다.

먼저 장내 주식시장결제의 경우 첫째, 결제개시시점 조기화와 결제시한까지 납부된 결제증권으로 당일결제를 조기에 완료하는 이연결제제도(CNS)를 통해 만성적인 결제지연의 문제가 해결될 것으로 기대된다. 이와 같은 효과는 2012년 1월 16일 제도 개편 후에 가시적으로 발생하고 있다. 제도 시행 후 2012년 평균 결제완료시각이 15:27으로 2011년의 17:28에 비해 2시간 1분이 단축되어 결제지연이 상당히 해소된 것으로 나타났다. 둘째, 대금결제은행을 한국은행으로 변경함으로써 상업은행의 결제실패위험을 근본적으로 제거할 수 있게 되었다.

장외 주식기관결제의 경우에는 첫째, DVP2방식에 따라 9시부터 증권을 건별로 먼저 결제함으로써 만성적인 결제지연의 문제가 해결될 것으로 기대된다. 제도 시행 후 2012년 평균 결제완료시각이 16:46으로 2011년의 17:37에 비해 51분이 단축되어 결제지연이 완전히 해소된 것으로 나타났다. 둘째, CCP제도 도입, 결제기금 적립, 대체실행조건 관리 등을 통해 주식기관결제에서 실무상 관행으로 발생하였던 대금선결제에 따른 리스크를 완전히 제거하였다.

장내 국채전문유통시장결제의 경우에는 첫째, 결제개시시점 조기화 및 한국은행의 일중RP제도를 통한 유동성 공급으로 만성적인 결제지연의 문제가 해결될 것으로 기대된다. 제도 시행 후 2012년 평균 결제완료시각이 16:51으로 2011년의 17:05에 비해 14분이 단축되어 결제지연이 완전히 해소된 것으로 나타났다. 둘째, DVP1방식에 따라 증권인도와 대금지급을 동시에 처리함으로써 양자간 시차에 따른 원본리스크를 제거하였다.

끝으로 일중RP제도의 경우 장내 국채전문유통시장결제와 장외 채권기관결제에 일중 유동성을 공급함으로써 대금결제의 안전성을 크게 향상시킬 것으로 기대된다. 제도 시행 후 1년간의 분석결과 한국은행은 일평균 약 2조 원의 유동성을 공급하는 것으로 나타났다.

## 2. 효율성 측면

증권결제제도 선진화는 증권결제의 효율성도 크게 개선시킬 것으로 기대되는데 이를 구체적으로 살펴보면 다음과 같다.

먼저 장내 주식시장결제의 기대효과를 살펴보면 다음과 같다. 첫째, 결제개시 시점 조기화로 9시부터 결제요건이 충족되는 부분을 먼저 결제함으로써 회원들이 결제증권과 결제대금을 신속하게 수령하여 자산운용의 효율성을 향상시킬 수 있을 것으로 기대된다. 제도 시행 후 2012년 시간대별 결제진행률 분석결과 대부분의 증권결제(95.2%)와 대금결제(60.7%)가 오전에 이루어지고 있는 것으로 나타났다. 둘째, 이연결제제도에 따라 결제시한까지 증권이 조달되지 않은 경우에는 익일로 이연하여 결제함으로써 참가자의 결제증권 조달에 따른 업무 부담도 완전히 해소될 것으로 보인다.

▶▶ 표 9-9 장내 주식시장결제의 시간대별 결제진행률(%)

| 구분 | | 10시 | 11시 | 12시 | 13시 | 14시 | 15시 | 16시 | 17시 | 18시~ |
|---|---|---|---|---|---|---|---|---|---|---|
| '11년 평균 | 증권결제 | 12.7 | 12.8 | 15.1 | 19.0 | 24.3 | 24.3 | 71.9 | 95.5 | 100 |
| | 대금결제 | - | - | - | - | - | - | 57.2 | 91.4 | 100 |
| '12년 평균 | 증권결제 | 84.6 | 89.8 | 95.2 | 95.9 | 98.1 | 99.7 | 100 | | |
| | 대금결제 | 16.1 | 44.8 | 60.7 | 62.5 | 76.9 | 92.5 | 100 | | |

출처: 한국예탁결제원

▶▶ 표 9-10 장외 주식기관결제의 일평균 결제대금 규모 (단위: 억 원)

| 과거 양자간 DVP3 적용시 | 현행 다자간 DVP2 적용시 | 결제대금 축소 규모 |
|---|---|---|
| 20,535 | 7,328 | 13,207 |

출처: 한국예탁결제원

▶▶ 표 9-11 장외 주식기관결제의 시간대별 결제진행률(%)

| | | 10시 | 11시 | 12시 | 13시 | 14시 | 15시 | 16시 | 17시 | 18시~ |
|---|---|---|---|---|---|---|---|---|---|---|
| '11년 평균 | 증권결제 | – | – | 1.1 | 3.5 | 14.2 | 33.2 | 65.1 | 94.9 | 100 |
| | 대금결제 | – | – | 0.8 | 2.9 | 13.6 | 30.0 | 54.1 | 82.6 | 100 |
| '12년 평균 | 증권결제 | 18.4 | 27.6 | 35.7 | 36.7 | 37.4 | 37.8 | 37.9 | 100 | |
| | 대금결제 | – | – | – | – | – | – | – | 100 | |

출처: 한국예탁결제원

▶▶ 표 9-12 장내 국채전문유통시장결제의 시간대별 결제진행률(%)

| 구분 | | 10시 | 11시 | 12시 | 13시 | 14시 | 15시 | 16시 | 17시 | 18시~ |
|---|---|---|---|---|---|---|---|---|---|---|
| '11년 평균 | 증권결제 | – | – | – | – | – | – | 40.4 | 88.5 | 100 |
| | 대금결제 | – | – | – | – | – | – | 16.4 | 89.3 | 100 |
| '12년 평균 | 증권결제 | 3.7 | 24.9 | 43.4 | 45.3 | 58.8 | 76.7 | 92.8 | 100 | |
| | 대금결제 | 18.5 | 49.7 | 56.4 | 57.4 | 66.4 | 80.4 | 93.8 | 100 | |

출처: 한국예탁결제원

그 다음으로 장외 주식기관결제의 기대효과를 살펴보면 다음과 같다. 첫째, DVP2방식에 따라 대금을 다자간 차감하여 결제함으로써 회원들의 자금조달 부담이 크게 경감될 것으로 기대된다. 제도 시행 후 2012년 주식기관결제의 결제대금 규모가 일평균 1조 3,207억 원이나 축소된 것으로 나타났다. 둘째, DVP2방식에 따라 9시부터 증권결제가 건별로 이루어짐에 따라 회원의 증권 활용기회가 증대될 것으로 기대된다. 제도 시행 후 2012년 시간대별 결제진행률 분석결과 상당부분의 증권결제(35.7%)가 오전에 이루어지고 있는 것으로 나타났다.

끝으로 장내 국채전문유통시장결제의 경우도 결제개시시점 조기화로 9시부터 결제요건이 충족되는 부분을 먼저 결제함으로써 회원들이 결제증권과 결제대금을 신속하게 수령하여 자산운용의 효율성을 향상시킬 것으로 기대된다. 제도 시행 후 2012년 시간대별 결제진행률 분석결과 상당 부분의 증권결제(43.4%)와 대금결제(56.4%)가 오전에 이루어지고 있는 것으로 나타났다.

## 3. 국제정합성 측면

증권결제제도 선진화의 시행으로 우리나라의 증권결제제도는 주요 선진국의 증권결제제도와의 정합성을 확보할 것으로 기대된다. 주식부문에서는 ① 장내 주식시장결제의 이연결제제도(미국, 일본, 캐나다, 홍콩 등), ② 한국은행을 통한 대금결제(미국, 일본, 영국, 프랑스, 독일 등) 및 ③ 장외 주식기관결제의 DVP2방식(미국, 일본, 캐나다, 싱가포르 등) 도입 등을 통하여 주요 선진국과의 정합성을 맞추었다. 채권부문에서는 ① 장내 국채전문유통시장결제의 차감후 DVP1방식(미국, 일본, 영국, 프랑스, 독일 등), ② 일중RP제도(일본, 영국, 프랑스, 독일 등) 도입 등을 통하여 선진국 수준의 증권결제제도를 갖추게 되었다.

# 제10장 증권결제제도 운영구조

## 01 주식시장 결제

### 1. 장내 주식시장결제

#### 1.1. 개요

장내 주식시장결제란 자본시장법 제9조 제13항의 증권시장(유가증권시장 및 코스닥시장)에서 주식 등의 매매거래에 따른 결제를 말한다. 장내 주식시장결제는 주식과 함께 상장지수집합투자증권(ETF), 신주인수권증서, 신주인수권증권, 주식워런트증권(ELW), 수익증권 및 주식예탁증권(KDR)을 대상으로 한다. 장내 주식시장결제에서 한국거래소는 청산기관(CCP)으로서 매매확인, 채무인수, 차감, 결제증권·결제대금의 확정, 결제이행보증을 담당하고, 한국예탁결제원은 결제기관(CSD)으로서 증권인도와 대금지급 업무를 담당한다.

#### 1.2. 업무처리절차

##### 1.2.1. 매매확인

T일에 한국거래소는 매매확인을 실시한다. 즉, 한국거래소는 매매거래 성립 후 채무를 인수하고자 하는 때 매매거래를 확인[1]한다. 그런데 장내시장에서의 매매는

---

1 유가증권시장업무규정 제72조의2(채무인수할 매매거래의 확인) 거래소는 매매거래 성립 후 회원의 채무를 인수하고자 하는 때에는 사전에 인수할 채무의 기초가 되는 매매거래(매매거래의 매수로 취득한 권리의 행사로 성립하는 거래를 제외한다. 이하 같다)를 확인한다. 다시 말해 매매거래의 대상은 주식에 한정되므로 그 전에 취득 또는 행사한 권리행사(유상청약, 무상배당 및 현금배당)는 매도자의 몫이 된다.

전산시스템으로 체결되고 체결 즉시 취소불가능상태가 된다. 따라서 사실상 매매체결시점에 매매확인(locked-in trade)을 하는 것과 동일한 효과가 있다.[2]

### 1.2.2. 채무인수

한국거래소는 T일에 매매확인된 거래에 대하여 채무를 인수한다.[3] 한국거래소가 채무를 인수하게 되면 종전의 채무자 회원은 종전의 채권자 회원에 대하여 부담하는 채무를 면하고 대신 한국거래소가 채무를 부담하게 되는데, 이러한 채무인수를 면책적 채무인수라 한다. 면책적 채무인수를 통하여 한국거래소는 매도회원에 대해 매수자, 매수회원에 대해 매도자가 되어 모든 거래의 상대방(CCP)이 되며, 이를 통해 결제이행을 보증한다.

매매전문회원과 결제회원은 결제위탁계약을 체결하게 된다. 이에 따라 결제회원은 매매전문회원의 매매거래에 관한 권리를 취득하고 의무를 부담하며, 해당 매매전문회원은 결제회원에 대하여 동일한 권리를 취득하고 의무를 부담하게 된다.

한편, 매매확인이 사실상 매매체결시점(locked-in trade)에 이루어지므로 채무인수의 시점은 매매체결시점이 된다. 이처럼 채무인수시점을 매매체결시점으로 앞당김으로써 회원들은 결제불이행에 관한 위험을 걱정하지 않고 거래를 할 수 있게 된다.

### 1.2.3. 차감

한국거래소는 T+1일에 증권과 대금에 대해 다자간 차감을 실시한다. 이때 차감은 채권소멸사유인 상계(set-off)에 해당된다(민법 제492조·제493조). 상계는 채무자가 채권자에 대하여 부담하는 채무와 동종(同種)의 채권을 가지는 경우에 채권·채무의 대등액을 소멸시키는 행위이다. 한국거래소는 회원의 채무를 인수하는 방법으로 한국거래소와 회원 간에 양자 관계로 치환함으로써 민법상 상계의 요건을 충족시키게 되는 것이다.[4]

한국거래소는 T+2일에 정상적으로 결제할 내역과 T+1일에 증권미납부(fail)로 지연된 수량을 반영하여 다자간 차감을 실시한다. 즉, 증권은 회원별·종목별로 매

2 한국거래소, KRX Market 2009년 3월호 증권시장 청산결제실무, p. 65.

3 유가증권시장업무규정 제73조(면책적 채무인수) ① 거래소는 제72조의2에 따라 확인한 매매거래에 대하여 회원이 상대방인 회원에 부담하는 채무를 인수하고, 해당 회원은 거래소가 인수한 채무와 동일한 내용의 채무를 거래소에 부담한다. ② 제1항에 따라 거래소에 채무를 이전한 회원은 이전하기 전에 상대방인 회원에 대하여 부담하는 채무를 면한다.

4 한국거래소, KRX Market 2009년 3월호 증권시장 청산결제실무, pp. 68~69.

수수량과 매도수량을 차감하여 수수할 수량을 확정하며, 대금은 회원별로 매도대금과 매수대금을 차감(다자간 차감)하여 수수할 대금을 확정한다. 이렇게 다자간 차감을 한 후 확정된 결제증권과 결제대금의 내역을 한국예탁결제원과 회원에게 통지한다.

### 1.2.4. 증권결제

#### 가. 증권납부

매도회원은 결제시한(16시)까지 결제증권을 납부한다. 이는 매도회원이 자신의 결제계좌에 결제증권을 예탁하면 한국예탁결제원이 해당 결제증권을 실시간으로 확인하여 KSD결제계좌로 계좌대체 함으로써 이루어진다. 통상적으로는 매도회원이 9시 이전에도 결제증권을 예탁하고 있으므로 한국예탁결제원은 9시부터 해당 결제증권을 KSD결제계좌로 계좌대체 처리하게 된다.

#### 나. 증권인도

증권인도는 결제개시시점 조기화에 따라 9시부터 KSD결제계좌에 납부된 증권의 범위에서 결제요건을 충족하는 수령회원의 결제계좌로 온라인 배치방식[5]으로 계좌대체 함으로써 이루어진다. 그런데 여기서 중요한 점은 배치 실행시점마다 여러 종목의 결제증권 간 순서 및 수령회원 간 순서를 고려하여 실행된다는 것이다. 이는 각 배치 실행시점에 KSD결제계좌에 납부된 결제증권의 범위에서 어느 수령회원에게 먼저 증권을 인도할 것인가를 정할 필요가 있기 때문이다.

이와 같은 증권인도 순서를 살펴보면 다음과 같다. 먼저, 결제증권 간의 순서는 과거에 증권미납부가 발생했던 이연결제증권 → 상장지수집합투자증권(ETF) → 결제증권의 평가액이 큰 종목의 증권 → 결제수량이 많은 종목의 증권 순으로 정해져 있다. 다음으로 수령회원 간의 순서는 이연결제종목의 경우에는 미수령기간이 오래된 미수령회원 → 위탁매매분이 있는 미수령회원 → 자기매매분이 있는 미수령회원 순으로 정해져 있다. 상장지수집합투자증권(ETF) 등의 경우에는 위탁매매분이 있는 수령회원 → 자기매매분이 있는 수령회원 순으로 정해져 있다. 이를 그림으로 나타내면 다음과 같다.

---

5 온라인 배치방식(on-line batch)이란 일정 간격으로 데이터를 자동으로 일괄 처리하는 방식을 말한다. 주식시장결제의 증권인도의 경우 1분 간격으로 배치가 자동 실행되며, 배치 1회 실행에 소요되는 시간은 통상 최대 20분, 최소 1초가 걸린다.

▶▶ 그림 10-1 증권인도 프로세스

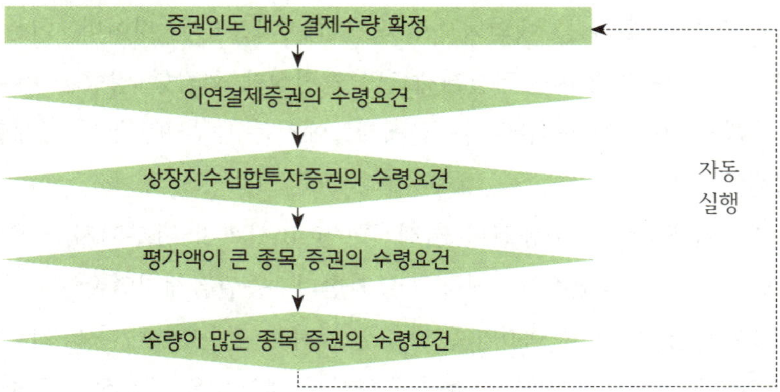


### 다. 증권미납부(fail) 확정과 이연결제대금 결제

한국예탁결제원은 결제시한인 16시까지 납부회원이 결제증권을 납부하지 않으면 16시 이후 한국거래소에 회원별 증권미납부·미수령 수량을 통지한다. 한국거래소는 통지내역에 따라 증권미납부·미수령, 이연결제대금 등을 확정하여 한국예탁결제원에 통지한다. 여기서 이연결제대금은 증권미납부회원이 결제증권을 대신하여 납부하는 대금으로서 미납부수량에 결제일의 종가를 곱하여 산출된 금액을 말한다.

이연결제대금의 결제는 먼저 증권미납부회원이 결제일 17시까지 신한·우리은행에 개설된 한국예탁결제원계좌에 입금하고, 한국예탁결제원이 이연결제대금을 증권미수령회원의 결제계좌에 계좌이체 함으로써 처리된다.

한편 결제증권 중 일부는 예외적으로 증권미납부(fail)가 허용되지 않는 경우가 있다. 결제일이 기준일[6]인 증권, 상장지수집합투자증권(ETF), 상장폐지종목인 증권이 이에 해당되며, 이러한 증권의 경우 납부회원은 결제일 당일에 반드시 증권납부를 완료하여야 한다. 이러한 증권에 대해서만 증권미납부를 허용하지 않은 이유는 수령회원이 해당 결제일에 증권을 수령하지 못할 경우 권리행사 등에 심각한 문제를 초래하여 많은 혼란을 일으키기 때문이다.

6 기준일이란 주주명부폐쇄기준일 또는 구주권제출 마감일(회사의 합병, 주식의 분할·병합 등의 사유로 주권의 전면적인 교체가 있는 경우)을 말한다(증권등결제업무규정시행세칙 제10조의3 제1항 제1호).

#### 라. 증권미납부(fail) 억제장치

이연결제제도에 대해서 주의할 점은 이 제도는 회원이 불가피한 사정으로 증권을 조달하지 못한 경우 이를 예외적으로 허용하는 제도라는 것이다. 이는 증권미납부가 대량으로 허용될 경우 증권결제제도의 안전성에 심각한 영향을 미칠 수 있기 때문이다. 따라서 이번에 도입된 이연결제제도에서는 증권미납부를 억제할 수 있는 장치도 병행하여 도입하였다.

먼저 한국거래소는 결제증권이 결제시한인 16시까지 납부되지 않으면 증권미납부회원에 대해 증권결제지연손해금을 부과한다. 증권결제지연손해금은 미납부종목의 이연결제대금에 20/10,000의 손해율을 곱하여 산출한다. 다만 기준일이 설정된 종목의 결제불이행으로 인해 주주권리 행사가 제약받을 가능성을 최소화하기 위해 기준일 종목의 손해율은 100/10,000으로 높이고, 상장지수집합투자증권(ETF)의 손해율은 5/10,000로 차등화하였다. 만일 기준일을 넘겨 권리행사가 제약을 받으면 후술하는 결제불이행 절차에 따라 처리된다.

또한 한국거래소는 증권미납부 상태를 조기에 해결하기 위하여 매입인도(buy-in)[7]를 실행한다. 매입인도가 실행되는 경우는 납부회원이 일반증권을 결제일로부터 3일째 되는 날(S+2일) 15:30까지, 또는 기준일 설정 종목의 증권을 결제일의 17:10까지 납부하지 않은 경우이다. 한국거래소는 장내시장의 체결시스템을 통하여 매입인도 거래를 체결한 후 해당 내역을 한국예탁결제원에 통지한다. 그 다음, 한국예탁결제원은 매입인도 증권을 매도한 회원으로부터 증권을 납부 받아 증권미납부회원에 인도하고, 매입인도 대금을 증권미납부회원으로부터 납부받아 매입인도 증권을 매도한 회원에게 지급함으로써 매입인도 결제를 처리한다.

### 1.2.5. 대금결제

#### 가. 대금결제자료 통지

한국거래소는 T+1일에 한국은행에 대금결제자료를 통지하고, 한국은행은 이를 결제회원의 거래은행 또는 결제대행은행에 통지한다. 이를 통해 거래은행 또는 결제대행은행은 결제일(T+2일)에 증권회사의 자금이동 규모를 사전에 파악하여 지급

7 매입인도(buy-in)는 증권미결제 상태를 조기에 해소하기 위해 증권미납부가 지속되는 종목에 대해 한국거래소가 증권 미납부 회원명의로 매입해 미수령 회원에게 인도함으로써 결제 이행을 보장하는 제도이다.

준비금을 조정한다.

### 나. 대금납부

납부회원은 결제일 9시부터 결제시한(16시)까지 결제대금을 납부한다. 이 경우 납부회원이 한국은행에 당좌계좌를 개설하고 있는지 여부에 따라 납부절차가 달라진다. 먼저, 납부회원이 한국은행에 당좌계좌가 있는 경우 납부회원은 자신의 거래은행에 자금이체를 의뢰하고, 거래은행은 한은금융망을 통해 한국은행에 개설된 KSD결제계좌로 결제대금을 이체함으로써 납부를 완료한다.

다음으로 납부회원이 한국은행에 당좌계좌가 없는 경우 납부회원은 자신의 결제대행은행에 자금이체를 의뢰하고, 결제대행은행은 한은금융망을 통해 한국은행

▶▶ 그림 10-2 거래은행을 통한 대금납부 프로세스

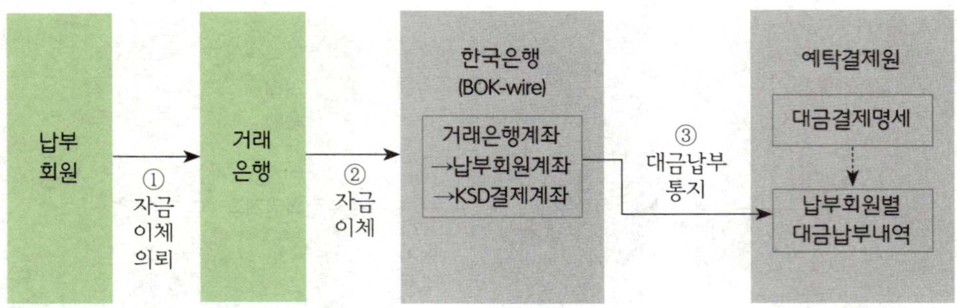


▶▶ 그림 10-3 결제대행은행을 통한 대금납부 프로세스

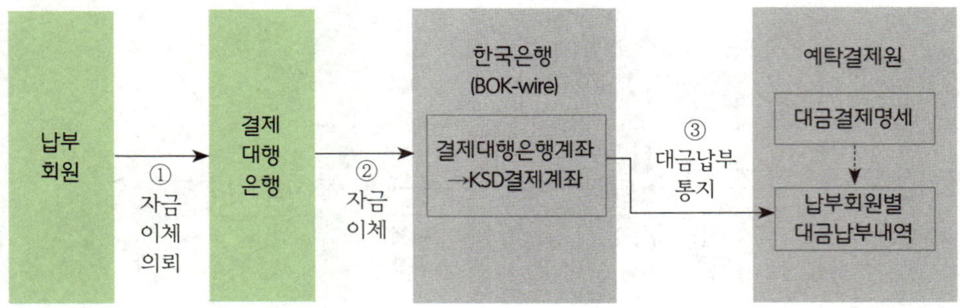

에 개설된 KSD결제계좌로 결제대금을 이체함으로써 납부를 완료한다. 대금납부가 이루어진 경우 한국은행은 해당 대금납부 사실을 즉시 한국예탁결제원에 통지한다.

### 다. 대금지급

한국예탁결제원은 9시부터 결제대금으로 납부된 금액의 범위 내에서 수령요건을 충족하는 수령회원에게 결제대금을 지급한다. 이 경우 수령회원이 한국은행에 당좌계좌를 개설했는지 여부에 따라 지급절차가 달라진다. 먼저, 수령회원이 한국은행에 당좌계좌를 개설하고 있는 경우 한국예탁결제원은 한은금융망을 통해 거래은행계좌로 결제대금을 이체하고, 거래은행은 수령회원계좌에 결제대금을 입금 처리한다.

다음으로 수령회원이 한국은행에 당좌계좌가 없는 경우 한국예탁결제원은 한은

▶▶ 그림 10-4 거래은행을 통한 대금지급 프로세스

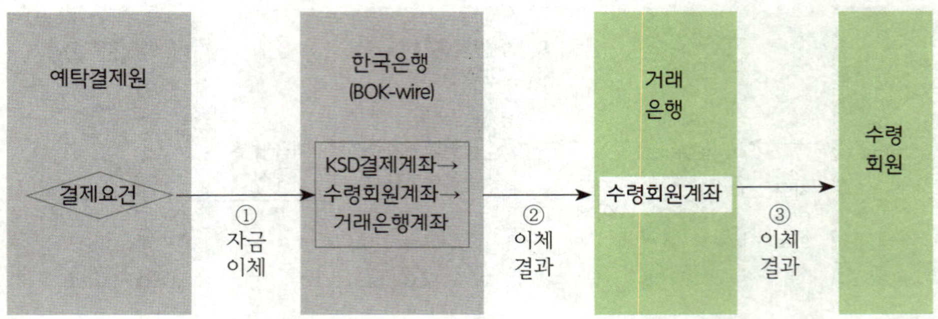


▶▶ 그림 10-5 결제대행은행을 통한 대금지급 프로세스

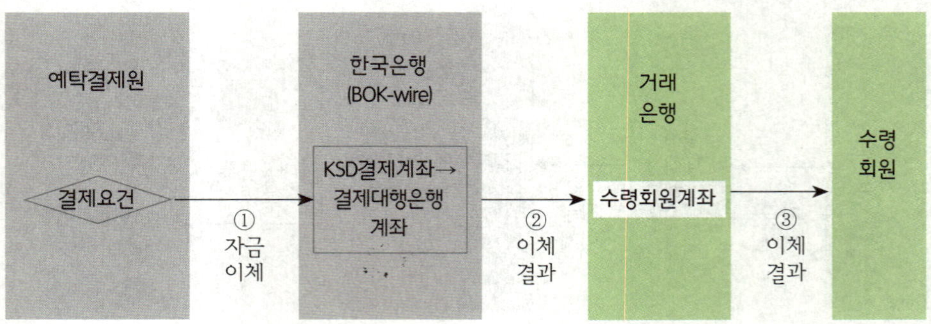

금융망을 통해 결제대행은행계좌로 결제대금을 이체하고, 결제대행은행은 수령회원계좌에 결제대금을 입금 처리한다.

#### 1.2.6. 결제불이행처리

한국거래소는 결제불이행을 방지하기 위하여 결제지연손해금 등 다양한 장치를 운영하고 있으나, 결제회원이 결제불이행을 한 경우 다음과 같이 처리한다.

먼저 한국거래소는 ① 매매거래의 전부 또는 일부의 정지를 하거나 ② 결제회원이 수령할 예정인 증권의 전부 또는 일부나 현금의 전부 또는 일부의 지급정지를 한다. 이와 함께 결제회원이 부담하는 채무를 인수하지 않는다.

결제이행 보증기관으로서 한국거래소는 거래상대방에게 증권이나 대금에 대한 결제를 충당한 후에 채무 불이행 기관에 대해서 다음과 같이 구상권을 행사한다. 먼저 한국거래소는 지급 정지한 현금 및 증권으로 채권회수에 충당한다. 이러한 충당 후에도 부족이 있는 경우 한국거래소는 ① 불이행 회원이 적립한 위약손해배상공동기금, ② 다른 회원이 적립한 위약손해배상공동기금(이 경우 다른 회원의 부담액은 각 회원이 적립한 금액의 비율에 따라 안분한 금액임), ③ 한국거래소의 결제적립금 등 거래소 재산의 순서로 손실을 보전한다.

### 1.3. 위험관리방법

#### 1.3.1. 결제회원 관리

한국거래소의 결제회원이 되기 위해서는 한국거래소에 결제회원 취득을 신청하고 승인을 받아야 한다. 회원 가입요건[8]은 ① 재무요건을 충족할 것, ② 전산설비 등의 시설이 업무를 원활하게 수행하는 데 적합할 것, ③ 업무수행에 필요한 전문성과 건전성을 갖춘 인력이 충분할 것, ④ 사회적 신용이 충분할 것이다. 이 중 재무요건의 경우 영업용순자본비율이 180% 이상이고 자기자본이 100억 원 이상이어야 한다.

한편, 한국예탁결제원이 운영하는 결제제도를 이용하기 위해서는 원칙적으로 한국예탁결제원의 결제회원으로 가입이 되어 있어야 한다. 그러나 회원의 업무편의

8 회원관리규정 제6조(회원가입요건)

를 위해 한국거래소의 결제회원으로 가입된 자는 그 가입과 동시에 한국예탁결제원의 결제회원으로 가입을 신청하여 승인을 받은 것으로 간주되고 있다. 한국거래소와 한국예탁결제원은 결제업무의 안정성 확보를 위하여 결제회원의 가입승인 후에도 회원이 요건을 충족하는지 여부를 지속적으로 관리하고 있다.

### 1.3.2. 증권수령가능한도 관리

한국예탁결제원은 증권결제에 있어서 수령회원의 결제위험을 관리하기 위하여 증권수령가능한도(stock receivable threshold)를 설정하여 관리하고 있다. 즉, 증권수령가능한도 범위에서 수령회원에 대하여 증권을 인도함으로써 수령회원이 자신의 의무이행보다 더 많은 증권을 수령하는 위험을 관리한다. 따라서 증권수령가능한도가 부족한 회원에 대해서는 증권을 인도하지 않고 있다. 이 경우 해당 회원이 필요한 증권을 받기 위해서는 한국거래소에 국채, 통화안정증권 또는 현금으로 결제촉진담보금을 납부하여 증권수령가능한도를 높여야 한다.

### 1.3.3. 위약손해배상공동기금

각 결제회원은 결제불이행으로 인하여 발생하는 손해를 배상하기 위하여 한국거래소에 위약손해배상공동기금을 적립하여야 하며, 현재 총 적립액은 2천억 원으로 설정되어 있다. 각 결제회원이 납부할 공동기금액은 분기마다 산출되며, 이는 기본적립금 5억 원과 변동적립금으로 구성되어 있다. 변동적립금은 총 적립액에서 기본적립금의 합계액과 직전 분기말 이전 1년간 일평균 거래대금에 대한 해당 결제회원의 일평균 거래대금의 비율을 곱하여 산출한다. 이렇게 매 분기별로 산출된 공동기금액과 기존에 적립된 금액과의 차액을 분기 초일로부터 20일 이내에 한국거래소와 수수하고 있다.

결제회원은 현금 또는 채권(국고채권, 통화안정증권)으로 공동기금을 적립할 수 있으며, 국고채권 또는 통화안정증권으로 적립하는 경우에는 해당 결제회원이 적립하여야 할 공동기금의 2분의 1 이내이어야 한다.

### 1.3.4. 결제적립금

한국거래소는 결제불이행에 따른 손실에 대비하여 결제적립금을 적립하고 있다. 2012년 말 기준 결제적립금의 규모는 2,000억 원이다.

## 2. 장외 주식기관결제

### 2.1. 개요

장외 주식기관결제란 장내시장 및 그 밖의 시장에서의 주식 등의 매매거래에 따른 증권회사와 그 기관투자자 고객 간의 결제를 말한다. 주식기관결제는 주식과 함께 상장지수집합투자증권(ETF), 신주인수권증서, 신주인수권증권, 주식워런트증권(ELW), 수익증권 및 주식예탁증권(KDR)을 대상으로 한다.

장외 주식기관결제에서 한국예탁결제원은 청산기관(CCP)으로서 매매확인, 채무인수, 차감, 결제증권·결제대금의 확정, 결제이행보증을 담당하고 있다. 또한, 결제기관(CSD)으로서 증권인도와 대금지급을 담당하고 있다.

### 2.2. 업무처리절차

#### 2.2.1. 매매확인

가. 개요

주식기관결제에서는 한국예탁결제원의 시스템(SAFE+)을 통해 당사자 간에 매매확인이 이루어진다. 매매확인은 매매자료에 대한 확인(약정조회)과 매매확인내역에 대한 결제의 승인(결제승인)의 두 단계로 이루어져 있다. 회원의 업종에 따라 매매확인 방법이 상이하나 기본적으로 증권회사가 매매자료를 전송하면 거래 상대방인 기관고객이 약정조회 및 결제승인하는 구조(일방매매확인시스템)를 취하고 있다. 주식기관결제 회원의 업종별 매매확인 방법은 다음과 같다.

나. 집합투자업자 거래

증권회사가 전송한 집합투자업자의 매매내역에 대한 매매확인 및 매매정정은 T일 16시 30분까지 이루어진다. 만약, 증권회사가 T일 16시 30분 이후에 매매정정을 하려는 경우에는 거래 상대방인 기관고객의 매매정정 동의가 필요하다.

매매확인이 완료된 매매자료에 대하여 집합투자업자는 한국예탁결제원의 펀드매칭시스템인 FundNet을 통하여 신탁업자 및 일반사무관리회사에게 운용지시를 내리게 된다. 한국예탁결제원은 운용지시명세와 매매자료 간의 일치 여부를 확인한 후 매매확인서를 확정하여 증권회사 및 집합투자업자에게 통보한다. 그리고 이렇게 약정조회가 완료된 후에는 운용지시명세를 수령한 신탁업자가 T+1일 16시까지 한국예탁결제원에 결제승인내역을 통지하여 결제승인이 이루어지며, 이러한 단계를 거쳐 집합투자업자 거래에 대한 매매확인절차가 완료된다.

### 다. 외국인 거래

증권회사가 전송한 외국인투자자의 매매내역에 대한 매매확인 및 매매정정은 T+1일 10시 30분까지 이루어진다. 만약, 증권회사가 T+1일 10시 30분 이후에 매매정정을 하려는 경우에는 거래 상대방인 외국인 보관기관의 매매정정 동의가 필요하다. 구체적으로는 증권회사가 매매자료를 한국예탁결제원에 통지하면 한국예탁결제원은 이를 거래 상대방인 외국인 보관기관에게 통지한다. 보관기관은 통지받은 매매자료를 확인한 후 이를 한국예탁결제원에 통지하는 방법으로 진행된다.

한국예탁결제원은 보관기관으로부터 매매확인내역을 통지받은 후 주식매매확인서를 확정하여 다시 보관기관에게 통지하게 되며, 보관기관은 T+2일 10시 30분까지 결제승인내역을 한국예탁결제원에 통지하여야 한다. 다만, 결제승인시한과 관련하여 외국인 투자자는 시차 등의 문제로 승인시한을 맞추기 어려운 경우가 많다. 이에 따라 실무적으로는 한국예탁결제원이 승인하는 경우 T+2일 15시까지 결제를 승인할 수 있다. 한편, 보관기관이 결제승인내역을 취소하려는 경우에는 T+2일 9시 이전까지 취소할 수 있다.

### 라. 일반기관 · 매매전문회원 거래

증권회사가 전송한 일반기관 또는 매매전문회원의 매매내역에 대한 매매확인 및 매매정정은 T+1일 10시 30분까지 이루어진다. 만약, 증권회사가 T+1일 10시 30분 이후에 매매정정을 하려는 경우에는 거래 상대방인 일반기관 또는 매매전문회원의 매매정정 동의가 필요하다. 구체적으로는 증권회사가 매매자료를 한국예탁결제원에 통지하면 한국예탁결제원은 이를 거래 상대방인 일반기관 또는 매매전문회원에게 통지한다. 그리고 일반기관 또는 매매전문회원은 매매자료를 확인한 후 이를 다시 한국예탁결제원에 통지하는 방법으로 진행된다.

한국예탁결제원은 일반기관 또는 매매전문회원으로부터 매매확인내역을 통지받은 후 주식매매확인서를 확정하여 다시 일반기관 또는 매매전문회원에게 통지하

▶▶ 그림 10-6 매매확인 프로세스

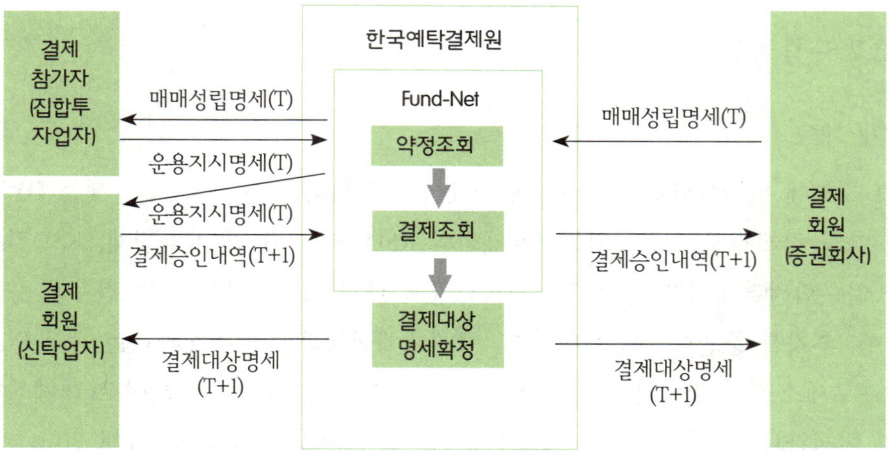


게 된다. 그리고 일반기관 또는 매매전문회원은 T+1일 16시까지 결제승인내역을 한국예탁결제원에 통지하여야 한다.

### 2.2.2. 결제대상명세 확정

한국예탁결제원은 매매확인절차를 거쳐 결제승인이 완료된 매매자료에 대해 결제일(T+2) 새벽 배치를 통해 주식기관결제의 결제대상명세를 작성하여 확정한다. 이때 결제회원의 업종 및 결제승인시점에 따라 결제대상명세의 최종 확정시점이 달라진다. 국내 기관고객의 경우에는 결제승인시한이 T+1일이므로, 결제일 새벽에 결제대상명세가 최종 확정된다. 이에 비하여 외국인 고객의 경우에는 T+1일의 결제승인내역에 따라 결제일 새벽에 결제대상명세가 확정된 후 T+2일 중에 추가적으로 결제를 승인하는 시점마다 결제대상명세가 계속 확정된다(T+2일 15시에 최종 확정).

결제대상명세 확정시 결제증권은 결제승인건별 매도수량 또는 매수수량이 결제증권으로 확정되며, 결제대금은 결제승인건별 매도금액 또는 매수금액이 결제대금으로 확정된다. 다만 결제대금의 경우 DVP2방식에 따라 다자간 차감한 금액이 결제대금으로 확정된다. 따라서 결제회원이 회원별 매도대금과 매수대금을 차감한 단일의 차감결제대금을 한국예탁결제원과 수수하게 된다.

한편, 한국예탁결제원이 이런 절차를 거쳐 결제대상명세를 확정하여 회원에게 통지하면 결제대상명세상의 매매거래가 채무인수의 대상인 청산대상거래로 확정된다.

### 2.2.3. 증권결제

#### 가. 개요

T+2일에 한국예탁결제원은 증권결제를 실시한다. 이러한 증권결제는 DVP2방식에 따라 결제건별로 인도회원결제계좌와 KSD결제계좌 간 계좌대체, KSD결제계좌와 인수회원결제계좌 간 계좌대체의 2단계 과정으로 이루어진다. 전자를 증권대체실행, 후자를 증권대체완료라 한다. 증권대체실행과 증권대체완료는 각각 별개의 배치프로세스로 진행되며, 각 배치프로세스에서는 결제번호 순서대로 대체실행조건 및 대체완료조건을 읽어 조건을 충족하는 결제 건만을 결제처리하게 된다.

#### 나. 증권대체실행

##### (1) 대체실행조건

한국예탁결제원은 회원의 채무를 인수할 때 대체실행조건을 충족할 것을 요구하고 있다. 이와 같이 대체실행조건이 충족되도록 한 것은 인도회원의 증권이 대체실행되는 시점부터 인도회원에 대해 대금결제의 이행을 담보하기 위해서이다.

장외 주식기관결제의 경우 결제대상명세를 확정하여 회원에게 통지한 때 채무인수의 대상이 되지만, 그 효과가 발생하는 것은 대체실행조건을 충족시킨 시점이다. 즉, 결제대상명세상의 개별 청산대상거래가 대체실행조건을 충족하는 시점에

▶▶ 그림 10-7 장외 주식기관결제의 2단계 증권결제프로세스

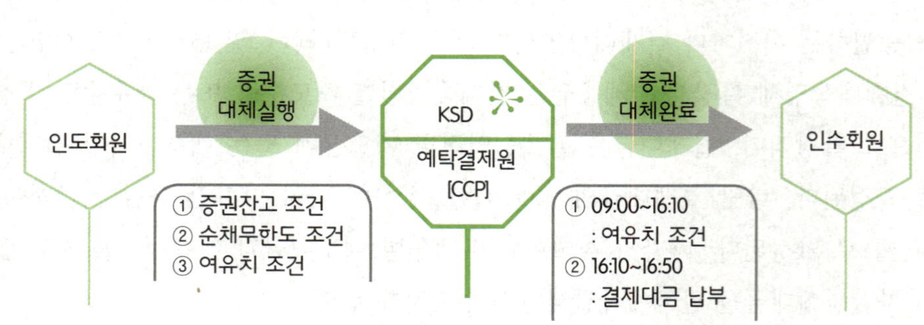

▶▶ 그림 10-8 인도회원의 증권잔고 조건

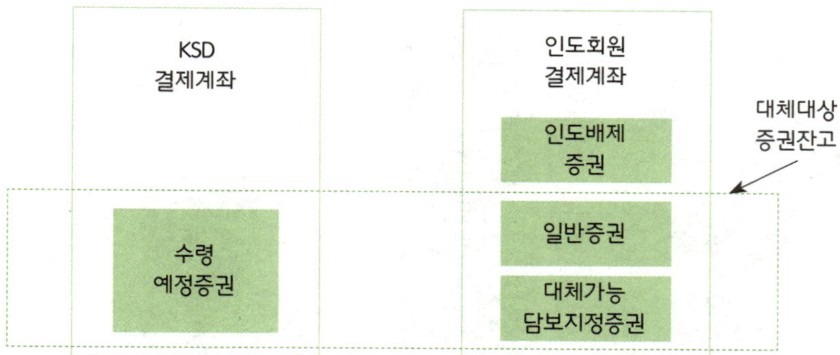


한국예탁결제원은 결제회원이 부담하는 채무를 인수하게 된다. 그리고 해당 결제회원은 한국예탁결제원이 인수한 채무와 동일한 내용의 채무를 예탁결제원에 부담하게 된다. 한국예탁결제원의 채무인수는 면책적 채무인수에 해당한다. 따라서 한국예탁결제원이 채무를 인수한 경우 해당 결제회원은 다른 결제회원에 대하여 부담하는 동일한 내용의 채무를 면하게 된다.

대체실행조건은 3가지 조건으로 구성되어 있으며, 각 조건의 내용은 다음과 같다.

**① 인도회원의 증권잔고 조건**

인도회원은 증권잔고 조건을 충족하여야 한다. 즉 인도회원의 결제계좌에 예탁되어 있는 결제증권, 수령예정증권[9] 및 대체가능한 담보지정증권의 합계가 결제증권의 수량보다 많아야 한다.

**② 인수회원의 순채무한도 조건**

인수회원은 순채무한도(net debit cap) 조건을 충족하여야 한다. 즉, 해당 증권대체실행과 관련된 결제대금을 포함하여 계산된 인수회원의 차감지급액[10]이 순채무한도를 초과하지 않아야 한다. 회원별 순채무한도는 1,000억 원[11]이다.

9 수령예정증권이란 인도회원을 매수자로 하여 다른 회원이 증권대체실행 한 증권으로 KSD결제계좌에 예탁되어 있는 증권을 말한다. 수령예정증권은 관련 회원이 대금결제를 이행하지 않을 경우 한국예탁결제원이 이를 처분할 수 있어 담보와 같은 기능을 수행한다.

10 차감지급액이란 회원이 지급할 금액에서 수령할 금액 및 결제촉진대금 잔액을 차감한 금액을 말한다.

11 2012년 기준 회원별 순채무한도는 모든 회원에게 일률적으로 1,000억 원을 적용하고 있으나, 2013년 하반기부터는 회원의 결제규모에 따라 차등 적용할 예정이다.

▶▶ 그림 10-9 인수회원의 순채무한도 조건

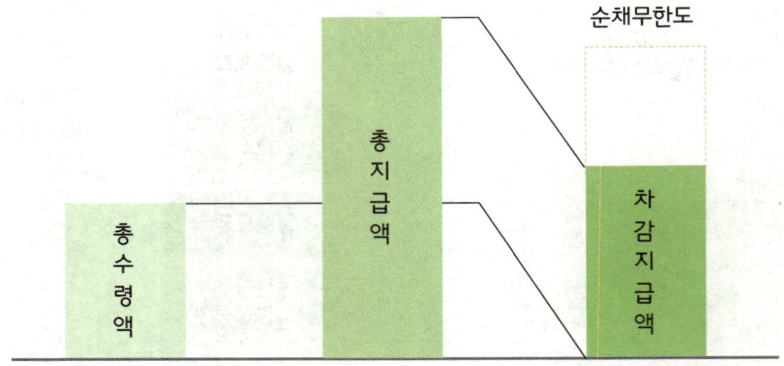


③ 인수회원의 여유치 조건

인수회원은 여유치 조건을 충족하여야 한다. 즉, 해당 증권대체실행과 관련된 결제대금을 포함하여 계산된 여유치가 0원 이상이어야 한다. 여유치는 확보자산에서 차감지급액을 공제한 금액을 말하며, 확보자산은 수령예정증권, 담보지정증권, 결제기금으로 구성된다.

(2) 증권대체실행

한국예탁결제원은 9시부터 대체실행시한인 16시 10분까지 온라인 배치방식으로 대체실행조건을 충족하는 결제 건을 확인하여 인도회원결제계좌에 예탁된 증권

▶▶ 그림 10-10 여유치 조건

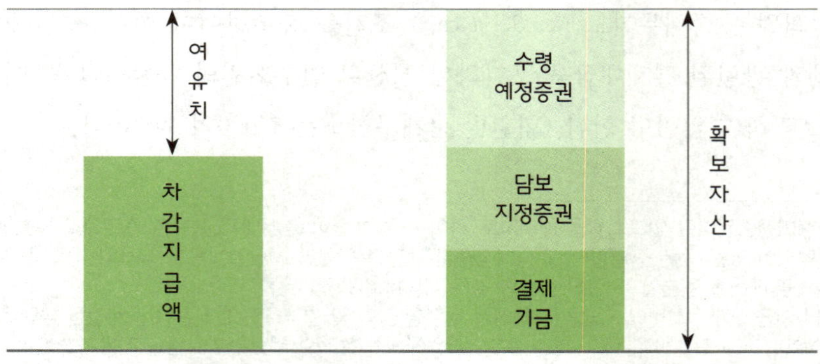

을 KSD결제계좌로 계좌대체 한다.

한편 증권대체실행의 경우 대체실행조건이 충족되지 않으면 해당 결제 건은 처리되지 않고 대기상태에 있게 된다. 따라서 인수회원은 다른 회원에 대한 증권대체실행 등을 통해 순채무한도 조건 또는 여유치 조건을 충족하여야 한다.

#### 다. 증권대체완료

한국예탁결제원은 다음의 요건을 충족하는 시점에 KSD결제계좌에서 인수회원결제계좌로 증권대체완료를 실시한다. 이는 시간에 따라 다르게 적용된다.

##### (1) 9시부터 대체실행시한(16:10)까지

이 시간대에는 다음의 두 가지 조건을 충족시켜야 한다. 첫째, 인수회원이 수령예정증권을 ⅰ) 장내 주식시장결제 또는 주식기관결제를 위하여 납부하여야 하거나, ⅱ) 결제 외의 기타 목적으로 사용하기 위하여 대체완료 청구를 하여야 한다. 둘째, 수령예정증권이 증권대체완료 되어도 해당 인수회원이 대체실행조건을 충족하여야 한다. 이와 같은 대체완료조건이 충족되면 한국예탁결제원은 온라인 배치방식으로 대체완료조건을 충족하는 결제 건을 확인하여 KSD결제계좌에 예탁된 수령예정증권을 인수회원결제계좌로 계좌대체한다.

##### (2) 16시 10분부터 차감결제대금 완납(16:50)시까지

16:10에 차감결제대금의 확정결과 인수회원이 차감결제대금의 수령자인 경우에는 KSD결제계좌에 예탁된 수령예정증권을 인수회원결제계좌로 계좌대체한다. 또한 인수회원이 차감결제대금의 납부자인 경우에는 차감결제대금을 납부하는 시점에 즉시 KSD결제계좌에 예탁된 수령예정증권을 인수회원결제계좌로 계좌대체한다.

### 2.2.4. 대금결제

주식기관결제의 대금결제는 DVP2방식에 따라 회원별로 다자간 차감하여 산정된 결제대금을 결제하는 방식으로 변경되었다. 이와 관련하여 한국예탁결제원은 결제대금을 산정하기 위하여 자금기록부를 작성·관리하는데, 이는 9시부터 대체실행시한인 16시 10분까지 다음과 같은 방식으로 작성된다.

첫째, 증권대체실행이 이루어진 때에는 인도회원의 자금기록부에 증가기재하고 인수회원의 자금기록부에 감소기재한다.

둘째, 회원이 결제촉진대금을 예탁한 때에는 해당 회원의 자금기록부에 증가기재하고, 결제촉진대금을 반환받은 때에는 해당 회원의 자금기록부에 감소기재한다. 결제촉진대금이란 회원이 결제대금지급채무의 이행을 확보하고 증권결제의 원활화를 위하여 한국예탁결제원에 예탁하는 자금으로 일중에 결제촉진대금을 납부하면 여유치가 증가하게 된다.

16:10 이후에는 한국예탁결제원이 증권대체실행을 완료하고 자금기록부 기록을 바탕으로 최종적으로 회원별 차감결제대금을 확정하여 이를 회원에게 통지한다. 납부회원은 대금납부시한인 16:50까지 한국은행에 개설된 KSD결제계좌에 차감결제대금을 납부하고, 한국예탁결제원은 이를 수령회원결제계좌로 계좌이체하여 대금결제를 완료한다.

### 2.2.5. 대금결제 불이행의 처리 등

#### 가. 결제유동성 공급

주식기관결제의 대금결제는 증권대체실행이 완료된 16:10 이후에 이루어지며 이 과정에서 회원이 차감결제대금을 납부하지 않을 경우 대금결제에 혼란이 발생할 수 있다. 이와 같은 혼란을 방지하고 대금결제 이행의 확실성을 보장하기 위하여 한국예탁결제원이 결제유동성을 공급하도록 하였다. 회원이 대금납부시한인 16:50까지 차감결제대금을 납부하지 않은 경우 한국예탁결제원은 i) 은행의 신용한도(credit line), ii) 결제기금, iii) 예탁결제적립금의 순서로 조달한 결제이행재원으로 유동성을 공급하여 대금결제를 완료한다. 유동성을 공급받은 회원은 결제일의 다음날까지 KSD결제계좌로 유동성을 상환하여야 한다.

#### 나. 결제지연손해금제도

한국예탁결제원의 결제유동성 공급과 함께 회원의 대금결제의무 준수를 강제하기 위하여 결제지연손해금제도를 도입하였다. 즉 회원이 대금납부시한인 16:50까지 차감결제대금을 납부하지 않은 경우에는 결제일로부터 3영업일째 되는 날까지 한국예탁결제원에 결제지연손해금을 납부하여야 한다. 이러한 결제지연손해금은 미납부한 차감결제대금에 손해율인 2/10,000를 곱하여 산출되며, 대금납부시한으로부터 15분 이내에 납부하는 경우에는 손해율의 50%만을 적용하는 할인제도를 도입하고 있다. 반면, 결제지연손해금 납부기한까지 결제지연손해금을 납부하지 않고 납부기한의 다음날부터 30영업일 이내에 납부하는 경우에는 6/10,000, 30영업일 후에 납부하는 경우에는 8/10,000을 곱하여 산출되는 가산금이 부과된다.

다. 대금결제불행이행의 처리

회원이 대금납부시한인 16:50까지 차감결제대금을 납부하지 않거나 그 우려가 있는 경우 한국예탁결제원은 ⅰ) 해당 회원에 대한 채무인수의 정지, ⅱ) 해당 회원이 예탁한 결제촉진대금, 결제기금 및 담보지정증권의 반환 정지, ⅲ) 해당 회원에 대한 증권대체완료의 정지 등의 조치를 취한다.

이와 함께 회원이 결제일 다음날까지 유동성을 상환하지 않으면 한국예탁결제원은 ⅰ) 반환 정지한 담보지정증권 또는 증권대체완료가 정지된 수령예정증권의 처분, ⅱ) 반환 정지한 결제기금 사용의 순서로 채권회수에 충당한다. 이와 같은 충당 후에도 부족이 있는 경우 한국예탁결제원은 ⅰ) 다른 회원이 납부한 결제기금의 비율로 안분한 금액, ⅱ) 한국예탁결제원의 예탁결제적립금의 순서로 손실을 보전한다.

## 2.3. 위험관리방법

### 2.3.1. CCP제도 도입

주식기관결제의 리스크 관리체계 구축에서 가장 중요한 변화는 CCP(Central Counterparty: 집중거래상대방)제도가 새롭게 도입되었다는 것이다. 이는 주식기관결제의 결제대금이 DVP2방식에 따라 다자간 차감하여 산정되는바, 한 회원이 결제대금을 납부하지 않을 경우 큰 혼란이 발생할 수 있으므로 이를 방지하기 위한 것이다. 주식기관결제에서는 한국예탁결제원이 CCP기능을 수행하도록 하였다. 즉, 한국예탁결제원은 주식기관결제의 청산대상거래가 대체실행조건을 충족하는 시점에 채무인수를 통하여 CCP가 된다. 이와 같이 한국예탁결제원이 CCP가 됨으로써 주식기관결제의 회원들은 거래 상대방의 결제불이행 위험을 고려하지 않고 보다 안전하게 결제를 할 수 있게 되었다. 참고로 주식기관결제의 CCP제도는 현재 금융위원회의 승인을 받은 한국예탁결제원의 업무규정에 근거를 두고 있다. 그러나 향후 국회에 계류 중인 자본시장법 개정안이 통과되면 한국예탁결제원은 동법에 따라 금융투자상품거래청산업의 인가를 받아 규범력을 보다 강화할 수 있게 된다.

### 2.3.2. 순채무한도 관리

순채무한도(net debit cap)란 회원의 대금결제 불이행으로 초래될 수 있는 리스크를 일정 한도로 억제하기 위한 장치를 말한다. 한국예탁결제원은 모든 회원에 대해 순채무한도 1,000억 원을 설정하고 증권대체실행시마다 회원의 차감지급액이 순채무한도 1,000억 원을 넘지 않도록 관리한다. 만약 인수회원의 순채무한도가 1,000억 원이 되면 해당 인수회원을 대상으로 하는 증권대체실행은 중단된다. 이와 같은 상황이 발생하면 인수회원은 다른 회원에게로 증권대체실행(대금수령액↑, 차감지급액↓)하거나 결제촉진대금을 납부(결제촉진대금↑, 차감지급액↓)하여 순채무한도 조건을 충족하여야 한다.

참고로 미국, 일본 등에서도 순채무한도를 관리하고 있으며 이들 국가는 회원의 신용도에 따라 순채무한도를 차등하여 정하고 있다. 향후 우리나라도 이를 참고하여 순채무한도 관리방식을 보완할 필요가 있다.

### 2.3.3. 결제유동성 재원 확충

주식기관결제의 대금결제의 안전성을 확보하기 위해 한국예탁결제원은 은행에 개설한 신용한도(credit line)를 증액하고 예탁결제적립금도 확대하였다. 이에 따라 한국예탁결제원은 기존에 거래은행과 1,000억 원의 신용한도를 개설하고 있었으나 최근의 국제 추세인 Lamfalussy[12]+1에 맞춰 2,000억 원으로 신용한도를 확대하였다. 즉, 주식기관결제의 회원별 순채무한도가 1,000억 원이므로 최대 2개의 지급채무자가 동시에 대금결제를 불이행하더라도 결제를 정상적으로 종료할 수 있도록 하기 위하여 2,000억 원으로 증액한 것이다.

다음으로 한국예탁결제원의 예탁결제적립금을 1,000억 원에서 2,000억 원으로 확대하였다. 예탁결제적립금은 한국예탁결제원이 증권예탁결제업무와 관련하여 발생한 손실의 보전 및 자본시장법 제313조[13]에 따른 부족 예탁증권에 대한 보전의무를 이행하기 위해 적립하는 금액을 말한다. 결제회원의 대금결제 불이행이 발생한

12 BIS의 차감결제시스템 운영기준으로 결제기관은 차감결제시스템의 최대 차감대금 지급자가 불이행한 경우에도 결제를 정상적으로 완료할 수 있는 유동성을 확보하도록 권고하고 있다.

13 자본시장법 제313조(보전의무) ① 예탁증권 등이 부족하게 된 경우에는 예탁결제원 및 제310조제1항에 규정된 예탁자가 대통령령으로 정하는 방법 및 절차에 따라 이를 보전하여야 한다. 이 경우 예탁결제원 및 예탁자는 그 부족에 대한 책임이 있는 자에 대하여 구상권을 행사할 수 있다.

경우 불이행회원의 수령예정증권이나 담보증권의 처분, 결제기금의 사용으로도 손실을 보전하지 못하는 경우에는 예탁결제적립금을 통해 보전에 충당하게 된다.

### 2.3.4. 결제기금의 적립

회원이 유동성 부족으로 결제대금을 납부하지 못할 경우 결제불이행이 발생하여 주식기관결제제도의 안전성을 심각하게 해칠 우려가 있다. 이러한 결제불이행의 위험을 방지하기 위하여 회원에 대해 대금결제 불이행으로 인해 발생하는 손해를 배상하기 위한 결제기금을 적립하도록 하였다. 참고로 미국(13억 달러), 일본(150억 엔) 등의 경우에도 주식기관결제에서의 결제불이행을 대비하여 결제기금을 적립하고 있다. 결제기금의 총 필요적립액은 500억 원이며 이는 대금결제 불이행에 관한 리스크 분석, 장내시장의 결제기금 총 적립액(2,000억 원), 일본 등 해외사례를 종합적으로 고려하여 정하였다. 회원별로 적립해야 하는 필요적립액은 기본적립금과 변동적립금으로 구분된다. 기본적립금은 모든 회원에게 1,000만 원이 부과되고, 변동적립금[14]은 회원의 결제규모를 고려하여 산정된다. 회원은 현금, 국고채권, 통화안정증권으로 결제기금을 적립할 수 있으며, 장내 주식시장과 달리 국고채권 또는 통화안정증권의 적립한도(장내 주식시장의 경우에는 필요적립액의 50%까지만 채권으로 적립이 가능하다)는 제한이 없기 때문에 필요적립액 전액을 채권으로 적립할 수 있다. 결제회원이 결제기금을 국고채권과 통화안정증권으로 적립한 경우에는 한국예탁결제원이 매일 시가평가를 통하여 담보가치가 부족한 경우 마진콜을 실시하여 가격변동에 따른 위험을 관리하고 있다.

한편, 한국예탁결제원은 결제기금을 회원별로 구분하여 관리하며, 한국예탁결제원의 다른 재산과 구분하여 계리한다. 현금으로 적립된 결제기금은 자금의 성격상 안전성을 고려하여 BIS비율이 8% 이상인 은행 중 재무건전성 등을 평가하여 선정된 은행에 예치하는 방법으로 운영된다. 또한 현금운용에 따라 발생한 과실은 매 분기말 회원의 현금적립비율에 따라 원본에 산입된다.



14 변동적립금=(500억원－Σ회원별 기본적립금)×(직전 분기말 3개월간 해당 회원의 결제규모/모든 회원의 결제규모)

# 02 채권시장 결제

## 1. 장내 국채전문유통시장결제

### 1.1. 개요

장내 국채전문유통시장결제란 국채딜러간 매매거래 및 증권회사를 통한 위탁매매거래를 위하여 한국거래소가 개설한 국채전문유통시장(국고채권의발행및국고채전문딜러운영에관한규정 제2조4호)에서의 국고채권 등의 매매거래에 따른 결제를 말한다.

장내 국채전문유통시장결제는 국고채권, 통화안정증권, 예금보험기금채권을 대상으로 한다. 장내 국채전문유통시장결제에서 한국거래소는 청산기관(CCP)으로서 매매확인, 채무인수, 차감, 결제증권·결제대금의 확정, 결제이행보증 등을 담당하고, 한국예탁결제원은 결제기관(CSD)으로서 증권인도와 대금지급을 담당한다.

### 1.2. 업무처리절차

#### 1.2.1. 매매확인

T일에 한국거래소는 매매확인을 실시한다. 즉, 한국거래소는 매매거래 성립 후 채무를 인수하고자 하는 때 매매거래를 확인한다(장내 주식시장결제와 동일).

#### 1.2.2. 채무인수

한국거래소는 T일에 매매확인된 거래에 대하여 채무를 인수한다. 한국거래소가 채무를 인수하게 되면 종전의 채무자 회원이 종전의 채권자 회원에 대한 채무를 면하고 대신 한국거래소가 채무를 부담한다. 이러한 채무인수를 통하여 한국거래소는 모든 거래의 상대방(CCP)이 된다. 즉, 한국거래소는 매도회원에 대해 매수자, 매수회원에 대해 매도회원이 되어 결제이행을 보증한다(장내 주식시장결제와 동일).

### 1.2.3. 차감

한국거래소는 T일에 증권과 대금에 대해 다자간 차감을 실시한다. T+1일에 한국거래소와 회원이 동일 종목의 대금에 대한 채무를 상호 부담하거나 동일 종목의 증권에 대한 채무를 상호 부담하는 경우에는 동일 종목의 대금 및 증권 간에 차감한다. 즉, 증권과 대금을 회원별·종목별로 다자간 차감을 한다. 또한, 차감된 증권과 대금은 동일종목을 기준으로 일정규모(현재 100억 원)를 상한액으로 분할하여 별개 결제건의 결제증권과 결제대금으로 확정한다. 다만, 차감에 따라 증권의 수량이 없는 종목의 경우에는 해당 종목 전체의 대금간에 차감한다. 이렇게 다자간 차감을 한 후 확정된 결제증권과 결제대금은 한국예탁결제원과 회원에게 통지한다.

### 1.2.4. 1단계 DVP결제

1단계 DVP결제란 매도회원과 CCP인 한국거래소 간에 차감된 결제건별로 증권인도와 대금지급을 동시에 처리하는 것을 말한다. CCP인 한국거래소의 경우 매도

▶▶ 그림 10-11 1단계 DVP결제 프로세스

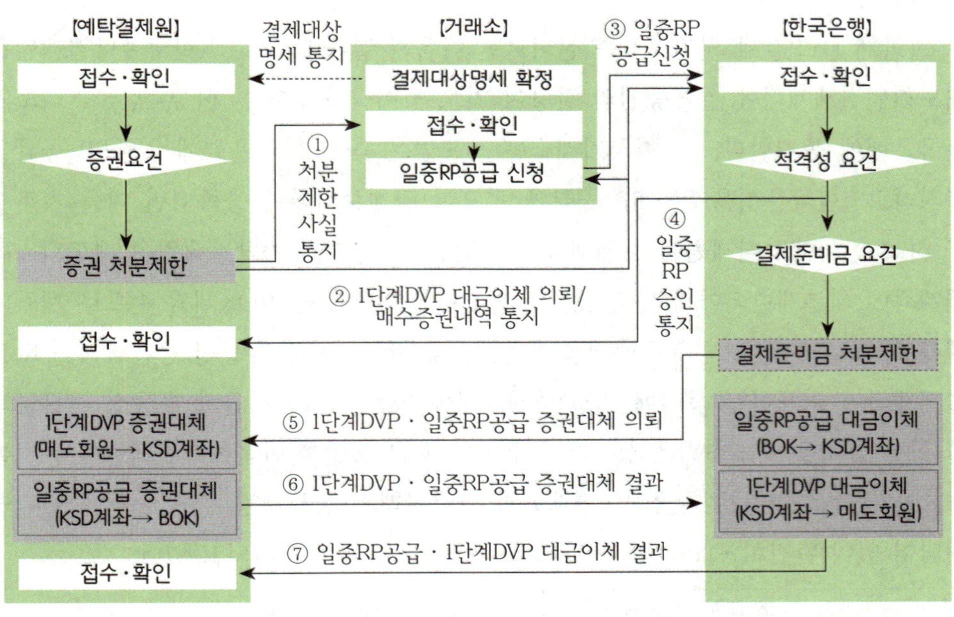

▶▶ 그림 10-12 2단계 DVP결제 프로세스

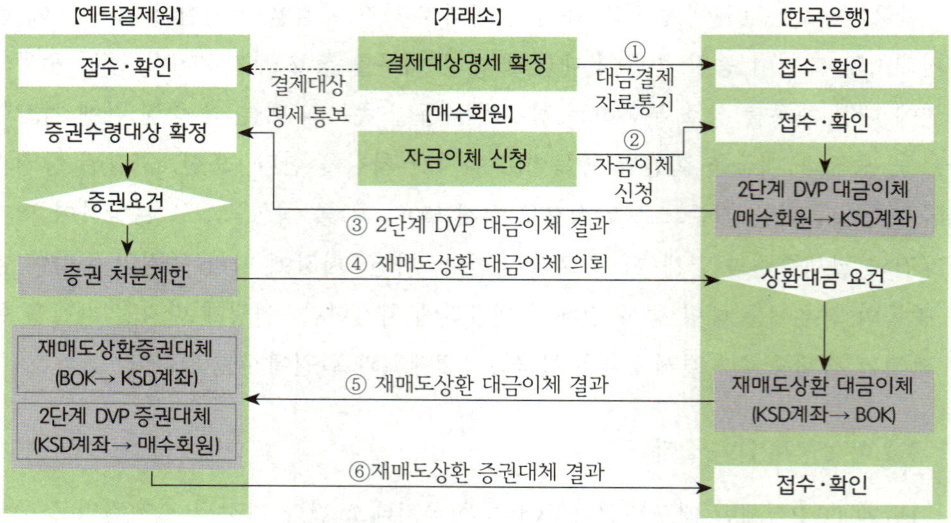


회원에 대한 대금지급을 위해 유동성이 필요하게 되는데, 이를 위해서 매도회원이 납부한 증권을 일중RP제도를 통해 한국은행에 담보로 제공하고 유동성을 조달하도록 하였다.

1단계 DVP결제 처리절차를 살펴보면 다음과 같다. 먼저 ① 한국예탁결제원은 매도회원결제계좌에 결제증권의 잔량이 있으면 이를 처분제한 한 후 한국거래소와 한국은행에 통지한다. ② 한국거래소는 통보받은 즉시 한국은행에 일중RP 공급을 신청하고, 한국은행은 일중RP 공급에 필요한 결제준비금이 충족되면 이를 처분제한 하고 한국예탁결제원에 증권대체를 의뢰한다. ③ 한국예탁결제원은 매도회원결제계좌에 처분제한되어 있는 결제증권을 KSD결제계좌 → BOK계좌 순으로 계좌대체를 하고 그 사실을 한국은행에 통지한다. ④ 한국은행은 유동성 공급금액을 KSD결제계좌에 이체하는 동시에, KSD결제계좌에 있는 결제준비금과 유동성 공급금액을 합한 금액을 매도회원계좌로 계좌이체 하고 그 사실을 한국예탁결제원에 통지한다. 이와 같은 절차는 한국예탁결제원과 한국거래소·한국은행 간에 시스템으로 연계되어 있어 완전히 STP(Straight Through Processing)[15]로 처리되고 있다.

15 증권거래에 있어서 매매체결에서 결제에 이르기까지 전과정을 표준화된 메시지 포맷을 이용해 이음새 없이(seamless) 시스템 간에 자동 연결시켜 수작업의 개입 없이 자동으로 처리하는 것을 말한다.

### 1.2.5. 2단계 DVP결제

2단계 DVP결제란 CCP인 한국거래소와 매수회원 간에 차감된 결제건별로 증권인도와 대금지급을 동시에 처리하는 것을 말한다. CCP인 한국거래소의 경우 매수회원이 납부한 결제대금으로 1단계 DVP에서 한국은행에 제공한 담보증권을 상환받아 이를 매수회원에게 인도한다.

2단계 DVP결제 처리절차를 살펴보면 다음과 같다. 먼저 ① 매수회원이 한국은행에 개설된 KSD결제계좌로 결제대금을 입금한다. ② 한국은행은 해당 사실을 즉시 한국예탁결제원에 통지하고, 한국예탁결제원은 BOK계좌에 있는 담보증권 중 결제수량만큼 처분제한을 한 후 한국은행에 일중RP 상환을 의뢰한다. ③ 한국은행은 KSD결제계좌에 있는 상환대금을 BOK계좌로 이체한 후 그 사실을 한국예탁결제원에 통지한다. ④ 한국예탁결제원은 BOK계좌에 처분제한되어 있는 증권을 KSD결제계좌로 계좌대체한 후 즉시 매수회원계좌로 계좌대체 함으로써 2단계 DVP결제를 완료한다. 이와 같은 절차는 1단계 DVP결제와 마찬가지로 한국예탁결제원과 한국거래소·한국은행 간에 시스템으로 연계되어 있어 완전히 STP로 처리되고 있다.

### 1.2.6. 차금결제대금결제(FOS)

차금결제대금결제(FOS: Funds Only Settlement)란 회원이 동일 종목·동일 수량을 매도·매수한 경우 결제증권의 수량이 '0'임에도 불구하고 매도·매수가격의 차이로 발생한 결제대금(차금결제대금)을 결제하는 것을 말한다. 차금결제대금은 한국거래소에서 산정되며, 복수의 종목에서 차금결제대금이 발생하면 회원별로 합산하여 산정된다. 차금결제대금결제는 DVP결제와 달리 증권결제 없이 대금결제만 발생한다는 점에서 그 특징이 있다.

차금결제대금의 납부회원은 결제시한인 16시까지 한국은행에 개설된 KSD결제계좌에 차금결제대금을 납부하여야 한다. 한국예탁결제원은 회원의 편의를 위해 14시부터 대금지급가능 범위에서 수령회원결제계좌로 차금결제대금을 지급한다.

### 1.2.7. 결제시한 후 프로세스

결제회원은 결제시한인 16시까지 결제증권과 결제대금을 완납하여야 하나, 증권과 대금의 조달이 원활히 이루어지지 아니하면 결제시한까지 납부를 완료하지 못할 수 있다. 이러한 증권과 대금의 납부지연이 발생하는 경우 일일차감제도(DNS)를 채택하고 있는 장내국채결제는 장내주식결제(CNS)와 달리 결제시한 후 프로세스를 통해 결제시한 전에 완료하지 못한 증권과 대금의 처리를 완료하는 예외적인 업무 절차를 마련해두고 있다.

### 가. 결제시한 후 1단계 결제

먼저 결제시한 후 증권납부를 살펴보면 다음과 같다. 한국예탁결제원은 결제건별로 매도회원결제계좌에 결제증권의 잔량이 있으면 즉시 매도회원의 결제계좌에서 KSD결제계좌로 증권대체를 처리한다. 결제시한 전과는 달리 증권의 처분제한 없이 해당 결제건의 결제수량에 도달할 때까지 계속적으로 증권대체를 실행하여 증권납부를 완료한다.

예탁결제원은 결제시한 후 증권납부가 완료된 결제건에 대하여 거래소의 대금요건을 확인하여 결제대금을 지급해야 한다. 거래소의 대금요건은 거래소의 일중 RP담보증권을 모두 상환한 후 KSD결제계좌의 대금잔고가 결제시한 후 증권납부된 결제건의 결제대금 이상인 경우에 충족된다. 모든 회원의 대금납부가 완료된 경우에는 거래소의 일중RP담보증권을 상환완료하면 결제시한 후 증권대체된 모든 결제건에 대한 대금지급이 가능하다. 그렇지 아니한 경우에는 결제시한 전과 마찬가지로 대금범위 내에서 결제증권의 납부가 빠른 결제건부터 순차적으로 대금을 지급한다. 한국예탁결제원은 한국은행을 통하여 매도회원의 결제계좌로 결제대금을 이체하나, 결제시한 전과는 달리 한국은행의 증권대금이체시스템이 아닌 일반자금이체시스템을 통하여 처리한다.

### 나. 결제시한 후 2단계 결제

결제시한 후 대금납부는 다음과 같이 이루어진다. 결제시한 후에도 매수회원은 결제시한 전과 동일하게 한국은행의 증권대금이체시스템에 생성된 대금이체자료를 선택하여 결제건별로 이체하는 방식으로 납부한다. 다만, 결제시한 후(일중RP공급시한과 동일)에는 한국은행의 일중RP공급을 통한 결제대금 납부는 할 수 없으며, 보유자금으로만 결제대금을 납부할 수 있다.

한국예탁결제원은 결제시한 후 결제대금을 납부한 결제건에 해당하는 결제증권을 매수회원으로 인도한다. 결제시한 전과는 달리 거래소의 일중RP담보증권이 아닌 KSD결제계좌의 예탁잔량에서 매수회원의 결제계좌로 증권대체한다. 거래소의 일중RP담보증권의 상환이 완료되지 아니한 경우에는 매수회원으로의 증권대체를 완료할 수 없다. 따라서, 한국예탁결제원은 결제시한 후 가장 먼저 거래소의 일중RP담보증권을 상환하는 업무를 수행한다.

결제시한 후에 KSD결제계좌의 대금잔고는 결제시한 전 대금잔고와 결제시한 후 납부액의 합계액이 된다. 반면에 결제시한 후 지급해야할 대금은 거래소의 일중RP담보증권 상환대금(거래소 → 한국은행)과 결제시한 후 증권납부한 매도회원의 결제대금(거래소 → 매도회원)으로 구성된다. 한국예탁결제원은 거래소의 일중RP담보증권 상환을 완료한 후에 매도회원으로 결제대금을 지급하고 있다.

## 2. 장내 일반채권시장결제

### 2.1. 개요

장내 일반채권시장결제란 자본시장법 제9조 제13항의 증권시장에서의 소매채권(액면가액 50억 미만의 호가수량의 채권) 등의 매매거래에 따른 결제를 말한다. 일반채권시장결제는 모든 상장채권을 대상으로 한다. 그러나 주로 소매채권, 법령에 의하여 첨가매출되는 채권(제1종 국민주택채권, 지역개발채권, 도시철도채권 등) 및 주식관련사채가 주로 결제되고 있다.

장내 일반채권시장결제에서 한국거래소는 청산기관(CCP)으로서 매매확인, 채무인수, 차감, 결제증권·결제대금의 확정, 결제이행보증 등을 담당하고, 한국예탁결제원은 결제기관(CSD)으로서 증권인도와 대금지급을 담당한다. 일반채권시장결제는 장내 주식시장결제나 국채전문유통시장결제와 달리 당일결제로 처리하며, 한국은행이 아닌 시중은행을 대금결제은행으로 하고 있다.

### 2.2. 업무처리절차

#### 2.2.1. 매매확인

T일 한국거래소는 매매확인을 실시한다(장내 주식시장결제와 동일).

### 2.2.2. 채무인수

한국거래소는 T일에 매매확인된 거래에 대하여 채무를 인수한다(장내 주식시장 결제와 동일).

### 2.2.3. 차감

한국거래소는 T일 15:00 장종료 후 즉시 증권과 대금에 대해 다자간 차감을 실시한다. T일에 한국거래소와 회원이 대금에 대한 채무를 상호 부담하거나 같은 종목의 증권에 대한 채무를 상호 부담하는 경우에는 대금 및 같은 종목의 증권 간에 차감한다. 즉, 증권은 회원별·종목별로, 대금은 회원별로 다자간 차감을 한다. 이렇게 다자간 차감을 한 후 확정된 결제증권과 결제대금은 한국예탁결제원과 회원에게 통지된다.

### 2.2.4. 증권결제

#### 가. 증권납부

매도회원은 결제시한(16시)까지 결제증권을 납부한다. 이는 매도회원이 자신의 결제계좌에 결제증권을 예탁하면 한국예탁결제원이 해당 결제증권을 실시간으로 확인하여 KSD결제계좌로 계좌대체 함으로써 이루어진다. 통상적으로는 매도회원이 9시 이전에도 결제증권을 예탁하고 있으므로 한국예탁결제원은 15시부터 해당 결제증권을 KSD결제계좌로 계좌대체 처리한다. 다만, 매도회원이 해당종목을 일반채권시장결제가 아닌 다른 용도로 사용하고자 하는 경우에는 인도배제를 청구하여 KSD결제계좌로 계좌대체하는 것을 일정시간 배제할 수 있다.

#### 나. 증권인도

증권인도는 15시부터 KSD결제계좌에 납부된 증권의 범위에서 결제요건을 충족하는 수령회원의 결제계좌로 온라인 배치방식으로 계좌대체함으로써 이루어진다. 일반채권시장결제도 다른 장내결제와 마찬가지로 배치 실행시점마다 여러 종목의 결제증권 간 순서 및 수령회원 간 순서를 고려하여 실행된다. 이는 각 배치 실행시점에 KSD결제계좌에 납부된 결제증권의 범위에서 어느 수령회원에게 어떤 증권을 먼저 인도할 것인가를 정할 필요가 있기 때문이다.

증권인도의 순서는 다음과 같이 정해진다. 먼저 특정 종목의 결제증권의 납부 완료 여부를 확인한다. 특정 종목의 결제증권의 납부가 완료된 경우에는 수령회원의 증권수령가능한도 내에서 해당종목의 결제증권을 수령회원의 계좌로 인도하게 된다. 인도할 결제증권의 종목이 2개 이상인 경우에는 결제증권의 평가액이 큰 종목의 증권 → 결제수량이 많은 종목의 증권 → 결제증권의 납부완료시점이 빠른 종목의 증권 순서대로 인도한다. 특정 종목의 결제증권의 납부가 완료되지 아니한 경우에는 해당종목의 결제증권에 대한 수령회원의 인도신청 여부를 확인한다. 수령회원의 인도신청이 있는 종목에 대하여 수령회원의 증권수령가능한도 내에서 인도신청한 수량에 해당하는 결제증권을 인도한다. 다만, 특정종목의 결제증권의 납부가 완료되지 아니한 상태에서 일부 수령회원의 인도신청에 따라 증권을 인도하는 것은 일부 수령회원에게 증권이 먼저 인도(증권 先인도)되는 차별적인 요소가 포함되어 있기 때문에 일정 요건이 갖춰져야만 실행할 수 있다. 한국예탁결제원은 증권선인도 요건으로 결제일 오후 3시 30분 이후 결제교착의 즉시 해소를 목적으로 하는 경우로 한정하고 있다.

### 다. 증권미납부의 취급

장내 일반채권시장결제의 결제시한은 16시로 결제회원은 모든 결제증권과 결제대금을 16시까지 KSD결제계좌로 납부하여야 한다. 그러나, 일반채권시장결제가 매매일 당일에 증권과 대금을 인수도하는 당일결제라는 점과 결제개시시점(15시)부터 결제시한(16시)까지 1시간 이내라는 점 등을 감안할 때, 현실적으로 결제증권과 결제대금을 결제시한 내에 완납하는 것이 쉬운 일은 아니다. 또한, 이 같은 시간적 제약과 함께 당일발행물에 대한 매매결제인 경우에 반드시 해당채권의 발행이 결제의 전제요건이 되기 때문에 채권발행의 지연으로 인한 경우 증권의 납부가 지연될 수밖에 없는 것이 현실이다.

장내 일반채권시장결제제도는 증권미납부를 장내 주식시장결제와는 다른 방식으로 취급하고 있다. 주식시장결제는 결제시한 이후에 회원별 미납부·미수령을 확정하여 익일을 결제일로 하는 결제내역과 차감하여 처리한다. 반면, 일반채권시장결제는 결제대용증을 납부하거나 증권결제의 특례에 따라 처리하고 있다. 즉, 실무상 일반채권시장결제는 결제시한까지 증권미납부를 결제시한 후의 지연납부라는 관점에서 취급하고 있다.

#### 라. 결제대용증과 증권결제의 특례

한국예탁결제원은 결제시한까지 증권납부가 이행되지 아니하는 경우 단순한 납부지연인지 증권미납부인지를 확인한다. 단순한 납부지연인 경우에는 결제업무 처리상 필요하다고 인정하여 결제시한을 변경하여 증권납부의 이행을 완료한다. 반면에 결제시한까지 결제증권을 납부하는 것이 불가능한 경우에는 매도회원은 해당 결제증권에 갈음하여 예탁결제원이 거래소를 대신하여 발행하는 결제대용증으로 납부할 수 있다.

결제대용증을 발행하여 미납된 증권납부에 갈음하기 위해서는 두 가지 조건이 충족되어야 한다. 첫째, 결제증권의 납부가 불가능하여 결제대용증으로 납부할 수 있는 사유가 성립하여야 한다. 한국예탁결제원은 ① 납부한 결제증권이 사고증권인 경우, ② 착오매매로 인하여 위탁매매분을 자기매매분으로 정정하는 경우, ③ 증권을 매도한 외국인투자자의 계좌대체 청구가 결제시한까지 이루어지지 않은 경우, ④ 예탁결제원이 필요하다고 인정하는 경우로 해당사유를 한정하고 있다. 둘째, 거래소는 수령할 종목의 증권이 아닌 결제대용증을 수령하여야 하는 수령회원의 동의를 얻어야 결제대용증을 통한 증권납부가 실행될 수 있다.

증권미납부를 취급하는 예외적인 방법으로 거래소는 증권결제의 특례를 두고 있다. 즉, 거래소는 결제가 현저하게 곤란하다고 인정하는 경우에는 현금 또는 유사한 종목의 증권으로 결제할 수 있도록 하고 있다.

### 2.2.5. 대금결제

#### 가. 대금결제은행

일반채권시장결제의 대금결제는 다른 장내결제와 달리 한국은행이 아닌 시중은행을 이용하여 처리한다. 한국예탁결제원은 한국은행 또는 은행업감독규정에서 정하는 위험가중자산에 대한 자기자본비율이 8% 이상인 은행 중에서 대금결제은행을 지정할 수 있으며, 현재는 신한은행과 우리은행 두 곳을 대금결제은행으로 지정하고 있다. 다만, 지정된 대금결제은행의 자기자본비율이 8%에 미달하는 경우에는 한국거래소와 협의하여 대금결제은행을 변경하여야 한다. 일반채권시장결제에 참가하는 결제회원은 대금결제은행 중 한 곳을 선택하여야만 대금결제를 처리할 수 있다.

#### 나. 대금납부

납부회원은 결제일 15시부터 결제시한(16시)까지 시중은행에 개설된 KSD대금결제계좌로 결제대금을 납부하여야 한다. 납부회원은 한국예탁결제원이 지정한 대금결제은행 중 본인이 선택한 은행을 이용하여 온라인 계좌이체 방식으로 대금을 납부하게 된다. 납부회원은 KSD결제계좌에 회원별로 부여되어 있는 고유의 가상계좌번호로 자금을 이체하여 결제대금을 납부한다. 이러한 대금 납부방식은 대금이체 업무의 편의성과 대금납부의 정확성·신속성을 제공하는 반면, 중앙은행을 이용하지 아니한다는 점에서 대금결제은행의 선정 등에 대한 엄격한 관리가 요구된다.

#### 다. 대금지급

한국예탁결제원은 15시부터 결제대금의 납부금액의 범위에서 수령요건을 충족하는 수령회원에게 결제대금을 지급한다. 수령요건은 결제대금을 수령할 회원이 자신이 납부할 모든 종목의 결제증권의 납부를 완료한 것을 말한다. 즉, 모든 결제대금의 납부가 완료되지 아니하더라도 납부된 대금의 범위 내에서 수령요건을 충족한 회원에게 결제대금을 신속히 지급함으로써 대금결제의 안정성과 효율성을 제고하고 있다. 대금지급도 역시 대금납부와 동일한 방식으로 KSD결제계좌에서 수령회원이 시중은행에 개설한 결제계좌로 이체하는 방식으로 처리된다.

#### 라. 대금유동성공급 및 결제지연손해금 대상 제외

한국거래소는 장내 주식시장결제나 국채전문유통시장결제의 대금결제에 있어 일정한 시한까지 대금납부가 지연되는 경우에 결제이행재원으로 유동성을 공급한다. 반면에 일반채권시장결제는 당일결제 등 시간적 제약을 고려하여 유동성공급대상에서 제외하고 있다. 또한, 정해진 시한까지 증권과 대금의 납부를 이행하지 못한 경우에 부과되는 결제지연손해금 적용 대상에서도 제외되고 있다.

## 3. 장외 채권기관결제

### 3.1. 개요

장외 채권기관결제는 한국거래소가 개설한 채권시장(국채전문유통시장, 일반채권시장) 밖에서 일어나는 채권의 매매거래에 대한 결제를 말한다. 채권기관결제는 국채, 통화안정증권, 특수채, 금융채, 회사채, 외국통화표시채권 등 모든 채권을 대상으로 하고 있다. 일반적으로 채권은 주식과 달리 발행, 매매거래, 결제방식 등에 있어 표준화가 어려워 경쟁매매에 부적합한 탓에 장외거래가 대부분을 차지한다. 한국거래소에서의 채권거래는 대부분 장외에서 매매당사자 간의 상대매매를 한국거래소에서 체결하는 것으로 형식적인 면이 강하다고 볼 수 있다.

장외 채권기관결제에서 한국예탁결제원은 매매확인, 결제증권과 결제대금의 확정 및 증권결제를 담당한다. 1999년 11월부터 한국예탁결제원의 증권결제시스템과 한국은행의 대금결제시스템을 연계한 동시결제제도(DVP)를 도입하여 채권거래의 안정성을 제고하고 있다.

## 3.2. 업무처리절차

### 3.2.1. 매매확인

채권의 장외거래는 거래당사자간의 상대매매방식으로 체결되며, 매매거래 성립 이후 최종의 결제를 이행하기 위해 먼저 매매확인을 실시한다. 매매확인은 거래당사자의 구분에 따라 쌍방매매확인방식과 일방매매확인방식으로 구분할 수 있다.

#### 가. 쌍방매매확인

쌍방매매확인방식은 매도자와 매수자 쌍방이 각각 매매자료를 제출하고 이를 상호대조하여 매매확인을 하는 방식이다. 이러한 쌍방매매확인방식은 투자매매나

▶▶ 그림 10-13 매매확인 프로세스

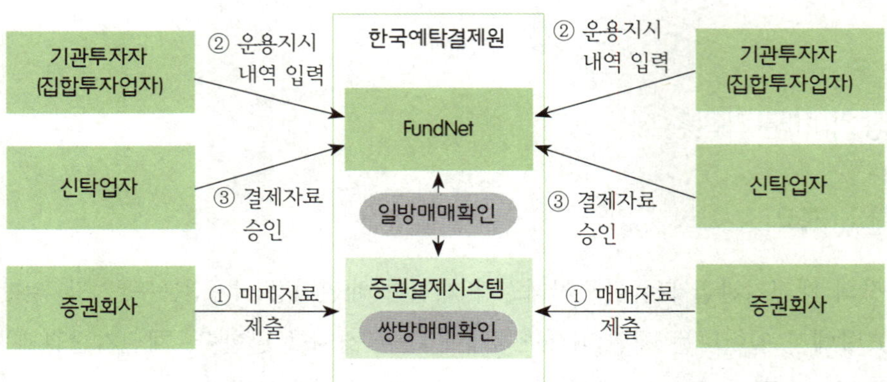

투자중개업을 영위하는 증권회사나 중개회사(IDB: Inter Dealer Broker) 간에 체결된 거래의 매매확인에 이용되고 있다. 증권회사는 한국예탁결제원과의 전산 연계를 통하여 전문방식(CCF)으로 매매자료를 전송하거나 한국예탁결제원 증권결제시스템에 직접 접속·입력하는 방식으로 매매자료를 제출할 수 있다.

#### 나. 일방매매확인

일방매매확인방식은 거래당사자 중 일방이 매매자료를 제출하고, 상대방이 해당자료를 확인하여 매매확인이 이루어지는 방식이다. 이러한 일방매매확인방식은 증권회사와 기관투자자 간의 체결된 거래의 확인에 이용되고 있다. 기관투자자는 증권회사를 통해서 거래주문(이하 운용지시)을 내고, 증권회사는 접수된 운용지시에 따라 매매거래를 체결하는 행위를 수행한다. 증권회사는 매매자료를 한국예탁결제원의 증권결제시스템에 입력하고, 기관투자자는 운용지시내역을 한국예탁결제원으로 통지하면 예탁결제원은 입력된 매매자료와 운용지시내역의 일치여부를 확인한다. 운용지시내역과 일치된 매매자료는 결제자료로 작성되고, 운용지시내역을 확인한 신탁업자가 결제자료를 승인하여 결제대상명세로 확정한다.

### 3.2.2. 결제대상명세 확정

한국예탁결제원은 매매확인을 거쳐 결제자료로 승인이 완료된 매매거래건별로 채권기관결제 결제대상명세를 확정한다. 매매거래건은 결제대상명세 확정에 따라 고유한 결제번호가 부여되고 개별 결제건으로 생성된다. 한국예탁결제원은 매매거래 이후 매매확인과 결제대상명세의 확정 시한을 매매거래일의 오후 5시까지로 정하고 있다.

### 3.2.3. 결제처리

#### 가. 결제주기

채권의 장외거래에 따른 결제는 매도자와 매수자 간의 협의에 따라 매매계약을 체결한 날의 다음날부터 30영업일 이내에 행한다. 다만, 조건부매매, 소매채권매매 및 단기증권집합투자기구의 채권매매의 경우에는 매매계약을 체결한 날에 결제를 행할 수 있다(금융투자업규정 제5-4조). 즉, 채권기관결제의 결제주기는 T+1일~T+30일을 선택적으로 정할 수 있으며, 예외적인 경우 당일결제도 가능하도록 하고 있다. 실무상 채권기관결제 결제주기는 대부분 T+1일이며, 지준일의 전일이 매매일이 되는 경우에는 지준일의 다음날에 결제하는 T+2일 결제가 일반적이다.

### 나. 결제방식

채권기관결제는 결제일 오전 9시부터 예탁결제원의 증권결제시스템과 한국은행의 대금결제시스템을 연계하여 동시결제방식으로 증권과 대금을 인·수도한다. 그러나, 한국은행의 지급결제시스템(증권대금이체시스템)을 이용할 수 없거나 이용하지 못하는 경우에는 분리결제나 개별결제와 같은 방식으로 결제할 수 있다.

#### (1) 동시결제

채권기관결제의 일반적인 결제방식인 동시결제는 증권대체와 대금이체의 물리적 행위를 동시간에 처리하여 일방의 의무불이행에 따라 발생할 수 있는 원본손실위험을 방지하고 있다.

먼저 결제일 오전 9시부터 한국예탁결제원은 결제배치를 실행하여 결제건별로 매도자의 증권요건을 확인한다. 매도자의 증권요건은 매도자 결제계좌의 예탁잔량과 해당결제건의 결제수량을 비교하여 전자가 후자 이상인 경우(예탁잔량≥결제수량)에 충족된다. 해당결제건의 증권요건이 충족되면 한국예탁결제원은 예탁잔량 중 결제수량에 해당하는 증권수량을 처분제한한다. 한국예탁결제원은 증권을 처분제한하고 한국은행으로 해당 결제건에 대한 대금이체의뢰를 전송한다.

한국은행은 한국예탁결제원의 대금이체의뢰에 따라 新한은금융망(BOK−Wire⁺)의 증권대금이체시스템에 해당결제건의 매수자가 대금을 이체할 수 있도록 대금이체자료를 생성시킨다. 매수자가 대금이체를 완료하는 즉시 한국은행은 대금이체결과를 한국예탁결제원으로 통지한다. 한국은행으로부터 대금이체결과를 통지받은 즉시 한국예탁결제원은 매도자의 결제계좌에서 매수자의 결제계좌로 증권을 인도하여 결제를 완료한다.

한편, 매도자는 매매거래에 대한 결제 이외의 목적으로 증권대여, Repo 등으로 채권을 운용하거나 매매결제건이 다수인 경우에 특정 건을 우선 결제하고자 하는 경우가 있다. 한국예탁결제원의 증권결제시스템은 매도자의 선택적 증권 이용을 보장하기 위해서 결제건의 증권요건이 충족되기 전에 다른 용도로 사용하거나 타 결제건보다 우선하여 증권요건을 확인하도록 우선순위를 부여하는 기능을 제공하고 있다. 다만, 해당결제건에 대한 증권요건이 충족되어 증권 처분제한된 경우에는 물

▶▶ 그림 10-14 동시결제 프로세스

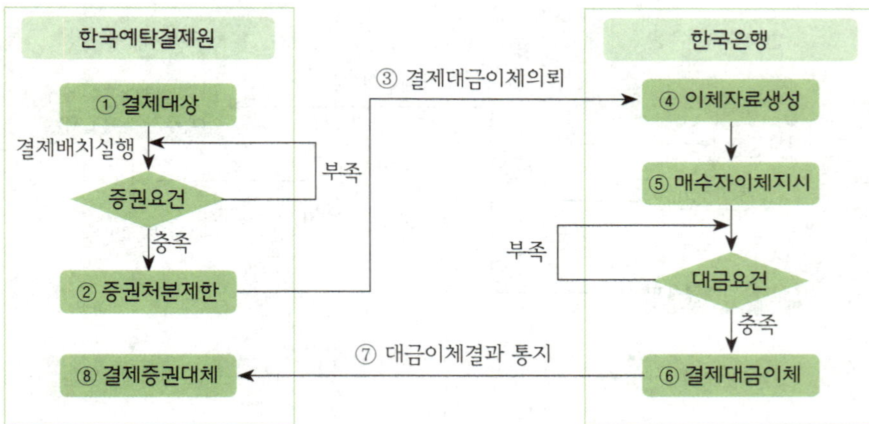


리적으로 타용도 등으로 증권대체가 불가능하나, 매수자의 대금이체지시 전인 경우에는 증권 처분제한을 취소하여 타 용도로 증권을 이용할 수 있도록 하고 있다.

(2) 분리결제

장외 채권기관결제 참가기관이 한국은행의 지급결제시스템 이용자가 아니거나 新한은금융망 운영시간 종료(17:30) 등에 따라 한국은행의 증권대금이체시스템을 통한 대금이체가 불가능한 경우에는 동시결제를 할 수 없다.

이런 경우에 예탁결제원의 증권결제시스템은 한국은행으로부터 대금이체결과를 통지받는 것이 아니라 매도자로부터 직접 대금수령을 확인받아 증권대체를 실행하고 있다. 이를 동시결제와 구분하여 분리결제라고 한다. 즉, 분리결제는 증권의 대체는 동시결제와 동일하게 예탁결제원의 증권결제시스템을 통해 처리하나, 대금이체는 개별 참가기관의 입금확인을 통하여 처리하는 방식이다.

분리결제는 매도자와 매수자 간에 협의한 대금교환방식에 따른 대금처리방식을 수용하여 증권결제시스템의 유연성은 높였으나, 운영상의 일부 리스크 요인이 있다. 예를 들면 매도자가 결제대금을 수취하고 나서 예탁결제원의 증권결제시스템에 해당 결제건의 대금수령을 통보하여야 매수자가 결제증권을 수령할 수 있다. 즉, 매도자의 대금수령 후 매수자의 증권수령까지 일정한 시차가 존재한다. 그리고 이러한 시차는 매도자의 대금입금 확인이라는 수작업적인 행위를 필요로 하고 있다. 만약

▶▶ 그림 10-15 분리결제 프로세스

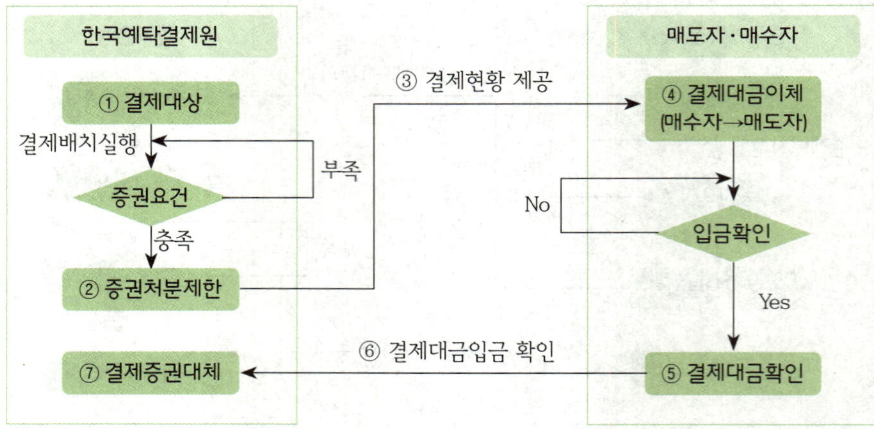


매도자가 고의나 착오 및 운영상의 실수로 입금확인이 정상적으로 실행되지 아니하는 경우 매수자의 증권수령이 지연될 수가 있다.

(3) 개별결제

동시결제나 분리결제로 처리할 수 없는 경우에는 개별결제방식을 통해 처리할 수 있다. 한국예탁결제원의 증권결제시스템 운영시간 종료(실무상 18:30) 이후에는 매도자와 매수자 간의 증권·대금의 인수도는 개별적으로 이루어진다. 개별결제로 처리하는 결제건에 대하여 매도자는 자신의 결제계좌의 예탁잔량 중 결제수량에 해당하는 결제증권을 매수자의 결제계좌로 계좌대체하는 행위를 별도로 하여야 한다. 이때 매도회원의 계좌대체는 한국예탁결제원의 증권결제시스템이 아닌 예탁시스템을 통하여 처리된다. 또한, 매수자는 매도자와 합의한 대금교환방식에 따라 결제대금을 매도자로 이체한다.

개별결제는 한국예탁결제원의 증권결제시스템과 별개로 이루어지는 처리방식이다. 이러한 개별결제는 증권·대금의 동시결제를 시스템적으로 보장하지 아니하며, 한국예탁결제원에서 결제현황 등을 별도로 제공하지 아니한다. 따라서 분리결제와 마찬가지로 처리에 있어 운영리스크가 존재한다고 볼 수 있다.

## 3.3. 시스템 기능

### 3.3.1. 연쇄결제

가. 개요

채권의 장외거래는 증권회사나 중개회사가 투자자를 대신하여 매매거래를 성립시켜주는 단순중개 형태가 대부분이다. 예를 들어 증권회사 乙이 투자자 甲으로부터 A종목 채권 100억 원에 해당하는 매도주문을 받은 경우에 증권회사 乙은 투자자 甲을 대신하여 A종목 채권을 다른 참가자로부터 매도하는 매매거래를 하게 한다. 반대로 증권회사 丙은 투자자 丁으로부터 A종목 채권 100억 원에 해당하는 매수주문을 받은 경우에 증권회사 丙은 투자자 丁을 대신해서 A종목 채권을 다른 참가자에게 매수하는 매매거래를 하게 된다. 장외거래를 통하여 증권회사 乙과 증권회사 丙은 A종목 채권 100억 원을 매매하는 거래를 체결하게 된다면, 甲 → 乙, 乙 → 丙, 丙 → 丁 세 차례의 매매거래로 구성된다.

여기에서 브로커 역할을 하는 증권회사 乙이나 丙은 A종목 채권 100억 원을 대체로 보유하고 있지 아니하며, 최종매도자인 甲과 최종매수자인 乙에게 각각 증권과 대금의 조달을 의존하게 된다. 연쇄결제는 이러한 매매거래의 실질을 반영하여 다수로 연결된 매매거래를 甲 → 乙 → 丙 → 丁과 같이 하나의 결제로 묶어서 브로커의 증권과 대금 조달 부담을 최소화시킨다.

나. 연쇄결제자료의 형태

연쇄결제는 채권거래구조에 따라서 다양한 형태로 나타날 수 있다. 거래구조를 반영한 연쇄결제자료는 수평적 연쇄결제, 수직적 연쇄결제, 수평·수직이 결합된 연쇄결제 세 가지로 구분된다. 수평적 연쇄는 최종의 매도자에서 최종의 매수자까지 이어진 거래의 결제수량이 모두 동일한 경우에 연쇄거래의 중간에 참여하는 증권회사가 개별의 결제건을 병합하는 형태로 만들어진다. 수직적 연쇄는 개별결제의 수량이 다른 경우에 합산된 수량을 최종의 매수자가 수령하는 수량과 동일하게 하여 병합하는 형태로 만들어진다. 수평·수직이 결합된 연쇄거래는 개별결제를 병합하는 과정이 연속되는 경우에 주로 생겨난다.

▶▶ 그림 10-16 연쇄결제의 형태

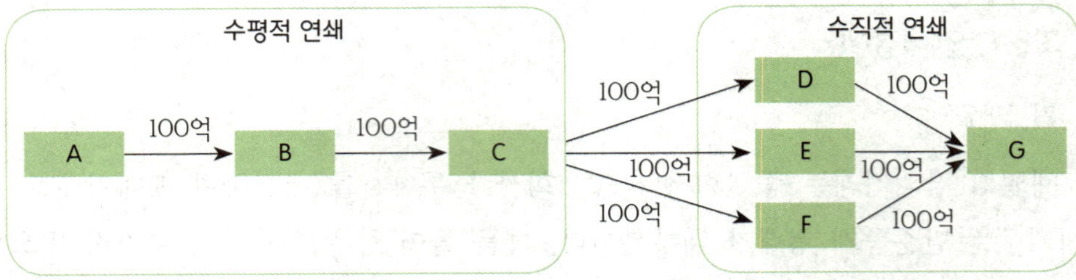


다. 연쇄결제의 제약요인

연쇄결제는 채권거래의 연쇄적인 성격을 반영하여 중간 참여자가 조달해야 할 증권·대금을 최소화하도록 시스템을 통해서 기술적으로 차감(technical netting)하는 결제방식이다. 그러나, 연쇄결제는 기술적·시스템적인 제약요건을 만족하는 경우에만 가능하다. 먼저 하나의 연쇄결제에서 대금이체기관은 1개여야만 한다. 대금이체기관이 2개 이상인 경우에는 기관별 대금이체시점이 각각 달라서 동시결제를 구현할 수 없기 때문이다. 대금이체기관이 복수가 되는 경우는 역마진거래나 최종매수자가 2개 이상으로 지정되는 경우에 발생하게 된다. 또한, 한국은행의 자금결제시스템은 증권대금동시결제에 따른 대금수취기관을 20개 이하로 제약하고 있다. 따라서, 연쇄거래가 수평적·수직적으로 무한히 확장할 수 없다.

### 3.3.2. 외국통화에 의한 외화표시채권 결제

가. 개요

한국예탁결제원은 비거주자가 국내에서 발행하는 외화표시채권이 원활히 발행 및 유통될 수 있도록 외국통화에 의한 외화표시채권의 동시결제시스템을 구축·운영하고 있다.

나. 주요내용

(1) 매매자료 제출

외국통화로 결제를 할 경우 매매자료 제출 등에 있어 원화(KRW) 이외에 미국달러(USD), 일본엔(JPY), 유로(EUR)를 선택하여 매매자료를 제출해야 한다. 단, 외화표시채권 결제를 원화로 결제하고자 하는 경우에는 기존의 원화채권의 증권결제시스템 처리절차와 동일한 방식으로 처리할 수 있다.

(2) 동시결제처리

외화표시채권의 동시결제는 한국예탁결제원의 증권결제시스템과 외환은행의 자금이체시스템 간 연계를 통하여 처리된다. 따라서, 외화표시채권을 결제하고자 하는 경우에는 사전에 외화대금계좌를 개설하고 한국예탁결제원에 신고하여야 한다. 외화표시채권은 원화표시채권의 결제와 동일하게 결제일 오전 9시부터 외화표시채권의 증권요건을 확인한다. 증권요건이 충족되면 해당증권은 처분제한된다. 매수자는 수령할 증권의 처분제한을 확인한 후 결제외화를 한국예탁결제원이 지정한 외환은행 계좌로 입금한다. 매수자의 결제대금 납부와 동시에 증권이 매도자의 계좌에서 매수자의 계좌로 인도되며, 납부된 결제대금은 매도자의 외화대금계좌로 입금된다.

# Repo시장 결제 03

## 1. 장내 Repo시장 결제

### 1.1. 개요

장내 Repo시장 결제는 한국거래소에서의 환매조건부채권매매거래에 따른 결제를 말한다. 동 결제는 2002년 2월부터 시작되었다. 장내 Repo시장은 가격·호가 우선원칙에 따라 복수가격에 의한 완전경쟁매매방식을 기본으로 하고 있다. 장내 Repo시장 결제는 국고채권, 외국환평형기금채권, 통화안정증권, 예금보험기금채권 및 우량 회사채를 결제대상으로 하고 있다. 또한, 국채딜러의 자금운용·조달을 지원하는 목적으로 개설되어 국채전문유통시장의 참가기관과 동일한 구성을 갖고 있다.

한국거래소는 청산기관(CCP)으로서 매매확인, 채무인수, 차감, 결제증권·결제대금의 확정, 결제이행보증 등을 담당하고, 한국예탁결제원은 결제기관(CSD)으로서 증권인도와 대금지급을 담당한다. 장내 Repo시장결제는 당일결제로 처리하며,

일반채권시장결제와 달리 한국은행을 대금결제은행으로 하고 있다.

장내 Repo시장 결제는 앞 절에서 살펴본 일반채권시장결제와 대부분 동일한 결제구조를 나타내고 있다. 따라서, 본 절에서는 장내 Reop시장 결제의 고유한 특징에 대해서만 살펴보기로 한다.

## 1.2. 업무처리절차

### 1.2.1 대금결제

#### 가. 대금결제은행

장내RP시장 결제의 대금결제은행은 한국은행으로 국채전문유통시장과 동일하다. 다만 국채전문유통시장의 경우 한국은행의 증권대금동시이체시스템을 이용하는 반면에 장내RP시장결제는 한국은행의 일반자금이체시스템을 통해 결제대금을 처리하고 있다.

#### 나. 대금납부

납부회원은 결제일 15시부터 결제시한인 16시까지 한국은행을 통하여 KSD결제계좌로 결제대금을 납부하여야 한다. 납부회원이 결제대금을 납부하면 결제대금에 해당하는 증권수령가능한도만큼 증가하여 완납된 종목의 증권수령 또는 미납된 종목에 대해서 선인도를 통한 증권수령이 가능해진다.

#### 다. 대금지급

한국예탁결제원은 15시부터 결제대금의 납부금액 범위에서 수령요건을 충족하는 결제회원에게 결제대금을 지급한다. 수령요건은 결제대금을 수령할 회원이 자신이 납부할 모든 종목의 결제증권의 납부를 완료한 것을 말한다. 즉, 모든 결제대

▶▶ 표 10-1 장내 증권시장별 대금결제은행

| 구분 | 주식시장 | 국채전문유통시장 | 일반채권시장 | RP시장 |
|---|---|---|---|---|
| 대금결제은행 | 한국은행 | 한국은행 | 시중은행 | 한국은행 |
| 시스템 | 일반자금이체 | 증권대금이체 | 신한·우리 | 일반자금이체 |
| 비고 | 거래은행을 통한 간접이용방식 | 직접 참가 | 가상계좌 이용 | 직접 참가 |

금의 납부가 완료되지 아니하더라도 납부된 대금의 범위 내에서 수령요건을 충족한 회원에게 결제대금을 지급함으로써 대금결제의 안정성과 효율성을 제고하고 있다. 대금지급 역시 대금납부와 동일한 방식으로 한국은행을 통하여 KSD결제계좌에서 수령회원이 한국은행에 개설한 결제계좌로 이체하는 방식으로 이루어진다.

## 2. 장외 Repo시장 결제

### 2.1. 개요

#### 2.1.1. Repo의 개념

Repo(Sale & Repurchase agreement)란 특정한 유가증권을 특정한 가격으로 환매수하는 조건으로 매도하거나 혹은 환매도할 것을 조건으로 매수하는 채무계약을 의미한다. 증권을 매도하여 자금을 조달하는 거래를 Repo라고 하고, 역으로 증권을 매입하여 자금을 투자하는 거래를 역Repo(Reverse Repo)라고 한다.

Repo는 채권, 주식, CD, CP 등 다양한 종류의 증권을 거래대상으로 이용할 수 있으나, 우리나라에서는 주로 채권(단, 주식이나 ETF도 가능)을 대상으로 하고 있다. 따라서 환매조건부채권매매거래(또는 Repo거래)라고 부른다. Repo거래는 Repo매도자 입장에서 보면 거래의 개시일에 증권을 인도하고 매매대금을 인수하며, 환매일에는 증권을 인수하고 최초의 매매대금에 환매이자라고 부르는 소정의 이자를 가산하여 지급하는 거래 구조를 가진다.

#### 2.1.2. Repo거래의 성격

가. 법적 성격

Repo거래의 형식은 거래대상이 되는 증권의 소유권 이전이 Repo매도자에게서 Repo매수자에게로 이전이 되는 매매거래이다. 따라서 Repo매수자는 Repo매도자의 동의 또는 승낙과 관계없이 매입증권을 자유로이 처분할 수 있다. 즉, Repo매수자는 매입증권을 제3자에게 매도하거나, Repo거래의 대상증권으로 활용하거나, 대차거래로 대여할 수 있다. 우리나라는 자본시장법 제166조(장외거래)와 금융투자업규정 제5편 제5-1조 제6호에서 Repo거래를 정의하고 있다. 따라서, 우리나라는 Repo거래를 증권의 장외거래 중 하나로 간주하고 있는 것으로 해석할 수 있다. 또한 대법원은 법인세부과처분취소와 관련한 사건의 판결(대법원 1988.3.22. 선고87누451 판결)에서 Repo거래를 금전소비대차로 보지 아니하고 증권의 매매거래로 판결하고 있다.

#### 나. 경제적 실질

Repo거래는 법적으로는 증권의 매매거래이지만, 경제적인 실질은 담보부소비대차거래의 성격을 가지고 있다. 즉, Repo거래는 특성상 형식적으로는 개시일과 환매일에 대상증권의 소유권 이전이 이루어지므로 증권의 매매와 동일하다. 그러나 경제적 측면에서 보면 자금조달을 위한 담보로서 증권을 상대방에게 제공하고, 환매시 자금조달에 대한 반대급부로 이자를 부담하는 소비대차거래의 성격을 나타내고 있다.

이러한 담보부 소비대차의 성격은 Repo거래의 여러 측면에서 찾아볼 수 있다. Repo거래는 대상증권의 소유권이 Repo매수자에게 이전되나, 대상증권에서 발생하는 수익은 Repo매도자에게 귀속된다. 그리고 거래의 종료시에 Repo매도자는 Repo매수자가 제공한 금전의 사용대가로서 매매대금에 이자성격의 매매차익을 가산하여 반환하게 된다. 또한, 환매의 이행보증을 위한 증거금 유지의무를 거래당사자가 부담하게 되는데, 거래상대방이 동 의무를 불이행할 경우에는 Repo거래를 종료하고 당해 증권의 매매대금과 환매차액의 정산을 할 수 있다.

이러한 특성을 반영하여 소득세법은 Repo거래의 환매차익을 증권의 매매에 따른 자본소득이 아닌 이자소득으로 규정하여 이자소득세를 부과하고 있다. 기업회계기준 또한 Repo거래의 성격을 매매거래가 아닌 금융거래로 인식하여 Repo거래시 증권은 회계처리하지 않고, 매매대금에 대해서만 회계처리하고 있다.

### 2.1.3. Repo거래의 종류

#### 가. 거래기간에 따른 분류

Repo거래는 계약기간 또는 만기에 따라 반일물(intra-day) Repo, 만기가 하루인 1일물(Overnight) Repo, 만기가 2일 이상으로 확정된 기간형(Term) Repo, 만기일을 사전에 정해두지 않는 개방형(Open) Repo로 분류할 수 있다.

### 나. 대상증권의 관리유형에 따른 분류

거래대상증권을 누가 보관·관리하느냐에 따라 인도형(Delivery) Repo, 점유개정형(Hold-in Custody) Repo 및 3자간(Tri-party) Repo로 분류할 수 있다.

먼저 인도형 Repo는 매도자가 매수자에게 증권을 인도하여 매수자가 대상증권을 관리하는 Repo이다. 인도형 Repo거래는 매수자가 일일정산 및 매입증권을 관리하는 등 거래비용이 높고 업무처리의 번거로움이 따르는 단점이 있다.

둘째, 점유개정형 Repo는 매도자가 대상증권을 보관·관리하고 매수자에게는 매도증권의 보관증을 교부하는 Repo이다. 점유개정형 Repo거래는 매도자의 신용도가 높고 매수자의 신용도가 낮은 경우 이용되는 방식으로, 매수자의 신용위험(double dipping)이 증가하는 단점이 있으나 거래비용이 저렴하고 업무절차가 간편한 장점이 있다.

셋째, 3자간 Repo는 거래대상증권을 거래당사자가 아닌 제3의 공정한 환매서비스기관이 보관·관리하는 Repo거래이다. 3자간 Repo거래의 환매서비스기관은 거래당사자의 위탁을 받아 결제·일일정산·매입증권의 관리업무 등 back-office업무를 제공한다. 3자간 Repo는 비용이 저렴하고 위험관리가 용이하여 세계적으로 가장 많이 이용되는 방식이다.

## 2.2. 우리나라의 Repo시장

### 2.2.1. 연혁

우리나라는 1969년 2월 한국은행이 금융기관에 대해 Repo를 매도하면서 Repo거래가 도입되었다. 그 이후 1977년 한국증권금융(주)이 증권회사의 채권보유자금을 지원하기 위해 Repo매입업무를 개시하였고, 1980년 2월 증권회사가 Repo매매업무를 취급하면서부터 본격화되었다. 1990년대 말 외환위기 때 국가 및 금융기관의 신인도 하락에 따라 심각한 신용경색을 초래하였고, 이는 이전까지 신용에 의한 자금거래를 단절시켰다. 이때 대안으로 새롭게 주목받게 된 것이 Repo거래였다.

그 이후 Repo시장의 활성화를 위한 표준약관 제정 등의 제도적인 정비와 함께 Repo거래의 결제시스템 등 시장 인프라를 구축하였다. 특히, 2002년 2월에는 거래소에 Repo시장을 개설하여 경쟁매매방식을 도입하였다. 그리고 2008년 3월부터는 한국은행이 발표하는 기준금리를 종래의 콜금리에서 한국은행이 금융회사와 거래하는 RP금리로 바꾸고, 거래 시기도 정례화하였다.

### 2.2.2. 시장 인프라의 확대

우리나라 Repo시장은 거래당사자 간에 상대매매방식에 따라 거래하는 전통적인 장외시장과 거래소 Repo시장이 존재하는데, 한국예탁결제원이 제공하는 증권결제시스템 및 환매서비스가 갖추어져 있어 시장 하부구조의 발달정도는 금융 선진국에 비해 손색이 없다. 해외 주요국은 Repo거래의 결제와 관련하여 CCP 방식의 청산제도가 도입되어 시장참가자들의 결제포지션을 줄여주는 등 시장의 효율성을 높이고 있다. 반면 우리나라의 경우 Repo거래가 활성화되어 있지 않은 장내 Repo시장은 CCP방식의 청산결제시스템이 구축되어 있으나, 거래량의 대부분을 차지하는 장외시장은 도입되어 있지 않다. 장외시장은 다양한 거래방식의 수요가 존재하는 시장으로 Repo거래의 특성상 거래목적에 맞는 다양한 방식의 결제 및 환매 서비스, 즉 CCP방식의 청산결제제도와 같은 선진화된 시스템을 구축할 필요가 있다.

▶▶ 표 10-2 우리나라의 Repo 종류

| 구분 | 거래소Repo | 장외 Repo시장 | | |
|---|---|---|---|---|
| | | 기관간 Repo | 대고객 Repo | 한국은행 Repo |
| 목적 | 국채딜러의 자금조달 및 운용 | 금융기관간 자금조달 및 운용 | 금융기관의 자금수신 | 통화량 조절<br>(공개시장조작) |
| 근거 | – 자본시장법 제9조 제13항<br>– 유가증권시장업무규정 | – 금융투자업규정 제 5–1조<br>– 기관간환매조건부 채권매매약관 | – 금융투자업규정 제 5–1조<br>– 대고객환매조건부 채권매매약관 | – 한국은행법 제68조<br>– 공개시장조작규정 |
| 거래당사자 | 국채딜러 ↔ 국채딜러<br>(or 국채딜러 ↔ 정부) | 금융기관 ↔ 금융기관 | 금융기관 ↔ 고객 | 한국은행 ↔ 금융기관 |
| 거래형태 | 경쟁매매 | 상대매매 | 상대매매 | 경쟁매매 |
| 청산·결제 | – 거래소(CCP)의 다자간 차감<br>– 예탁결제원의 증권결제시스템을 통한 동시결제 | – 예탁결제원의 Tri–party Repo시스템을 통한 동시결제 | – Hold in Custody방식으로 증권회사 등이 자신의 Repo계좌 고객분으로 관리 | – 예탁결제원의 Tri–party Repo시스템을 통한 동시결제 |
| 환매서비스 | 거래소 | 예탁결제원 | 예탁결제원 | 예탁결제원 |

## 2.3. Repo제도의 운영구조

### 2.3.1. 참가자 및 대상증권

Repo제도의 참가자는 거래당사자, 중개회사, 환매서비스기관으로 구성된다. 거래당사자는 증권회사, 은행, 보험회사, 연·기금 등의 기관투자자로서 거래당사자의 포지션에 따라 매수자와 매도자로 나누어진다. 중개회사는 Repo거래의 상대방을 찾아 거래를 체결시켜 주는 역할을 담당한다. 우리나라에서는 현재 채권딜러 간 브로커(Inter Dealer Broker)·증권회사가 중개업무를 수행하고 있다. 환매서비스기관은 Repo거래 체결 이후 거래에 수반되는 결제와 정산 등 제반 관리업무를 거래당사자에게 제공하는 역할을 수행한다.

Repo거래 대상증권은 채권이다. 금융기관 간 거래하는 기관 간 Repo는 모든 채권을 대상으로 할 수 있으나, 금융기관이 고객을 상대로 거래하는 대고객 Repo는 주식연계채권과 사모사채를 제외한 국채·지방채·특수채·우량 회사채로 한정된다.

### 2.3.2. 운영체계

Repo시장 참가자들은 거래상대방과 직접 계약을 체결하거나, 중개회사를 통해 Repo거래를 하게 된다. 이러한 금융기관간에 이루어지는 Repo거래는 참가자, 거래대상증권, 거래기간 등에 있어 별도의 제약요인이 없으며, 거래시 양 당사자가 계약서를 작성하게 된다.

거래체결 이후의 제 업무는 환매서비스기관에 위탁하여 관리하는 것이 일반적이다. 이는 거래당사자가 직접 관리하는 것에 비해 환매서비스를 이용하면 거래의 공정성과 효율성을 높일 수 있고 비용 절감 효과가 크기 때문이다. 우리나라에서는 한국예탁결제원이 Repo시장에서 이러한 서비스를 제공하고 있다.

Repo시장은 금융투자업규정에 의해 규제되고 있다. 금융투자업규정은 Repo거래를 증권의 장외거래로 보아 Repo거래의 정의, 시장참가자, 매매대상증권 등을 규정하고 있다.

### 2.3.3. 환매서비스

#### 가. Tri-party Repo(3자간 Repo)의 개요

Tri-party Repo란 Repo거래 체결 후에 수반되는 결제·매입증권의 평가·일일정산 등 제반관리업무를 공정한 제3의 기관(Tri-party Repo Agent)에 위탁하여 일괄적으로 처리하는 Repo거래 방식을 말한다. 이러한 제3의 기관에 제공하는 서비스를 환매서비스(Tri-party Repo Service)라고 한다.

미국에서 1980년대 초반에 Repo거래와 관련한 파산이 빈번하게 발생하여 Repo시장의 불안감이 고조되자, 시장의 불안정성을 극복하기 위해 1983년 Tri-party Repo제도가 최초로 도입되었다. Tri-party Repo는 Repo거래에 따른 담보평가·증권의 교환 및 대체 등의 업무처리가 공정성 있는 제3의 기관에서 이루어져 거래의 안정성과 효율성이 제고된다. 이에 따라 대다수의 국가에서 이 방식을 이용하여 Repo거래를 처리하고 있다.

환매서비스 제공기관은 당사자의 계좌관리가 가능하며 계좌 간 대체업무를 제공할 수 있는 중앙예탁기관(CSD)이나 국제보관기관(Global Custodian) 등이 그 역할을 하고 있다.

#### 나. 한국예탁결제원의 환매서비스

한국예탁결제원은 IMF 외환위기 이후 정부·중앙은행 등의 권고에 따라 증권·금융시장의 지원기능을 강화하고, 채권유통시장의 선진화에 기여하기 위해 1999년 11월부터 금융기관을 대상으로 환매서비스 업무를 개시했다. 한국예탁결제원의 환매

▶▶ 그림 10-17 Tri-party Repo의 구조

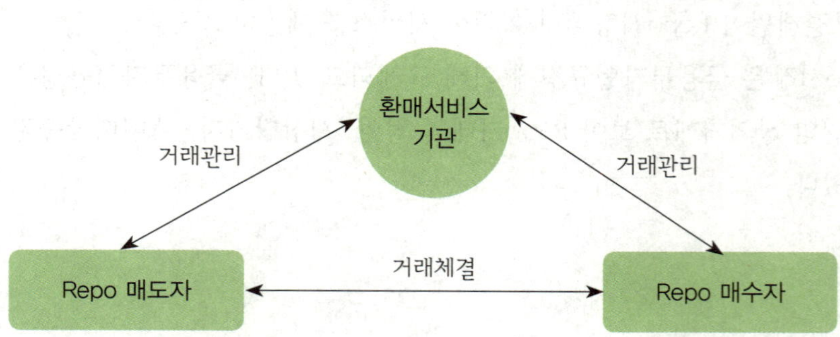

▶▶ 그림 10-18 환매서비스 제공 구조

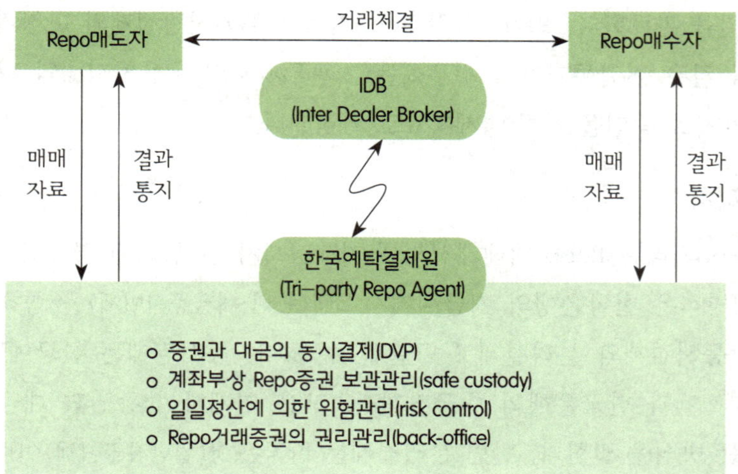


서비스 참가자로는 거래당사자(Principal), 중개회사(Broker), 결제대리인 등이 있다.

한국예탁결제원은 한국은행과 전산연계(CCF)를 통해 실시간총량결제 방식에 의한 증권·대금의 동시결제시스템을 구축하여 참가자들에게 결제에 따른 리스크를 최소화할 수 있는 결제서비스를 제공하고 있다. 또한, 거래당사자의 리스크 관리를 위해 거래증권을 시가로 평가하고 일일정산을 실시한다. 일일정산이란 매일매일의 거래증권의 시장가치가 증거금 유지 의무의 요건을 충족하는지 여부를 확인하고 과부족이 발생하는 경우 이를 정산하는 업무이다. 거래당사자는 거래기간 중 Repo이율이나 증거금 등 거래조건을 변경하거나 거래규모 또는 기간을 조정할 수 있다. 또한 매도자는 Repo거래된 증권을 대체할 수 있고, 매수자는 증권의 교환을 요구할 수 있다. 거래기간 중에 발생한 권리는 당사자의 약정에 따라 매도자가 수령하게 된다.

### 2.3.4. Repo결제 업무절차

#### 가. 매매확인

장외 Repo거래는 거래당사자 간 직접 혹은 중개회사를 통하여 상대매매방식으로 체결되며, 조건부매매거래 성립 이후 최종의 결제를 이행하기 위해 먼저 매매확인을 실시한다. 거래당사자 혹은 중개회사는 체결된 거래를 한국예탁결제원의

Repo시스템에 입력하는 방식으로 매매자료를 제출한다. Repo거래의 매도자와 매수자는 실제 체결된 매매거래와 한국예탁결제원에 제출된 매매자료를 확인함으로써 매매확인을 완료한다. 또한, 장외 Repo거래는 채권기관결제와 마찬가지로 집합투자업자와 같은 기관투자자의 경우에는 기관투자자의 운용지시내역 확인과 신탁업자의 결제자료 승인을 거쳐 결제자료로 확정된다.

### 나. 결제처리

장외Repo거래는 Repo 거래개시일에 거래당사자 간 합의된 결제방식으로 결제한다. 결제방식은 한국은행의 지급결제시스템(증권·대금동시이체)을 통하느냐의 여부에 따라 동시결제와 분리결제로 구분할 수 있다. 동시결제는 한국예탁결제원의 증권결제시스템과 한국은행의 대금결제시스템을 연계하여 증권과 대금을 동시에 인수·도하는 방식을 말한다. 반면 분리결제는 한국은행(일반자금이체)이나 시중은행 등을 통하여 대금을 수령하는 매도자의 입금확인에 따라 증권대체를 실행하는 방식이다.

▶▶ 그림 10-19 장외 Repo거래의 동시결제 구조

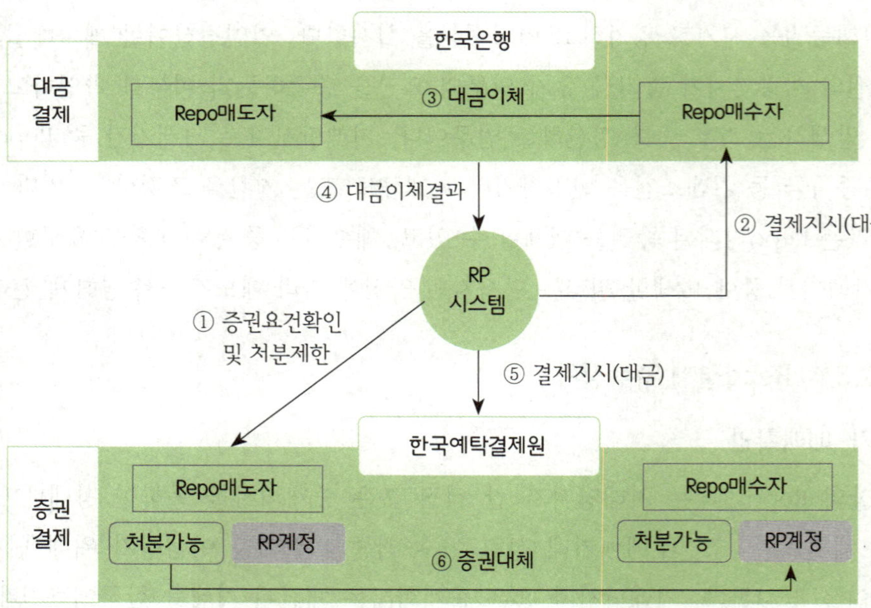

먼저 동시결제절차를 살펴보면 다음과 같다. 우선 ① 한국예탁결제원은 결제배치를 실행하여 Repo매도자의 증권요건을 확인한다. 매도자의 증권요건은 매도자 결제계좌의 예탁잔량(처분가능수량)과 해당 결제건의 결제수량을 비교하여 전자가 후자 이상인 경우(예탁잔량≥결제수량)에 충족된다. ② 해당결제건의 증권요건이 충족되면 한국예탁결제원은 예탁잔량 중 결제수량에 해당하는 증권을 처분제한 한다. ③ 한국예탁결제원은 증권을 처분제한하고 한국은행으로 해당 결제건에 대한 대금이체의뢰를 전송한다. ④ 한국은행은 한국예탁결제원의 대금이체의뢰에 따라 新한은금융망의 증권대금이체시스템에 해당결제건의 매수자가 대금을 이체할 수 있도록 대금이체자료를 생성시킨다. 그리고 매수자가 대금이체를 완료하는 즉시 한국은행은 대금이체결과를 예탁결제원으로 통지한다. ⑤ 한국은행으로부터 대금이체결과를 통지받은 즉시 한국예탁결제원은 매도자의 결제계좌에서 매수자의 결제계좌로 증권을 인도하여 결제를 완료한다. 이때 매수자로 인도된 증권은 계좌내에서 Repo매입증권으로 처분제한 되나, 매수자가 해당증권을 처분하고자 하는 경우는 이용 가능하도록 하고 있다.

한편, 분리결제절차는 다음과 같다. 우선, ① 매수자는 한국예탁결제원을 통해서 매도자의 결제계좌에 Repo매도에 해당하는 결제수량이 처분제한 된 것을 확인한 후, 매도자와 사전에 협의한 방식으로 대금을 이체한다. ② 매수자의 대금이체를 확인한 매도자는 대금을 수령했다는 사실을 한국예탁결제원에 통보한다. ③ 이를 통보받은 한국예탁결제원은 즉시 해당증권을 매도자의 계좌에서 매수자의 결제계좌로 인도한다.

# 참고문헌

## 1. 국내문헌

### 단행본

강병호·김석동,「금융시장론(제10개정판)」, 박영사, 2010. 2.

김시원, 세계증권시장 환경변화와 우리나라 증권시장인프라의 구조개편 방향, 2001.

이장우·강인철, 증권시장과 투자의 이해, 대명, 2005.

임중호,「독일의 증권예탁결제도」, 법문사, 1996.

증권예탁결제원,「대금결제시스템의 모든 것(제2판, 나카지마 마사지와 슈쿠와 준이치 원저, 박준원 번역)」, 2006. 7.

증권예탁결제원,「증권시장의 청산·결제제도」, 2006. 12.

증권예탁원,「영국 증권예탁결제도」, 1998.

증권예탁원, 일본 증권거래법에 있어서의 청산기관제도(高橋康文·長崎幸太郎 원저, 조사개발부 번역), 2005. 5.

증권예탁원,「증권예탁결제제도(전정판)」, 2003. 9.

증권예탁원,「증권예탁원 25년사」, 1994. 4.

한국거래소,「한국거래소 55년사」, 2011. 6.

한국예탁결제원,「증권결제시스템의 모든 것(제2판, 나카지마 마사지와 슈쿠와 준이치 원저, 박준원 번역)」, 2009. 12.

한국예탁결제원,「차세대시스템 구축사업 백서-SAFE PLUS」, 2011. 6.

한국은행,「우리나라의 지급결제제도」, 2009. 12.

한국증권법학회,「바람직한 청산·결제 인프라 구축을 위한 연구」, 2008. 5.

한국증권법학회,「자본시장법(주석서Ⅱ)」, 2009. 10.

한국증권선물거래소,「채권시장 해설(2차증보판)」, 2008. 1.

한국증권학회,「금융인프라 선진화 방안」, 2003. 10.

한국증권학회,「한국 증권시장에서의 최적 증권결제시스템 구축 방안」, 2008. 12.

### 논문

김이수, 집중거래당자제도의 법적 문제점에 관한 고찰. 2006. 5.

금융투자협회, 불스리뷰 제12호 논고「증권시장 결제제도 선진화를 위한 제도개편(김학수)」, 2012. 3.

BFL, 제22회 논고「채무자 회생 및 파산에 관한 법률 제120조의 해석(박준, 홍선경, 김장호)」, 2007. 7.

증권예탁결제원, 증권예탁 제40호 논고「우리나라 증권시장에서의 청산·결제시스템의 바람직한 개편 방안(이상빈)」, 2005. 6

증권예탁결제원, 증권예탁 제62호 논고「도산절차와 결제제도-신도산법 제120조의 해석론(오수근)」, 2007. 7

증권예탁결제원, 증권예탁 제68호 논고「자본시장법 시행에 따른 증권결제제도 변경에 관한 고찰(윤관식)」, 2009. 3.

한국거래소, KRX Market 2009년 3월호 논고「증권시장 청산결제실무(김원대)」

한국예탁결제원, 증권예탁 제81호 논고「신증권결제시스템의 주요 내용과 그 효과(윤관식)」, 2012. 5.

### 간행물

자본시장연구원, 금융위기 이후 유럽 주식 청산·결제 서비스 환경의 변화(자본시장 Weekly 2010-05호)

한국거래소,「주식시장 매매제도의 이해」, 2010. 3.

한국거래소,「증권시장 청산결제 관련 법규집」, 2010. 6.

한국은행,「2009년도 지급결제제도 운영관리 보고서」, 2010. 4.

한국은행,「2010년도 지급결제제도 운영관리 보고서」, 2011. 4.

한국은행,「2011년도 지급결제보고서」, 2012. 4.

## 2. 외국문헌

Brady's report,「The Report of the Presidential Task Force on Market Mechanisme」 1998.

Bank of England, Review of Bank of England. 1999.6.

BIS, Assessment methodology for 'Recommendations for Securities Settlement Systems', 2002.11.

BIS, Report of the Committee on Interbank Netting Schemes of the Central Banks of the Group of the Ten Countries, 1990.11.

BIS, Principles for financial market infrastructures, 2012.4

CBF, Clearstream Banking Frankfurt Customer Handbook, 2012.4.

Counterparties, 2011.12.

Directive 98/26/EC, 'The European Parliament of the Council', 2009.5

DTC, Annual Financial Statement, 2012.

DTC, 「Assessment of Compliance with the CPSS/IOSCO Recommendations for Securities Settlement Systems」, 2011.12.

DTCC, 「CNS Settlement as Delivery versus Payment in DTC」, 2011.9.

DTCC, 「DTCC Interruption in Processing Clearance and Settlement-System Outage」, 2007.12.

Euroclear France, ESES Blueprint-Edition 6. 2008.2.

Euroclear France, ESES interaction with TARGET2 and related tools. 2011.4.

Euroclear France, Settlement Subsystem. 2008.12.

Fed, Assessment of the Compliance of the Fedwire Securities Service with the Recommendations for Securities Settlement System, 2009.8.

FICC, Annual Financial Statement, 2012.

FICC, Assessment of Compliance with the CPSS/IOSCO Recommendations for Central Comterparty.

IMF, Germany: Financial Sector Assessment Program – Detailed Assessment of Observance on Eurex AG Observance of the CPSS-IOSCO Recommendations for Central Counterparites, 2011.9.

IMF, United Kingdom: Observance by LCH Clearnet Limited of the CPSS–IOSCO Recommendations for Central Counterparties Detailed Assessment of Observance, 2011.7.

IOSCO, Recommendations for Central Counterparty, 2004.11.

ISSA, Symposium Report 4 「4th International Symposium of Securities

Administrators」, 1988.5.

JASDEC, 一般對替 DVP 制度要綱. 2003.7.

JASDEC, AGC Questionnaire 2011-2012.

JGBCC, 日本國債清算機關 制度要綱, 2004.1.

JGBCC, Answers to the key questions of Recommendations for Central Counterparties(CCPs), 2012.3.

JSDA, 統一清算機關 準備要綱. 2002.6.

LCH. Clearnet SA, 'Clearing Rule Book', 2011.

LCH. Clearnet SA, 'The Settlement Connect Service Offer', 2006.6.

NSCC, Annual Financial Statement, 2012

SEC, Concept Release on Equity Market Structure, 2010.1.

SIA, 'T+1 Business Case Final Report', 2000.7.

SWISS EXCHANGE, Directive24 Clearing & Settlement Version 2.1, 2007.8.

中島眞志, 宿輪純一,'決済システムのすべて', 東洋經濟新報社, 2001.

## 3. 관련 홈페이지

ACG: http://www.acgcsd.org

ACSDA: http://www.acsda.org

AECSD: http://www.aecsd.com

ADB: http://www.adb.org

AMEDA: http://www.ameda.org.eg

Association of Global Custodian: http://www.theagc.com

AOSEF: http://www.aosef.org

ASX Group: http://www.asxgroup.com.au

Austraclear: http://www.asx.com.au

BIS: http://www.bis.org

BOE: http://www.bankofengland.co.uk

BOG: http://www.bankofgreece.gr

BOJ: http://www.boj.or.jp

BOK: http://www.bok.or.kr
CC&G: http://www.ccg.it
Chi-X: http://www.chi-x.com
Clearstream: http://www.clearstream.com
Deutsche Bőrse: http://www.deutsche-boerse.com
DTCC: http://www.dtcc.com
EACH: http://www.eachorg.eu
ECB: http://www.ecb.int
ECSDA: http://www.ecsda.com
Eurex: http://www.eurexchange.com
Eurex Clearing: http://www.eurexchange.com/clearing/
Euroclear: http://www.euroclear.com
Euroclear UK & Ireland: http://www.euroclear.co.uk
Federal Reserve Bank Services: http://www.frbservices.org
FEB: http://www.fese.be
Global Custodian: http://www.globalcustodian.com
G30: http://www.group30.org
IBERCLEAR: http://www.iberclear.com
IMF: http://www.imf.org
INTERBOLSA: http://www.interbolsa.com
IOSCO: http://www.iosco.org
ISSA: http://www.issanet.org
JASDEC: http://www.jasdec.com
JGBCC: http://www.jgbcc.co.jp
JSCC: http://www.jscc.co.jp
JSDA: http://www.jsda.com
KRX: http://www.krx.co.kr
LCH.Clearnet: http://www.lchclearnet.com
LSE: http://www.londonstockexchange.com
Monte Titoli: http://www.montetitoli.it

NASDAQ: http://www.nasdaq.com

NASDAQ OMX: http://www.nasdaqomx.com

NYSE: http://www.nyse.com

NYSE Euronext: http://www.euronext.com

Omgeo: http://www.omgeo.com

PTS Information Network: http://pts.offexchange.jp

SEC: http://www.sec.gov

SGX: http://www1.cdp.sgx.com

SIS Group: http://www.sisclear.com

SWX: http://www.swx.com

SWX Europe: http://www.swxeurope.com

Takasbank: http://www.takasbank.com.tr

Thomasmurray: http://www.thomasmurray.com

Turquoise: http://www.tradeturquoise.com

VP: http://www.vp.dk

WFE: http://www.world-exchanges.org

# 국문색인

[ㅈ]

# 영문색인

■집 필
문형욱, 장중열, 임유창
윤관식, 박문규, 우영택

■감 수
이상빈(경영학 박사)
문판수(경영학 박사)
허항진(법학 박사)

# 증권결제제도의 이론과 실무

초판인쇄 2013년 3월 8일
초판발행 2013년 3월 15일

발행인 김경동
편집인 권오문

지은이 한국예탁결제원
펴낸이 안종만

저자와 협의하여 인지첩부를 생략함

펴낸곳 (주) 박영사
서울특별시 종로구 평동 13-31번지
등록 1959.3.11. 제300-1959-1호(倫)
전 화 02)733-6771
f a x 02)736-4818
e-mail pys@pybook.co.kr
homepage www.pybook.co.kr
ISBN 978-89-6454-382-5 93320



정 가 35,000원